TEORIA GERAL DO PROCESSO

RICARDO DE BARROS LEONEL

TEORIA GERAL DO PROCESSO

EDITORA JusPODIVM | MALHEIROS EDITORES
www.editorajuspodivm.com.br

TEORIA GERAL DO PROCESSO

Direitos reservados desta edição por
MALHEIROS EDITORES LTDA.
Rua Paes de Araújo, 29, conjunto 171
CEP 04531-940 – São Paulo – SP
Tel.: (11) 3078-7205 – Fax: (11) 3168-5495
URL: www.malheiroseditores.com.br
e-mail: malheiroseditores@terra.com.br

Composição: PC Editorial Ltda.

Impresso no Brasil
Printed in Brazil
01.2023

Dados Internacionais de Catalogação na Publicação (CIP)

L583t Leonel, Ricardo de Barros.
Teoria geral do processo / Ricardo de Barros Leonel. – São Paulo : Malheiros/Juspodivm, 2023.
368 p. ; 23 cm.

Inclui bibliografia.
ISBN 978-65-5860-049-7

1. Direito processual. 2. Jurisdição. 3. Poder Judiciário. 4. Processo (Direito). 5. Garantia (Direito). 6. Recurso (Direito). I. Título.

CDU 347.9

Índice para catálogo sistemático:

1. Direito processual 347.9

(Bibliotecária responsável: Sabrina Leal Araujo – CRB 8/10213)

1.ª ed., *2.ª tir.:* ago./2024.

Agradecimentos

À Mestranda MARIA EUGÊNIA COTRIM BRONHARA RUIZ,
pela inestimável colaboração na conferência dos originais
e sugestões em relação ao texto.
O diálogo com os jovens nos enriquece e renova.

Dedicatória

Para Fátima, minha esposa, e Rafael, meu filho.
Meus amores, meus pilares, minha luz.

APRESENTAÇÃO

Há exatos cinquenta anos, de forma pioneira e inovadora, foi introduzida no Programa Curricular do Curso de Graduação em Direito na Faculdade de Direito da USP a disciplina "Teoria Geral do Processo", a ser ministrada aos alunos do 2º ano letivo do Bacharelado.

É possível dizer que a iniciativa representou, no melhor sentido, algo revolucionário, por ser indicativa de uma mudança conceitual, metodológica e de perspectiva em relação ao estudo do direito processual, na qual se procurou estabelecer premissas centrais e comuns ao exame subsequente, específico e aprofundado dos diversos segmentos da matéria.

Com a nova disciplina e a nova proposta, representando visão sistêmica modernizadora, veio a obra seminal de Antônio Carlos de Araújo Cintra, Ada Pellegrini Grinover e Cândido Rangel Dinamarco. Estes, ainda no albor das trajetórias acadêmicas que os conduziram ao pódio daqueles que devem ser identificados no estrito rol dos Grandes Mestres da ciência processual brasileira, apresentaram trabalho predestinado a influenciar todas as gerações de estudiosos que viriam a se dedicar à compreensão do direito processual.

A *Teoria Geral do Processo* dos grandes Mestres antes nominados tinha, ao que tudo indica, apenas a intenção de servir como referência para os estudantes que se debruçariam sobre a nova disciplina. Contudo, ao final, foi muito além, quase que ganhando vida própria, passando a operar como pedra angular para a toda a evolução subsequente do direito processual brasileiro.

É possível, com pouca chance de erro, arriscar a afirmação de que não há quem, entre todos aqueles que em algum momento voltaram sua atenção ao direito processual (como alunos da Graduação, de cursos de Pós-Graduação ou mesmo no dia a dia das atividades do foro), não tenha se valido das aludidas lições.

A homenagem perene e o reconhecimento sincero devem se traduzir na observação de que a *Teoria Geral do Processo* de Antônio Carlos de Araújo Cintra, Ada Pellegrini Grinover e Cândido Rangel Dinamarco está eternizada no estreito rol das tratativas doutrinárias que se tornam, por suas qualidades e virtudes, atemporais.

Vale anotar que continua como obra de notória atualidade, visto que sua versão recente conta, além dos cuidados do próprio professor Cândido Rangel Dinamarco, com o trabalho de aperfeiçoamento dos professores Gustavo Henrique Righi Ivahy Badaró e Bruno Vasconcelos Carrilho Lopes.

Estas observações são o pressuposto indispensável para que se possa, a partir deste ponto, formular considerações sobre o trabalho que agora vem a público.

O livro que ora se apresenta se ocupa do mesmo tema, a "Teoria Geral do Processo", tendo sido escrito por alguém que foi e sempre será aluno daqueles Grandes Mestres e frequentemente, nos incontáveis momentos de dúvida, volta seus olhos para a compreensão dos ensinamentos que ofereceram e para o aprofundamento nas respectivas lições.

Sendo o autor também Professor Associado junto ao Departamento de Direito Processual da Faculdade de Direito da USP, não traz na elaboração ora dada a público a intenção de substituir o insubstituível trabalho dos Grandes Mestres, mas sim o objetivo de apresentar sua visão, pautada na observação da realidade contemporânea, a respeito dos temas correlatos.

Ministrando há muitos anos, nos Cursos de Graduação e de Pós-Graduação da Faculdade de Direito da USP, esta e outras disciplinas de direito processual, vislumbra o autor a necessidade de oferecer considerações relacionadas ao ambiente no qual o processo opera nos dias presentes.

Some-se a isto que não só o estudo mas também a vivência diária no foro trazem a segura noção de que as premissas fundamentais, os conceitos, as lições, enfim, as ideias dos fundadores da disciplina, não devem ser esquecidos, mas podem ser reapresentados a partir das preocupações pontuais trazidas na obra.

Esta é a pretensão deste livro.

A partir da experiência do autor, na condição de docente e profissional do foro, revisitar a Teoria Geral do Processo, mantendo os pilares fundamentais lançados há cinco décadas, apresentando, entretanto, visão impregnada das particularidades da realidade do nosso tempo.

Não se trata de obra elaborada como tese, razão pela qual não há indicação exauriente da bibliografia relacionada a cada um dos temas abordados. Nesse sentido, foram registradas referências bibliográficas centrais, a partir das quais o leitor interessado em temas específicos poderá aprofundar sua pesquisa.

Sem deixar de lado a premissa de que se trata de obra de conteúdo didático, destinada especialmente aos estudantes dos Cursos de Graduação e de Pós-Graduação, espera-se que ela seja igualmente útil aos profissionais que se dedicam, diariamente, à atividade forense.

Fica o registro do efusivo agradecimento à Editora, pelo acolhimento da iniciativa, voltada ao aprimoramento da ciência do direito e, em particular, do direito processual.

São Paulo, junho/2022

RICARDO DE BARROS LEONEL

Mestre, Doutor e Livre-Docente
– Professor Associado junto ao Departamento
de Direito Processual da Faculdade de Direito da USP

SUMÁRIO

Capítulo 1

PREMISSAS DA TEORIA GERAL DO PROCESSO

1.1 Conceito

Durante algum tempo a doutrina controverteu a respeito da possibilidade de se estudar o direito processual na perspectiva de uma teoria geral. As críticas endereçadas ao reconhecimento e ao desenvolvimento dessa disciplina pautaram-se, essencialmente, na diferença substancial existente entre os vários segmentos do direito processual, notadamente entre o direito processual civil e o direito processual penal.

Aspectos como, por exemplo, a alegada inexistência da "lide penal", a inexistência de coisa julgada material para o réu condenado por sentença definitiva e, ainda, o fato de que no processo penal o autor, em regra (na ação penal pública – que é a regra – condicionada ou incondicionada),[1] é o próprio Estado (por meio da atuação do Ministério Público),[2] sendo ele mesmo (por meio do Estado-Juiz) encarregado de aplicar a lei, alimentaram a dúvida a respeito da existência de uma teoria geral do processo.

Essa discussão está superada na atualidade.

---

1. Cf. art. 100 do CP brasileiro: "A ação penal é pública, salvo quando a lei expressamente a declara privativa do ofendido".

2. Cf. art. 129, I, da CF, cabe privativamente ao Ministério Público promover a ação penal pública. Prevê ainda o art. 5º, LIX, da CF a denominada ação penal privada subsidiária da pública, ao determinar que "será admitida ação privada nos crimes de ação pública, se esta não for intentada no prazo legal; (...)".

Assentou-se o entendimento de que, nada obstante as particularidades de cada segmento do direito processual, é possível realizar o estudo dos aspectos fundamentais e introdutórios da ciência processual, para propiciar primeiro contato com a temática de ordem geral.

Como ocorre com toda teoria geral, o estudo da teoria geral do processo não tem por finalidade esgotar o exame de todos os institutos do direito processual, em qualquer de seus segmentos, nem, igualmente, examinar de modo exauriente a doutrina correlata, a jurisprudência, ou, mesmo, o modo como essa matéria está regulada no direito positivo, ou seja, na legislação processual.

O objetivo empreendido no ensino e aprendizado da teoria geral do processo é o exame dos elementos centrais, basilares e, por assim dizer, propedêuticos, ou seja, preliminares da ciência processual, numa apresentação dessa matéria aos interessados, habilitando-os a, posteriormente, aprofundarem tais conhecimentos no estudo de cada uma das diversas áreas do direito processual (civil, penal, trabalhista, eleitoral, administrativo, disciplinar etc.).

Nessa perspectiva pode-se conceituar a teoria geral do processo como disciplina afeta à apresentação e ao estudo dos elementos preliminares, introdutórios, fundamentais ao primeiro contato e à posterior compreensão, em maior profundidade, de todas as particularidades inerentes aos diversos segmentos do direito processual.

1.2 Teoria geral do processo para todos os métodos de solução de conflitos

A apresentação inicial e sintética dos temas essenciais ao estudo do direito processual, realizada por intermédio do estudo da teoria geral do processo, volta-se à apreensão de conhecimento basilar para a posterior compreensão – aí sim detalhada e aprofundada – de todos os segmentos do direito processual.

Esse estudo deve levar em consideração, ademais, que os elementos essenciais examinados devem fornecer dados que autorizem a compreensão de todos os métodos de solução de conflitos em todos os campos do direito processual.

A aplicação desses elementos, em maior ou menor grau, não deve induzir a conclusão diversa. A teoria geral do processo deve propiciar a compreensão mínima daquilo que é indispensável ao estudo dos diversos tipos de processo.

O direito processual civil, o direito processual penal e o direito processual do trabalho, por exemplo, nada obstante apresentem regulamentação específica e peculiar, ostentam entre si proximidade maior. No cotejo desses ramos com o direito processual eleitoral, ou mesmo com o direito processual administrativo ou com o direito processual disciplinar, fica evidenciado o distanciamento existente entre os respectivos institutos, procedimentos e soluções.

Isso não significa, entretanto, que não seja possível extrair elementos centrais e comuns, que devem ser estudados em disciplina de cunho preliminar, como premissa para o aprofundamento naquelas disciplinas específicas.

Esse é o papel da teoria geral do processo, servindo como estudo geral, sintético e preliminar daquilo que se mostra indispensável e comum à posterior compreensão das diversas disciplinas que abarcam todos os métodos de solução de conflitos.

De modo a exemplificar, no direito processual administrativo disciplinar não se fala em lide e não há coisa julgada (não nos moldes em que esse instituto é definido no direito processual civil, penal ou trabalhista). Pode-se nele, entretanto, estudar e delimitar os conceitos de processo e procedimento, bem como avaliar em que medida são a ele aplicáveis os princípios e garantias fundamentais do processo, tal como previstos na Constituição.

1.3 Direito e processo (direito material e processual – Objeto das normas processuais)

Distinção extremamente útil no estudo da ciência jurídica é aquela que se faz entre o direito material ou substancial e o direito processual.

No âmbito do primeiro (direito material ou substancial) compreende-se o estudo das disciplinas que envolvem a regulação das relações jurídicas que se formam entre os sujeitos de direitos, com repercussão nos mais diversos campos da vida em coletividade.

Como se sabe, a existência da sociedade torna indispensável a regulação das relações humanas, nos termos do aforismo romano, pelo qual *ubi societas, ibi jus* (ou seja, onde houver sociedade estará presente o direito), visto que este é imprescindível na delimitação do relacionamento entre os seres que convivem, direta ou indiretamente, num determinado contexto social, geográfico e político.[3]

Esse convívio pode envolver, por exemplo, relações familiares, sucessórias, contratuais, obrigacionais, inserindo-se no âmbito do direito civil; ou então a existência jurídica de empresas, as relações entre elas, seus contratos, suas obrigações, a proteção do crédito comercial, os títulos de crédito etc., situando-se no plano do direito comercial.

Possível ainda pensar nas relações existentes entre a Administração Pública e os administrados, com a regulação do exercício do poder de polícia, do poder disciplinar, do poder regulamentar, nas relações entre a Administração e os servidores públicos, no estatuto jurídico destes, nos contratos que a Administração, nessa qualidade, firma com terceiros etc. Esses temas situam-se no plano do direito administrativo.

Lembremos ainda, nessa perspectiva de exemplificação, da tipificação pelo legislador de condutas que envolvem ilícitos de natureza penal, descrevendo detalhadamente tais comportamentos (tipificação abstrata dos delitos, prevista na legislação penal), bem como especificando as consequências da infração às regras proibitivas de tais condutas (sanção penal). Essa matéria está situada no campo do direito penal.

Esses são alguns exemplos daquilo que se encontra compreendido no campo do direito material ou substancial, ou seja, a regulamentação da conduta humana, bem

3. Cf. Miguel Reale, *Lições Preliminares de Direito*, 25ª ed., São Paulo, Saraiva, 2001, p. 2.

como das relações entre as pessoas, físicas ou jurídicas, desde que tenham aptidão para produzir consequências relevantes no mundo do direito.

O direito processual, por sua vez, não cuida dessas relações humanas, que se desenvolvem no plano do direito material, senão de forma acidental e instrumental. Ele não regula tais relações humanas, mas sim os métodos para a solução das diversas espécies de conflitos que decorrem da existência e do desenvolvimento (dinâmica) de tais relações.

É a verificação de uma situação que envolva algum tipo de crise no contexto da relação jurídica de direito material que rende oportunidade, sempre, para a intervenção do direito processual, com a finalidade de propiciar caminhos para equacionar aquela crise, restabelecendo a normalidade que deve imperar no desenvolvimento da relação jurídica de direito material.

Nota-se, portanto, que ao lado da relação jurídica de direito material, decorrente do convívio entre as pessoas físicas e jurídicas e das interações entre elas que repercutem no mundo do direito, as situações de crise, quando levadas ao plano do processo, com a finalidade de composição de conflitos, rendem ensejo a outra relação, paralela à primeira, com objeto próprio.

Essa outra relação, chamada de relação jurídica processual, possui elementos, institutos e finalidade próprios, sendo todos eles, por sua vez, objeto do direito processual.

Em suma, o direito processual tem como substrato aquela matéria que se ocupa de regular, vale dizer, a relação jurídica processual, bem como todos os aspectos fundamentais à sua composição e funcionamento, como, por exemplo, os institutos fundamentais do direito processual (os históricos institutos: jurisdição, processo, ação, defesa; e, contemporaneamente, a tutela jurisdicional), bem como todos os pontos essenciais à disciplina, funcionamento e alcance de resultados almejados pelo próprio direito processual, notadamente o procedimento.

1.4 Evolução metodológica do processo

Há certo consenso doutrinário em dividir a ciência processual, cujo nascimento é recente (segunda metade do século XIX), em três fases distintas: o *sincretismo*, a fase *autonomista* (ou *científica*) e a fase *instrumentalista.*

Desde os romanos até pouco mais de um século o processo não tinha vida própria. Os diferentes períodos da evolução do direito romano demonstram isso.

No período mais antigo, que compreendeu a denominada "ordem dos juízos privados" (*ordo judiciorum privatorum*) com as ações da lei inicialmente (*legis actiones* – só era viável propor ações autorizadas expressamente e de modo taxativo pelos decretos pretorianos), e depois com o processo formulário (*per formulas* – só era possível propor ações subsumindo a situação de fato precisamente à fórmula verbal autorizada por decreto pretoriano, repetindo-a literalmente), ter ação significava ter direito.

Não se tratava de um sistema processual, mas sim de um sistema de direitos, cuja existência ou não estava diretamente associada à previsão do agir em juízo para o reconhecimento do direito subjetivo.

No período posterior, da publicização do processo romano, que ficou conhecido como fase da "cognição extraordinária" (*extraordinaria cognitio* – com maior clareza passaram a ser admitidos, pela autoridade superior, mecanismos de impugnação das decisões proferidas nos processos em geral pelos pretores, por meio da *supplicatio* e da *appellatio*),[4] não se evoluiu para quadro distinto, mantendo-se ainda viva a ideia do sistema de ações como sistema de direitos, e não com a feição de um sistema processual, distinto do direito material.[5]

O direito lusitano, por sua vez, tão importante na formação do direito brasileiro, recebeu influxos do direito romano e do direito canônico, bem como do direito espanhol medieval, não havendo nessas diferentes experiências nenhuma preocupação efetiva com o direito processual numa perspectiva sistemática e científica, que só veio a se apresentar em tempos relativamente recentes.

Os povos germânicos, por sua vez, receberam boa dose de influência do direito romano através da disseminação, por força de suas conquistas, do direito comum (produto da integração e recíproca interferência entre o direito romano, o direito canônico e o próprio direito originário dos povos germânicos). Ocuparam-se do estudo das *Pandectas* ou *Digesto* (compilação de toda a legislação romana, feita por determinação do Imperador Justiniano no século VI d.C., que, ao lado das *Institutas* e das *Novellas*, compôs o *Corpus Iuris Civilis*, fazendo com que a monumental edificação do direito romano chegasse com maior facilidade, fluidez e caráter sistêmico aos juristas dos séculos subsequentes). Renderam ensejo à chamada Escola Pandectística, na qual se buscava sistematização do direito e oferecimento de conceitos e classificações como suporte para a elaboração de codificações e solução de problemas concretos.[6]

Na experiência germânica o destaque era dado ao direito material (direito civil), e não ao direito processual, visto como simples apêndice daquele.

Em suma, até meados do século XIX, naquela que, posteriormente, a doutrina intitulou como *fase sincretista*, o direito processual não galgou autonomia científica, estrutura específica e institutos próprios, sendo compreendido essencialmente como o procedimento para defender direitos em juízo. O estudo do processo, assim, era feito pela perspectiva do procedimento, como simples direito judiciário (estudo do procedimento em juízo), sem maior preocupação dogmática, ficando reservadas as grandes discussões e o aprofundamento nas reflexões jurídicas para o direito material, este, sim, merecedor da atenção dos juristas.

Como exemplo desse pensamento, identificando o processo como simples procedimento para a defesa de direitos em juízo, sem a preocupação de consolidação

---

4. José Rogério Cruz e Tucci e Luiz Carlos de Azevedo, *Lições de História do Processo Civil Romano*, São Paulo, Ed. RT, 1996, p. 157.

5. Idem, pp. 45-46.

6. Sobre a formação do direito comum, cf.: Mario Júlio de Almeida Costa, *História do Direito Português*, 3ª ed., Coimbra, Livraria Almedina, 2008, pp. 254-256; e Marcello Caetano, *História do Direito Português (Sécs. XII-XVI): Seguida de Subsídios para a História das Fontes do Direito em Portugal no Séc. XVI*, 4ª ed., Lisboa, Verbo, 2000, pp. 337-339.

de institutos com densidade científica própria, podem ser indicadas as Ordenações do Reino de Portugal (Afonsinas, Manuelinas e Filipinas – estas últimas vigeram no Brasil, ao menos em sede de direito civil, até o início do século XX, quando da edição do Código Civil/1916). Nelas o processo era tratado no Livro III, sem, entretanto, a estrutura sistêmica imprimida às codificações modernas, revelando, na prática, verdadeiro "amontoado" de regras de procedimento.

A fundação da fase subsequente da evolução do direito processual, entretanto, se dá ainda no século XIX.

Os primeiros lampejos para a *fase autonomista* ou *científica* da ciência processual seriam esboçados na célebre polêmica travada entre dois romanistas alemães, Bernhard Windscheid e Theodor Muther, na qual controverteram a respeito do conceito da ação (*actio*) no direito romano e sua influência no direito moderno. O debate cingiu-se à divergência sobre se os romanos teriam desenvolvido, efetivamente, um sistema de ações ou um sistema de direitos.[7]

Essa polêmica lançou premissas que posteriormente foram desenvolvidas e sistematizadas de forma clara pelo alemão Oskar von Büllow no ensaio intitulado *Sobre as Exceções e Pressupostos Processuais* (*Die Lehre von den Prozesseinreden und die Prozessvoraussetzungen*), publicado em 1868. Esse trabalho é considerado pela doutrina como verdadeira certidão de nascimento da ciência processual, pois foi a primeira oportunidade em que, com a clareza necessária, foram estabelecidas premissas ou pontos a partir dos quais a doutrina posterior se ocupou de desenvolver cientificamente o direito processual.[8]

Na obra de Büllow foi assinalada a distinção existente entre a relação jurídica de direito material e a relação jurídica de direito processual, observando-se a existência de pressupostos próprios e exclusivos desta última (os pressupostos processuais), distinguindo-os das simples exceções processuais ou dilatórias. Essas foram as bases para a afirmação da autonomia do direito processual, bem como para o desenvolvimento e consolidação dos conceitos de relação jurídica processual, pressupostos processuais, condições da ação, exceções processuais, e, finalmente, para a construção do edifício científico do direito processual em torno de seus institutos fundamentais pela doutrina posterior.

Foi na *fase autonomista* que a grande evolução doutrinária e legislativa do direito processual ocorreu. Os exemplos são verdadeiramente abundantes, bastando que nos detenhamos em alguns deles, notadamente no direito europeu continental, para ilustração.

A codificação processual civil alemã (*Zivilprozessordnung/ZPO*), editada em 30.1.1877, é um dos exemplos mais eminentes, pois ainda está em vigor, nada obstante tenha sofrido modificações e aperfeiçoamentos ao longo dos quase 145 de sua vigência.

---

7. Cf. Bernhard Windscheid e Theodor Muther, *Polemica Intorno all'**Actio***, Firenze, Sansoni, 1954, *passim*.

8. Cf. Oskar von Büllow, *La Teoría de las Excepciones Procesales y los Presupuestos Procesales* (do original em língua alemã: *Die Lehre von den Prozesseinreden und die Prozessvoraussetzungen*), Buenos Aires, Ediciones. Jurídicas Europa-América/EJEA, 1964, *passim*.

Nessa mesma linha, é possível mencionar a *ZPO* austríaca (*österreichiche Zivilprozessordnung/ZPO*), de 1.8.1895, cujo mentor foi Franz Klein, que, mesmo tendo sido sucessivamente reformada, ainda hoje se encontra em vigor.

O *Codice di Procedura Civile* italiano de 1942, que substituiu o Código de 1865, foi também editado sob o amálgama da visão científica, que se identifica na fase *autonomista* do direito processual. Indício dessa influência é perceptível na própria organização das disposições nas duas codificações.

O *Codice* de 1865, redigido pelo Ministro *Guardasigilli* Giuseppe Pisanelli, era composto por 950 artigos divididos em 3 livros, cuidando, respectivamente, da execução forçada de sentenças, das *ordinanze* e dos atos recebidos de um oficial público, bem como ainda dos procedimentos especiais. Nessa estruturação não é viável identificar nenhum vestígio da visão científica do direito processual, que ganhou corpo a partir da obra de Oskar von Büllow, publicada em 1868.

O *Codice* de 1942, produto de comissão de juristas, sob a gestão do então Ministro da Justiça, Dino Grandi, integrada por Piero Calamandrei, Francesco Carnelutti, Enrico Redenti e Leopoldo Conforti, por sua vez, revela estrutura própria da fase autonomista. Era composto por quatro livros, contendo, respectivamente, disposições gerais, o processo de cognição, o processo de execução e procedimentos especiais.

Note-se que a visão sistemática do processo, a preocupação com a existência, na codificação, de livro destinado às regras ou disposições de ordem geral, a divisão da matéria entre processo de conhecimento, de execução e procedimentos especiais bem como a existência de disposições específicas a respeito do processo cautelar (ainda que, como ocorreu no Código de Processo Civil italiano de 1942, inseridas no contexto dos procedimentos especiais), são reveladoras da visão científica do direito processual por parte dos autores do referido texto legislativo.

O Brasil recebeu tais influxos doutrinários, em primeiro momento, na elaboração do Código de Processo Civil de 1939 e depois, com maior evidência, no texto do Código de Processo Civil de 1973, cuja organização e disciplina, da lavra do professor Alfredo Buzaid, contribuíram para a elaboração de verdadeiro monumento legislativo revelador, no limite das possibilidades, do obséquio à fase *científica* ou *autonomista* do direito processual.

Idêntico movimento ocorreu em Portugal.

A edição do Código de Processo Civil português de 1939 representou evolução da estrutura puramente procedimental do sistema anterior, ainda influenciado pelas Ordenações do Reino, para diploma fundado em bases verdadeiramente científicas, afinadas com aquilo que já estava em curso em outros Países, como Itália, Alemanha e Áustria. Essa mesma linha de normatização fez-se presente posteriormente, com maior evidência, no Código de Processo Civil português de 1961, que vigorou até a época das reformas do final do século XX e início do século XXI, até se chegar à edição do novo Código de Processo Civil português, de 2013.

A segunda metade do século XX é marcada, contudo, por movimento de reformas processuais que revelou menos preocupação com a estrutura científica do processo e maior atenção à produção de resultados.

É a chamada fase *instrumentalista* do direito processual.

A nota diferencial que passou a ocupar os processualistas após a primeira metade do século XX, e que inspirou as reformas legislativas no direito processual bem como a elaboração de novas codificações, foi a busca de resultados concretos e efetivos na vida das pessoas. Menor apego à forma, maior atenção ao resultado prático do processo, foi o mote adotado nessa fase.

Os estudiosos da ciência processual aperceberam-se de que de nada adiantavam o culto praticamente cego às construções doutrinárias e o apego excessivo ao rigor técnico se isso não representar de modo pragmático o acesso efetivo ao direito material.

Observe-se que na *fase autonomista* ou *científica* a doutrina assentou alicerces sólidos da ciência processual, aprofundando as concepções e características de seus institutos, repercutindo essa postura na legislação elaborada neste período histórico. É por isso que as codificações dessa época se esmeraram no apuro técnico, sem atenção maior, entretanto, ao resultado prático do processo.

Exemplo disso é a distinção muito clara, presente em várias legislações processuais, entre o processo de conhecimento, o processo cautelar e o processo de execução, bem como os procedimentos especiais. A noção dogmática da fase *autonomista* ou *científica* concebia com rigor hermético a distinção entre as diversas modalidades de processo, em conformidade com sua finalidade, ou seja, declaração do direito, acautelamento ou execução do direito já declarado em sentença.

Na *fase instrumentalista* o doutrinador não abandona a técnica processual, nem deixa de lado toda a massa de conhecimento dogmático acumulada na fase anterior, cultuando ainda (e isso se faz presente também nas leis processuais editadas nesse período) os institutos fundamentais do direito processual, preservando em linhas gerais o caráter sistêmico dessa ciência e da sua disciplina legal. Flexibiliza-se o rigor técnico, contudo, a fim de alcançar melhores resultados práticos no processo.

O cerne da ideia do instrumentalismo já estava presente, no início do século XX, em 1901, na célebre aula inaugural (*prolusione*) ministrada por Giuseppe Chiovenda na Universidade de Bolonha, que vaticinou que "o processo deve assegurar a quem tem direito tudo aquilo e precisamente aquilo que tem direito de conseguir" (no original: "Il processo deve dare praticamente per quanto è possibile a chi ha un diritto tutto quello e proprio quello ch'egli ha diritto di conseguire").[9]

Essa máxima efetividade do processo só pode ser alcançada com a relativização das formas em prol da obtenção de resultados concretos no plano da solução dos conflitos.

Essa linha de pensamento foi representada, de modo muito claro, por meio da tese de Cândido Rangel Dinamarco intitulada *A Instrumentalidade do Processo*, com a qual conquistou a cátedra de direito processual civil na Faculdade de Direito da USP

---

9. Giuseppe Chiovenda, "Dell'azione nascente dal contratto preliminare", in *Saggi di Diritto Processuale Civile (1894-1937)*, vol. I, Milano, Giuffrè, 1993, pp. 101-119. O texto foi originalmente publicado no ano de 1911 na *Rivista di Diritto Commerciale*.

na década de 80 do século XX, consolidando corrente de pensamento que passou a inspirar a doutrina contemporânea e a posterior, bem como as reformas legislativas que sucessivamente ocorreram.

Note-se que a preocupação não tanto com a observância da forma em si mesma, mas sim com o respeito a ela enquanto pressuposto ou condição para a efetiva tutela do direito material, evidenciou-se no movimento de reformas legislativas operadas no Código de Processo Civil de 1973, procurando combater pontos de estrangulamento e eliminar gargalos no funcionamento do sistema processual, ainda que, em alguma medida, com a quebra de dogmas formados na *fase autonomista* ou *científica* da ciência processual.

Os exemplos foram inúmeros. Apenas para mencionar alguns, verdadeiramente marcantes, anote-se:

(a) A generalização do instituto da antecipação de tutela, por força da Lei 8.952, de 13.12.1994, complementada posteriormente pela Lei 10.444, de 7.5.2002.

Observe-se que o instituto da antecipação de tutela já estava presente no Processo Civil. Mas de forma típica, ou seja, em previsões específicas, como ocorria com as liminares em ações possessórias, a liminar em mandado de segurança, a liminar em embargos de terceiro – apenas para citar alguns casos. O emprego desse mecanismo de forma atípica, ou seja, sem vinculação a um procedimento específico, era realizado através da utilização do procedimento disciplinado no processo cautelar para a concessão de medidas cautelares atípicas, decorrentes do poder geral de cautela do juiz (art. 798 do CPC/1973). Era isso o que ocorria, por exemplo, quando era ajuizada a ação cautelar de sustação dos efeitos do protesto, preparatória à ação de anulação do protesto, verdadeira busca de antecipação de efeitos da tutela final de mérito a ser obtida na ação de conhecimento.

(b) A introdução no Código de Processo Civil/1973 da tutela específica das obrigações, primeiro de fazer e de não fazer (art. 461, com a redação dada pela Lei 8.952, de 13.12.1994) e posteriormente quanto às obrigações de entregar coisa (art. 461-A, redação dada pela Lei 10.444, de 7.5.2002).

Tratou-se, nesse passo, da quebra do dogma da intangibilidade da vontade humana ("Nemo ad factum cogit potest" – "ninguém pode ser compelido a prestar o próprio fato"), associado ao ideário liberal da Revolução Francesa, representando sensível avanço no que diz respeito ao cumprimento das obrigações, pois, como se sabe, a prestação da obrigação em espécie (tutela específica) sempre representa satisfação mais adequada do direito violado que a simples reparação pelo equivalente em pecúnia (*solve et repete*) da obrigação descumprida, invariavelmente insuficiente para satisfazer o credor.

(c) As sucessivas reformas no processo de execução dos títulos judiciais (Lei 11.232, de 22.12.2005) e extrajudiciais (Lei 11.382, de 6.12.2006), estabelecendo clara linha distintiva, para fins de efetivação das obrigações previstas em títulos executivos, a partir de sua origem (judicial ou extrajudicial).

Tratando-se de título judicial, ao menos em regra (com a exceção das execuções de sentença impositiva de obrigação de pagar alimentos e condenações da Fazenda

Pública), a execução deixou de ser tratada como processo autônomo, decorrente de ação autônoma, figurando como fase de cumprimento de sentença, do próprio processo de conhecimento, posterior à decisão de mérito. Era a adoção do denominado "processo sincrético", consubstanciando, no mesmo procedimento, cognitivo, as providências relacionadas à declaração do direito e à sua efetivação.

Tratando-se de título extrajudicial, a execução continuou dependendo de novo exercício do direito de ação, com a formação de processo autônomo.

(d) A tentativa de racionalização do procedimento recursal de modo geral, com a autorização, por exemplo, para a prolação de decisões monocráticas pelo relator do recurso nos tribunais, desde que preenchidos determinados requisitos, quebrando-se o dogma da colegialidade do julgamento em grau de recurso (redação art. 557 do CPC/1973, redação dada pela Lei 9.756, de 17.12.1998).

Por último, e não menos importante, o coroamento desse movimento de reformas com a edição do novo Código de Processo Civil (Lei 13.105, de 16.3.2015) pode ser apontado como significação clara de que, mantendo-se, ainda que de modo relativo ou seletivo, o respeito aos princípios basilares, dogmas e estruturas consolidados ao longo do tempo, buscou o legislador conferir soluções pragmáticas para problemas concretos no funcionamento do sistema processual.

A elaboração desse texto legislativo, que não pode ser compreendida sem que se tenham presentes o momento histórico de sua formação e o próprio procedimento legislativo utilizado em sua elaboração, com ampla participação da comunidade jurídica em todas as fases, ainda que tenha levado à produção de texto que não é isento de críticas do ponto de vista técnico, teve o significado de nítida tentativa de conciliar a técnica processual com o objetivo de formar um processo célere, apto a ensejar soluções isonômicas e capazes de propiciar segurança jurídica.

Insista-se: ainda que o produto desse movimento (Código de Processo Civil/2015) seja passível de críticas, não há como negar que a premissa que inspirou sua elaboração foi precisamente aquela que está na essência do *instrumentalismo*, ou seja, a manutenção das estruturas construídas em mais de 100 anos de ciência processual, adaptando-as à realidade contemporânea, a fim de que o processo, como instrumento de solução de conflitos, seja compreendido e utilizado como aquilo que ele é, ou seja, mecanismo para a efetivação do direito material.

1.5 Escopos do processo

Um dos ganhos que o desenvolvimento do direito processual como ciência, assentada ao longo da *fase autonomista* ou *científica*, com os aperfeiçoamentos subsequentes na fase *instrumentalista*, foi capaz de produzir foi a identificação dos denominados *escopos do processo*.

Numa visão típica da fase autonomista, bem representada no pensamento de Giuseppe Chiovenda, o processo é apenas o instrumento da aplicação da vontade concreta da lei.

O pensamento contemporâneo, entretanto, sob os influxos da corrente instrumentalista, captou que esse é apenas um dos aspectos do problema. Compreendeu-se, a partir daí, que o processo, como instrumento de solução de conflitos a serviço do direito material, possui escopos *jurídicos*, *políticos* e *sociais*.[10]

O escopo *jurídico* do processo deve ser compreendido como a aplicação da vontade concreta daquilo que é definido no ordenamento jurídico como direito. Não se trata da simples aplicação da vontade concreta e literal da lei, na visão de Giuseppe Chiovenda,[11] numa segmentação absoluta decorrente da divisão de Poderes e, notadamente, da separação das funções do Poder Legislativo (elaboração da lei) e do Poder Judiciário (aplicação da lei).

Numa referência sintética, é necessário lembrar que o momento posterior à II Guerra Mundial representou o crescimento da importância do constitucionalismo em detrimento do simples legalismo, resquício da Revolução Francesa do fim do século XVIII.

O fortalecimento do constitucionalismo rendeu ensejo a amplo desenvolvimento da hermenêutica, com relativização do positivismo legalista até então imperante, passando a reposicionar os parâmetros e critérios adotados como premissas para a exegese das leis (em sentido estrito).

A evolução social bem como a incapacidade do legislador de prever todas as hipóteses e variáveis na aplicação da lei também ofereceram sua contribuição. Mais do que nunca, tornou-se evidente ser imprescindível a adoção pelo legislador de conceitos jurídicos indeterminados ou vagos e cláusulas gerais, a serem preenchidas quando de sua aplicação aos casos concretos.

Esse quadro deixou nítido que não se trata mais, no processo, de aplicar a vontade literal da lei (em sentido estrito), mas sim de identificar no ordenamento jurídico a norma de decisão aplicável aos casos concretos, através da aplicação dos critérios de interpretação e integração das regras que, de alguma forma, podem influenciar a solução de determinado caso concreto.

O escopo *jurídico* do processo, portanto, não é pura e simplesmente a aplicação da vontade concreta da lei, mas sim a aplicação da vontade concreta do direito, numa concepção mais ampla e abrangente, como norma de decisão extraída do ordenamento jurídico como um todo, em interpretação pautada sempre pela exegese da legislação infraconstitucional, a partir das premissas assentadas pelas normas constitucionais.

O escopo *político* do processo, por sua vez, está associado ao efetivo e imperativo exercício do poder estatal.

---

10. Cf. Cândido Rangel Dinamarco, *A Instrumentalidade do Processo*, 14ª ed., São Paulo, Malheiros Editores, 2009, *passim*, esp. pp. 178-184.

11. Cuidava Giuseppe Chiovenda da jurisdição sob a exclusiva perspectiva da "aplicação da vontade concreta da lei" (*Instituições de Direito Processual Civil*, 2ª ed., vol. 1, trad. de Enrico Tullio Liebman, São Paulo, Saraiva, 1965, pp. 37-41).

A jurisdição envolve, por primeiro, o exercício de *parcela da soberania* do Estado, pois só a este é reservada a possibilidade de dar a palavra final, selada pela definitividade (coisa julgada), quanto à solução dos conflitos interpessoais.

Por outro lado, na jurisdição vislumbra-se o exercício desse poder, antes mencionado, por meio da *atividade* realizada pelos juízes em cada um dos processos que lhes são submetidos, em razão da aplicação das regras de competência.

Não menos importante, no exercício de parcela da soberania do Estado, através da atividade jurisdicional, cumpre o Judiciário a *função* de resolver os conflitos e de impor a aplicação do direito de modo perene aos integrantes do corpo social.

Dessa tríplice projeção da atuação jurisdicional, portanto – *poder*, *atividade* e *função* – é que se colhe o escopo *político* do processo, qual seja, reafirmar o caráter imperativo e soberano do poder estatal, fazendo com que o ordenamento jurídico, como resultado da atividade legislativa (produção das leis em sentido amplo) e jurisdicional (dicção final do direito aplicável aos casos concretos sob seu exame), seja efetivamente aplicado, em caráter impositivo, aos seus destinatários, ou seja, os integrantes do corpo social.

Em outras palavras, o escopo *político* do processo reside na reafirmação do próprio poder estatal, pois o ordenamento jurídico deve, num plano ideal, ser observado por todos, sob pena de imposição de sua observância pelo próprio Estado, através do processo jurisdicional.

O escopo *social*, por sua vez, está associado à eliminação dos conflitos e ao efeito educativo, de prevenção geral, que essa providência deve produzir.

Os conflitos sociais não são desejados, mas são inerentes ao convívio e às relações humanas. A ordem jurídica, por sua vez, estabelece limites ao comportamento dos integrantes da coletividade. Torna-se imprescindível, diante do surgimento dos conflitos, que repercutem no plano jurídico, o restabelecimento do equilíbrio social, com a solução das situações litigiosas. O prolongamento do estado litigioso revela verdadeira patologia, que cria dificuldades para a manutenção do equilíbrio que deve prevalecer dentro do corpo social.

Dessa forma, o processo tem potencial para permitir que a atuação da jurisdição alcance, com a solução dos conflitos, a pacificação social, bem como o efeito de prevenir ou ao menos reduzir as chances de eclosão de novos litígios relacionados ao mesmo tema.

Ainda que haja, em todo processo judicial, um sujeito potencialmente insatisfeito, ou seja, aquele que foi vencido (sucumbente), o fato de se alcançar na jurisdição uma resposta definitiva para a situação de conflito tem aptidão para reduzir a natural insatisfação humana em decorrência da derrota. Afinal, o indivíduo esgotou suas chances, e recebeu resposta definitiva do Estado, tendo ciência de que só lhe resta observá-la e cumpri-la.

A pacificação e a educação (prevenção geral) relativamente à observância do ordenamento e à redução de litígios são elementos centrais do escopo *social* do processo, pois só assim se torna possível restabelecer o quadro de estabilidade mínima, imprescindível à vida em sociedade.

Em suma, pode-se afirmar que (a) o escopo jurídico do processo cinge-se à aplicação da vontade concreta identificável no conjunto de normas que compõem o ordenamento jurídico; (b) o escopo político do processo identifica-se na reafirmação da imperatividade do poder estatal; (c) o escopo social do processo reside na pacificação social e na educação (prevenção) para a ocorrência de novos conflitos.

1.6 Procedimento em contraditório

Um dos elementos fundamentais ao conceito de processo, que deve ser compreendido como basilar à elaboração de uma teoria geral do processo, é o contraditório.[12]

Inserido expressamente no rol dos direitos e garantias fundamentais da Constituição Federal (art. 5º, LV), que impõe sua observância "aos litigantes, em processo judicial ou administrativo, e aos acusados em geral", o contraditório é uma das notas distintivas entre o simples procedimento e o processo.

Sem prejuízo da retomada, adiante,[13] do estudo dos conceitos de processo e procedimento, é necessário ter clareza quanto à ideia de que nos simples procedimentos administrativos ou investigatórios não está presente a garantia constitucional do contraditório.

Simples procedimentos administrativos, nos quais se busca o esclarecimento inicial de fatos, sem que haja, no seu bojo, a possibilidade de imposição de qualquer sanção ou consequência jurídica, são, por exemplo: (a) a sindicância ou apuração preliminar administrativa, destinada à apuração de fatos ocorridos na esfera da Administração Pública ou à obtenção de informações iniciais a respeito da conduta de servidores públicos para, diante do indício de falta disciplinar, instauração de processo administrativo próprio, destinado à aplicação das sanções cabíveis; (b) as comissões parlamentares de inquérito (art. 58, § 3º, da CF), com a finalidade de apuração de fato determinado e, eventualmente, encaminhamento de suas conclusões ao Ministério Público, para promoção de responsabilidade civil e criminal de infratores da lei, ou mesmo a outros órgãos públicos, para adoção de providências cabíveis na esfera das respectivas atribuições; (c) o inquérito policial, cuja finalidade é a investigação da ocorrência de infrações penais e apuração de indícios de autoria (arts. 4º e ss. do CPP), possibilitando a ulterior instauração da ação penal, na qual, aí sim, torna-se possível a aplicação das sanções penais cabíveis aos responsáveis pela prática da infração penal; (d) o inquérito civil, no âmbito da tutela jurisdicional coletiva, a cargo do Ministério Público (art. 129, III, da CF; art. 8º, § 1º, da Lei 7.347/1985 – Lei da Ação Civil Pública), cuja finalidade é exclusivamente a apuração de fatos e situações de ameaça ou lesão a interesses difusos,

---

12. Cf. Elio Fazzallari, *Instituzioni di Diritto Processuale*, 7ª ed., Padova, CEDAM, 1994, pp. 84-85.

13. V. Capítulo 5, *infra*.

coletivos e individuais homogêneos, sem qualquer resultado sancionatório, viabilizando a ação civil pública ou a elaboração de compromissos de ajustamento de conduta, nos quais, aí sim, há a possibilidade de reconhecimento de responsabilidade e imposição de sanções e do cumprimento de obrigações por parte dos responsáveis; (e) as auditorias realizadas pelo Tribunal de Contas da União/TCU, pelos tribunais de contas dos Estados ou, quando for o caso, pelos tribunais de contas dos Municípios, com a finalidade de fiscalizar a gestão de órgãos públicos, podendo-se daí extrair informações para eventual instauração de processo administrativo de tomada e prestação de contas no qual, aí sim, há possibilidade de imposição de sanções e de reconhecimento de responsabilidade por parte de gestores públicos (Lei 8.443/1992, arts. 6º ao 35, que cuidam do processo de tomada ou prestação de contas no TCU).

O contraditório envolve dois aspectos fundamentais, que lhe conferem feição completa, sintetizados no binômio *informação-reação*, por meio dos quais é efetivamente assegurado ao litigante o exercício da defesa das suas posições jurídicas no processo.

Todos os sujeitos parciais do processo devem ter assegurada a possibilidade efetiva de conhecimento das movimentações processuais, das iniciativas e manifestações dos demais sujeitos do processo, bem como das decisões proferidas. Esse é o elemento *informação*, componente substancial do contraditório.

Com a *informação* alinha-se a possibilidade de *reação*, através de manifestações, requerimentos, interposição de recursos, juntada de documentos, sempre com a finalidade última de promover a plena defesa da posição jurídica do sujeito processual.

Por último, necessário lembrar que *destinatários* do contraditório são não apenas os sujeitos parciais do processo (partes e intervenientes), mas também o órgão judicial.

Nesse sentido, às partes fica assegurada a possibilidade de influenciar a formação do convencimento do órgão judicial e, consequentemente, o resultado do processo. Ao órgão judicial, por seu turno, fica assegurada a possibilidade de contar com a colaboração das partes para o melhor esclarecimento dos fatos, pelo conhecimento de todas as suas circunstâncias, bem como para o oferecimento de todas as reflexões úteis a respeito das questões de fato e de direito debatidas no processo. E o melhor conhecimento das circunstâncias de fato, associado à maior amplitude e profundidade das reflexões quanto às questões de direito, é premissa para que o juiz ou tribunal possa emitir decisão potencialmente mais correta para o litígio.

1.7 Institutos bifrontes: teoria unitária e teoria dualista do direito

Em que pese a que o direito processual tenha se desenvolvido e alcançado sua autonomia científica, o aprofundamento e o amadurecimento dos estudos a seu respeito sedimentaram o esclarecimento de que o direito processual existe em função do direito material, embora não seja dele dependente.

O instrumento central do direito processual, que é o processo, do mesmo modo existe como mecanismo de realização do direito material. Se o direito é imanente e indispensável à vida em sociedade (*ubi societas, ibi ius*), torna-se problema fundamental saber se a construção do ordenamento jurídico é papel do legislador, sendo sua aplicação pelo Poder Judiciário momento distinto dessa realidade fenomênica, ou se a atividade jurisdicional está integrada à própria formação da ordem jurídica.

Em outros termos, trata-se de responder à indagação sobre se o juiz apenas aplica o direito ou se ele participa da sua criação ao determinar sua incidência em situações específicas.

Embora seja essa uma questão associada à teoria geral do direito ou à filosofia jurídica, ela também se apresenta no campo da teoria geral do processo.

É possível identificar nessa temática duas principais correntes de pensamento, quais sejam, a *teoria unitarista* ou *unitária* e a *teoria dualista* do ordenamento jurídico.

Pela *teoria unitarista* ou *unitária* do ordenamento jurídico o processo de formação do direito é único, dele participando, num primeiro momento, os órgãos com competência normativa (por exemplo, o legislador, ao editar a lei), e, num segundo momento, os órgãos encarregados de aplicação da lei (por exemplo, o juiz, ao proferir sentença aplicando a lei ao caso concreto).

A edição da regra jurídica, que possui caráter abstrato, genérico e impessoal seria, nessa construção, apenas o primeiro momento ou primeira fase de formação do direito ou do ordenamento, complementando-se no momento ou fase subsequente, em que a aplicação da regra jurídica ao caso concreto a completa.

Em outras palavras, o direito, em perspectiva integral, com vida e efeitos só se integra quando de sua aplicação concreta.

Essa é a linha de pensamento que está por detrás, por exemplo, da concepção de Francesco Carnelutti, para quem o processo é meio oferecido pelo ordenamento para a justa composição da lide, qualificada esta como conflito de interesses caracterizado pela existência de uma pretensão de alguém e pela resistência oferecida pela contraparte àquela. A lide seria, portanto, a oportunidade para, com a atuação do Poder Judiciário, não apenas solucionar-se o conflito, mas ultimar-se o processo de formação do direito concretamente considerado.[14]

Para a *teoria dualista* do ordenamento jurídico, entretanto, passa-se o fenômeno de modo distinto.

Na concepção por esta esposada o direito é criado pelo legislador (bem como por outros órgãos estatais detentores de competência normativa primária, ainda que limitada e excepcional), com a edição das leis em sentido amplo (Constituição, emendas constitucionais, leis complementares, leis ordinárias, medidas provisórias, resoluções e decretos legislativos). O passo seguinte, consistente na identificação das hipóteses

14. Cf. Francesco Carnelutti (*Teoria Geral do Direito*, trad. de A. Rodrigues Queiró e Artur Anselmo de Castro, São Paulo, Saraiva, 1942, pp. 95-99; *Diritto e Processo*, Nápoles, Morano, 1958, p. 19), lembrando que "col metodo legislativo si ottiene una *lex generalis*; col metodo giurisdizionale o processuale si ottiene una *lex specialis* (dove *lex* è usata col significato specifico di comando)".

concretas em que a regra criada pelo legislador será aplicada na solução de conflitos, tarefa do juiz, não se inclui na atividade de construção do ordenamento.

Nessa concepção encaixa-se perfeitamente, por exemplo, o pensamento de Giuseppe Chiovenda, para quem cabe ao juiz, ao julgar, aplicar a vontade concreta da lei (ou, numa visão atual, a vontade concreta do direito).[15]

Ainda que se considere toda a evolução da concepção contemporânea a respeito do ordenamento jurídico no período histórico que se iniciou após o término da II Guerra Mundial, com o recuo do *legalismo* extremo, fruto da Revolução Francesa do final do século XVIII (para a qual nenhum papel criativo era reservado ao juiz, que deveria agir como simples aplicador da lei – o chamado juiz "boca da lei", ou, no Francês, *bouche de la loi*), e a expansão do constitucionalismo (permitindo a ampliação do papel do Poder Judiciário na construção do ordenamento jurídico, notadamente pela necessidade da interpretação dos textos legais em conformidade com a Constituição; bem como pela necessidade de utilização, pelo legislador, de cláusulas abertas e conceitos jurídicos indeterminados, a serem preenchidos pelo julgador), é viável identificar a presença viva da noção *dualista* do ordenamento jurídico, numa visão aperfeiçoada do pensamento antes sustentado por Chiovenda.

Nesse ponto, uma visão contemporânea e adaptada da doutrina de Chiovenda, pela qual o juiz, no processo, deve aplicar a vontade concreta da lei, significaria que ele deverá aplicar a vontade concreta do ordenamento jurídico ou do direito posto, que não se resume à literalidade da lei.

A disputa reflete-se, nesse passo, na concepção *unitarista* ou *dualista* do ordenamento jurídico adotada pelos cultores da teoria geral do direito ou da filosofia do direito.

Trata-se de optar entre as figuras do "juiz Hércules", bem estampada na doutrina de Ronald Dworkin, por exemplo, ou do juiz "criador" do direito.

O primeiro, a despeito de todas as dificuldades (por exemplo: a necessidade de interpretação dos textos legais em conformidade com a Constituição, inclusive reconhecendo e indicando inconstitucionalidades; a necessidade de compatibilização de textos aparentemente conflitantes; a necessidade de preenchimento de conceitos jurídicos vagos ou indeterminados, utilizados pelo legislador), deve encontrar para os casos sob sua responsabilidade a solução (norma de julgamento) já existente, ainda que em estado latente, no ordenamento jurídico. Não existiriam, nessa visão, verdadeiras lacunas no ordenamento, mas apenas casos difíceis (*hard cases*), a exigir esforço superior de interpretação e integração normativa.[16]

O segundo, por sua vez, tem a liberdade de, diante de lacunas do ordenamento, contribuir com sua atividade criativa para a formação daquele. Mais ainda: a própria atividade de aplicação finaliza o processo de criação do direito.

---

15. Cf. Giuseppe Chiovenda, *Instituições de Direito Processual Civil*, cit., 2ª ed., vol. 1, pp. 37-41.

16. V.: Ronald Dworkin, *O Império do Direito*, trad. de Jefferson Luiz Camargo, São Paulo, Martins Fontes, 1999, pp. 286-293 (do original *Law's Empire*).

Seja como for, ainda que não se trate, nesta apresentação, de tomar partido sobre a disputa, cuja compreensão completa requer exame mais aprofundado, o que se pode extrair de útil para o estudo do direito processual é o caráter bifronte do processo como instrumento posto à disposição do Estado-Juiz.

Esse caráter decorre de que, seja optando por uma, seja adotando a outra teoria, o observador chegará à inequívoca conclusão de que o processo não é um fim em si mesmo, mas sim um instrumento que existe com a finalidade de realizar o direito na sociedade, permitindo sua manutenção em situação de equilíbrio, combatendo situações de risco que poderiam conduzir, em última análise, ao desequilíbrio social, à anarquia e à inviabilidade da manutenção do corpo social.

Essa é dúplice ou bifronte projeção do direito processual e dos seus institutos, indicando, concomitantemente, sua autonomia e seu caráter instrumental quanto ao direito material.

1.8 Institutos fundamentais do direito processual: jurisdição, ação, defesa, processo

Desde o primeiro contato com o estudo do direito processual, na apresentação da ciência e de seus temas, feita por intermédio da teoria geral do processo, é imprescindível identificar a essência de seus institutos fundamentais, cuja afirmação, compreensão e sedimentação só se verificaram a partir do momento em que se consolidou sua autonomia.

Foi com a já mencionada obra de Oskar von Büllow sobre as exceções processuais e os pressupostos processuais (*Die Lehre von den Prozesseinreden und die Prozessvoraussetzungen*), publicada em 1868, que a doutrina passou a construir institutos próprios da ciência processual.

E nessa construção, realizada ao longo de mais de um século, tornou-se possível pensar sistematicamente, agrupando os estudos de todos os temas processuais em torno dos denominados eixos ou institutos fundamentais da ciência, ou seja, a jurisdição, o processo, a ação e a defesa.

Nesse passo, cumpre formular uma primeira abordagem a respeito dos institutos fundamentais.

A *jurisdição* exerce parcela do poder estatal, sendo resultante, em última análise, da soberania do Estado. Embora seja usual o seu trato como poder, ao lado do Legislativo e do Executivo, em verdade todos eles são manifestações de parcelas do poder soberano do Estado.

Além de figurar, nessa percepção, como *poder* ou *fração do poder* do Estado, a *jurisdição* é *função* estatal que atua velando pelo respeito ao ordenamento jurídico, seja quando conflitos interpessoais (lides) lhe são apresentados por um dos contendores, seja quando, mesmo sem a existência de conflito, o ordenamento jurídico submete a prática de determinados atos à chancela judicial, como se verifica na chamada jurisdição voluntária, regulada pelo CPC/2015 nos arts. 719 e ss.[17]

---

17. Adiante, v. item 3.8.

Por outro lado, a *jurisdição* deve ainda ser compreendida como atividade exercida pelos órgãos judiciais (juízes e tribunais) nos processos.

Jurisdição, dessa forma, é ao mesmo tempo *poder* (ou parcela de poder), *função* e *atividade*.[18]

Nessa primeira aproximação, ou seja, jurisdição enquanto *poder*, o *processo* deve ser compreendido como o instrumento da jurisdição. Trata-se de método estatal de solução imperativa de conflitos, bem como de aplicação da lei na realização ou certificação de determinados atos em que, mesmo sendo inexistente o conflito, submete o legislador sua prática à chancela judicial, como ocorre nos processos de jurisdição voluntária.

Necessário dizer que, embora o processo seja o mecanismo de atuação da jurisdição, como dito, com a finalidade de composição de conflitos para a realização da vontade concreta do direito, bem como para a prática de determinados atos que a lei põe sob a chancela do Poder Judiciário ainda que ausente a situação litigiosa (jurisdição voluntária), ele não é o único meio através do qual se alcança a pacificação social bem como a educação para que novos litígios sejam evitados, como efeito de prevenção geral (para a coletividade) ou especial (para as próprias partes).

Os mecanismos alternativos de resolução de controvérsias, nesse passo, desempenham papel relevante nesse contexto, com aptidão para alcançar os mesmos resultados propiciados pelo processo, com menor desgaste dos atores estatais e com potencial para maior satisfação das partes em conflito.[19] Útil ainda lembrar que a partir do momento em que a sociedade e seus integrantes renunciaram à prática da justiça pelas próprias mãos, inclusive criminalizando o exercício arbitrário das próprias razões (art. 345 do CP), a jurisdição e seu mecanismo fundamental, o processo, ganham foros de indispensabilidade à própria manutenção do tecido social, tal qual ocorre com a existência do ordenamento jurídico, igualmente indispensável.

---

18. Sobre o conceito de jurisdição, cf.: Cândido Rangel Dinamarco, *Instituições de Direito Processual Civil*, 10ª ed., vol. I, São Paulo, Malheiros Editores, 2020, pp. 384 e 397-408. Do mesmo modo: Cândido Rangel Dinamarco, Gustavo Henrique Righi Ivahy Badaró e Bruno Vasconcelos Carrilho Lopes, *Teoria Geral do Processo*, 32ª ed., São Paulo, Malheiros Editores, 2020, p. 257.

19. Em um de seus últimos trabalhos Ada Pellegrini Grinover lançou dúvida sobre se a jurisdição deve, efetivamente, ser compreendida como poder. À luz do crescimento do emprego dos meios alternativos de solução de conflitos, cogitou a troca desta característica (poder) pela noção de garantia (*Ensaio sobre a Processualidade: Fundamentos para uma Nova Teoria Geral do Processo*, Brasília, Gazeta Jurídica, 2016, pp. 18-20). Nesse sentido, compreendendo que a justiça consensual estaria compreendida na própria jurisdição. Logo, não havendo exercício de *poder* na justiça consensual, já que o conflito seria resolvido exclusivamente pelas partes, o conceito de *poder* na própria ideia de jurisdição restaria superado. No entanto, de modo oposto, menciona Cândido Rangel Dinamarco que a mediação e a conciliação, especificamente, sequer constituem exercício de jurisdição. Embora seja importante refletir a respeito, não nos parece possível, *a priori*, abandonar a noção de que a jurisdição é poder, o que não conflita com a ideia de garantia. Em outros termos, é viável cogitar do reconhecimento da qualidade de *garantia* à jurisdição sem que se lhe afaste o sentido de *poder*, *função* e *atividade*.

Em outras palavras, se *ubi societas, ibi ius* (em tradução livre, onde houver sociedade será imprescindível o direito), pode-se concluir que *ubi ius, ibi jurisdictio* (onde está presente o direito será indispensável a jurisdição), tanto quanto será incontornável a existência do processo, instrumento daquela.

A *ação*, por seu turno, deve ser compreendida, em perspectiva contemporânea, como direito público e subjetivo do qual dispõem as pessoas físicas e jurídicas de, diante de situações concretas que envolvam a necessidade de proteção de interesses jurídicos tutelados pelo ordenamento, pôr em movimento a máquina judicial com a finalidade de obter uma resposta estatal potencialmente apta a eliminar ameaças ou promover o restabelecimento do direito violado.

No contexto do ordenamento jurídico contemporâneo o direito de ação é exercido através da *demanda* (ato concreto do interessado que, dirigindo-se formalmente ao Poder Judiciário, o põe em movimento, levando à instauração do processo, no qual lhe poderá ser concedida a tutela jurisdicional), formalizada através de documento denominado *petição inicial*.[20] É nítida a manifestação da garantia constitucional da *inafastabilidade, indeclinabilidade* ou *indispensabilidade da jurisdição*, estabelecida no art. 5º, XXXV, da CF.

O sistema jurídico assegura, através da ação, como direito fundamental e garantia constitucional, que toda lesão ou ameaça aos direitos, ou seja, às posições jurídicas individuais ou coletivas protegidas pelo ordenamento jurídico, sejam tuteláveis por meio de exame por parte do Poder Judiciário, por não serem excluídas *a priori* da apreciação judicial.

A ação, dessa forma, configura para todos os jurisdicionados, em alguma medida, mais que um direito, mas verdadeiro poder concreto de ativar o funcionamento da jurisdição, para que sejam apreciadas as situações de ameaça ou lesão a direitos.

Isso não significa, entretanto, que o próprio ordenamento jurídico não possa fixar parâmetros ou condições para o exercício do direito de ação, ou mesmo para a instauração do processo.

É o que ocorre com a previsão legal das denominadas condições da ação e com os pressupostos processuais. Mostra-se constitucionalmente legítimo o condicionamento do exercício do direito de ação ou da instauração do processo. Esse condicionamento tem sua razão de ser na necessidade de equilíbrio entre o exercício do poder de ativação da jurisdição (direito de ação) e a instauração do processo.

Em outras palavras, o ordenamento jurídico constitucional assegura o exercício do direito, mas não o exercício abusivo do direito. Tanto assim que a legislação pro-

---

20. Em regra, inicia-se o processo pela petição inicial, elaborada por escrito, devendo preencher os requisitos mínimos previstos em lei (art. 319 do CPC de 2015). A lei pode autorizar o exercício do direito de ação oralmente, como ocorre nos Juizados Especiais até o valor de 20 salários-mínimos (art. 14 da Lei 9.099, de 1995, pelo qual "o processo instaurar-se-á com a apresentação do pedido, escrito ou oral, à Secretaria do Juizado").

cessual pune a denominada litigância de má-fé (art. 79 do CPC/2015), reconhecendo a responsabilidade das partes pelo dano processual.

Seria inconstitucional a fixação de condição da ação ou pressuposto processual que, na prática, tornassem impossível ou extremamente difícil a obtenção da tutela jurisdicional. Mostra-se legítimo do ponto de vista constitucional, entretanto, o estabelecimento de condições e pressupostos que não desbordam dos limites da razoabilidade, exigindo seu cumprimento por aqueles que pretendem litigar em juízo.

Afinal, a existência do processo judicial para o réu é sempre fonte de algum constrangimento. Basta pensar na necessidade de constituição de advogado, com os custos aí embutidos; na preocupação decorrente do temor pela eventual concessão de medidas de urgência ou mesmo pela eventual derrota do réu na ação; ou mesmo na repercussão negativa da existência da ação quanto ao nome do réu, seja ele pessoa física ou jurídica, não ilidida, na prática, pela presunção de inocência (art. 5º, LVII, da CF, direcionado, literalmente, ao processo penal, mas em alguma medida aplicável aos processos não penais). Afinal, inúmeros negócios usuais e importantes na vida civil de pessoas físicas e jurídicas (aquisição de imóveis, contratação para realização de determinados serviços, participação e licitações em órgãos públicos) deixam de ocorrer diante da informação de que uma das partes interessadas responde a ações judiciais de cobrança, ações trabalhistas, execuções de títulos judiciais ou extrajudiciais etc.

Não há como negar, portanto, que a existência do processo é fator de desgaste para o réu, motivo pelo qual o ordenamento jurídico pode, desde que razoáveis e não abusivos, fixar parâmetros para que a utilização da ação e a existência do processo judicial não signifiquem indevido constrangimento em relação ao réu.

Se esse condicionamento da ação e do processo (condições da ação e pressupostos processuais), entretanto, é exagerado, despido de razoabilidade, ou mesmo abusivo, deve ser reconhecida sua inconstitucionalidade.

Inconstitucional seria, por exemplo, vedar o ingresso em juízo de determinadas demandas sob a alegação de que envolvem direitos subjetivos de menor valor ou importância, condicioná-las ao esgotamento das esferas administrativas, ou mesmo criar exigências fiscais (custas judiciais) tão altas que, na prática, sejam insuperáveis para os cidadãos comuns, ou ainda, por último e não menos importante, vedar acesso à justiça de determinados tipos de direitos.

Apenas como exemplo, pode-se apontar a manifesta inconstitucionalidade do art. 1º, parágrafo único, da Lei 7.347/1985, a Lei da Ação Civil Pública. Esse dispositivo veda a utilização da ação civil pública para "veicular pretensões que envolvam tributos, contribuições previdenciárias, o Fundo de Garantia do Tempo de Serviço – FGTS ou outros fundos de natureza institucional cujos beneficiários podem ser individualmente determinados".

Há vários motivos para apontamento da inconstitucionalidade do dispositivo, como, por exemplo: o fato de ter sido introduzido na lei por medida provisória;[21] ou

21. A última medida provisória que manteve o dispositivo, após reedições, com pequenas modificações de medidas anteriores, foi a Medida Provisória 2.180-35, de 2001, que continua

por tratar desigualmente cidadãos em situação equivalente, proibindo o uso da ação coletiva para a tutela de interesses individuais homogêneos que, contra particulares, poderiam ser objeto de ação coletiva; a inexistência do requisito da urgência para que a matéria fosse regulada por meio de medida provisória (violando o art. 62, *caput*, da CF) – entre outros.

Naquilo que nos interessa no presente momento, entretanto, deve-se observar que a inconstitucionalidade se deve também ao fato de que a norma veda o acesso à justiça dos direitos ou interesses nela indicados, que na prática só por meio da ação civil pública poderiam encontrar tutela jurisdicional.

A contrariedade ao art. 5º, XXXV, da CF está em que os valores de pretensões individuais a título de tributos, contribuições previdenciárias, FGTS ou outros fundos de natureza institucional em boa parte dos casos são de pequena monta quando comparados com o custo do ajuizamento de ação individual. Dessa forma, para o indivíduo, mover ação individual para pleitear qualquer um desses direitos pode significar, mesmo em caso de vitória, prejuízo financeiro, e não benefício. Esse quadro demonstra que o parágrafo único do art. 1º da Lei da Ação Civil Pública, embora aparentemente apenas exclua o processo coletivo, assegurando o uso do processo individual, na prática nega o acesso à justiça aos interesses e direitos nele discriminados.

Ainda no plano dos exemplos, como contraponto, não é inconstitucional o art. 5º, I, da Lei 12.016/2009 (Lei do Mandado de Segurança), que veda a utilização do mandado de segurança quando se tratar de "ato do qual caiba recurso administrativo com efeito suspensivo, independentemente de caução".

A possibilidade de concessão de efeito suspensivo ao recurso administrativo potencialmente afasta a possibilidade de lesão ou ameaça ao direito tutelável na via do mandado de segurança. Ademais, o dispositivo não exige o esgotamento da instância administrativa, com o julgamento definitivo do recurso administrativo, como condição prévia ao ajuizamento do mandado de segurança. Apenas, *a contrario sensu*, exige que se busque tutela para a posição jurídica do interessado, por primeiro, através da interposição do recurso administrativo com pleito de concessão de efeito suspensivo.

Está implícito no dispositivo que, se não houve concessão de efeito suspensivo e subsiste o risco de ameaça ou lesão ao direito, será cabível o uso do mandado de segurança.

Por fim, resta o exame da *defesa* como instituto fundamental do processo civil.[22]

A *defesa* é o instituto fundamental correlato à ação. Pode ser definida como direito público subjetivo inerente a quem é demandado em juízo, revestido de autonomia em relação ao direito material, de expor suas razões, produzir provas, alegações e valer-se

---

em vigor por força do art. 2º da EC 32/2001, segundo o qual: "As medidas provisórias editadas em data anterior à da publicação desta Emenda continuam em vigor até que medida provisória ulterior as revogue explicitamente ou até deliberação definitiva do Congresso Nacional".

22. Sobre a defesa cf.: Heitor Vitor Mendonça Sica, *O Direito de Defesa no Processo Civil Brasileiro. Um Estudo sobre a Posição do Réu*, São Paulo, Atlas, 2011, *passim*.

de todos os meios de atuação em juízo, com a finalidade de fornecer elementos ao juiz para que a pretensão do autor seja rejeitada, ou então para que o processo seja extinto sem exame do mérito.

A defesa é assegurada a todos como direito e garantia fundamental, nos termos do art. 5º, LV, da CF, que assegura "aos litigantes, em processo judicial ou administrativo, e aos acusados em geral" "o contraditório e ampla defesa, com os meios e recursos a ela inerentes". O art. 5º, XXXVIII, "a", da CF, por sua vez, referindo-se especificamente aos processos de competência do Tribunal do Júri, assegura neles a "plenitude de defesa" por parte do acusado.

Note-se que o caráter autônomo do direito de defesa decorre de que a possibilidade de seu exercício é assegurada a todos, independentemente de ter ou não razão o demandado, no que diz respeito ao litígio deduzido em juízo. Em outras palavras, ainda que o demandante tenha razão, e isso venha a ser demonstrado por ele e reconhecido em juízo, não se retira do demandado a possibilidade de exercer sua defesa.

Por outro lado, é oportuno reconhecer que o direito de *defesa* pode também ser compreendido como uma projeção do exercício do próprio direito de *ação*.

Nesse sentido, se o direito de *ação* é prerrogativa assegurada a todos, pessoas físicas e jurídicas, ou mesmo aos entes desprovidos de personalidade jurídica mas detentores de personalidade judiciária (por exemplo, massa falida, espólio, condomínio, corpos legislativos), de ativar o funcionamento do Poder Judiciário, ou seja, movimentar a jurisdição, a fim de que as situações de ameaça ou lesão a direito sejam examinadas, é viável concluir que o exercício do direito de ação cria situações jurídicas que rendem ensejo à prática de atos, no curso do processo instaurado, por parte de todos os sujeitos processuais (autor, réu e juiz).

Assim, o juiz determina a citação. Após a realização da citação surge para o réu uma nova situação jurídica, que é o ônus de responder. Após a resposta, surge nova situação jurídica, que é, para o autor, o ônus de replicar. Assim caminha o processo, até que ao final o magistrado tem o dever de sentenciar, e para o sucumbente (autor, réu ou ambos, no caso de sucumbência parcial) surge o ônus de recorrer para obtenção de um resultado mais favorável.

Dessa forma, é possível perceber que o exercício da defesa é, em alguma medida, uma projeção ou decorrência do exercício do próprio direito de ação, como também o é o direito de recorrer.

Importa lembrar, ainda, que o autor ou demandante, ao exercer o direito de ação, deduz pretensão, ou seja, *pede* que o Poder Judiciário conceda a tutela para a posição jurídica que deduz em juízo. O réu ou demandado, por sua vez, não *pede*, apenas *impede*, ou seja, oferece resistência à pretensão deduzida pelo autor.

Dessa forma, quando o juiz julga a ação procedente, acolhe o pedido do autor. Por outro lado, ao julgar a ação improcedente o juiz não está a acolher pedido algum do réu, mas apenas a rejeitar o pedido do autor. Não há como negar, entretanto, que a rejeição do pedido do autor contém uma declaração contrária àquilo que ele havia pleiteado. Por exemplo, quando o autor pede a declaração da existência de um direito dele em face do réu e o juiz rejeita esse pedido, ele declara a inexistência do direito do autor (tutela declaratória negativa). Por outro lado, quando o autor pede a declaração da inexistência de um direito e o juiz rejeita seu pedido, ele declara a existência do direito do réu em face do autor (tutela declaratória positiva).

É por essa razão que a doutrina contemporânea, de modo geral, aceita o entendimento de que embora o réu, ao se defender, nada peça, a improcedência da ação significa para ele tutela jurisdicional declaratória.

Além disso, há modalidades de resposta, porém, que não configuram defesa, mas sim contra-ataque do réu ao autor no mesmo processo. São elas a *reconvenção*, prevista no art. 343 do CPC/2015, e o *pedido contraposto*, previsto no art. 31 da Lei 9.099/1995 (Lei dos Juizados Especiais). Este último também era possível na legislação processual anterior (art. 278, § 1º, do CPC/1973), com aplicação restrita ao procedimento sumário.

Não se trata, insista-se, de modalidades de *defesa*, mas sim de resposta, que veiculam ataque, ou seja, dedução de pretensão do réu em face do autor no mesmo processo já instaurado.

Por outro lado, há situações em que o procedimento criado pela lei, em consonância com as peculiaridades do direito material discutido, prevê a possibilidade de que, mesmo tendo sido formulado pedido exclusivamente pelo autor, ao final o juiz conceda ao réu tutela jurisdicional de igual intensidade, qualidade e quantidade daquela que foi pleiteada pelo demandante. É o que ocorre nas chamadas *ações dúplices*, em que o réu apenas se defende e nada pleiteia, mas o juiz pode impor desvantagem no plano do direito material ao autor, em benefício do réu.

Assim, na ação de prestação de contas (arts. 550 a 553 do CPC/2015) há duas decisões: a primeira, em que o juiz reconhece a existência da obrigação de prestar contas; a segunda, em que o juiz impõe o pagamento do saldo ao obrigado, que pode ser o autor ou o réu.

Do mesmo modo, na ação de desapropriação o juiz pode condenar o Poder Público expropriante a pagar ao expropriado a diferença, para fins de indenização, entre o valor inicialmente oferecido e aquele ao final apurado como devido (art. 27, § 1º, do Decreto-lei 3.365/1941 – Lei das Desapropriações).

Nesses casos, fugindo à sistemática ordinária, por força da qual o juiz só pode dar ou negar aquilo que lhe foi expressamente pedido, em decorrência da regra da demanda e de seus consectários lógicos (inércia jurisdicional e adstrição, também chamada de correlação ou congruência),[23] autoriza a lei que o juiz não só desacolha o pedido feito pelo autor, como ainda profira decisão concedendo ao réu benefício equivalente, em quantidade e qualidade, àquele que fora pleiteado pelo demandante.

Trata-se de autorização excepcional concedida pela lei ao juiz, ou seja, opção do legislador, materializada em técnica legislativa, que se justifica, em última análise,

23. As regras da demanda, da inércia jurisdicional e da adstrição (correlação ou congruência), decorrentes dos arts. 2º e 493 do CPC de 2015.

pelas características do direito material tutelado e pela conveniência de que tal opção sistemática se reveste.

1.9 Autotutela, autocomposição e heterocomposição

Como se sabe, a existência do direito é inerente à vida em sociedade (*ubi societas, ibi jus* = onde há sociedade, existe o direito). Por outro lado, os conflitos são inerentes à vida em comunidade, pois se mostra absolutamente natural o surgimento de divergências em decorrência da relação entre os indivíduos.

Assim, para a manutenção do equilíbrio social e da possibilidade da convivência coletiva, em decorrência da eclosão de conflitos, torna-se incontornável que o Estado ofereça mecanismos para a solução das lides.

O principal meio ou instrumento para a solução dos conflitos é o processo jurisdicional, instaurado por provocação do interessado, cuja instrução e cujo julgamento competem ao Poder Judiciário.

O que se apresenta, nesse contexto, é a *vedação à autotutela*. Na medida em que a humanidade evoluiu para a vida em sociedade, surgindo o direito como elemento indispensável ao equilíbrio dessa convivência e da manutenção do convívio coletivo, apresentou-se naturalmente a *vedação à autotutela*.

Por *autotutela* deve-se compreender a possibilidade de que o titular de determinado interesse o defenda por suas próprias mãos, sem invocar a intervenção estatal. É aquilo que, em linguagem empírica, pode ser qualificado como "fazer justiça pelas próprias mãos".

No sistema jurídico brasileiro a vedação à autotutela é expressamente prevista em lei, sendo certo que o Código Penal qualifica como crime o denominado "exercício arbitrário das próprias razões" (art. 345 do CP), descrito pela norma penal como a conduta de "fazer justiça pelas próprias mãos, para satisfazer pretensão, embora legítima, salvo quando a lei o permite".

Observe-se, entretanto, que, embora a regra geral seja a vedação à autotutela, o próprio sistema normativo a excepciona, admitindo que em determinadas situações, dada a impossibilidade de imediata intervenção estatal, o próprio titular do direito promova, pessoalmente, sua proteção.

Assim, a prática da autotutela deve ser expressamente autorizada pelo ordenamento, como ocorre, por exemplo, na legítima defesa da posse, o denominado "desforço", previsto no art. 1.210, § 1º, do CC, que estipula que "o possuidor turbado, ou esbulhado, poderá manter-se ou restituir-se por sua própria força, contanto que o faça logo", prevendo ainda esse dispositivo que "os atos de defesa ou de desforço não podem ir além do indispensável à manutenção, ou restituição da posse".

A mesma situação verifica-se na esfera penal com o reconhecimento da legítima defesa como causa excludente da ilicitude, nos termos do art. 25 do CP.

Em suma, a regra é a vedação à autotutela, embora ela seja excepcional e expressamente admitida em algumas situações.

Isso nos permite compreender que prevalece no ordenamento jurídico contemporâneo a denominada *heterocomposição* dos conflitos.

Por *heterocomposição* de conflitos, como a própria etimologia permite perceber, deve ser compreendido o equacionamento ou composição do conflito mediante a intervenção de terceiro, ou seja, de pessoa distinta dos litigantes.

A *heterocomposição* é ordinariamente realizada no âmbito do Poder Judiciário, por ser sua competência, naturalmente, o equacionamento dos conflitos que lhe são apresentados, diante da impossibilidade de alcance de consenso pelas próprias partes. Essa solução, obtida no âmbito da jurisdição, é impositiva e imperativa para os seus destinatários, ou seja, as partes no processo jurisdicional, pois se trata, como se sabe, de manifestação do exercício do próprio poder estatal.

Mas o processo jurisdicional não é o único meio imperativo e impositivo de *heterocomposição* de conflitos.

O *processo arbitral*, regulado entre nós pela Lei 9.307/1996 (Lei da Arbitragem), é meio de heterocomposição de conflitos (solução da lide através da intervenção de terceiro, pessoa distinta dos litigantes), cuja realização se dá fora do âmbito do Estado, visto que os árbitros não integram os quadros do Poder Judiciário.

Nesse caso, o Estado autoriza a instituição de meio impositivo e imperativo de solução do conflito fora do campo de atuação do Poder Judiciário, por meio da atuação de particulares indicados pelas partes (árbitros), desde que os próprios interessados elejam essa opção como modo de solução do conflito, bem ainda desde que sejam capazes e que os direitos em disputa sejam patrimoniais e disponíveis, formalizando, assim, convenção de arbitragem (art. 1º e art. 3º da Lei 9.307/1996).

Uma vez formalizada pelos interessados a opção de solução do conflito através do processo arbitral, a decisão nele proferida é obrigatória para as partes, sendo ela equiparada pelo ordenamento jurídico aos títulos executivos judiciais (art. 515, VII, do CPC/2015), prescindindo, inclusive, de homologação judicial.

Além disso, é restrita a possibilidade de afastamento da eficácia executiva da sentença arbitral, o que só ocorrerá na hipótese de acolhimento da ação anulatória da referida sentença, cujo cabimento está restrito aos casos arrolados, em enumeração taxativa, no art. 38 da Lei 9.307/1996.

Não há atualmente qualquer espaço para discussão a respeito da constitucionalidade do processo arbitral.

Embora a jurisdição seja parcela do poder estatal, e por isso indelegável, se as partes podem transigir quanto ao próprio direito patrimonial disponível, podem também transigir quanto ao modo de alcançar a composição do conflito relacionado ao referido direito.

Portanto, quando as partes pactuam a solução do conflito através do processo arbitral não se trata, nesse quadro, de delegação de poder jurisdicional por parte do Estado, mas sim de convenção entre os interessados a respeito do modo de equacionar o respectivo conflito.

Ademais, a previsão de hipóteses razoavelmente amplas para a revisão em juízo da regularidade do processo arbitral, por meio da ação anulatória (art. 38 da Lei 9.307/1996), ainda que taxativos tais fundamentos, significa respeito, em última análise, à própria garantia da inafastabilidade da tutela jurisdicional, estando em conformidade com o art. 5º, XXXV, da CF.

Em outros termos, mesmo o processo arbitral, em alguma medida, nos termos dos parâmetros revestidos de razoabilidade fixados na Lei de Arbitragem, não é totalmente infenso ao controle jurisdicional.

Remanesce ainda a possibilidade de *autocomposição dos conflitos*[24] pelos próprios interessados, ou seja, a solução da disputa sem intervenção impositiva de terceiros.

A *autocomposição* envolve todas as formas de solução de conflitos em que os próprios interessados, seja espontaneamente, seja mediante o estímulo de terceiros, acabam aderindo voluntariamente a uma solução não adjudicada, ou seja, que não lhes é imposta, e só se torna imperativa por força da adesão por eles mesmos oferecida a ela.

O principal traço distintivo entre a *autocomposição* e a *heterocomposição* não está no fato de terceiros participarem ou não do procedimento no qual se encontra a solução para o conflito, mas sim em ser ou não imposta aos litigantes tal solução. Na *heterocomposição* a solução é imposta, adjudicada. Fala-se em *adjudicação* do conflito. Isso não ocorre na *autocomposição*.

Há três possibilidades ou formas na *autocomposição* para o equacionamento do litígio. A *renúncia*, a *transação* e a *submissão*.[25]

A *renúncia* verifica-se nos casos em que o titular de um direito abdica de sua posição jurídica, bem como de todos os efeitos dessa posição que viriam em seu benefício.

A *transação* verifica-se quando entre os sujeitos conflitantes há concessões mútuas, ou seja, uma solução é alcançada mediante a abdicação parcial de ambos quanto à defesa de suas posições jurídicas. Se o credor pleiteia, por exemplo, o pagamento do valor 100, o devedor concorda em oferecer-lhe 50, e com base nisso entram em acordo, houve transação.

Na *submissão*, por seu turno, aquele contra quem é endereçada alguma pretensão, ou seja, o pretenso obrigado, admite a pertinência daquilo que dele se busca, submetendo-se à vontade da contraparte.

Essas situações podem se verificar fora ou dentro do processo.

---

24. Também chamada de "justiça conciliativa" e com papel fundamental no acesso à justiça (cf.: Ada Pellegrini Grinover, "Os métodos consensuais de solução de conflitos no novo CPC", in Giovanni Bonato, *O Novo Código de Processo Civil: Questões Controvertidas*, São Paulo, Atlas, 2015, pp. 2-3).

25. A abordagem sistemática de Francesco Carnelutti ressaltava a importância dos "equivalentes jurisdicionais" (*Sistema del Derecho Procesal Civil*, vol. 1, Padova, CEDAM, 1936, pp. 183 e ss.; do original *Sistema di Diritto Processuale Civile*).

As partes de um determinado conflito podem chegar à *autocomposição* através da *renúncia* do titular do direito, da *transação* (concessões mútuas) ou, ainda, da *submissão* do obrigado à vontade do titular do direito fora do processo, submetendo essa composição a procedimentos que lhe conferirão a eficácia de título executivo, ou mesmo dentro do processo, submetendo-a a homologação judicial.

São títulos executivos extrajudiciais acordos, ou seja, instrumentos de transação referendados pelo Ministério Público, pela Defensoria Pública, pelos advogados dos transatores ou por conciliador ou mediador credenciado pelo tribunal (art. 784 do CPC/2015; bem como o art. 57 da Lei 9.099/1995 – Lei dos Juizados Especiais – quanto ao Ministério Público).

Por outro lado, quando isso ocorre dentro do processo judicial o que se tem é sentença de mérito, homologatória de renúncia, de transação ou do reconhecimento jurídico do pedido (forma processual da submissão), a que a lei atribui a eficácia de título executivo judicial (art. 487, III, "a", "b" e "c", do CPC/2015).

Embora a lei qualifique como de mérito a decisão homologatória da renúncia, da transação ou do reconhecimento jurídico do pedido, é possível discutir se, após seu trânsito em julgado, poderão ser desconstituídas através de simples ação anulatória (art. 966, § 4º, do CPC/2015), ao contrário das demais decisões definitivas (transitadas em julgado) de mérito, que só podem ser desfeitas por meio de ação rescisória (art. 966 do CPC/2015).

A premissa da qual parece partir o legislador para tal distinção assenta-se em que na homologação de acordo o ato judicial seria meramente formal, apenas atribuindo eficácia executiva à vontade das partes. Quando estas desejam invalidar a solução consensual, é a própria composição que devem impugnar, e não a homologação judicial, através da ação anulatória. Tratar-se-ia, portanto, de simples anulação de negócio jurídico, nada obstante tenha sido este homologado judicialmente.

Posição oposta faria a distinção entre sentenças meramente homologatórias (como ocorre na homologação da partilha de bens – art. 657, *caput*, do CPC/2015), impugnáveis por ação anulatória, e aquelas em que a homologação não dispensa o exame, por parte do juiz, não apenas dos requisitos formais, mas do próprio conteúdo do ato, sob o ponto de vista da sua legalidade (como ocorreria na homologação da transação, da renúncia e da submissão).

A posição que estabelece a distinção oferece boa argumentação em seu favor. Basta dizer que o juiz não está obrigado a chancelar ilegalidades. Ou seja, há exame do conteúdo do ajuste a ser homologado. Isso levaria à necessidade de ação rescisória para desfazimento do ato judicial homologatório.

Essas três formas de autocomposição (renúncia, transação e submissão), que também foram denominadas pela doutrina como "equivalentes jurisdicionais", por produzirem, homologadas judicialmente, o mesmo resultado ou efeito prático alcançado com a tutela jurisdicional por meio de sentença de mérito, são resultados que podem ser alcançados através de procedimentos alternativos de composição do conflito.

Nos sistemas jurídicos filiados à denominada *common law* esses procedimentos alternativos são chamados de *Alternative Dispute Resolution/ADR*, existindo em grande quantidade e variedade no direito comparado.[26]

Mais conhecidos entre nós são a mediação, a negociação e a conciliação. Sob essa perspectiva, ou seja, a solução não jurisdicional do conflito, o processo arbitral também pode ser qualificado como um meio alternativo de composição do conflito.

A conciliação como procedimento não se confunde com a conciliação como resultado da atividade autocompositiva.

A conciliação como resultado da atividade autocompositiva significa que as partes superaram suas divergências, ou seja, não há mais litígio. Ela só é possível se houver ação judicial a respeito do litígio até o momento imediatamente anterior à decisão de mérito, pois, uma vez prolatada esta, terá sido adjudicado o conflito.

Mas a conciliação, como já dito, pode ser compreendida não só como resultado, mas também como método ou procedimento alternativo para a solução do conflito.

A conciliação e a mediação, enquanto métodos, em comparação, por sua vez, apresentam mais semelhanças que distinções. Ambas podem ser compreendidas como métodos ou mecanismos alternativos de solução de controvérsias. Podem ser realizadas antes da existência do processo judicial (fase pré-processual) ou na pendência deste (conciliação ou mediação em juízo).

Na prática as atividades são muito semelhantes.

O Código de Processo Civil/2015 tentou estabelecer a distinção entre os dois métodos valendo-se do principal elemento de diferenciação adotado pela doutrina: o fato de haver ou não vínculo anterior entre as partes. Havendo, o mecanismo utilizado deve ser preferencialmente a conciliação; inexistindo, o método preferencial a ser utilizado é a mediação (art. 165, §§ 2º e 3º, do CPC/2015).

Além disso, na conciliação o conciliador pode formular sugestões aos interessados, propondo alternativas para a solução do conflito. O mediador, por sua vez, não o faz, devendo apenas ajudar os interessados a compreender melhor suas posições pessoais relativamente à controvérsia a fim de que eles, por si mesmos, bem como pelo restabelecimento do bom canal de comunicação entre si, possam vislumbrar soluções consensuais que possam beneficiar a ambos.

Em suma, na conciliação o conciliador interfere diretamente, formulando propostas que podem ou não ser acolhidas pelos interessados; na mediação o mediador não faz sugestões, apenas estimula a comunicação entre os interessados, para que eles mesmos encontrem um ponto de equilíbrio que lhes permita resolver o conflito.

Em síntese, as formas de autocomposição (renúncia, transação e submissão) podem ser alcançadas antes do processo ou durante o processo judicial, através de mecanismos

---

26. Sobre os meios alternativos, cf., ainda: Petrônio Calmon *Fundamentos da Conciliação e da Mediação*, Rio de Janeiro, Forense, 2008, *passim*, e Fernanda Tartuce, *Mediação nos Conflitos Civis*, 4ª ed., São Paulo, Método, 2018, *passim*.

alternativos como a conciliação, a mediação e a negociação. As partes podem também se conciliar, abdicando de estabelecer qualquer solução para determinado conflito e satisfazendo-se com a manutenção do *status quo* em que se encontravam no momento da eclosão do conflito.

1.10 Tutela jurisdicional

Já foi dito que até determinado momento, na denominada fase *sincretista* do direito processual, esta disciplina era compreendida, estudada e aplicada como simples apêndice ou anexo do direito material.

O marco admitido da fundação do direito processual como ciência foi a publicação da obra de Oskar von Büllow, em 1868, intitulada Sobre as Exceções e Pressupostos Processuais (*Die Lehre von den Prozesseinreden und die Prozessvoraussetzungen*), porque tal trabalho doutrinário estabeleceu claramente a existência no processo de uma relação jurídica entre os litigantes distinta da relação material, com pressupostos e características próprios.

A partir dessa construção ficou afastada qualquer dúvida de que, por exemplo, quando uma divergência decorrente do cumprimento de um contrato é questionada por um dos contratantes em juízo a relação jurídica material subjacente (contrato), que possui requisitos, sujeitos e objeto próprios, não se confunde com a relação jurídica processual formada a partir do momento em que a demanda é proposta, que também possui requisitos, sujeitos e objetos próprios, absolutamente distintos da primeira.

Com essas premissas foi que a doutrina processual passou a desenvolver seus estudos, pautada em institutos fundamentais para a ciência processual.

A partir daí, ao lado de outros temas afins, os italianos se concentraram em torno da teoria da ação (*azione*) e de seus desdobramentos. A doutrina alemã, por seu turno, mostrou-se e ainda se mostra propensa a enfrentar a temática ligada ao denominado objeto litigioso do processo (*Streitgegenstand*) como um dos grandes temas, se não o tema fundamental, a ser objeto de reflexão e pesquisa. A concepção deste instituto fomenta repercussões em variados campos, como, por exemplo, a litispendência, a conexão, a continência, a coisa julgada e outros aspectos correlatos.

Essa evolução deu-se ao longo da fase denominada *autonomista* ou *científica* do direito processual.

Ocorre que a partir de meados do século XX a preocupação dos estudiosos do processo voltou-se, com maior atenção, para a busca de resultados mais efetivos do instrumento de composição de conflitos, preservando a massa teórica já desenvolvida em torno da ciência, mas com a cautela de direcionar os esforços em torno de seu desenvolvimento para o alcance da realização adequada do direito material.

Com menor apego ao formalismo e uma visão mais funcional dos fenômenos processuais e da própria ciência, o denominado *instrumentalismo*, preocupado – insista-se – com os resultados concretos dos processos, passou a destacar o grau de importância da *tutela jurisdicional*, abrindo-lhe espaço para que ela viesse a figurar, ao lado dos institutos fundamentais já sedimentados (jurisdição, processo, ação e defesa), como polo metodológico de estudo e ponto de partida bem como de chegada para o desenvolvimento do direito processual.

Perceba-se, nesse passo, a nítida mudança de enfoque metodológico, pois, se até então figuravam como elementos centrais de reflexão a jurisdição, o processo, a ação e a defesa, torna-se, desse momento em diante, essencial saber se o processo, como método estatal para solução de conflitos, tem aptidão para propiciar satisfação a quem tem um direito ameaçado ou violado. Em outras palavras, se o sistema processual oferece, de modo suficiente e satisfatório, tutela jurisdicional a direitos ameaçados ou violados.

Em outros termos, se o sistema processual oferece tutela tempestiva, adequada e efetiva para as posições jurídicas ameaçadas ou lesadas.

No ordenamento jurídico brasileiro tal mudança de perspectiva se evidencia na medida em que a CF prevê, no art. 5º, XXXV, a garantia fundamental pela qual "a lei não excluirá da apreciação do Poder Judiciário lesão ou ameaça a direito".

A doutrina, de forma geral, identifica nesse dispositivo a *garantia constitucional do direito de ação*, ou, com diferente designação, mas compreensão equivalente, a *garantia da inafastabilidade* ou *indeclinabilidade da jurisdição*.

Pode-se, entretanto, ir além, para reconhecer nessa disposição constitucional a própria garantia da tutela jurisdicional.

Não resta dúvida de que o ordenamento jurídico pretende assegurar a todos a possibilidade de submeter ao Poder Judiciário a apreciação de situações em que, alegadamente, tenha ocorrido ameaça ou lesão a posições tuteladas pelo sistema normativo.

Numa visão instrumentalista e funcional, entretanto, não basta assegurar o acesso ao Poder Judiciário. Só isso seria conferir eficácia muito acanhada à garantia constitucional. É, mais que isso, indispensável assegurar o acesso à tutela jurisdicional. É por isso que se pode afirmar que a tutela jurisdicional passa a figurar no centro do sistema processual.

Recordemos que Giuseppe Chiovenda, no início do século XX, vaticinou, na sua famosa *Prolusione* na Universidade de Bolonha, que "o processo deve assegurar a quem tem direito tudo aquilo e precisamente aquilo que tem direito de conseguir" (no original: "Il processo deve dare praticamente per quanto è possibile a chi ha un diritto tutto quello e proprio quello ch'egli ha diritto di conseguire").[27]

Ou seja, não basta ter acesso ao processo jurisdicional, ou mesmo ter acesso formal à justiça. É indispensável que o sistema normativo e o sistema processual assegurem efetiva proteção às pessoas cujos direitos são ameaçados ou violados.

Nessa perspectiva é que se extrai do art. 5º, XXXV, da CF não apenas o acesso formal à justiça, mas o acesso à justiça em sentido substancial. O dispositivo não deve

---

27. Cf. Giuseppe Chiovenda, "Dall'azione nascente dal contratto preliminare", cit., in *Saggi di Diritto Processuale Civile (1894-1937)*, vol. 1, pp. 101-119. O texto foi originalmente publicado no ano de 1911 na *Rivista di Diritto Commerciale*.

permitir apenas o ingresso no Poder Judiciário, via demanda e instauração do processo, mas sim a efetiva proteção às pessoas e ao direito, quando ficar suficientemente demonstrado que o pretendente tem razão. Esta proteção deve ser tempestiva, adequada e efetiva.

A *tutela jurisdicional*, nessa medida, deve ser compreendida como a proteção no plano jurídico e no plano concreto ou pragmático oferecida às posições jurídicas (direitos) reconhecidas como pertinentes e aos seus titulares, como produto da atividade jurisdicional no âmbito do processo. Ela também está garantida pelo art. 5º, XXXV, da CF, que protege não só o acesso ao Poder Judiciário, mas à justiça em sentido substancial, ou seja, à efetiva tutela ao direito e ao seu titular.[28]

Volta-se a atenção do processualista, portanto, à compreensão do resultado prático do processo, buscando seu aprimoramento, a fim de que nele seja viável efetivamente obter a realização de direitos, fazendo com que a proteção nele obtida se aproxime, do modo mais intenso possível, daquilo que ocorreria na hipótese de observância espontânea do sistema jurídico, ou seja, sem oferecimento de qualquer espécie de resistência por parte dos sujeitos envolvidos.

A adequada compreensão da tutela jurisdicional e sua extração da própria garantia constitucional contida no art. 5º, XXXV, da CF significam, portanto, efetiva tutela aos direitos, às situações de ameaça aos direitos e aos titulares dessas posições jurídicas.

A tutela jurisdicional consubstancia-se, ademais, não apenas na prolação de uma decisão de mérito no processo. É necessário que essa decisão vá além do campo ideológico, da declaração contida na sentença, e, quando for o caso, se concretize pelos meios previstos no próprio sistema processual, através dos mecanismos para imposição daquilo que foi decidido (cumprimento de sentença).

Em outras palavras, a depender do tipo de crise verificada no direito material (crise de certeza, crise na própria situação jurídica, crise de adimplemento) teremos diferentes espécies de tutela jurisdicional, cada uma delas apropriadas a debelar determinada espécie de crise (tutela declaratória, tutela constitutiva, tutela condenatório-executiva), como examinaremos com maior profundidade oportunamente.

Importante destacar, ademais, que não só ao autor o sistema assegura tutela jurisdicional, mas a todos aqueles que participam do processo, em maior ou menor grau.

No plano essencialmente processual ou formal a possibilidade de litigar sob o pálio do devido processo legal e com a observância das demais garantias constitucionais do processo já é uma forma inicial de tutela jurisdicional assegurada aos partícipes da relação processual.

---

28. Sobre o conceito de tutela jurisdicional, cf.: Cândido Rangel Dinamarco, "Tutela jurisdicional", in *Fundamentos do Processo Civil Moderno*, 6ª ed., vol. II, São Paulo, Malheiros Editores, 2010, pp. 366-368; Carlos Alberto Alvaro de Oliveira, *Teoria e Prática da Tutela Jurisdicional*, Rio de Janeiro, Forense, 2008, pp. 107-111; e Flávio Luiz Yarshell, *Tutela Jurisdicional*, 2ª ed., São Paulo, DPJ, 2006, p. 34.

Por outro lado, mesmo quanto ao réu vencido no processo se assegura tutela jurisdicional, no sentido de que não se lhe exigirá, pelo método estatal de solução de conflitos, quando derrotado, mais do que é devido ao autor vencedor no plano do direito material. Ou seja, é a tutela jurisdicional (proteção) consistente em ser compelido a se comportar exclusivamente nos limites daquilo que lhe impõe o ordenamento. Nada mais. A tutela jurisdicional, portanto, assegura também o vencido contra abusos por parte do titular do direito reconhecido em juízo.

A tutela jurisdicional também abrange o *meio*, ou seja, o modo pelo qual se instaura, tramita e se conclui o processo. É necessário que ela seja obtida por intermédio do processo justo. E como processo justo deve ser compreendido aquele que seja instaurado, instruído e concluído em consonância com as garantias do processo, que no direito brasileiro têm assento constitucional. Assim, a garantia-síntese do devido processo legal (art. 5º, LIV, da CF) bem como as demais – inafastabilidade (art. 5º, XXXV), vedação de juízo ou tribunal de exceção (art. 5º, XXXVII), juiz natural (art. 5º, LIII), contraditório e ampla defesa com meios e recursos inerentes (art. 5º, LV), vedação de provas ilícitas (art. 5º, LVI), publicidade (art. 5º, LX), razoável duração do processo e meios que garantam a celeridade de sua tramitação (art. 5º, LXXVIII), motivação das decisões (art. 93, IX).

Há também tutela jurisdicional ao réu quando a ação é julgada improcedente.

Nesse sentido, a sentença de improcedência, quando se trata de pedido de declaração da existência de relação jurídica, de pedido condenatório ou de pedido constitutivo, equivale à declaração da inexistência da relação ou de inexistência do direito sustentado pelo autor. Essa declaração de inexistência vem claramente em proveito ou proteção do demandado, que não poderá mais ser molestado com fundamento na mesma pretensão anteriormente deduzida contra ele pelo autor vencido.

Por outro lado, se o pedido formulado na demanda é de declaração negativa (declaração de inexistência do direito ou relação jurídica) e é julgado improcedente, equivale este desfecho do processo ao reconhecimento da existência da relação jurídica ou do direito que o autor pretendia negar. Trata-se, portanto, de tutela jurisdicional que vem em proveito do demandado, assegurando sua posição jurídica.

Em suma, reiterando aquilo que foi dito anteriormente, a improcedência da demanda, com a vitória do réu, significa, na prática, tutela jurisdicional ao demandado.

Anote-se, igualmente, que é possível reconhecer a existência de tutela jurisdicional em sede de execução, tanto ao exequente como ao executado.

A tutela jurisdicional ao exequente significa assegurar a ele o acesso ao processo e aos meios executivos, num primeiro momento. Significa ainda, num segundo plano, assegurar-lhe ao final o cumprimento da obrigação, caso haja êxito no que diz respeito à constrição de bens do executado suficientes para a satisfação do seu crédito e a própria satisfação (no caso da execução por quantia), ou o adimplemento da obrigação de fazer, de não fazer ou de entrega de coisa (nos casos da denominada execução indireta ou imprópria).

A tutela jurisdicional ao executado também se faz presente no processo de execução ou cumprimento de sentença, na medida em que o juiz vela pela regularidade e inexistência de excesso ou abuso no emprego dos meios executivos, sujeitando o executado apenas aos constrangimentos e imposições essencialmente indispensáveis ao adimplemento da obrigação prevista no título executivo. Zelar, portanto, pela ausência de excessos e pela regularidade do processo de execução é, também, uma perspectiva da tutela jurisdicional, endereçada, nesse sentido, ao executado.

No plano das medidas de urgência,[29] sejam elas de natureza antecipatória (fruição antecipada do direito pleiteado em juízo) ou conservativa (medidas assecuratórias, como o arresto, o sequestro, o arrolamento ou indisponibilidade de bens, por exemplo), seu deferimento também representa tutela jurisdicional àquele que demanda sua concessão, por significar proteção jurídica e concreta, ainda que efêmera ou provisória, ao direito sustentado em juízo e àquele que se posiciona como seu titular.

Dessa síntese pode-se concluir que a tutela jurisdicional, cujo sentido é a proteção ao direito e ao seu titular, estará presente não apenas na hipótese de acolhimento da pretensão deduzida em juízo pelo autor, e não somente no caso de se tornar efetiva, do ponto de vista prático, a realização do direito assegurado pela sentença, mas em todas as demais circunstâncias antes referidas, em que alguma espécie de proteção, ainda que não integral, é assegurada ao autor ou ao réu no processo judicial.

Admitir essa noção significa centralizar a preocupação do processualista com o efeito prático do processo, com sua aptidão para interferir na vida das pessoas, dando efetivamente a cada um o que é seu. Tem o sentido, ainda, de afastar a noção de que o processo sirva apenas ao autor, ou seja, o denominado "processo civil do autor", enfatizando a postura contemporânea do denominado "processo civil de resultados".[30]

Em outras palavras, o processo deve propiciar mecanismos de atuação e resultados adequados, do ponto de vista teórico e prático, não apenas ao autor, mas também ao réu.

---

29. Quanto ao instituto da tutela de urgência, será abordado no Capítulo 9.

30. Expressão emblemática cunhada por Cândido Rangel Dinamarco (v., por exemplo, *A Reforma da Reforma*, 6ª ed., São Paulo, Malheiros Editores, 2003, p. 36).

Capítulo 2

MECANISMOS ALTERNATIVOS DE SOLUÇÃO DOS CONFLITOS SEM A PARTICIPAÇÃO DO ESTADO

2.1 Equivalentes jurisdicionais

Em praticamente todos os lugares do mundo, ao longo do tempo, o Estado de Direito avocou para si o monopólio da solução dos conflitos intersubjetivos. A ideia de que a composição de conflitos, que se realiza na jurisdição, por meio do processo, representa o exercício de parte do poder estatal eliminou a possibilidade de realização de justiça pelas próprias mãos.

Como consequência, os conflitos passaram a ser equacionados pelo Estado-Juiz de forma impositiva, ou seja, mediante adjudicação, substituindo-se a vontade das partes em disputa pela decisão estatal na definição da solução aplicável a cada litígio.

Ocorre, entretanto, que mesmo diante desse quadro não ficou eliminada a possibilidade de que as partes encontrem uma solução para um conflito que já eclodiu no plano da relação de direito material.

Isto significa dizer que mesmo nos casos em que já está caracterizada a lide, havendo ou não sido instaurado o processo para sua solução, podem os litigantes, espontaneamente ou por provocação ou intermediação de outros sujeitos que não integrem o conflito, encontrar uma solução de consenso. Quando tal ocorre fica dispensada a adjudicação do litígio pelo Poder Judiciário, pois as próprias partes envolvidas na disputa, nesse quadro, terão encontrado o caminho para o encerramento da controvérsia.

Essas formas de solução não adjudicada do conflito, que surgem espontaneamente entre os seus sujeitos, antes da instauração do processo judicial ou durante sua pendência, ou mesmo por intervenção de sujeitos estranhos ao litígio, são os denominados *equivalentes jurisdicionais*.

Equivalentes jurisdicionais, portanto, frise-se, são formas de solução não adjudicada do conflito que surgem entre os respectivos sujeitos antes da instauração do processo judicial ou durante sua pendência, ocorrendo espontaneamente ou por intervenção ou intermediação de sujeitos estranhos à controvérsia, cujo efeito no plano jurídico e pragmático é essencialmente o mesmo da solução estatal (adjudicada), imposta pelo Poder Judiciário, ou seja, a solução da lide, com a definição do direito aplicável à espécie.[1]

Anote-se, ainda, que embora o emprego dos equivalentes jurisdicionais nem sempre ocorra de forma espontânea (por iniciativa dos conflitantes), é sempre voluntária (dependente da vontade dos litigantes).

Assim, embora a adjudicação e os equivalentes jurisdicionais produzam o mesmo resultado – definição da controvérsia, encerramento do conflito –, a primeira é imposta aos litigantes, figurando como monopólio estatal, enquanto os últimos dependem da adesão voluntária dos litigantes, sendo estranha à sua essência a imposição de qualquer solução àqueles que estão envolvidos no litígio.

O emprego dos equivalentes jurisdicionais importa sempre alguma forma de disposição de vontade e de direitos por parte de um ou de ambos os litigantes, resumindo-se na *renúncia*, *submissão* e *transação*.

2.2 Renúncia

A renúncia é um dos equivalentes jurisdicionais. Como tal, implica ato de disposição de vontade por parte dos envolvidos na disputa, que se dispõe a solucioná-la consensualmente.

As relações jurídicas envolvem sempre, em sua feição mínima, duas pessoas em posições contrárias: um titular de posição jurídica ativa, denominado, quando se trata de relações obrigacionais, de credor; e um titular de posição jurídica passiva, denominado, nas relações obrigacionais, de devedor.

Na renúncia o titular da posição jurídica ativa da relação (credor, quando se trata de relação obrigacional) abdica definitivamente do exercício da sua pretensão e das consequências que lhe são favoráveis.

A renúncia do credor é modo pelo qual se extingue a obrigação, e, como tal, está prevista em diversas passagens do Código Civil, como, por exemplo: na renúncia como forma de extinção do contrato de mandato (art. 682, I); na renúncia como forma de perda da propriedade (art. 1.275, II); na renúncia como modo de extinção do usufruto (art. 1.410, I); na renúncia como meio de extinção do penhor (art. 1.436, III); na ex-

---

1. V., sobre os equivalentes jurisdicionais: Francesco Carnelutti, *Sistema del Derecho Procesal Civil*, vol. 1, Padova, CEDAM, 1936, pp. 183 e ss. (do original *Sistema di Diritto Processuale Civile*).

tinção da hipoteca em decorrência da renúncia (art. 1.499, IV); na renúncia à herança pelo herdeiro (parágrafo único do art. 1.804).

No campo do processo a renúncia é ato material de disposição que, diante de sua homologação pelo juiz, implica resolução do mérito, nos termos do art. 487, III, "c", do CPC. Este prevê a homologação, pelo juiz, com resolução do mérito, da "renúncia à pretensão formulada na ação ou reconvenção".

Por outro lado, a renúncia ao direito ou pretensão não pode ser confundida com a desistência da ação.

A renúncia consiste, como visto, em ato de disposição, por parte do titular ativo da relação jurídica, do próprio conteúdo do direito material ou pretensão. Por meio dela abdica o sujeito definitivamente do exercício de sua posição jurídica, que é, ao menos em princípio, protegida pelo ordenamento. Renuncia-se ao crédito, à propriedade, à posse, ao direito à reparação do dano etc.

De outro lado, a chamada desistência da ação deveria, mais precisamente (e a despeito do emprego corrente daquela locução), ser referida pela doutrina como desistência da demanda (ou revogação da demanda). Não se desiste da ação, que é direito público, subjetivo, por força do qual se confere a todos a possibilidade de colocar em movimento a estrutura judiciária, mas sim da demanda ajuizada (ou seja, revoga-se o ato por força do qual foi concretamente exercido o direito de ação).

De todo modo, ainda que se utilize a terminologia costumeiramente empregada, é necessário ter em mente que a desistência não afeta o direito material ou pretensão deduzida pelo demandante, mas apenas o processo por ela instaurado com a finalidade de acertamento da disputa.

Assim, as consequências da desistência são limitadas ao processo, produzindo sua extinção sem exame do mérito (art. 485, VIII, do CPC/2015).[2]

2.3 *Transação*

Na transação também há ato de disposição de vontade das partes envolvidas em determinado conflito, de modo que ambas abdicam parcialmente de suas posições jurídicas. Chega-se, assim, a uma posição intermediária, em que ao credor não é assegurada integralmente sua pretensão e ao devedor não é imposto o cumprimento de toda a obrigação.

Se o titular da posição jurídica ativa pretende receber 100 unidades de valor monetário, num primeiro momento, e o titular da posição jurídica passiva não pretende pagar valor algum, evoluem para uma solução intermediária, em que, por exemplo, o credor aceita 50 unidades e o devedor se compromete a pagar 50.

---

2. Caso o réu já tenha apresentado contestação no processo, o autor apenas poderá desistir da ação com o consentimento deste (art. 485, § 4º). Além disso, a desistência só poderá ser oferecida até o momento anterior à prolação de sentença (art. 485, § 5º).

Houve, portanto, concessões recíprocas.

Nesse sentido prevê o art. 840 do CC ser "lícito aos interessados prevenirem ou terminarem o litígio mediante concessões mútuas".

No processo, a ocorrência de transação homologada pelo juízo é tratada como hipótese de resolução do mérito (art. 487, III, "b", do CPC/2015).

2.4 Submissão

Na hipótese da submissão há, igualmente, disposição de vontade para a solução do conflito.

Nesse caso, o titular da posição jurídica passiva (devedor, nas relações obrigacionais) submete-se integralmente à posição jurídica ativa, da qual é titular o outro sujeito envolvido no conflito (credor, nas relações obrigacionais), findando, dessa forma, a controvérsia.

A submissão apresenta-se no plano do processo através do instituto do reconhecimento jurídico do pedido, por força do qual o réu admite os fatos alegados pelo autor e suas consequências jurídicas, rendendo ensejo à decisão com resolução do mérito (art. 487, III, "a", do CPC/2015).

Desde logo é oportuno distinguir a submissão, que, no plano processual, se apresenta sob a forma do reconhecimento jurídico do pedido, do instituto da revelia.

O reconhecimento jurídico do pedido opera no plano do próprio direito material, consistindo em ato de disposição integral por parte do demandado, que se submete à pretensão que foi em face dele deduzida pelo demandante.

A revelia, por seu turno, opera no plano estritamente processual. Pode ser provocada por várias razões, embora sua causa mais frequente seja o decurso *in albis*, ou seja, sem manifestação do demandado, do prazo para o oferecimento de contestação. Seu efeito principal, embora não único, é a presunção de veracidade dos fatos alegados pelo demandante, desde que preenchidos os pressupostos para que esse efeito realmente incida, nos termos dos arts. 344 e 345 do CPC/2015.

Observe-se: a ocorrência da revelia, nos termos acima, não implica, necessariamente, julgamento de procedência relativamente à pretensão deduzida pelo demandante. A presunção de veracidade dos fatos alegados pelo autor pode ser afastada, pois pode haver requerimento justificado de produção de provas por parte do réu revel (art. 349 do CPC/2015), e a própria lei indica que nem sempre ocorrerá aquele efeito (art. 348 do CPC/2015).[3]

---

3. Neste ponto citam-se recentes acórdãos do STJ no sentido de que a presunção ocasionada pela revelia é tão somente relativa. Desta forma, a ocorrência da revelia não implica procedência automática da demanda, pois dependerá do exame pelo juiz das demais provas carreadas aos autos. Cf.: 4ª Turma, AgInt no AREsp 1.746.990-SP, rel. Min. Raul Araújo, j. 7.6.2021, *DJe* 1.7.2021; 4ª Turma, ED no Ag 1.344.460-DF, rela. Min. Maria Isabel Gallotti, j. 13.8.2013, *DJe* 21.8.2013; 4ª Turma, AgInt no AREsp 1.808.325-DF, rel. Min. Luís Felipe Salomão, j. 31.5.2021,

Possível ainda, comparando os dois institutos, dizer que, enquanto a revelia tem potencial para alcançar as alegações de fato formuladas pelo autor, fazendo com que sejam elas presumidas verdadeiras, o reconhecimento do pedido vai além, alcançando o próprio direito ou pretensão deduzida.

Por outro lado, ainda em cotejo, é correto observar que a revelia, com seu efeito (presunção de veracidade de alegações de fato), poderá ou não conduzir à procedência da ação. Já o reconhecimento do pedido provocará necessariamente a procedência, o que só não se verificará se não for possível sua homologação porque, por exemplo, o réu não está adequadamente representado (por exemplo: o advogado constituído não tem poderes para transigir e o réu não assinou a petição de reconhecimento; fica demonstrado, antes da homologação do reconhecimento do pedido, que foi ele obtido mediante coação; etc.).

2.5 Desconstituição dos atos de disposição homologados em juízo

Na sistemática do Código de Processo Civil/1973 era frequente a dúvida sobre se, havendo sentença homologatória de acordo das partes, a possibilidade de seu desfazimento deveria ocorrer por meio de ação anulatória (art. 486 do CPC/1973) ou por meio de ação rescisória, por se tratar de solução equivalente à sentença de mérito (art. 269, V, c/c o art. 485, VIII, do CPC/1973). Cabia o entendimento de que seria cabível a ação anulatória enquanto ainda pendente de julgamento o processo no qual havia sido praticado o ato de disposição de direito, e depois do trânsito em julgado da sentença, por meio de ação rescisória (art. 352, I e II, do CPC/1973).

Embora referido dispositivo (art. 352, I e II, do CPC/1973) se referisse apenas à confissão, serviria de apoio para a aplicação da solução nele contida, por analogia ou interpretação extensiva, aos casos de transação ou submissão (reconhecimento do pedido).

O CPC/2015 procurou resolver a dúvida, dispondo o art. 966, § 4º, que "os atos de disposição de direitos, praticados pelas partes ou por outros participantes do processo e homologados pelo juízo, bem como os atos homologatórios praticados no curso da execução, estão sujeitos à anulação, nos termos da lei".

Ou seja, em princípio não mais se cogita de ação rescisória, mas sim de ação anulatória, para fins de anulação da sentença homologatória da renúncia, de transação ou ainda da submissão (reconhecimento do pedido).

Não se deve desconsiderar, entretanto, que o juiz, ao homologar um acordo, não se limita ao exame dos seus requisitos formais, como, por exemplo, a capacidade das partes e a regularidade de sua representação. O órgão judicial não homologará (ou, quando menos, não deverá fazê-lo) acordos ilegais. Isto significa que o exame judicial

---

DJe 7.6.2021; 4ª Turma, AgInt no REsp 1.848.104-SP, rel. Min. Luís Felipe Salomão, rel. para o acórdão Min. Antônio Carlos Ferreira, j. 20.4.2021, *DJe* 11.5.2021. Além disso, se o réu revel comparecer ao processo em "tempo oportuno", caberá a ele a possibilidade de pedir a produção de provas, nos termos da Súmula 231 do STF.

para fins de homologação ingressa, ainda que em parte, na análise do conteúdo dos atos de disposição.

Em outros termos, é viável cogitar que, não se tratando de simples homologação, ter-se-á, efetivamente, análise parcial do mérito, com formação de coisa julgada. Tal raciocínio sinaliza para que em certas situações a desconstituição do ato negocial homologado em juízo dependerá de ação rescisória.

Sem tomar posição definitiva quanto a este complexo e controverso tema, é correto dizer que se, por um lado, o Código de Processo Civil/2015 procurou pôr fim a tal discussão, não é certo que tenha, efetivamente, alcançado tal resultado.[4]

2.6 Mecanismos específicos para a solução alternativa dos conflitos

Os denominados "equivalentes jurisdicionais" (renúncia, transação e submissão) podem ser compreendidos como o resultado da atividade por meio da qual se busca a solução não adjudicada dos conflitos.

Há que se considerar, entretanto, que existem métodos ou mecanismos específicos para que tal resultado seja alcançado.

Os métodos ou mecanismos específicos para a solução alternativa dos conflitos são procedimentos cuja realização pode ficar a cargo do próprio Estado ou de colaboradores, em caráter pessoal ou institucional, por meio dos quais se buscam as soluções não adjudicadas dos conflitos.

No direito comparado, notadamente nos sistemas filiados à *common law*, a referência que se faz ao se tratar desse tema indica a existência dos *Alternative Dispute Resolution/ADR*, ou seja, meios alternativos de solução de conflitos cujas características variam em conformidade com as diferentes realidades consideradas, bem como com a legislação aplicável em cada País.

No ordenamento brasileiro os mecanismos alternativos mais tradicionais conhecidos e utilizados são a conciliação, a mediação e a arbitragem. Seu estudo e sua compreensão, por outro lado, devem partir da perspectiva do esboço de modificação da cultura dos profissionais do direito.

---

4. Sobre o tema, anotam Nelson Nery Jr. e Rosa Maria de Andrade Nery que "o vício deve estar na própria sentença. Por exemplo, é anulável a sentença homologatória de transação celebrada sobre o direito relativo do incapaz, sem que tenha sido ouvido previamente o MP. Não cabe rescisória por ofensa a literal disposição de lei (CPC-966, V), porque o juiz não proferiu juízo de mérito, aplicando erroneamente a lei, mas apenas limitou-se a homologar ato praticado com ofensa à lei. Nem se configura como ato viciado das partes, porque não houve nenhum vício no negócio jurídico celebrado pelas partes. O vício é formal, da sentença" (*Comentários ao Código de Processo Civil*, São Paulo, Ed. RT, 2015, p. 1.924). *A contrario sensu*, se o juiz analisou o conteúdo do acordo (o que, por vezes, ocorre. É pensar, por exemplo, no acolhimento do reconhecimento jurídico do pedido, rendendo ensejo a sentença que, embora homologatória, examina o conteúdo do reconhecimento) houve exame do mérito e haverá coisa julgada.

Utilizando expressões cunhadas por Kazuo Watanabe, é necessário ter em mente a passagem da "cultura do litígio" à "cultura da pacificação", como forma de se assegurar o acesso à ordem jurídica justa, estimulada, por exemplo, pelo art. 3º, § 3º, do CPC/2015.[5]

2.6.1 Conciliação

A conciliação vista como *resultado* deve ser compreendida como o restabelecimento da sintonia entre os litigantes que, de forma espontânea ou não, mas sempre voluntariamente, deixam de sustentar posições antagônicas relativamente a determinada relação jurídica de direito material.

Não há, nesse caso, verdadeira composição do conflito, mas sim desaparecimento deste, pois as partes deixam de oferecer, reciprocamente, pretensão e resistência em relação a certa hipótese concreta. O conflito de interesses desaparece, visto que não há mais a pretensão de um e a resistência do outro àquela.

Ocorre que a conciliação pode ser compreendida não apenas como *resultado*, mas sim como *atividade* ou *procedimento*.

A conciliação como atividade ou procedimento consiste no conjunto de atos, praticados fora do processo judicial ou no seu curso, conduzidos por particulares, servidores públicos, estes últimos na condição de colaboradores do Poder Judiciário, ou mesmo por magistrados, membros do Ministério Público, defensores públicos ou advogados, por força da qual se objetivam o restabelecimento da boa relação entre os litigantes bem como a cessação do conflito, de forma que deixem de subsistir a pretensão de um e o oferecimento de resistência por parte do outro.

Em sentido próprio, o resultado positivo da conciliação, quando ela ocorre no curso do processo judicial, não é a transação, a renúncia ou mesmo a submissão (reconhecimento do pedido), com a composição do conflito, mas sim a cessação do litígio, com a extinção do processo sem o exame do mérito.

Assim, quando há conciliação na audiência para tal fim designada não há julgamento nem acordo sobre o conflito, mas seu encerramento, daí advindo a desnecessidade (desinteresse) do exame do mérito.

A praxe da linguagem forense, entretanto, acabou por abandonar a distinção teórica acima formulada, tomando como meta da audiência de conciliação a realização da composição do conflito sem adjudicação, mas por consenso, pelos modos já anotados (renúncia, transação e submissão).

Evidentemente, ainda que se tome como premissa, na análise do tema, o sentido próprio do termo conciliação (ou seja, cessação do conflito), nada impede que na au-

---

5. A propósito v., por todos: Kazuo Watanabe, *Acesso à Ordem Jurídica Justa: Conceito Atualizado de Acesso à Justiça, Processos Coletivos e outros Estudos*, Belo Horizonte, Del Rey, 2019, *passim*.

diência designada para tal fim as partes consigam ir além de simplesmente se reconciliar e acabem equacionando o conflito mediante algum dos modos de autocomposição.

Na legislação processual a diretriz da conciliação é uma constante, pois, embora essa atividade possa ser realizada, como visto, fora e antes do processo, a lei reiteradamente estimula sua aplicação aos processos já existentes, concitando o juiz a fazê-lo e prevendo que no processo ela seja feita pelo próprio juiz, por seus auxiliares e por colaboradores.

Assim, por exemplo: (a) há, para o juiz, a incumbência (poder-dever) de "promover, a qualquer tempo, a autocomposição, preferencialmente com auxílio de conciliadores e mediadores judiciais" (art. 139, V, do CPC/2015); (b) há a previsão da realização de audiência de conciliação e mediação no procedimento comum, em que o comparecimento das partes é, em princípio, obrigatório, sob pena de aplicação de sanções pela prática de ato atentatório à dignidade da justiça (art. 334, § 8º, do CPC/2015); (c) ao início da audiência de instrução e julgamento deve o juiz tentar conciliar as partes, "independentemente do emprego de outros métodos de solução consensual de conflitos, como a mediação e a arbitragem" (art. 359 do CPC/2015); nas ações envolvendo direito de família "todos os esforços serão empreendidos para a solução consensual da controvérsia" (art. 694 do CPC/2015).

Cumpre recordar, ainda, que a legislação dos Juizados Especiais concede especial atenção ao tema, prevendo a atuação dos conciliadores, bem como enfatizando a importância da atividade propriamente dita de conciliação (Lei 9.099/1995, arts. 5º, 7º, 16, 17, 21, 22, 53, 58, 60 e 73).

2.6.2 Mediação

A mediação é outro mecanismo ou meio alternativo de solução de conflitos, por força da qual um sujeito estranho à controvérsia, designado como mediador, procura conduzir as tratativas entre os litigantes de sorte a fomentar entre aqueles uma melhor e mais abrangente compreensão da realidade subjacente, para que identifiquem por si mesmos uma forma possível de equacioná-la.

Seu emprego é viável tanto em momento anterior à formação do processo como ainda no seu curso, fazendo menção o Código de Processo Civil/2015, reiteradamente, à sua utilização (art. 3º, § 3º; art. 334; art. 359; art. 565; art. 694; etc.).

A distinção entre a conciliação e a mediação é extremamente tênue e, embora seja objeto de preocupação doutrinária, é fato que, na prática, as atividades frequentemente se sobrepõem e se confundem.

Estabelecendo a diferença entre as atividades, pode-se afirmar que a *conciliação* é meio ou mecanismo alternativo de busca de cessação do litígio em que um terceiro desinteressado procura aproximar as partes conflitantes, fomentando o restabelecimento do bom relacionamento entre elas, bem como propondo alternativas ao conflito.

Já a *mediação* é o mecanismo alternativo por força do qual um terceiro desinteressado busca viabilizar a comunicação entre as partes conflitantes, a fim de que possam encontrar por si próprias alternativas ao conflito.

Assim, enquanto a *mediação* se mostra apropriada para situações em que os litigantes já possuem relacionamento anterior (questões de família, problemas envolvendo relacionamento contratual entre empresas etc.), a *conciliação* seria adequada para situações em que as partes litigantes não ostentam relacionamento anterior. Além disso, ao conciliador seria acertado oferecer sugestões de soluções possíveis aos litigantes, enquanto o mediador apenas deveria propiciar a aproximação entre os sujeitos em conflito, sem oferecer sugestões, para que eles mesmos identificassem alternativas aceitáveis.

Essa distinção teórica, aparentemente, foi acolhida pelo Código de Processo Civil/2015, que, ao traçar regras gerais sobre a atividade dos conciliadores e mediadores (arts. 165 a 175), previu, no art. 165, §§ 2º e 3º, a distinção entre os dois mecanismos, destacando que o conciliador atuará "preferencialmente nos casos em que não houver vínculo anterior entre as partes" e "poderá sugerir soluções para o litígio", enquanto o mediador "atuará preferencialmente nos casos em que houver vínculo anterior entre as partes" e "auxiliará aos interessados a compreender as questões e os interesses em conflito, de modo que eles possam, pelo restabelecimento da comunicação, identificar, por si próprios, soluções consensuais que gerem benefícios mútuos".

O Código de Processo Civil/2015, inovando relativamente ao Código de Processo Civil/1973, disciplinou detidamente a atividade dos mediadores e conciliadores e, em função disso, tratou da própria atividade de mediação (arts. 165 a 175). No Código anterior não se tratava do tema.

O Código de Processo Civil/2015 – Lei 13.105, de 16.3.2015 – foi editado com prazo de *vacatio legis* de um ano, entrando em vigor em 18.3.2016, visto que sua publicação ocorreu no *DOU* de 17.3.2015.[6]

Ocorre que, paralelamente, foi publicada a Lei 13.140, de 26.6.2015, que "dispõe sobre a mediação entre particulares como meio de solução de controvérsias e sobre a autocomposição de conflitos no âmbito da Administração Pública", disciplinando inúmeros aspectos em torno do tema. O art. 47 desta lei previu sua entrada em vigor decorridos 180 dias de sua publicação oficial.

---

6. Lembrando, para fins de esclarecimento quanto à data de vigência do Código de Processo Civil/2015, que, ao dispor sobre "a elaboração, a redação, a alteração e a consolidação da leis", a Lei Complementar 95/1998 estabelece, em seu art. 8º, § 1º, que "a contagem do prazo para entrada em vigor das leis que estabeleçam período de vacância dar-se-á com a inclusão da data da publicação e do último dia do prazo, entrando em vigor no dia subsequente à sua consumação integral". Com prazo de vacância de um ano, tendo sido o Código publicado no dia 17.3.2015, iniciou-se imediatamente a contagem desse lapso, para se encerrar em 17.3.2016. Daí a vigência, portanto, a partir de 18.3.2016. A demonstrar o acerto do raciocínio para a identificação da data de entrada em vigor do Código de Processo Civil/2015 deve-se recordar, ainda, que a Lei 810/1949, ao definir o ano civil, previu, em seu art. 1º, que: "Considera-se ano o período de doze meses contado do dia do início ao dia e mês correspondentes do ano seguinte". Ou seja, uma vez publicado o Código de Processo Civil/2015, o dia do início do prazo de *vacatio* foi 17.3.2015, e o dia de encerramento 17.3.2016, concluindo-se que a data de início de vigência foi, efetivamente, 18.3.2016.

Isso significa que o Código de Processo Civil/2015 tratou de apenas alguns aspectos da mediação e da conciliação, entrando em vigor depois da Lei 13.140, que tratou substancialmente destes temas e foi publicada posteriormente mas passou a vigorar antes do Código.

Não é o caso, neste ponto, de realizar exame analítico da Lei 13.140, mas a dúvida que surge pode ser assim sintetizada: em caso de conflito aparente entre os dois diplomas no campo da mediação e conciliação, qual deles deverá prevalecer?

Dois critérios servirão para solucionar tais conflitos: o critério da especialidade (*lex specialis revocat generalis*) e o critério da posterioridade (*lex posteriori revocat priori*).

Os dois critérios favorecem o entendimento de que a Lei 13.140, em caso de conflito com dispositivos do Código de Processo Civil/2015 que tratam da mediação, deverá prevalecer: trata-se de lei especial em relação ao tema e foi publicada posteriormente ao Código.

É irrelevante, ademais, que a data de vigência do Código de Processo Civil/2015 seja posterior à entrada em vigor da Lei 13.140, pois nada impede que dispositivos de uma lei (no caso, do Código de Processo Civil/2015) sejam revogados no prazo de *vacatio*, antes mesmo de sua entrada em vigor.

2.6.3 Arbitragem

A arbitragem é meio ou mecanismo alternativo de composição de conflitos por força do qual as partes maiores e capazes (pessoas físicas ou jurídicas), em litígio envolvendo direitos disponíveis, escolhem terceiros, pessoas físicas ou câmaras de arbitragem, que atuarão como árbitros, com poderes para dirimir o conflito, aplicando o direito à espécie.

A matéria está regulamentada no direito brasileiro pela Lei 9.307, de 23.9.1996, modificada pela Lei 13.129, de 26.5.2015, que, entre outros aprimoramentos, passou expressamente a admitir que a arbitragem seja também utilizada pelo Poder Público, desde que tenha como objeto a resolução de conflitos a respeito de direitos patrimoniais disponíveis (art. 1º, §§ 1º e 2º, da Lei 9.307/1996, redação da Lei 13.129/2015).

Para que seja instituído o procedimento arbitral é imprescindível a existência de convenção de arbitragem (que é o gênero), assim compreendida como cláusula compromissória ou compromisso arbitral, conforme o art. 3º da Lei 9.307/1996 (que são suas espécies).

Segundo a dicção legal expressa, a cláusula compromissória é "a convenção através da qual as partes em um contrato comprometem-se a submeter à arbitragem os litígios que possam vir a surgir, relativamente a tal contrato" (art. 4º da Lei 9.307/1996).

O compromisso arbitral, por sua vez, "é a convenção através da qual as partes submetem um litígio à arbitragem de uma ou mais pessoas, podendo ser judicial ou extrajudicial" (art. 9º da Lei 9.307/1996).

Em outras palavras, a cláusula compromissória consiste em cláusula de um contrato com objeto mais amplo, prevendo a instituição de arbitragem para a dissolução de conflitos que dele eventualmente decorram. O compromisso arbitral, por outro lado, é negócio jurídico que tem por objeto exclusivamente a instituição do compromisso arbitral.

A discussão a respeito da constitucionalidade da arbitragem, no direito brasileiro, há muito foi superada.

Não se trata de delegação de poder jurisdicional, nem afeta ela o monopólio estatal da jurisdição, decorrente do ordenamento constitucional brasileiro. Por outro lado, ela não ofende, igualmente, a garantia constitucional do acesso à justiça (art. 5º, XXXV, da CF).

Primeiro, a arbitragem não é uma imposição, mas sim uma escolha reservada aos interessados. Tanto que só podem utilizá-la partes maiores e capazes, desde que optem pelo procedimento arbitral, por meio da convenção de arbitragem (cláusula compromissória ou compromisso arbitral).

Segundo, se partes maiores e capazes podem transigir quanto ao próprio litígio, fazendo, a respeito deste, negócios jurídicos (renúncia, transação ou submissão), podendo o "mais", têm também possibilidade de fazer ajustes quanto ao "menos", ou seja, estabelecendo um mecanismo consensual para compor o conflito.

Por fim, há a possibilidade de desfazimento da sentença arbitral, mediante ação anulatória, cujos fundamentos estão expressamente enumerados, em rol taxativo, na lei (art. 32 da Lei 9.307/1996). Embora não se trate de recurso ou revisão quanto ao mérito daquilo que foi decidido no procedimento arbitral, tem-se, nessa hipótese controle da legalidade da arbitragem, com critérios pautados na razoabilidade das hipóteses de controle.

Esse contexto assegura a constitucionalidade da forma e do conteúdo da arbitragem, tal como instituída no direito brasileiro.[7]

Ao dispensar a homologação judicial para conferir às decisões proferidas no procedimento arbitral eficácia executiva, bem como ao qualificar a decisão de mérito nele proferida como "sentença arbitral", atribuindo-lhe eficácia de título executivo judicial, a lei processual lhe concede tratamento equiparado às sentenças judiciais (art. 515, VII, do CPC/2015), em tudo alinhado com a qualificação da arbitragem como um "equivalente jurisdicional".

Sob esse fundamento sustenta a doutrina a natureza jurisdicional da arbitragem, embora seja esta uma atividade não estatal.[8]

---

7. A constitucionalidade da Lei de Arbitragem foi reconhecida, incidentalmente, quando do julgamento de processo de homologação de sentença arbitral estrangeira (STF, Tribunal Pleno, SE 5.206, rel. Min. Sepúlveda Pertence, j. 12.12.2001).

8. Cf. Carlos Alberto Carmona, *A Arbitragem no Processo Civil Brasileiro*, São Paulo, Malheiros Editores, 1993, pp. 33-37, e *Arbitragem e Processo: um Comentário à Lei n. 9.307/96*, 3ª ed. São Paulo, Atlas, 2009, pp. 26-27.

2.6.3.1 *Poder jurisdicional na arbitragem: decisão imperativa sem sua imposição*

Uma vez que se reconheça o caráter jurisdicional da atividade arbitral, dado que o ordenamento jurídico qualifica a sentença prolatada pelos árbitros como título executivo judicial, resta analisar qual o alcance do poder jurisdicional concedido aos árbitros.

Nesse ponto, deve-se frisar que os árbitros não estão investidos do poder de impor o cumprimento de suas decisões. Têm competência para instruir os processos, conduzindo o debate que se desenvolve entre as partes e a produção de provas, bem como para, ao final, proferir julgamento, declarando o direito aplicável à espécie.

Cumpre anotar que possuem, inclusive, poder para concessão de medidas de urgência (de natureza antecipatória ou cautelar propriamente dita) após a instituição da arbitragem, podendo inclusive manter, modificar ou revogar medida urgente que tenha, antes da instituição da arbitragem, sido deferida pelo Poder Judiciário (arts. 22-A e 22-B da Lei 9.307/1996, redação decorrente da Lei 13.129/2015).

Entretanto, a execução das decisões proferidas no juízo arbitral (sejam sentenças, sejam decisões concessivas de medidas de urgência) deve ser promovida perante o Poder Judiciário. A razão para tanto está em que o processo de execução (para os títulos extrajudiciais) ou o denominado cumprimento de sentença (para os títulos executivos judiciais) envolvem a prática de atos de império, ou seja, atos de invasão patrimonial, contra a vontade do obrigado e, quando necessário, por meio do emprego legítimo de atos de força (penhora, alienação forçada de bens, emprego de força policial, apreensão de bens etc.).

Embora seja legítimo que a declaração do direito, por acordo das partes maiores e capazes, em casos de direitos disponíveis, seja proferida por um particular (árbitro), o sistema normativo não autoriza que os atos de império e de força, estes sim privativos do próprio Estado, sejam realizados por particulares.

Nesse sentido, prevê o art. 29 da Lei de Arbitragem (Lei 9.307/1996) que "proferida a sentença arbitral, dá-se por finda a arbitragem", bem como o art. 31 da mesma lei que "a sentença arbitral produz, entre as partes e seus sucessores, os mesmos efeitos da sentença proferida pelos órgãos do Poder Judiciário e, sendo condenatória, constitui título executivo", cuja observância deverá ser exigida, como já mencionado, perante o Poder Judiciário.

2.6.3.2 *Medidas de urgência*

As medidas de urgência, cuja disciplina geral está assentada no Código de Processo Civil/2015 (arts. 300 a 310), representam, em perspectiva prática, os mecanismos processuais voltados a evitar a ameaça ou lesão a direitos, bem como a manutenção da realização de atos que possam levar à concretização de tais riscos.[9]

---

9. Sobre o tema v., por todos, José Roberto dos Santos Bedaque, *Tutela Provisória: Analisada à Luz das Garantias Constitucionais da Ação e do Processo*, 6ª ed., São Paulo, Malheiros Editores, 2021, *passim*.

Seu fundamento constitucional, em última análise, reside na própria garantia do acesso à justiça (art. 5º, XXXV, da CF), visto que a Constituição é expressa ao assegurar que não só a lesão mas também a ameaça ao direito não será excluída da apreciação do Poder Judiciário.

Tanto as medidas de urgência cautelares (cuja finalidade é conservativa de bens ou do estado de fato: arresto, sequestro, indisponibilidade de bens, arrolamento de bens, bloqueio de contas bancárias e aplicações financeiras etc.) como as medidas antecipatórias (a denominada antecipação de tutela, tutela antecipada, ou antecipação dos efeitos da tutela, cuja finalidade é permitir a fruição imediata do direito ou de aspectos deste, cuja declaração ou reconhecimento ainda não ocorreu, e só ocorrerá quando da prolação da decisão de mérito favorável ao requerente) são relevantes, por assegurarem a utilidade prática do provimento jurisdicional final no caso de acolhimento do pedido formulado pelo demandante.[10]

Se o árbitro pode "o mais" (julgar o mérito do litígio), não haveria razão para que não lhe fosse conferido poder para "o menos", ou seja, a apreciação e concessão de medidas de urgência.

A competência dos árbitros, entretanto, só se inicia com a instituição da arbitragem, o que se verifica nos termos do art. 19 da Lei 9.307/1996, "quando aceita a nomeação pelo árbitro, se for único, ou por todos, se forem vários".

É por tal razão que, nos termos do art. 22-A da Lei 9.307/1996 (redação da Lei 13.129/2015), "antes de instituída a arbitragem, as partes poderão recorrer ao Poder Judiciário para a concessão de medida cautelar ou de urgência", e, conforme o art. 22-B da referida lei, uma vez que tenha sido instituída a arbitragem (aceita a nomeação pelos árbitros) "caberá aos árbitros manter, modificar ou revogar a medida cautelar ou de urgência concedida pelo Poder Judiciário", bem como, nos termos do parágrafo único deste último dispositivo, "estando já instituída a arbitragem, a medida cautelar ou de urgência será requerida diretamente aos árbitros".

Tenha-se sempre presente, pelos motivos expostos no item anterior, que a execução da decisão dos árbitros, inclusive a concessiva da medida de urgência, deverá, quando necessário, ser promovida perante o Poder Judiciário, pois não foi outorgado aos árbitros o poder de submeter os particulares às medidas coercitivas ou executivas decorrentes da concessão de provimentos de urgência ou do próprio reconhecimento do direito.

2.6.3.3 *Medidas coercitivas*

Pelas razões antes expostas, não possuem os árbitros poder para colocar em prática medidas coercitivas.

No processo arbitral podem ser proferidas decisões impondo medidas urgentes (antecipatórias ou cautelares propriamente ditas) ou mesmo declarado o direito aplicá-

---

10. Quanto à disciplina das tutelas de urgência, será abordada no Capítulo 9.

vel à espécie (julgamento de mérito). É possível ainda, no último caso, que a decisão de mérito até sinalize para o eventual emprego de meios invasivos – o que, aliás, é próprio da execução por quantia, que envolve a expropriação de bens do devedor para a satisfação do credor.

Inviável, entretanto, que a concretização de medidas coercitivas (execução ou efetivação de tais medidas) ocorra sob a supervisão direta dos árbitros. Para tanto é imprescindível a atuação da justiça estatal.

Em suma, os árbitros têm poder para decidir, mas não para impor o cumprimento, efetivação ou execução de medidas coercitivas ou da própria decisão de mérito.

2.6.3.4 *Execução da sentença arbitral*

Observe-se que o fundamento ontológico para a admissão da existência do processo arbitral e reconhecimento de sua compatibilidade com a jurisdição estatal assenta-se na afirmação de que, se as partes podem estabelecer convenções a respeito do próprio litígio (desde que os direitos sejam disponíveis e os litigantes sejam capazes), ou seja, "o mais", não há razão para que não possam dispor sobre "o menos", ou seja, o estabelecimento de procedimento particular, próprio, específico para a solução do litígio concretamente considerado.

Não há nisso ofensa aos dogmas da inafastabilidade da jurisdição (pois não se nega acesso à justiça) e da indelegabilidade do poder jurisdicional (que não foi, nesse quadro, entregue a particulares).

O reconhecimento da possibilidade de que os particulares estabeleçam procedimento particular, presidido por árbitros, para solver determinado conflito não significa, entretanto, que possam se apropriar do poder de coerção, ou seja, do poder de impor o cumprimento de decisões e de medidas de coerção, mesmo contra a vontade daquele contra quem foi reconhecida a existência de uma obrigação.

A efetivação de medidas de coerção ou de decisões contra a vontade do obrigado importa a prática de atos de invasão patrimonial, ingresso forçado na esfera privada a despeito da resistência daquele. Implica exercício do próprio poder de império que está presente na efetivação dos atos jurisdicionais, o que não pode ser realizado por particulares.

Em outras palavras, as partes, ao convencionarem a realização da arbitragem, estabelecem negócio jurídico sobre aquilo que lhes é próprio (solução do conflito). Não poderiam convencionar sobre aquilo que não lhes pertence, mas sim ao Estado (efetivação de medidas de coerção ou de decisões judiciais, mediante atos de execução).

É por tais razões que prevê o art. 29 da Lei de Arbitragem (Lei 9.307/1996) que "proferida a sentença arbitral, dá-se por finda a arbitragem", bem como o art. 31 da mesma lei que "a sentença arbitral produz, entre as partes e seus sucessores, os mesmos efeitos da sentença proferida pelos órgãos do Poder Judiciário e, sendo condenatória, constitui título executivo", cuja observância deverá ser exigida, como já mencionado, perante o Poder Judiciário.

Capítulo 3
JURISDIÇÃO

3.1 Conceito. 3.2 Escopos. 3.3 Princípios: 3.3.1 Investidura – 3.3.2 Aderência ao território – 3.3.3 Indelegabilidade – 3.3.4 Inafastabilidade – 3.3.5 Inevitabilidade – 3.3.6 Juiz natural e vedação de tribunais de exceção – 3.3.7 Inércia jurisdicional. 3.4 Características da jurisdição: 3.4.1 Substitutividade – 3.4.2 Lide – 3.4.3 Inércia – 3.4.4 Definitividade. 3.5 Jurisdição no contexto das funções do Estado contemporâneo: 3.5.1 Jurisdição e legislação – 3.5.2 Jurisdição e Administração – 3.5.3 Jurisdição e Poder Judiciário – 3.5.4 Jurisdição e arbitragem. 3.6 Espécies de jurisdição: 3.6.1 Jurisdições penal e civil e seu relacionamento – 3.6.2 Jurisdição especial ou comum – 3.6.3 Jurisdição superior ou inferior – 3.6.4 Jurisdição de direito ou equidade. 3.7 Limites da jurisdição: 3.7.1 Limites internacionais – 3.7.2 Limites internos. 3.8 Jurisdição voluntária: 3.8.1 Conceito e características – 3.8.2 Jurisdição voluntária em contraposição à contenciosa.

3.1 Conceito

Conforme já foi salientado anteriormente,[1] a jurisdição é um dos institutos fundamentais no estudo do direito processual. Ela deve ser compreendida como um dos poderes do Estado ou, em evolução ao pensamento originário da teoria da tripartição dos Poderes, admitindo-se que o poder estatal seja uno, como uma das funções ou manifestações do próprio poder, ao lado das funções de administração (Executivo) e da edição de leis (Legislativo).

A jurisdição é, ao mesmo tempo, *poder*, *função* e *atividade*, e como tal deve ser compreendida.

Como *poder*, incorpora e apresenta-se como manifestação da própria soberania estatal, visto que cabe ao Estado, na condição de ente soberano, definir, nos casos de dúvidas ou conflitos, como a lei (ou, em sentido mais amplo, o ordenamento jurídico) deve ser aplicada nos limites de seus confins territoriais.

---

1. Item 1.8, *supra*.

É por tal razão que não cabe a outros Estados ou mesmo a entidades estrangeiras ou internacionais definir conflitos ocorridos no âmbito do território nacional. Mesmo na hipótese em que o ordenamento jurídico de determinado Estado estrangeiro estabeleça competência dos respectivos órgãos jurisdicionais para julgar conflitos ocorridos no território brasileiro (em razão, por exemplo, do envolvimento de seus nacionais), a eficácia dos julgamentos assim proferidos, no Estado estrangeiro, perante a justiça brasileira dependerá da homologação da sentença estrangeira, que, por tal procedimento, é aceita e incorporada à ordem aqui constituída, lembrando que a competência para a homologação é do STJ (art. 105, I, "i", da CF), sendo essa matéria também regulada no Código de Processo Civil/2015 (arts. 960 a 965).

Por idênticas razões, ou seja, soberania nacional, a submissão do Estado brasileiro a tribunais internacionais ou a órgãos supranacionais aos quais seja, por força de tratados ou pactos internacionais, atribuída competência para dirimir determinados tipos de conflitos ou julgar determinados tipos de ilícitos (*v.g.*, Tribunal Penal Internacional, Organização Internacional do Comércio, Comissão Interamericana de Direitos Humanos/CIDH da Organização dos Estados Americanos/OEA) depende da adesão expressa dos Estados convenentes, que, por sua explícita vontade, se submetem a uma instância internacional de resolução de conflitos e de aplicação de normas de direito internacional.

Isso não se confunde com a submissão de todos, no âmbito do território nacional, à jurisdição, visto que essa submissão não decorre de escolha, mas do caráter imperativo da soberania estatal.

Como *função* a jurisdição tem o papel típico de aplicar não apenas a lei em sentido estrito, mas sim o direito, de modo mais amplo (ou seja, o ordenamento), aos casos concretos.

A composição ou formação do ordenamento jurídico é o substrato da função tipicamente legislativa, no âmbito da qual são editados os atos normativos primários, revestidos de abstração, generalidade e impessoalidade (Constituição, emendas constitucionais, leis complementares, leis ordinárias, leis delegadas, medidas provisórias, decretos legislativos e resoluções do Poder Legislativo).

Por outro lado, a aplicação imediata do ordenamento jurídico na esfera de sua própria atuação, não como instância de decisão de conflitos, é atribuição da Administração (Executivo). É nesse contexto que o Poder Executivo, na condição de administração ou governo, determina a aplicação de leis, autuando, para aplicação de sanções administrativas, particulares que venham a infringir normas de direito público (autuações por infrações de trânsito, por infrações tributárias ou fiscais, infrações ambientais, infrações às leis relativas ao uso e ocupação do solo urbano etc.).

Essa aplicação do ordenamento jurídico por parte da Administração ou Poder Executivo não se confunde com aquela realizada pela jurisdição, visto que: (a) nesta atua o Poder Judiciário como terceiro, imparcial em relação às partes (o que não se verifica com a Administração, que aplica o ordenamento como interessada direta na sua observância, que afeta diretamente a própria gestão pública); (b) bem como porque só a aplicação do ordenamento pelo Judiciário tem potencialidade para se tornar definitiva ou imutável, pela formação da coisa julgada, não mais passível de revisão por qualquer outro Poder ou instância estatal (o que não ocorre na aplicação do ordenamento pela Administração, sempre passível de revisão pelo Poder Judiciário,[2] em função da garantia do acesso à justiça – art. 5º, XXXV, da CF).

Ainda nesse campo, não deve haver confusão com a natureza, função e competência de órgãos não jurisdicionais, que integram outros Poderes e, embora analisem determinadas situações no âmbito de processos administrativos próprios, não exercem funções jurisdicionais.

Alguns exemplos.

Os Tribunais de Contas da União, dos Estados e, onde houver, dos Municípios (lembrando que, quanto a esses últimos, a Constituição/1988 assegurou a manutenção daqueles existentes quando de sua promulgação).[3] Em que pese à sua denominação – Tribunais –, não são órgãos do Poder Judiciário, mas sim órgãos autônomos, funcionalmente auxiliares do Poder Legislativo, que possuem competência específica de analisar as contas dos órgãos públicos, emitindo parecer que, ao final, poderá ser acolhido ou rejeitado pelo Poder Legislativo respectivo.

O Tribunal Administrativo de Defesa Econômica, que integra o Conselho Administrativo de Defesa Econômica/CADE e atua na temática da defesa da livre concorrência e das infrações à ordem econômica, previsto na lei que cuida do Sistema de Defesa da Concorrência (Lei 12.529, de 30.11.2011), do mesmo modo, nada obstante sua denominação, é órgão administrativo, não jurisdicional, cujas decisões são passíveis de revisão pelo Poder Judiciário.

Iguais observações podem ser feitas com relação aos Tribunais de Impostos e Taxas, órgãos de natureza administrativa, figurando, normalmente, como instância recursal em relação aos processos administrativos nos quais são impostas sanções administrativas decorrentes de infrações tributárias ou fiscais. Diversa não é a conclusão quando se pensa na denominada Justiça Desportiva, prevista no art. 217, §§ 1º e 2º, da CF.

Necessário ainda recordar que, em caráter de excepcionalidade, a atividade jurisdicional em uma hipótese não é exercida pelo Poder Judiciário. Cuida-se da denominada "Jurisdição Política", ou seja, da competência atribuída pela Constituição ao Poder Legislativo para julgamento do processo de impedimento (*impeachment*) de determinadas autoridades, notadamente do Presidente da República.

Nesse caso, a acusação contra o Presidente é examinada, inicialmente, na Câmara dos Deputados, que exerce o denominado juízo de admissibilidade da acusação (art. 51, I, da CF), enquanto o juízo de mérito é realizado pelo Senado Federal, presidido, nesse processo, pelo Presidente do STF (art. 52, I, e parágrafo único, da CF).

---

2. Sobre este tema, cf. a Súmula 473 do STF: "A Administração pode anular seus próprios atos, quando eivados de vícios que os tornam ilegais, porque deles não se originam direitos; ou revogá-los, por motivo de conveniência ou oportunidade, respeitados os direitos adquiridos, e ressalvada, em todos os casos, a apreciação judicial".

3. CF, arts. 31, § 1º, 71, 73 e 75.

Nesse caso, os parlamentares (deputados e senadores) encontram-se em condição de julgadores, exercendo função atípica, jurisdicional, que representa um dos casos em que a Constituição, com amparo no sistema de freios e contrapesos (*checks and balances*), atribui a um Poder (Legislativo) uma função atípica que, essencialmente, ao menos ontologicamente, caberia a outro Poder (Judiciário).

3.2 Escopos

A compreensão da jurisdição no contexto atual é indissociável da noção existente a respeito do próprio processo como método estatal de solução de conflitos. Assim os escopos do processo ganham projeção e eficácia mais ampla, para serem compreendidos também como escopos da própria jurisdição.

Quando se aponta como escopos do processo, com base na doutrina assentada na sua instrumentalidade, o *jurídico*, o *social* e o *político*, o que se apresenta é, em última análise, não apenas o conjunto de finalidades a ele relacionadas, mas sim os fins institucionais da própria jurisdição, como fração do poder estatal.

O escopo *jurídico* assenta-se em fazer com que seja observada a "vontade concreta da lei", na célebre dicção de Giuseppe Chiovenda, ou, em expressão mais apropriada ao pensamento contemporâneo, a vontade concreta do ordenamento, que não se resume à solução literal e descritiva contida na lei em sentido estrito. É finalidade da jurisdição e do processo fazer com que as diretrizes normativas decorrentes da compreensão sistemática do ordenamento jurídico em vigor (Constituição, emendas constitucionais, leis complementares, leis ordinárias etc.) prevaleçam e sejam efetivamente aplicadas aos conflitos instalados em função dos casos concretos a serem examinados. Não basta solucionar conflitos. A solução não pode ser arbitrária. É necessário equacioná-los com apoio em diretrizes assentadas normativamente. Assim compreendida, a prevalência do ordenamento é, portanto, um dos referidos escopos.

O escopo *social* envolve dois aspectos fundamentais: pacificação e prevenção.

O ordenamento jurídico é imanente ao convívio coletivo, pois onde há sociedade está presente o direito (*ubi societas, ibi ius*). Ocorre por vezes o descumprimento das diretrizes normativas, e essa inobservância produz sensação de intranquilidade em relação aos integrantes do corpo social. Ao operar, determinando que seja restabelecida a observância do ordenamento, a jurisdição, através do processo, tem a aptidão para restabelecer a paz social bem como para, através das soluções dos casos concretos, figurar como exemplo a fim de que o descumprimento da ordem constituída não volte a ocorrer em situações futuras.

O escopo *político* guarda relação com a identificação da jurisdição como poder ou parcela do poder estatal.

Ao operar através do processo, a jurisdição materializa o exercício do poder, atuando imperativamente na solução dos conflitos e apresentando aos integrantes do corpo social a percepção inequívoca de que o Estado, por meio dela, é, verdadeiramente, a instância última de resolução de crises nas relações de direito material. Em suma: atuando, a jurisdição apresenta-se como poder e impõe imperativamente suas decisões.

3.3 *Princípios*

Embora nem sempre a matéria seja tratada sem controvérsia, é possível identificar princípios que, em geral, são apontados pela doutrina como suficientes para iluminar o estudo, a compreensão e o funcionamento da jurisdição.

Princípios, nesse ponto, devem ser compreendidos como linhas fundamentais de orientação que, embora não formulem prescrições concretas e específicas, estabelecem uma diretriz superior, genérica, axiológica ou valorativa, que deve permear o estudo, a compreensão e a fenomenologia da operação concreta de determinado instituo jurídico.

Ademais, por vezes um mesmo elemento do conhecimento dogmático apresenta--se como princípio, ou seja, como linha mestra fundamental que funciona como "guia" do pensamento científico, a fomentar a atividade do legislador e do hermeneuta, mas também como regra, ou seja, prescrição concretamente considerada, que impõe certa conduta ou abstração, frequentemente acompanhada de sanções concretas em virtude da eventualidade de sua inobservância.

Em outras palavras, por vezes o legislador colhe princípios no ordenamento e os incorpora a determinadas regras. Isso não elimina a necessidade de compreender aqueles e, em momento subsequente, estudar o alcance concreto destas.

Apontam-se, assim, como princípios da jurisdição, no direito brasileiro, a *investidura*, a *aderência ao território*, a *indelegabilidade*, a *inevitabilidade*, a *inafastabilidade*, o *juiz natural e a vedação aos tribunais de exceção* e a *inércia jurisdicional*.

3.3.1 Investidura

A *investidura* é o princípio da jurisdição por força do qual se reconhece que somente aqueles que estejam investidos na função jurisdicional podem exercer esta parcela do poder estatal. A investidura na função jurisdicional decorre da nomeação, posse e efetivo exercício nos cargos de magistrado respectivos das diversas esferas e segmentos do Poder Judiciário (juiz de direito, juiz federal, juiz do trabalho, desembargador, ministros de tribunais superiores etc.).

No sistema brasileiro de formação dos quadros de magistrados adota-se, como regra, a nomeação decorrente da aprovação em concurso público de provas e títulos, com a participação da Ordem dos Advogados do Brasil/OAB em todas as fases, após o exercício, por parte do bacharel em direito, de no mínimo três anos de atividade jurídica (art. 93, I, da CF).

Há, entretanto, situações em que a nomeação do magistrado independe de concurso público de provas e títulos. Tal se dá nos casos em que a própria Constituição Federal estabelece outros mecanismos de cooptação para a formação dos quadros dos tribunais. Isso ocorre com o denominado "quinto constitucional", estabelecido no art. 94 da CF, por força do qual "um quinto dos lugares dos Tribunais Regionais Federais, dos Tribunais dos Estados, e do Distrito Federal e Territórios será composto de membros, do Ministério Público, com mais de dez anos de carreira, e de advogados de notório saber jurídico e de reputação ilibada, com mais de dez anos de efetiva atividade profissional, indicados em lista sêxtupla pelos órgãos de representação das respectivas classes".

Além disso, na composição de tribunais superiores o ingresso se dá não por concurso, mas por sistema complexo que envolve, por vezes, indicação do próprio tribunal, exame ("sabatina") no Senado Federal e, ao final, nomeação pelo Presidente da República, desde que o candidato preencha os requisitos estabelecidos na Constituição.

É o que se dá, por exemplo, na escolha dos ministros do STF (art. 101 da CF), do STJ (art. 104 da CF), do TST (art. 111-A, I, que, embora em previsão específica, invoca a sistemática do próprio "quinto constitucional", ao fazer remissão ao art. 94 da CF), do TSE quanto aos ministros integrantes da classe dos advogados (art. 119, II, da CF) e do STM, no que diz respeito aos ministros civis (art. 123, parágrafo único, da CF).

Não basta, ademais, que o juiz tenha sido nomeado e empossado. É necessário investidura na função jurisdicional, ou seja, a designação e efetivo exercício em determinado cargo ou função, dentro da estrutura do ramo considerado do Poder Judiciário. Assim, situações em que ocorra momentâneo afastamento da investidura impedem que o magistrado exerça a jurisdição.

Exemplos dessa situação: afastamento cautelar ou disponibilidade por força de decisão administrativa (processo disciplinar) ou judicial, como consequência da apuração de fato que configura ilícito funcional, penal ou ato de improbidade administrativa; afastamento para tratamento de saúde do próprio magistrado ou tratamento de saúde em pessoa da família; licença-maternidade ou paternidade; férias, licença-prêmio por assiduidade; afastamento para ocupar cargo diretivo em entidade representativa de classe da magistratura; afastamento com prejuízo de suas funções para ocupar vaga destinada a magistrados no Conselho Nacional de Justiça/CNJ; afastamento com prejuízo de suas funções para ocupar cargo de assessor de órgão diretivo de tribunal; etc.

Em todos esses casos o magistrado, nada obstante siga ostentando a condição funcional de juiz, com todas as vantagens e/ou prerrogativas, bem como mantidas as vedações inerentes à carreira, deixa, momentaneamente, de estar investido na função jurisdicional, motivo pelo qual não poderá, em princípio, praticar atos ou pronunciar decisões em relação aos processos do órgão judicial (vara, câmara ou turma) do qual é titular.

A instrução e o julgamento de processo por magistrado não investido da função jurisdicional é hipótese de falta de pressuposto processual indispensável para a constituição e desenvolvimento válido e regular do processo, com as consequências inerentes a tal situação.

3.3.2 Aderência ao território

A *aderência ao território* é outro princípio que caracteriza a jurisdição.

A jurisdição, já foi dito, é manifestação de uma das funções do poder estatal. Este, por sua vez, tem como elemento essencial a soberania. A soberania só existe no âmbito do território do próprio Estado considerado, no seu espaço aéreo e no seu domínio marítimo, ou ainda, seguindo regras de direito internacional, no interior de aeronaves ou embarcações que, por razões definidas em acordos ou em tratados internacionais, se sujeitem à soberania nacional.

Em outras palavras, trata-se de manifestação positiva do princípio da *aderência ao território* a afirmação de que só no espaço no qual o Brasil é soberano é que se exerce a jurisdição. Nesse sentido dispõe o art. 16 do CPC/2015 que "a jurisdição civil é exercida pelos juízes e pelos tribunais em todo o território nacional, (...)".

Entretanto, a manifestação negativa da *aderência ao território* reside na percepção de que decisões proferidas pela justiça de outros Países são ineficazes no território nacional, ao menos em princípio. Se a jurisdição é manifestação da soberania, a atribuição automática de eficácia a decisões estrangeiras no âmbito do território nacional significaria a negação do próprio princípio, ou seja, do próprio poder estatal, admitindo-se a coexistência com outro poder internacional.

Assim, a atribuição de eficácia a decisões estrangeiras depende de expresso reconhecimento ou manifestação do Estado brasileiro, o que pode ocorrer de duas formas: (a) homologação judicial (homologação de sentença estrangeira ou concessão de *exequatur* a cartas rogatórias); (b) ou através de tratados ou acordos internacionais que contenham previsão de dispensa de homologação.

A homologação de sentenças estrangeiras e a concessão de *exequatur* a cartas rogatórias são da competência do STJ (art. 105, I, "i", da CF), estando o procedimento respectivo regulado no Código de Processo Civil/2015 (arts. 960 a 965). Medidas de urgência concedidas pela justiça estrangeira podem ser cumpridas, mediante prévia concessão de *exequatur* pela justiça brasileira (art. 962 do CPC/2015).

Há previsão legal expressa quanto à possibilidade de dispensa de homologação para que a sentença estrangeira produza efeitos no Brasil – o que dependerá, com fundamento na soberania, de acordo internacional entre os países envolvidos. Nesse caso, a produção de efeitos de decisão que conceda medida de urgência estará condicionada ao reconhecimento expresso de sua validade "pelo juiz competente para dar-lhe cumprimento, dispensada a homologação pelo Superior Tribunal de Justiça" (art. 962, § 4º, do CPC/2015).[4]

3.3.3 *Indelegabilidade*

O princípio da *indelegabilidade* da jurisdição assenta na ideia de que, envolvendo ela o exercício de atos de império estatal, manifestação de parcela da soberania, não

4. Ainda sobre o tema, cf. a Súmula 259 do STF: "Para produzir efeito em juízo não é necessária a inscrição, no registro público, de documentos de procedência estrangeira, autenticados por via consular".

pode ser atribuída a particulares, operando exclusivamente em função da atuação do próprio Poder Público. Não conflita com isso a prática do processo arbitral ou da expedição de cartas rogatórias ou precatórias.

O processo arbitral, por primeiro, não envolve hipótese de delegação de parcela do poder do Estado. Não há, nesse caso, atribuição pelo Estado de exercício de parcela de poder aos particulares. O que se verifica é que os próprios particulares, sendo partes maiores e capazes e envolvidos em disputa sobre direitos disponíveis, podendo convencionar sobre "o mais" (o próprio litígio), podem acordar a respeito daquilo que representa "menos" (o modo de solucionar a controvérsia).

Em outros termos, ao invés de os particulares entabularem pacto incidente diretamente sobre a lide, formulam acordo sobre o procedimento que adotarão, sob a direção de sujeitos particulares (árbitros), para chegar à composição da controvérsia. Note-se que se, por um lado, o Estado não pode impor a arbitragem aos particulares, não poderia, igualmente, vedar que os sujeitos maiores e capazes aderissem espontaneamente a essa solução. O único "favor" feito pelo Estado ao processo arbitral, que não configura propriamente delegação, foi dispensar a homologação da sentença arbitral, conferindo a ela – tal qual o fez com outros documentos – a condição de título executivo equiparado ao judicial (art. 515, VII, do CPC/2015).

As cartas precatórias e as rogatórias, por sua vez, fundam-se na cooperação entre órgãos do Poder Judiciário do mesmo País (precatórias) ou de Países distintos (rogatórias).

O magistrado deprecante ou rogante, ao expedir uma precatória ou rogatória, não está a delegar parcela do seu poder, mas sim a solicitar ao juízo deprecado ou rogado que, no exercício de poder próprio, pratique determinado ato jurisdicional (por exemplo, citação, intimação, oitiva, perícia, penhora, avaliação, alienação em hasta pública etc.) com fundamento em poder próprio. O ato praticado em colaboração pelo juízo deprecado ou rogado será documentado e trazido aos autos para instruí-los.

Observe-se que a precatória, sendo expedida entre juízos integrantes do mesmo País, envolve a prática de atos da própria jurisdição por órgãos judiciais com competências distintas. Há, portanto, colaboração no exercício de competência própria, por parte do juiz deprecado, para subsidiar o juízo deprecante e, em última análise, viabilizar-se o cumprimento do papel reservado à própria jurisdição, que é una.

Na rogatória, por sua vez, há colaboração entre Países soberanos, o que não deixa de significar, entretanto, a colaboração entre as justiças dos referidos Países. Há também, nesta hipótese, exercício de competência própria (da jurisdição do País rogado) para subsidiar o juízo rogante no cumprimento do papel que lhe é próprio.

Em nenhum destes casos se trata, portanto, de delegação de poder.

3.3.4 Inafastabilidade

A *inafastabilidade* da jurisdição assenta essencialmente no disposto no art. 5º, XXXV, da CF, segundo o qual nenhuma lesão ou ameaça ao direito podem ser excluídas de apreciação judicial. A denominada garantia constitucional do acesso à justiça, que se funda em tal dispositivo (ou ainda "indeclinabilidade" da jurisdição, ou "garantia constitucional da ação"), aponta, de um lado, para uma garantia constitucional e, de outro, para um verdadeiro princípio que inspira a atividade jurisdicional.

Numa primeira perspectiva (garantia), que tem como foco a proteção ao indivíduo, significa essa garantia que todas as posições juridicamente dignas de atenção (tuteláveis) podem render margem à busca da proteção através do Poder Judiciário. Na segunda projeção (princípio), cujo foco se direciona ao funcionamento da instituição, significa que a potencialidade de exame de todas essas situações é verdadeira viga de sustentação da jurisdição.

A *inafastabilidade* da jurisdição, como princípio constitucional, não significa, entretanto, que não seja possível estabelecer condicionamentos para o acesso à justiça. Eles existem e são legítimos, desde que assentados em critério de razoabilidade, caracterizados nas categorias das condições da ação e dos pressupostos processuais de formação (existência) e de desenvolvimento válido e regular do processo.

Tais condicionamentos (condições da ação e pressupostos processuais) ao exercício do direito de ação e à formação e ao desenvolvimento válido e regular do processo, objeto de exame oportuno, são limites impostos pela lei com fundamento na razoabilidade, a fim de evitar a sujeição do demandado ao exercício abusivo do direito de ação ou à indevida formação e/ou desenvolvimento do processo quando as circunstâncias da hipótese concretamente considerada desde logo indicarem a manifesta inviabilidade da tramitação do processo e de seu desfecho com exame de mérito.

Em outros termos, as condições e os pressupostos estabelecidos pelo legislador indicam desde logo que, diante de sua ausência, não deverá o processo ter seu curso integral, devendo ser abreviada sua pendência em juízo. É que, nesse caso, mostrando-se absolutamente clara a impossibilidade de êxito da demanda (ausência de condição da ação) ou de subsistência do processo (pressupostos processuais), a manutenção da litispendência (existência do processo em juízo) significaria indevido constrangimento para o demandado.

É evidente, entretanto, que apenas critérios de razoabilidade justificam a indicação legal de condições da ação e de pressupostos processuais. Isso é o que faz o legislador ao indicar como condições da ação a legitimidade e o interesse de agir (art. 17 do CPC/2015). É o que se verifica, do mesmo modo, quando a lei indica pressupostos processuais como, por exemplo, a ausência de litispendência, de coisa julgada, de perempção ou de convenção de arbitragem, bem como a necessidade da própria demanda, para que o processo possa se formar e se desenvolver validamente. Também é isso o que estabelece a lei quando exige que, para que o processo tenha curso, seja ele instaurado perante juiz de direito, ou seja, agente público ocupante de tal cargo e efetivamente investido na função jurisdicional.

Ou seja, caso a lei fixasse condições ou pressupostos desnecessários, inadequados ou exagerados, que limitassem indevidamente o acesso à jurisdição (como ocorreria, por exemplo, se o legislador exigisse o esgotamento das instâncias administrativas como condição para o exercício do direito de ação em juízo), isso colidiria com a *inafastabilidade* da jurisdição. Seria possível o reconhecimento da inconstitucionalidade de condicionamento de tal natureza.

Anote-se ainda que a *inafastabilidade*, como garantia constitucional, não significa apenas a possibilidade de exercer o direito de ação, ajuizando demandas perante o Poder Judiciário, a fim de colocá-lo em operação para a solução de conflitos. Essa singela possibilidade se traduziria, na realidade, em cláusula de menor significado. Deve ser compreendida, portanto, como garantia de que, uma vez provocada correta e adequadamente a jurisdição, o mérito da pretensão deduzida em juízo será apreciado, bem como que o resultado dessa apreciação será efetivamente transformado em realidade.

Em outras palavras, a *inafastabilidade* como garantia deve representar (a) acesso formal à justiça (exercício do direito de ação, pelo ajuizamento da demanda), (b) exame efetivo da pretensão deduzida, uma vez preenchidos os requisitos legais para tanto (sentença de mérito), e (c) transformação da realidade subjacente ao processo judicial com a efetivação daquilo que for decidido (efetivo cumprimento da decisão judicial).

É nesse sentido que autorizada doutrina[5] se refere à garantia do acesso à justiça não como acesso meramente formal, mas sim substancial à ordem jurídica justa. Trata-se, em última análise, do efetivo direito à tutela jurisdicional, assim compreendida como proteção ao direito declarado por sentença, bem como às pessoas que se encontram em posição de titulares daquele direito.

Ainda nesse quadro, necessário lembrar que a *inafastabilidade*, seja como princípio, seja como garantia constitucional, não autoriza que determinados temas ou casos sejam pura e simplesmente excluídos da apreciação judicial. O que é compatível com ela, como foi acima anotado, é o estabelecimento de condições para o exercício do direito de ação ou pressupostos para a instauração e desenvolvimento válido e regular do processo, desde que presente, nessa solução, o respeito à razoabilidade.[6]

A exclusão pura e simples de temas e casos significa negação do acesso à justiça.

Exemplo nítido de ofensa à *inafastabilidade* é a vedação, contida no parágrafo único do art. 1º da Lei 7.347/1985, de propositura de ação civil pública "para veicular pretensões que envolvam tributos, contribuições previdenciárias, o Fundo de Garantia do Tempo de Serviço – FGTS ou outros fundos de natureza institucional cujos beneficiários podem ser individualmente determinados".

---

5. Cf. Kazuo Watanabe, *Acesso à Ordem Jurídica Justa: Conceito Atualizado de Acesso à Justiça, Processos Coletivos e outros Estudos*, Belo Horizonte, Del Rey, 2019, *passim*.

6. Sobre este ponto cita-se o Tema 350, julgado pelo STF sob a sistemática de repercussão geral (RR 631.240), em que é interessante notar como o Supremo decidiu caso envolvendo a mesma questão, qual seja, do "esgotamento prévio das vias administrativas", antes do ingresso da ação em juízo pelo particular, restando fixada a tese, mediante algumas ressalvas e exceções, de que: "I – A concessão de benefícios previdenciários depende de requerimento do interessado, não se caracterizando ameaça ou lesão a direito antes de sua apreciação e indeferimento pelo INSS, ou se excedido o prazo legal para sua análise. É bem de ver, no entanto, que a exigência de prévio requerimento não se confunde com o exaurimento das vias administrativas. (...)".

O que esse dispositivo legal descreve são hipóteses típicas de interesses individuais homogêneos, tal como definidos pelo art. 81, parágrafo único, III, do Código do Consumidor (Lei 8.078/1990). Não haveria razão, portanto, para que todos os interesses individuais homogêneos fossem tuteláveis em juízo menos aqueles apontados no dispositivo acima aludido.

Além disso, as hipóteses descritas no parágrafo único do art. 1º da Lei 7.347/1985 envolvem situações que em regra, pelo pequeno prejuízo individualmente considerado, não viabilizam o exercício das pretensões de forma meramente individual, senão coletivamente. Nesses casos o custo do processo judicial para cuidar do caso singularmente considerado acaba por inviabilizar a tutela do direito, pois ninguém, em sã consciência, ajuizaria demanda judicial se o custo dessa iniciativa pudesse ser maior que o próprio benefício que dela poderia resultar.

Daí a conclusão de que há, por assim dizer, negativa de acesso à justiça em função da referida solução legal.

Por último, e não menos importante, imperativo lembrar que, seja como princípio, seja como garantia, a *inafastabilidade* figura como fundamento último da própria tutela de urgência, tanto na hipótese das cautelares propriamente ditas (medidas de natureza conservativa) como no caso da denominada antecipação dos efeitos da tutela (medidas antecipatórias de natureza satisfativa). É que, se o ordenamento assegura a tutela jurisdicional, deve fazê-lo de forma efetiva inclusive na perspectiva da tempestividade. Lembremos, com Ruy Barbosa,[7] que "justiça atrasada não é justiça, senão injustiça qualificada e manifesta".

Assim, se as tutelas de urgência existem para que o exercício do direito por parte de seu titular seja efetivo, é evidente que estão fundadas na própria *inafastabilidade*.

3.3.5 Inevitabilidade

O princípio da *inevitabilidade* da jurisdição está presente na ideia de que não é dado a ninguém, de antemão, excluir-se de figurar como demandado em todos ou em determinados processos judiciais. Se, de um lado, todos podem exercer o direito de ação, ajuizando demandas judiciais, a contrapartida ou contraponto reside no fato de que todos, igualmente, podem figurar no polo passivo de demandas judiciais.

Note-se que mesmo o exercício equivocado do direito de ação não habilita a exclusão de determinados indivíduos, de antemão, do polo passivo do processo judicial. Mesmo quando o direito de ação é exercido de forma indevida ou abusivamente o processo judicial é instaurado.

Ainda que seja manifesta a ilegitimidade da pessoa indicada como réu, e que, portanto, figura no polo passivo da relação processual, sua presença no processo não pode ser *a priori* evitada. Ainda que compareça exclusivamente para alegar sua própria

7. Cf. *Oração aos Moços*, Bauru, Edipro, 2009, p. 60.

ilegitimidade, pugnando por sua exclusão do processo ou extinção deste sem exame do mérito, o processo terá, de forma inevitável, existido.

Em outros termos, ainda que seja manifesta a ausência de condições da ação e/ou de pressupostos para a constituição e desenvolvimento válido e regular do processo, uma vez distribuída a petição inicial, ainda que venha subsequentemente a ser extinto sem exame do mérito, o processo terá, mesmo que por curto espaço de tempo, existido.

Isso ocorrerá mesmo que sejam evidentes o abuso de direito e a litigância de má-fé, tornando impositiva a penalização do demandante, por dano processual, nos termos dos arts. 79 a 81 do CPC/2015.

Ou seja, é inevitável a formação do processo judicial, ou que em seu polo passivo figure o demandado, não sendo dado ao Poder Judiciário, por qualquer de seus órgãos, estabelecer casos e/ou hipóteses em que petições iniciais não seriam sequer recebidas em cartório judicial ou obstar sua distribuição.

Para aqueles que entram em primeiro contato com a matéria isso poderá parecer um exagero, mas a *inevitabilidade* figura, nesse passo, como princípio absolutamente indispensável, que acaba por assegurar, por via indireta, a própria *inafastabilidade*, examinada em item anterior. Afinal, do contrário não seria assegurado que toda e qualquer lesão ao direito tivesse, ao menos potencialmente, apreciação *judicial* se fossem negados sua distribuição ou recebimento em juízo.

3.3.6 Juiz natural e vedação de tribunais de exceção

O denominado "juiz natural" e a "vedação de tribunais de exceção" também são ao mesmo tempo garantias constitucionais do processo que operam como princípios da própria jurisdição (art. 5º, XXXVII e LII, da CF).

Ao determinar a Constituição que "não haverá juízo ou tribunal de exceção" (art. 5º, XXXVII), bem como que "ninguém será processado nem sentenciado senão pela autoridade competente" (art. 5º, LII), fica estabelecido que o ordenamento jurídico deve prever de antemão a existência dos órgãos judiciais e as respectivas competências, de sorte que seja possível antever ou aferir qual o juízo competente para o exame de cada conflito.

Essa previsão, no ordenamento jurídico, da existência dos órgãos judiciais e das respectivas competências é satisfeita através da indicação, na Constituição Federal, nas Constituições estaduais, nas leis de conteúdo processual e nas leis de organização judiciária, dos órgãos que compõem a estrutura judiciária e das respectivas competências.

Em outras palavras, o que o juiz natural e a vedação dos tribunais de exceção proscrevem é a designação do juiz *ad hoc*, posterior ao fato, ou o "juiz de encomenda", criado para atender a caso determinado, visto que, assim não fosse, não estaria assegurada a indispensável imparcialidade do Poder Judiciário no julgamento. A indicação do juízo (órgão) e do juiz (magistrado) para determinado processo e julgamento após a ocorrência dos fatos a serem examinados relativamente ao conflito criaria ensejo para julgamentos direcionados à satisfação de interesses outros que não a própria realização de justiça.

Anote-se que embora, num primeiro momento, possa parecer que o juiz natural e vedação de tribunais de exceção são relevantes apenas no processo penal, tendo em vista o estigma que o simples ajuizamento da ação penal causa ao acusado, bem como por força do risco presente, em boa parte dos processos criminais, de restrição de liberdade do réu, a verdade é que nos processos de natureza não penal é imperativa a preservação de imparcialidade dos organismos judiciais. Isso torna inevitável a conclusão de que as mesmas diretrizes se impõem aos processos não penais.

Não se deve confundir juiz natural e vedação de tribunais de exceção com justiças especializadas, como tais compreendidas a Justiça Trabalhista, a Justiça Eleitoral e a Justiça Militar.

Estas têm existência e competências previstas na Constituição Federal (tribunais e juízes do trabalho: arts. 111 a 116; tribunais e juízes eleitorais: arts. 118 a 121; tribunais e juízes militares: arts. 122 a 124) e nas leis, de sorte que, embora tenham competência especializada em função da matéria (relação jurídica de direito material particularizada pelas hipóteses de incidência normativa), preexistem relativamente aos casos enquadrados nas suas respectivas competências. Amoldam-se perfeitamente, portanto, aos parâmetros traçados no ordenamento constitucional.

Dúvida que se apresenta é se haveria a possibilidade de criar órgão judicial por ato normativo subalterno (ato regulamentar), e não por lei (ato normativo primário), e se isso não comprometeria a garantia do juiz natural e a vedação de tribunais de exceção. Essa indagação deve-se ao fato de que frequentemente os tribunais editam provimentos, resoluções, regimentos, ou atos similares, regulamentando a matéria.

Primeiro, é necessário lembrar que a criação de órgão no âmbito da Administração é matéria sujeita ao princípio da reserva legal e à reserva de iniciativa, visto que, nos termos do art. 96, II, "c" e "d", da CF, compete aos próprios tribunais propor ao Poder Legislativo "a criação ou extinção dos tribunais inferiores", bem como "a alteração da organização e da divisão judiciárias". Ainda nesse mesmo sentido, por força do art. 96, I "d", da CF, compete aos tribunais propor "a criação de novas varas judiciárias".

Entretanto, por força do art. 96, I, "a", da CF, compete aos tribunais elaborarem "seus regimentos internos, com observância das normas do processo e das garantias processuais das partes, dispondo sobre a competência e o funcionamento dos respectivos órgãos jurisdicionais e administrativos".

A partir das premissas fixadas nos parâmetros constitucionais acima indicados, restou assentado tanto pelo STF como pelo STJ que:

(a) A criação de novo órgão judicial (vara) é, de fato, matéria sujeita ao princípio da reserva legal, ou seja, dependente da edição de lei em sentido formal, decorrente de proposta formulada pelo tribunal respectivo, a ser aprovada pelo Poder Legislativo federal ou estadual, conforme o caso.

(b) As modificações ou especializações de competência de órgãos judiciais já existentes (varas, em primeira instância, ou colegiados fracionários nos tribunais – câmaras, turmas julgadoras, grupos ou seções) independem de lei, por se inserirem dentro da competência regulamentar das Cortes (nos termos do art. 96, I, "a", da CF, trata-se, aí, de dispor sobre a "competência e o funcionamento dos respectivos órgãos jurisdicionais").[8]

Assim, é possível que por ato regulamentar (provimento, resolução, modificação regimental) seja, por exemplo, determinada a transformação de vara cível em vara criminal, ou mesmo de vara cível em vara especializada (vara de família, Fazenda, especializada em matéria coletiva), desde que respeitadas, nos termos do art. 96, I, "a", da CF, as "normas de processo" e as "garantias processuais das partes".

Nesse sentido é que no processo civil a regra da *perpetuatio jurisdictionis*, que será objeto de exame oportuno, determina que, uma vez proposta a ação, define-se a competência do órgão judicial, que prevalecerá até o final julgamento do feito, salvo nos casos de modificação de regra de competência absoluta ou de extinção de órgão judicial (art. 43 do CPC/2015).

Dessa forma, quando ocorrem modificações de competência relativa, os processos pendentes seguem perante o juízo no qual as respectivas demandas foram ajuizadas. Quando há modificação de regra de competência absoluta ou extinção de órgão judicial, aí sim ocorre a "migração de feitos" ou "transmissão de acervo" para a vara nova.

Exemplificando, se numa comarca são criadas varas fazendárias (com competência para julgar feitos contra o Poder Público, que é caso de competência de juízo [material] e, portanto, absoluta – art. 62 do CPC/2015), os processos pendentes perante varas cíveis envolvendo a Fazenda Pública devem migrar para o novo órgão judicial, sendo ali instruídos e julgados.

Por outro lado, se for instalada nova vara cível em comarca que já possui uma ou mais varas de igual competência, não haverá a "transmissão de acervo". A vara nova receberá apenas processos novos. Os tribunais costumam fazer a "compensação" quanto ao número de feitos em tramitação criando proporcionalidade na distribuição dos novos, durante certo tempo, até que haja relativo equilíbrio entre a carga de trabalho dos órgãos judiciais revestidos de idêntica competência.[9]

Ainda nessa linha de raciocínio, nos tribunais o problema se apresenta com menor intensidade. Os tribunais já existem, sendo seus órgãos fracionários (seções, grupos,

---

8. Cf. o acórdão sobre o tema do STF sobre a criação de varas especializadas: 1ª Turma, ARE/AgR 802.238, rel. Min. Luiz Fux, j. 5.8.2014, *DJe* 27.8.2014.

9. Entretanto, há entendimento do STJ, em matéria criminal, aceitando a redistribuição de processos decorrente da criação de nova vara com idêntica competência – com a finalidade de igualar os acervos dos juízos –, bem como nos casos de especialização de competências que já eram detidas pelo órgão judicial (5ª Turma, HC 102.193-SP, rela. Min. Laurita Vaz, j. 2.2.2010, *DJe* 22.3.2010).

câmaras e turmas julgadoras) forma de divisão interna de trabalho, que, em última análise, é da competência do próprio tribunal. Assim, não há dificuldade em reconhecer a legalidade da criação de novas câmaras, turmas, grupos ou seções, ou mesmo a modificação de competência, por norma regimental, nos termos do art. 96, I, "a", da CF.[10]

3.3.7 Inércia jurisdicional

É da essência da jurisdição que sua atividade não se exerça por iniciativa própria (*ex officio*), mas sim por provocação das partes.

Nesse sentido, o art. 2º do CPC/2015 dispõe que "o processo começa por iniciativa da parte e se desenvolve por impulso oficial, salvo as exceções previstas em lei". Por outro lado, o art. 492 do CPC/2015 prevê que "é vedado ao juiz proferir decisão de natureza diversa da pedida, bem como condenar a parte em quantidade superior ou em objeto diverso do que lhe foi demandado".

Há nesses dispositivos duas regras distintas, embora próximas, ambas decorrentes do princípio da inércia.

A primeira (art. 2º do CPC/2015) cuida da regra da demanda propriamente dita, manifestação precisa do próprio princípio da inércia jurisdicional. Dizer que o processo "começa por iniciativa da parte e se desenvolve por impulso oficial" significa afirmar que é necessário o ato da parte (demanda, exercício do direito de ação) para instauração do processo, que depois seguirá sob condução do juízo (impulso oficial).

Lembremos que os princípios trazem diretriz mais ampla, de cunho valorativo (axiológico), contendo formulação cujo conteúdo se destina ao funcionamento do próprio sistema, abrangendo tanto a atividade o legislador como ainda figurando como pano de fundo das análises e interpretações a serem realizadas pelos operadores do direito. Já as regras veiculam específica diretriz de conduta a ser observada pelos seus destinatários. Por vezes um princípio, que paira em perspectiva superior no ordenamento jurídico, é também alvo da preocupação do legislador, que materializa regras que têm nele seu fundamento racional último.

Isso é o que se verifica na hipótese em exame, pois o princípio da inércia jurisdicional foi também colhido pelo legislador, que o concretizou ao inserir no art. 2º do CPC/2015 a regra da inércia jurisdicional (o juiz não age de ofício), correlata à regra da demanda (é preciso o ato inicial da parte).

O segundo dispositivo mencionado (art. 492 do CPC/2015) contém a regra da adstrição (ou congruência, ou ainda correlação) da sentença ao pedido, proibindo que o juiz profira decisão de mérito de natureza diversa daquilo que foi pedido, ou ainda

10. Ainda sobre a temática, destaca-se o entendimento do STF exarado, no Tema 170 (RE 597.133), julgado sob a sistemática da repercussão geral, a respeito do julgamento por juízes convocados, no qual restou fixada a seguinte tese: "Não viola o postulado constitucional do juiz natural o julgamento de apelação por órgão composto majoritariamente por juízes convocados, autorizado no âmbito da justiça federal pela Lei n. 9.788/1999".

condene a parte em quantidade superior ou em objeto diverso do que lhe foi demandado (vedação da sentença *extra petita* ou *ultra petita*).

Trata-se, notoriamente, de regra correlata ao princípio da inércia e à regra da inércia, mas que com ambos não se confunde.

A inércia tem relação com o início do processo. O processo não pode ser iniciado sem provocação do interessado, que, na condição de titular de determinada posição jurídica protegida pelo direito material, exerce o direito de ação, ajuizando a demanda judicial. A correlação entre demanda e sentença significa que, uma vez iniciado o processo, o juiz não pode dar ao autor mais do que ele pediu (o que configuraria a sentença *ultra petita*), algo diverso do que foi pedido (o que configuraria a sentença *extra petita*) ou deixar de apreciar (para acolher ou negar) parte do que foi pedido (sentença *citra petita*). Note-se, entretanto, que o processo já foi iniciado, ou seja, foi quebrada a inércia judicial.

São regras complementares, mas distintas.

Desde os primórdios do direito romano foi estabelecido, com clareza, que *nemo judex sine actore* (não há juiz sem autor) ou, em linguagem contemporânea, a atividade jurisdicional não se inicia sem que haja provocação da parte interessada, que o faz por meio do exercício do direito de ação, ajuizando a demanda judicial.

A razão de ser para que a jurisdição só opere mediante provocação das partes está assentada, em última análise, na necessidade de manutenção da imparcialidade do órgão jurisdicional, pois a se admitir, como regra, que os processos fossem instaurados de ofício correr-se-ia o risco de que os juízes, ao praticarem atos de instauração de processos, já assumissem, desde o princípio, posição tendente a favorecer uma das partes, ou seja, aquela a quem a instauração do processo viesse a proteger.

Ademais, a inércia jurisdicional está associada ao caráter democrático dos sistemas processual, jurisdicional e normativo em determinada realidade e contexto.

Sendo o Brasil constituído como Estado Democrático de Direito, não faria sentido que processos judiciais fossem instaurados por força de determinação judicial, sem iniciativa da parte interessada, assumindo o juiz a posição de autor.

Note-se que a possibilidade de instauração de processos por ordem judicial está associada ao processo de sistemas autoritários, como dão notícia o direito comparado e a história do direito, ao se referirem ao processo das antigas repúblicas soviéticas, da Alemanha Oriental, bem como de outros Países da "Cortina de Ferro", ou seja, do Leste Europeu, em momentos hoje superados da história mundial.

No direito brasileiro anterior à redemocratização havia previsão da instauração da ação penal de ofício nos processos sumários relativos às contravenções penais, em que a ação penal poderia ser instaurada pelo auto de prisão em flagrante delito, mediante portaria expedida pela autoridade policial ou pelo juiz (redação originária do art. 531 do CPP, revogado tacitamente pela Constituição Federal/1988 [por ser com ela incompatível, não tendo sido recepcionado pela nova ordem constitucional], tendo ainda sua redação efetivamente alterada, depois, pela Lei 11.719/2008).

Há excepcional autorização para início da execução por determinação judicial na Justiça do Trabalho, relativamente às "contribuições sociais previstas no art. 195, I, 'a', e II, e seus acréscimos legais, decorrentes das sentenças" proferidas pelos juízes do trabalho (art. 114, VIII, da CF).

Mas nesse caso não há propriamente ofensa à inércia jurisdicional, que já foi quebrada pelo ato do autor, quando da propositura da reclamação trabalhista.

Oportuno ainda lembrar que, por força do art. 7º da Lei de Investigação de Paternidade (Lei 8.560/1992), "sempre que na sentença de primeiro grau se reconhecer a paternidade, nela se fixarão os alimentos provisionais ou definitivos do reconhecido que deles necessite".

Esse dispositivo legal autoriza que na ação de investigação de paternidade, sem que haja pedido de fixação de alimentos, o juiz não apenas declare a existência da relação de parentesco, mas também imponha a obrigação de pagamento de alimentos.[11]

Não há dúvida de que tal dispositivo configura mitigação da regra da correlação entre a sentença e o pedido, pela qual o juiz só pode decidir sobre o que foi pedido, e dentro dos limites do pedido, sendo-lhe vedado conceder ao autor algo que não pediu, ou algo diverso do que havia solicitado, em conformidade com o art. 492 do CPC/2015.

Não há quebra da inércia, entretanto, pois o processo, com a finalidade de reconhecimento da paternidade, já foi iniciado com o pedido do autor.

3.4 Características da jurisdição

Há alguns aspectos relativos à sua configuração e funcionamento que qualificam a jurisdição, caracterizando-a, de forma a permitir, inclusive, que a partir deles seja estabelecida a distinção dela relativamente a outros Poderes do Estado.

Substancialmente caracterizam a jurisdição a *substitutividade*, a *lide*, a *inércia* e a *definitividade*.

3.4.1 Substitutividade

A *substitutividade* (ou *caráter substitutivo* das decisões proferidas pelo Poder Judiciário) significa que, no esteio das lições de Giuseppe Chiovenda, a jurisdição atua onde falham as partes em compor voluntariamente o conflito entre elas existente, deixando de equacionar por vontade própria a pendência intersubjetiva, rendendo ensejo à atuação estatal substitutiva de suas vontades.[12]

---

11. Desta maneira, os alimentos serão devidos desde a citação do réu no processo, conforme a Súmula 277 do STJ: "Julgada procedente a investigação de paternidade, os alimentos são devidos a partir da citação".

12. Cf. Giuseppe Chiovenda, *Instituições de Direito Processual Civil*, 2ª ed., vol. 2, trad. de Enrico Tullio Liebman, São Paulo, Saraiva, 1965, pp. 3 e 9-14.

Em outras palavras, os titulares das posições jurídicas de direito material em debate poderiam, por vontade própria, encontrar uma solução para a controvérsia. Como não o fazem e, mais que isso, invocam a intervenção do Estado-Juiz, este atua, determinando o direito aplicável à espécie, literalmente substituindo aquilo que seria concernente à deliberação das próprias partes.

O caráter imperativo da atuação estatal no plano da solução de conflitos, a impossibilidade de que os próprios sujeitos envolvidos façam justiça com as próprias mãos (exercício arbitrário das próprias razões) e a indispensabilidade de restabelecimento da ordem, pela correta aplicação do direito nos casos de existência de conflitos não solucionados espontaneamente pelos próprios interessados, são fatores que, apreciados em conjunto, tornam incontornável, uma vez provocada a jurisdição, que ela aplique a "vontade" do próprio Estado em lugar da deliberação que, em princípio, caberia aos próprios sujeitos da relação de direito substancial controvertida.

Se o direito é indispensável à vida em sociedade (*ubi societas, ibi jus*), se cabe aos particulares observar o ordenamento jurídico e compor seus conflitos tomando aquele como pano de fundo, se essa composição não ocorre, havendo a provocação ao Estado--Juiz (demanda judicial), essa provocação o habilita a exercitar sua vontade soberana.

Em outros termos, a demanda judicial, manifestação do exercício do direito de ação, pela qual o sujeito privado (autor) põe a jurisdição em movimento, torna legítimo que o Estado, por meio da própria jurisdição, manifeste de forma imperativa sua vontade relativamente à aplicação do direito em campo em que, em princípio, os próprios sujeitos privados poderiam deliberar.

3.4.2 Lide

A existência de lide é, por outro lado, uma característica predominantemente presente na atividade jurisdicional, embora, claro, também ocorra atividade jurisdicional sem lide.

Lembremos que Francesco Carnelutti, ao tratar do tema, delineou o conceito de lide como o conflito de interesses qualificado pela existência de uma pretensão por parte de um sujeito e o oferecimento de resistência a esta pretensão por parte de outro sujeito (ou, de modo ainda mais sintético, o conflito de interesses qualificado pela existência de uma pretensão resistida).[13]

Sabe-se, ademais, que nem sempre a lide é apresentada ao Poder Judiciário, na demanda judicial, de forma integral. Em outros termos, ao lado da "lide integral" (dedução de todo o conflito, em sua completude, perante o Poder Judiciário), possível falar-se em "lide parcial" (dedução de apenas parte do conflito) sempre que o sujeito que toma a iniciativa de agir em juízo (autor) resolve pleitear apenas parte daquilo que, em tese, poderia buscar.

---

13. Cf. Francesco Carnelutti, *Teoria Geral do Direito*, trad. de A. Rodrigues Queiró e Artur Anselmo de Castro, São Paulo, Saraiva, 1942, pp. 95-96.

Se o Poder Judiciário não age de ofício, e a instauração do processo judicial depende da iniciativa do autor, cabe a este delimitar o objeto do litígio submetido ao Estado-Juiz.

Exemplificando, se determinado acidente de trânsito gera danos materiais e morais em determinada pessoa, e esta postula em juízo apenas a reparação do dano material, isso significa que apenas parcela da lide foi deduzida em juízo.

Não se pode olvidar o fato de que também existem na atividade do Poder Judiciário processos sem lide.

A contraposição entre a existência ou inexistência de lide indica duas formas de atuação da jurisdição: a jurisdição contenciosa (processos com lide) e a jurisdição voluntária (processos sem lide) – tema abordado adiante.

Essa constatação poderia gerar perplexidade, ou significar negação da afirmação de que a presença da lide caracteriza a jurisdição.

Tal conclusão, contudo, deve ser rejeitada.

De fato, a presença da lide e a necessidade de sua resolução de forma imperativa pelo Estado-Juiz, substituindo a vontade das partes pela sua própria vontade, caracterizam a atividade jurisdicional, visto que só a jurisdição tem, no plano das diversas funções do poder estatal, a possibilidade (poder) de fazê-lo.

A solução de lides é, precisamente, atuação tipicamente jurisdicional, o que não impede que outras atividades, que não são tipicamente jurisdicionais, sejam cometidas pelo legislador ao Poder Judiciário.

É o que se verifica, por exemplo, quando o Poder Judiciário exerce, de forma anômala, atividades administrativas relativamente à gestão de seu próprio pessoal e do patrimônio que o Estado lhe comete para o cumprimento de seu papel institucional.

Também é o que se verifica, por exemplo, quando o Poder Judiciário exerce, de forma anômala, atividades normativas, editando atos regulamentares relativos ao seu próprio funcionamento e à aplicação das leis em geral, naquilo que diz respeito à realidade interna dos tribunais e órgãos a eles vinculados.

Em outros termos, quando o Poder Judiciário administra (seu pessoal e seu patrimônio) ou, em sentido amplo, legisla (editando atos normativos secundários), não se descaracteriza sua qualidade intrínseca de poder jurisdicional.

A jurisdição voluntária (denominada ainda, na doutrina clássica, de jurisdição sem lide, graciosa, ou ainda administração pública de interesses privados)[14] não desqualifica a característica aqui analisada relativamente à identificação da jurisdição. Significa apenas que o legislador, por vezes, confere ao Poder Judiciário funções que, a rigor e em princípio, não caberiam a ele ou, na melhor das hipóteses, poderiam ser atribuídas a outro poder ou órgão.

---

14. Cf. clássica monografia de José Frederico Marques, *Ensaio sobre a Jurisdição Voluntária*, Campinas, Millennium, 2000, *passim*, esp. pp. 59 e 63-66.

Em outras palavras, só ao Poder Judiciário cabe a solução imperativa da lide, sendo esta, portanto, uma de suas características, embora outras funções possam ser a ele cometidas pela lei.

3.4.3 Inércia

A inércia jurisdicional é, ao mesmo tempo, princípio e característica da jurisdição, como vimos em item anterior.

Nos moldes do art. 2º do CPC/2015, "o processo começa por iniciativa da parte e se desenvolve por impulso oficial, salvo as exceções previstas em lei".

Ou seja, ao lado da inércia jurisdicional, relativamente ao início ou instauração do processo judicial, está presente a regra do impulso oficial, pela qual, havendo no processo não só interesse privado, mas também o interesse público à solução dos conflitos, efetiva aplicação do ordenamento jurídico e restabelecimento do convívio social, a movimentação do processo após sua instauração deve ser levada a termo, de ofício, pelo próprio órgão judicial.

O convívio entre a regra da inércia jurisdicional e o impulso oficial não deve significar, entretanto, que, uma vez que o autor tenha dado início ao processo, ao exercer o direito de ação ajuizando a demanda, nada mais deva fazer para que o feito tenha seu curso e chegue ao seu fim.

O impulso oficial refere-se apenas aos atos oficiais de movimentação do feito, em cumprimento de providências inerentes ao respectivo procedimento (juntada de documentos, abertura de vista às partes, expedição de mandados de citação e intimação, abertura de conclusão ao juiz, prolação de despachos e decisões pelo magistrado [como a designação de audiência e nomeação de perito, a prolação de sentença etc.]).

O impulso oficial não exonera as partes de cumprirem seus encargos processuais, como, por exemplo, requerer produção de provas, praticar os atos necessários a fim de que as provas sejam produzidas, formular alegações, recolher custas de atos judiciais, recorrer etc.

A inércia, como característica da jurisdição, entretanto, põe em destaque a constatação de que esta só se instaura e opera a partir da provocação das partes, observando os contornos por estas fixados para tal atuação, na medida em que cabe exclusivamente aos litigantes (notadamente ao autor, na demanda inicial, e eventualmente ao réu, nas oportunidades em que a lei processual lhe confere a possibilidade de formular pedidos – reconvenção e pedido contraposto, a serem estudados oportunamente) definir o objeto litigioso do processo, ou seja, a lide deduzida em juízo.

Vale lembrar ainda, como já consignado em item anterior, que guarda relação com a inércia jurisdicional, embora com ela propriamente não se confunda, que, uma vez definido pelas partes o objeto litigioso do processo, a própria lei processual, por força da regra da congruência (ou adstrição ou correlação entre sentença e pedido) veda, nos termos do art. 492 do CPC/2015, que o juiz venha a proferir "decisão de natureza diversa da pedida, bem como condenar a parte em quantidade superior ou em objeto diverso do que lhe foi demandado".

3.4.4 Definitividade

Não resta dúvida de que os atos jurisdicionais são atos do próprio Estado, no exercício de poder soberano, que lhe é imanente, próprio e indelegável. A natureza destes atos não difere de outros, como aqueles praticados pelos demais Poderes ou funções do Estado, ou seja, os atos legislativos do Poder Legislativo e os atos administrativos do Poder Executivo.

Ocorre que entre os atos do Estado, sejam eles tipicamente jurisdicionais, legislativos ou administrativos, os únicos que têm aptidão para se tornarem definitivos, perenes, imunes a ulterior revisão, desfazimento ou anulação, são os atos jurisdicionais e, a bem da verdade, nem todos eles, mas apenas alguns deles.

Não se trata, pura e simplesmente, de dizer que a coisa julgada seja uma característica da jurisdição, visto que ela é um instituto do processo, que possui características, contornos e fins próprios.

Trata-se sim de evidenciar que de toda a atividade estatal a única que, preenchidas certas condições ou requisitos, adquire a aptidão para se tornar imutável como ato de autoridade do próprio Estado é a atividade jurisdicional.

Note-se que o art. 5º, XXXVI, da CF põe a salvo de alterações legislativas o direito adquirido, o ato jurídico perfeito e a coisa julgada. Quando o dispositivo afirma que "a lei não prejudicará o direito adquirido, o ato jurídico perfeito e a coisa julgada", o que está a fazer é estabelecer a garantia de que o caso concretamente julgado (decisão de mérito que já se tornou definitiva pela formação da coisa julgada material) não será afetado nem mesmo por alterações legislativas supervenientes.

Por outro lado, o art. 502 do CPC/2015 define a coisa julgada material como "a autoridade que torna imutável e indiscutível a decisão de mérito não mais sujeita a recurso" – conceito a ser aprofundado em momento oportuno –, bem como estabelecendo, em caráter limitado, inclusive temporalmente, a excepcional possibilidade de desfazimento das decisões passadas em julgado por meio de ação rescisória (art. 966 do CPC/2015).

Isso significa que as decisões de mérito proferidas no processo judicial, uma vez que recebam o selo da imutabilidade conferido pela formação da coisa julgada material, se tornam efetivamente definitivas, imunes a qualquer modificação ulterior, intangíveis até mesmo para as supervenientes modificações legislativas. Essa intangibilidade fica preservada mesmo em face de edição de emendas à Constituição, que nada mais são que alterações legislativas em sentido amplo (dada a garantia fixada no art. 5º, XXXVI, da CF).

Observe-se que os atos legislativos e os atos administrativos não têm aptidão para alcançar a definitividade, tal como as decisões de mérito proferidas por órgãos judiciais.

Os atos legislativos (leis em sentido amplo) podem ser declarados inconstitucionais pelo Poder Judiciário, em controle incidental e difuso ou em controle abstrato e concentrado de constitucionalidade. Quando isso ocorre, ou seja, quando é declarada a inconstitucionalidade da lei, se isso se verifica, no controle incidental e difuso, retira-se a eficácia da norma em relação à solução do litígio concretamente julgado. Se a declaração de inconstitucionalidade se dá no controle concentrado e abstrato, retira-se a própria lei do ordenamento jurídico.

Os atos administrativos, por seu turno, são sempre passíveis de revisão judicial, visto que, se nenhuma ameaça ou lesão a direito pode ser excluída da apreciação judicial (art. 5º, XXXV, da CF) e se alguma ameaça ou lesão pode advir da edição e da prática de algum ato administrativo, isso nos leva à conclusão de que tais atos podem sempre ser revistos no processo judicial.

Acrescente-se, ainda relativamente aos atos administrativos, que eles podem se tornar definitivos na esfera da Administração Pública, nos termos do art. 54 da Lei 9.784/1999, que regula o processo administrativo, prevendo que "o direito da Administração de anular os atos administrativos de que decorrem efeitos favoráveis para os destinatários decai em cinco anos, contados da data em que foram praticados, salvo comprovada má-fé".

A definitividade na esfera administrativa, entretanto, não exclui a possibilidade de anulação judicial do ato administrativo,[15] o que reforça a conclusão, mais uma vez, de que só as decisões judiciais de mérito têm aptidão para se tornarem efetivamente definitivas.

A definitividade, ao menos potencialmente, é, portanto, uma característica da jurisdição.

3.5 Jurisdição no contexto das funções do Estado contemporâneo

Lembrando, como já observado, que o poder estatal é em verdade uno (embora ainda seja comum a referência à divisão de Poderes) e que a repartição se refere ao exercício das respectivas funções, torna-se necessário identificar como se relacionam e se diferenciam jurisdição, legislação e administração.[16]

Recordemos ainda que, no concerto contemporâneo relativamente ao tema, não exercem cada um dos "Poderes" do Estado exclusivamente as funções que lhes são correlatas ou próprias.

---

15. Cf. a Súmula 473 do STF: "A administração pode anular seus próprios atos, quando eivados de vícios que os tornam ilegais, porque deles não se originam direitos; ou revogá-los, por motivo de conveniência ou oportunidade, respeitados os direitos adquiridos, e ressalvada, em todos os casos, a apreciação judicial".

16. A respeito da distinção entre as funções do poder estatal (legislação, administração e jurisdição), cf.: Cândido Rangel Dinamarco, *Instituições de Direito Processual Civil*, 10ª ed., vol. I, São Paulo, Malheiros Editores, 2020, pp. 397-399; e Leonardo Greco, *Instituições de Processo Civil*, vol. I, Rio de Janeiro, Forense, 2009, pp. 76-84.

Em outros termos, cada um deles exerce primordialmente suas próprias funções (funções *típicas* de cada Poder), mas também exerce, em alguma medida, funções que essencialmente se caracterizam como inerentes aos demais (funções *atípicas*).

Assim, a função primária (típica) do Poder Judiciário, de fato, consiste em aplicar a lei, com imparcialidade e sem interesse próprio (a *terzietà* a que se refere a doutrina italiana). Isso não exclui, entretanto, o exercício de funções administrativas e legislativas pelo Judiciário (funções atípicas do Poder Judiciário).

Note-se: o Judiciário exerce funções de administração em relação ao seu próprio pessoal, prédios, material de apoio, frota de veículos, equipamentos indispensáveis ao exercício da sua atividade etc. Isso ocorre porque a Constituição assegura ao Poder Judiciário o exercício de competências privativas relativas a sua organização, estrutura, gestão e funcionamento (art. 96 da CF), bem como autonomia administrativa e financeira (art. 99 da CF).

É por isso que os tribunais, por exemplo, realizam concursos para o provimento dos cargos de juízes e do seu quadro de servidores, realizam licitações e contratos para os mais diversos fins (aquisição de material de escritório, bens de consumo, veículos, equipamentos de informática, contratação de serviços de apoio como vigilância, limpeza, suporte de tecnologia da informação, locação de imóveis etc.), bem como efetuam a gestão financeira e orçamentária, a partir das dotações mensais (duodécimos) do orçamento do Estado que lhes são mensalmente repassados pelo Poder Executivo, nos termos previstos no art. 168 da CF.

Essa atividade administrativa realizada pelo Poder Judiciário em nada difere da atividade ordinariamente realizada pelos órgãos do Poder Executivo.

O Judiciário também exerce atividade legislativa (normativa), em sentido amplo, produzindo atos normativos de conteúdo secundário (regulamentos) ou, nos termos previstos na Constituição, quanto aos atos normativos de conteúdo primário (leis) exercendo o poder de iniciativa legislativa nos casos em que este lhe foi conferido.

Assim, ainda a título de exemplo, comete a Constituição aos tribunais o exercício de funções administrativas consistentes em: eleger seus órgãos diretivos, organizar suas secretarias e serviços auxiliares e os dos juízes que lhes forem vinculados, prover os seus cargos de juiz de carreira, prover por concurso público os cargos necessários à administração da justiça (ressalvada a possibilidade de provimento sem concurso de cargos de provimento em comissão, nos limites fixados pela própria Lei Maior), conceder licenças, férias e outros afastamentos a seus membros, juízes e servidores que lhes forem vinculados (art. 96, I, "a", "b", "c", "d", "e" e "f", da CF).

As funções legislativas são exercidas pelos tribunais quando da elaboração dos respectivos regimentos internos dispondo sobre a competência e o funcionamento dos seus órgãos jurisdicionais e administrativos (art. 96, I, "a", da CF), ao proporem a edição de lei para a criação de varas judiciárias (art. 96, I, "d", da CF), ao proporem a edição de lei para a alteração da organização e divisão judiciárias (art. 96, II, "d", da CF), ao formularem as suas propostas orçamentárias para fins de consolidação e encaminhamento pelo Poder Executivo ao Legislativo e aprovação como lei orçamentária (art. 99 e §§ da CF).

O Poder Legislativo, por sua vez, exerce primordialmente a função de legislar (função *típica* do Poder Legislativo), editando a Constituição Federal (exercício do poder constituinte primário pelo Congresso ou Assembleia constituinte), as emendas à Constituição (exercício do poder constituinte derivado), as Constituições dos Estados (parcela do poder constituinte derivado exercida pelas Assembleias Legislativas dos Estados), ou normas infraconstitucionais de diversificadas espécies (leis complementares, leis ordinárias, leis delegadas, decretos legislativos, resoluções legislativas).

Ocorre que o Poder Legislativo também exerce secundariamente atividades de administração (função *atípica*) relativamente ao seu próprio pessoal, bens e serviços, realizando concursos, licitações, entabulando contratos (compras, contratação de serviços de terceiros, locações etc.), do mesmo modo, sem qualquer distinção, como faz a Administração Pública (Poder Executivo) em geral.

Como tal restam claramente caracterizados atos de gestão, praticados sob a responsabilidade de seus órgãos diretivos (Mesas e Secretarias, em conformidade com o que dispuserem os respectivos regimentos internos do Congresso Nacional, da Câmara dos Deputados, do Senado Federal, das Assembleias Legislativas e das Câmaras de Vereadores), sem qualquer distinção substancial relativamente aos atos equivalentes praticados no âmbito dos órgãos do Poder Executivo.

O Poder Legislativo também exerce, ainda que em caráter extraordinário, funções jurisdicionais (função *atípica* do Poder Legislativo). Trata-se da denominada "Jurisdição Política".

Lembremos que o processo de impedimento (*impeachment*), regulado na Constituição Federal e, naquilo por ela recepcionado, por não ser com ela incompatível, pela lei dos denominados "Crimes de Responsabilidade" (Lei 1.079/1950, que, a bem da verdade, não contempla figura de ilícitos penais, mas sim de ilícitos de responsabilidade, gerando punições como perda de cargo e inabilitação para o exercício de qualquer outra função pública por determinado prazo), tramita sob a responsabilidade do Poder Legislativo.

O caso mais notório é o do impedimento do Presidente da República.

Uma vez formulada denúncia contra o Presidente da República por qualquer cidadão, imputando-lhe a prática de condutas que possam ser qualificadas como atentados contra a existência da União, o livre exercício do Poder Legislativo, do Poder Judiciário, do Ministério Público e dos Poderes constitucionais das unidades da Federação, o exercício dos direitos políticos, individuais e sociais, a segurança interna do País, a probidade da administração, a lei orçamentária, ou mesmo contra o cumprimento das leis e das decisões judiciais (art. 85 da CF), deverá ser examinada a admissibilidade da imputação pela Câmara dos Deputados (art. 51, I, da CF). O processo e o julgamento da imputação, uma vez admitida pela Câmara, ocorrerão no Senado Federal, que, exclusivamente para esse fim, será presidido pelo Presidente do STF (art. 52, I, e parágrafo único, da CF).

Situação análoga verifica-se relativamente ao Poder Executivo.

As funções primárias (*típicas*) do Poder Executivo dizem respeito aos atos de gestão de pessoal, patrimônio, serviços, orçamento, finanças, e assim por diante. Ele realiza concursos públicos para a admissão de seu pessoal (salvo situações extraordinárias de admissão de comissionados e contratação temporária de pessoal, nos estritos limites fixados na Constituição, cf. art. 37, I, II e IX), realiza licitações, entabula contratos, adquire bens e serviços, enceta locações etc., tudo com a finalidade de adequadamente se aparelhar para cumprir o papel que lhe foi reservado pela ordem constitucional vigente.

O Executivo, entretanto, também exerce funções legislativas (edição de atos normativos primários e secundários), *atípicas*, portanto, embora isso se verifique em caráter excepcional.

As funções legislativas (*atípicas*) do Poder Executivo envolvem, por primeiro, sua participação no processo legislativo por meio do exercício do poder de iniciativa legislativa concorrente ou privativa (art. 61 da CF), bem como do exercício dos poderes de veto e sanção (art. 66 e §§ da CF).

Por outro lado, o Poder Executivo também exerce função legislativa ao editar medidas provisórias (art. 62 da CF) ou leis delegadas (art. 68 da CF), mediante prévia autorização do Congresso Nacional.

A edição de atos normativos regulamentares ou secundários (decretos executivos, resoluções, portarias e regulamentos em geral) pelo Executivo, por sua vez, embora sejam legítimos apenas quando expedidos com o escopo limitado de regulamentar os atos normativos primários (leis complementares, leis ordinárias, medidas provisórias, leis delegadas), constituem atividade normativa e, por assim dizer, ao menos em sentido amplo, atividade legislativa.

O Poder Executivo não exerce, contudo, nem mesmo excepcionalmente, a função jurisdicional, visto que em momento algum a Constituição lhe conferiu competência para processar e dirimir conflitos em caráter imperativo e com potencial para definitividade, como fez com o Poder Legislativo, a quem foi cometida, como antes mencionado, a competência para o processo e julgamento nos casos de "crimes de responsabilidade", ou seja, o processo de *impeachment* (Jurisdição Política).

Mostra-se relevante, ademais, propor reflexões em termos de cotejo e distinções entre Judiciário, Legislativo e Administração (Executivo).

3.5.1 Jurisdição e legislação

No que se refere ao exercício de funções típicas ou próprias é objetiva e inequívoca a distinção entre o Poder Legislativo e o Poder Judiciário.

O Poder Legislativo tem por função típica ou própria a produção de atos normativos primários, revestidos de originalidade, generalidade, abstração e impessoalidade. Essa atividade realiza-se por meio da produção de normas constitucionais (Constituição e emendas) e infraconstitucionais (leis complementares, leis ordinárias, decretos legislativos, resoluções), que descrevem situações, condutas e omissões. Estas são aplicáveis (as normas) quando da ocorrência de fatos que a elas se subsumam, produzindo consequências direta ou indiretamente, explícita ou implicitamente estipuladas em cada um desses atos normativos primários.

O Poder Judiciário, por sua vez, tem por função própria ou típica a aplicação das normas constitucionais ou infraconstitucionais aos casos concretos que lhe são apresentados pelas partes ou interessados quando estes, exercendo o direito de ação (direito de agir em juízo, ajuizando demandas judiciais), postulam a solução de controvérsias (jurisdição contenciosa) ou o exame de situações não litigiosas mas que dependam, por força de lei, de análise judicial (jurisdição voluntária).

Em outros termos, o Legislativo produz as normas, enquanto o Judiciário as aplica a hipóteses concretas que chegam ao seu conhecimento por provocação de pessoas físicas, jurídicas ou entidades habilitadas a agir em juízo.

A anotação acima destaca que o Legislativo produz normas primárias, enquanto o Judiciário as aplica. Não está dito que o Legislativo crie o direito, ou que este seja criado, nos casos concretos, pelo Judiciário. Trata-se, aí, de outro problema, qual seja, de saber se a criação do direito se dá em momentos distintos (*dualismo*) ou em um processo único (*monismo*).

Cumpre abordar o ponto.

Há, essencialmente, duas correntes de pensamento relativas à criação do direito (não se fala aqui, simplesmente, de criação de normas jurídicas).

Pela primeira, denominada teoria *monista* ou *unitária* do ordenamento jurídico, o direito seria criado em processo único, que se inicia com a criação da norma pelo legislador, ultimando-se com sua aplicação aos casos concretos pelo juiz. Antes deste momento não haveria direito propriamente, mas sim a regra ou norma, que é uma fração daquele, e se completa com sua aplicação ao caso concreto.

Nessa construção, mostrar-se-ia adequado falar em direito ao pensar na situação jurídica do indivíduo que obteve tutela em juízo, visto que só com esse reconhecimento é que seu direito efetivamente passa a existir. Em outras palavras, Legislativo e Judiciário participariam de um único processo de criação do direito.

Podem ser aproximados dessa linha de pensamento autores como Francesco Carnelutti (sinalizando que pela jurisdição e pelo processo se alcança a justa "composição da lide", que é o conflito de interesses entre sujeitos caracterizado pela existência de uma pretensão e o oferecimento de resistência a ela), dentre outros.

Por outro lado, convencionou-se denominar teoria *dualista* do ordenamento jurídico a construção segundo a qual o direito é criado, no plano abstrato, pelo legislador, para ser aplicado, concretamente, aos casos levados ao exame do Judiciário. Haveria, assim, dois momentos ou fases relativos à criação do direito. Uma fase de criação do direito abstrato, e a segunda consistente na aplicação deste, caracterizando a criação do direito concreto dos sujeitos titulares das posições juridicamente tuteladas.

Essa era a posição de Giuseppe Chiovenda, para quem a função da jurisdição poderia se sintetizar na "aplicação do direito à espécie" nos casos examinados em juízo.

Análogo debate apresenta-se na perspectiva dos filósofos do direito no que tange à dúvida sobre os chamados casos difíceis (*hard cases*). Em outros termos, indaga-se se o juiz, ao identificar lacunas normativas, conceitos jurídicos indeterminados ou cláusulas normativas abertas, "cria" a "regra de decisão", ou se esta é latente no ordenamento, de forma menos clara, sendo objeto de esforço hermenêutico do magistrado, que apenas a identifica.

Trata-se, nesse passo, da contraposição entre as figuras do denominado "juiz Hércules" (da construção doutrinária de Ronald Dworkin,[17] que se esforça para identificar a regra de decisão, já latente no ordenamento jurídico, sem criá-la), ou do seu oposto, o juiz que legisla para o caso concreto, diante da lacuna normativa (nos moldes das elaborações, por exemplo, de H. L. Hart).[18]

Abstraindo desse infindável debate a respeito da criação do direito, que se assenta mais no campo da filosofia do direito que no do direito processual, importante é, neste passo, deixar claro que as normas primárias, revestidas de generalidade, abstração, impessoalidade (Constituição, emendas constitucionais, leis complementares ou ordinárias, resoluções e decretos legislativos), são produzidas pelo Poder Legislativo e excepcionalmente pelo Poder Executivo (medidas provisórias e leis delegadas).

O Poder Judiciário não produz atos normativos primários, ainda que se admita que, ao julgar, dá contornos efetivos ou cria o direito do caso concreto.

Caberia indagar se as súmulas vinculantes, previstas na Constituição Federal (art. 103-A, redação da Emenda Constitucional 45/2004), podem ser consideradas normas ou preceitos normativos primários, figurando como exceção ao raciocínio acima consignado.

O verbete da súmula deve refletir a síntese de entendimento consolidado no âmbito do tribunal a respeito de determinada questão de direito por ele examinada quando do julgamento de casos em que o referido posicionamento tenha sido explorado e, ao final, sedimentado.

Nesse sentido, o art. 103-A da CF, tratando das súmulas com efeitos vinculantes, estipula que o STF poderá, mediante decisão de dois terços dos seus membros, "após reiteradas decisões sobre matéria constitucional, aprovar súmula que, a partir de sua publicação na imprensa oficial, terá efeito vinculante em relação aos demais órgãos do Poder Judiciário e à Administração Pública direta e indireta, nas esferas federal, estadual e municipal, bem como proceder à sua revisão ou cancelamento, na forma estabelecida em lei".

---

17. Cf. Ronald Dworkin, *O Império do Direito*, trad. de Jefferson Luiz Camargo, São Paulo, Martins Fontes, 1999, *passim*, bem como *Levando os Direitos a Sério*, 3ª ed., trad. de Nelson Boeira, São Paulo, WMF Martins Fontes, 2011, *passim*.

18. Cf. H. L. A. Hart, *O Conceito de Direito*, 3ª ed., trad. de A. Ribeiro Mendes, Lisboa, Fundação Calouste Gulbenkian, 2001, *passim*.

Dessa forma, embora a metodologia de edição das súmulas, com redação sintética que procura sumariar a essência do entendimento adotado pela Corte a propósito de certa questão de direito, se assemelhe, formalmente, ao enunciado de um preceito normativo, ou seja, a preceitos de lei, substancialmente a distinção entre elas e a lei é absoluta.

Note-se: o ato normativo primário (Constituição, lei etc.) cria a norma. A súmula, ao contrário, nada deve criar, servindo apenas para fixar o entendimento a seu respeito em conformidade com o posicionamento da Corte, que, em matéria constitucional, é o STF.

Em suma: o STF, quando edita súmulas vinculantes, não produz preceitos normativos, apenas interpreta normas já existentes, dando-lhes entendimento que, este sim, será vinculante relativamente aos demais órgãos do Poder Judiciário e à Administração Pública direta e indireta das três esferas da Federação brasileira.

3.5.2 Jurisdição e Administração

Necessário igualmente o confronto entre a jurisdição e a Administração Pública, realizada pelo Poder Executivo, por meio das entidades da Administração direta e indireta.

Nesse campo a dúvida que normalmente se apresenta está em distinguir a função executiva da função administrativa, visto que tanto uma como a outra realizam atividade que, aparentemente, é idêntica, qual seja, a aplicação da lei aos casos concretos.

Observe-se: o juiz, ao sentenciar, aplica a lei relativamente aos fatos apurados no processo judicial. A Administração Pública, ao exercer o poder de polícia, realizando autuações administrativas em decorrência, por exemplo, de infrações de trânsito ou de ilícitos tributários, também está a aplicar a lei ao fato.

Por outro lado, quando o Poder Público concede uma autorização ao particular para o exercício de atividade por ele fiscalizada (autorizações para construir, para exercício da atividade de taxista, para a ocupação de certo prédio [comumente denominada "habite-se"]), ou mesmo quando decide licitações, celebra contratos para a prestação de serviços ou concede benefícios a servidores, está, igualmente, aplicando a lei a situações concretas.

Não nos esqueçamos, ademais, que nos últimos tempos tem se expandido a tendência ao incremento da atividade dos órgãos administrativos de controle, que atuam em diversas áreas, perante os quais tramitam processos administrativos que ao final são objeto de julgamento, com sistemática própria de instauração, instrução, decisão e recursos.

Nesse sentido, podemos exemplificar com os processos administrativos previstos na Lei 12.529/2011, que dispõe sobre a defesa da concorrência e a repressão às infrações contra a ordem econômica, que tramitam perante o Conselho Administrativo de Defesa Econômica/CADE, órgão integrante do Poder Executivo.

Não serviriam como exemplo, no ponto específico ora examinado, os processos administrativos da competência dos Conselhos Nacional do Ministério Público/CNMP e de Justiça/CNJ, órgãos de controle externo do Ministério Público e do Poder Judiciário, previstos nos arts. 130-B e 103-A da CF, respectivamente (redação da Emenda Constitucional 45/2004); ou ainda os processos que tramitam perante os Tribunais de Contas da União, dos Estados ou dos Municípios (estes últimos onde houver tais órgãos). São processos administrativos, cuja tramitação se dá, entretanto, perante órgãos situados na organização de outros Poderes, que não o Executivo.

Mais uma vez: como diferenciar a aplicação da lei pelo juiz ou pelo administrador público?

Um primeiro *critério* distintivo poderia ser essencialmente *subjetivo*, que leva em consideração a entidade responsável pela atividade analisada para, a partir daí, formular-se a distinção quanto à atividade em si.

Dessa forma, os atos administrativos são aqueles praticados pela Administração. Os atos jurisdicionais são aqueles praticados pelo Poder Judiciário.

Tal critério pouco esclarece. Já tivemos oportunidade de salientar que o Poder Judiciário também pratica atividade e atos administrativos, ainda que essa não seja sua atividade primordial ou prioritária.

Em suma, dizer que atos administrativos são aqueles praticados pelo Poder Executivo, e que atos judiciais são aqueles praticados pelo Poder Judiciário, além de envolver definição tautológica, revela esclarecimento insuficiente a respeito do objeto em estudo.

Outro *critério* a ser considerado é o da *existência ou não de interesse próprio na aplicação da lei*.

Nesse sentido, enquanto a Administração (Executivo) estaria a aplicar a lei em interesse próprio, como verdadeiro partícipe da relação jurídica, o Judiciário o faria sem interesse próprio, ou seja, com imparcialidade, com equidistância relativamente aos destinatários da sua atuação (a *terzietà* do órgão julgador, como preconiza a doutrina italiana).

Esse critério, entretanto, apresenta-se falho por dois motivos: (a) nem sempre o Poder Executivo aplica a lei como partícipe da relação jurídica disciplinada pela incidência de certo ato normativo. De fato, quando o fiscal fazendário faz autuações de empresas que não recolheram tributos age zelando pelo interesse do Estado (Executivo), que integra diretamente a relação jurídico-tributária na condição de credor. Por outro lado, quando o CADE instrui e julga determinados processos na defesa da ordem econômica atua com imparcialidade ou *terzietà*; (b) sob outra perspectiva, o Estado como um todo, seja por meio da Administração, seja por meio do Judiciário, sempre é interessado na correta aplicação da lei.

O melhor *critério distintivo*, portanto, repousa na *aptidão para a imutabilidade* do ato ou decisão, que se dá, no processo judicial, com a formação da coisa julgada material.

Explique-se.

A coisa julgada material é definida no art. 502 do CPC/2015 como "a autoridade que torna imutável e indiscutível a decisão de mérito não mais sujeita a recurso". Deve ser compreendida como a qualidade que recai sobre uma decisão judicial. Consiste na imutabilidade da declaração nela contida a respeito da situação ou relação jurídica examinada pelo Poder Judiciário, insuscetível de ulterior modificação. Cabe a ressalva quanto aos efeitos do acolhimento de eventuais meios extraordinários de impugnação, como a ação rescisória na esfera cível ou a revisão criminal relativamente às decisões de mérito proferidas no processo penal, nas estritas hipóteses em que admissíveis (nos termos regulados na legislação própria [arts. 966 a 975 do CPC/2015 quanto à ação rescisória; arts. 621 a 631 do CPP quanto à revisão criminal]).

O selo da imutabilidade decorrente da formação da coisa julgada material só se forma relativamente às decisões judiciais de mérito, que se tornam, nesse contexto, insuscetíveis de revisão.

Semelhante fenômeno não se verifica com os atos administrativos, ou mesmo com as decisões proferidas nos processos administrativos, pois, quanto a eles, mesmo após o decurso do prazo para o oferecimento de impugnações administrativas não se forma a coisa julgada.

Em outras palavras, decisões e atos administrativos são sempre passíveis de reexame no âmbito do processo judicial. Mesmo que já tenha decorrido o prazo decadencial previsto em lei para a desconstituição do ato (cinco anos, em interpretação extensiva do art. 54 da Lei 9.784/1999, que dispõe sobre o processo administrativo[19]), ou mesmo o prazo prescricional relativamente às pretensões de reparação do dano, será viável o reexame judicial para fins de reconhecimento e declaração da ilegalidade, e consequentemente cessação dos efeitos, de atos emitidos ou decisões proferidas pela Administração Pública.

Assim, de todos os parâmetros acima consignados, aquele que melhor contribui para distinguir a atividade da Administração, de um lado, e a da jurisdição, de outro, reside precisamente na aptidão dos atos jurisdicionais para, esgotados os meios de impugnação e formada a coisa julgada material, se tornarem imutáveis.

A aptidão para a imutabilidade é, pois, o traço distintivo essencial que deve orientar o estudo do tema.

3.5.3 Jurisdição e Poder Judiciário

A jurisdição, conforme conceituação anteriormente oferecida, é ao mesmo tempo poder, função e atividade, figurando, ademais, como um dos institutos fundamentais do direito processual civil.

---

19. Sobre a aplicação do prazo decadencial, cf. também a Súmula 633 do STJ: "A Lei n. 9.784/1999, especialmente no que diz respeito ao prazo decadencial para a revisão de atos administrativos no âmbito da Administração Pública federal, pode ser aplicada, de forma subsidiária, aos Estados e Municípios, se inexistente norma local e específica que regule a matéria" (1ª Seção, j. 12.6.2019, *DJe* 17.6.2019).

A referência ao Poder Judiciário, adite-se, deve ser formulada não apenas no sentido, já exposto, da possibilidade de exercício de parcela da soberania estatal, mas, igualmente, na perspectiva estrutural ou orgânica.

Assim, do ponto de vista estrutural o Poder Judiciário encontra sua disciplina na própria Constituição Federal, que indica no art. 92 os órgãos que o compõem: STF, o CNJ, STJ, TST, TRFs e juízes federais, tribunais e juízes do trabalho, tribunais e juízes eleitorais, tribunais e juízes militares, tribunais e juízes dos Estados e do Distrito Federal e Territórios.

O CNJ foi inserido no rol do art. 92 da CF pela Emenda Constitucional 45/2004, referida no jargão jurídico como Emenda da "Reforma do Poder Judiciário", por força das inúmeras modificações que, relativamente ao tema, produziu na Constituição.

Embora goze, por força dessa disposição, do *status* de órgão do Poder Judiciário, não se trata de órgão jurisdicional, pois não exerce poderes ou funções jurisdicionais. Tem por papel cuidar tão somente, como se infere das atribuições que lhe foram conferidas pelo art. 103-B, § 4º, da CF, do "controle da atuação administrativa e financeira do Poder Judiciário e do cumprimento dos deveres funcionais dos juízes", ou seja, do denominado controle externo do Poder Judiciário.

Por outro lado, o exercício da função jurisdicional não é tributado em nosso ordenamento constitucional exclusivamente aos órgãos que, nos termos do art. 92 da CF, integram o Poder Judiciário.

Como já anotado em outra passagem, o Senado Federal, presidido para esse fim específico pelo Presidente do STF, exerce parcela do poder jurisdicional quando do processo e julgamento dos crimes de responsabilidade praticados pelo Presidente da República e por outras autoridades expressamente discriminadas, nos termos do art. 52, I e II, e respectivo parágrafo único, da CF: Vice-Presidente da República, Ministros de Estado, Comandantes da Marinha, do Exército e da Aeronáutica, Ministros do STF, membros do CNJ e do CNMP, Procurador-Geral da República e Advogado-Geral da União.

Ademais, embora os tribunais do júri não sejam expressamente mencionados no art. 92 da CF como integrantes da estrutura ou organização do Poder Judiciário, são também órgãos que exercem parcela da jurisdição, visto que o art. 5º, XXXVIII, da CF reconhece como direito e garantia fundamental a "instituição do júri, com a organização que lhe der a lei", assegurando ainda as alíneas do referido dispositivo constitucional a plenitude da defesa, o sigilo das votações, a soberania dos veredictos e a competência para o julgamento dos crimes dolosos contra a vida.

Em suma: Poder Judiciário e jurisdição são expressões corriqueiramente utilizadas como sinônimos, embora não haja integral identidade entre os respectivos sentidos, dado o fato de que ambas as locuções têm mais de um significado, nos termos acima expostos.

3.5.4 Jurisdição e arbitragem

Outra dúvida que se apresenta consiste em saber se os organismos que realizam a arbitragem (câmaras, conselhos ou tribunais arbitrais) são ou não jurisdicionais, bem como se a atividade que realizam é ou não jurisdicional.

Do ponto de vista estrutural ou orgânico não se pode afirmar que os tribunais, câmaras ou conselhos arbitrais integrem o Poder Judiciário, visto que não estão incluídos no rol do art. 92 da CF.

Não há como negar, entretanto, que a composição de conflitos que se realiza por meio da arbitragem produz efeitos análogos à solução de litígios no âmbito do Poder Judiciário.

Resta saber se funcionalmente a arbitragem e o resultado que ela produz podem ser qualificados como jurisdicionais.

O fato é que, embora os tribunais, câmaras ou conselhos arbitrais não integrem o Poder Judiciário, dedicam-se eles, por força de autorização legal (Lei 9.307/1996 – Lei de Arbitragem) e da manifestação de vontade inequívoca de litigantes maiores e capazes relativamente a direitos disponíveis, ao exercício de atividade tipicamente jurisdicional, consistente na instrução e julgamento de processos contenciosos, num sistema próprio e específico de solução de litígios.

Não bastasse isso, a própria legislação qualifica o resultado do processo arbitral não como simples parecer ou laudo, mas sim como sentença, da qual emanam os mesmos efeitos das sentenças proferidas pelo Poder Judiciário, concedendo a ela a qualidade de título executivo judicial caso tenha conteúdo condenatório (art. 31 da Lei de Arbitragem e art. 515, VII, do CPC/2015).

Acrescente-se que a lei exclui a necessidade de homologação, bem como a possibilidade de controle de conteúdo (mérito) da sentença arbitral mediante recurso ao Poder Judiciário (art. 18 da Lei de Arbitragem), ressalvado o cabimento de ação anulatória por motivos relacionados à validade do processo ou da sentença (arts. 32 e 33 da Lei de Arbitragem), equivalente, nesses termos, às ações rescisórias de decisões judiciais de mérito já transitadas em julgado.

Por tais razões conclui-se que, embora a arbitragem não seja estatal, é legalmente equiparada a ela, sendo qualificável, portanto, como jurisdicional.

Não é por outra razão que, nos termos do art. 18 da Lei de Arbitragem, "o árbitro é juiz de fato e de direito, e a sentença que proferir não fica sujeita a recurso ou homologação pelo Poder Judiciário".

3.6 Espécies de jurisdição

Deve-se dizer, inicialmente, que só é verdadeiramente correto falar em espécies de jurisdição em sistemas processuais marcados pela existência de mais de uma jurisdição.

Isso ocorre em Países que adotam a denominada "dualidade" da jurisdição, com clara divisão entre jurisdição comum e administrativa, a primeira com competência para julgar situações envolvendo litígios em geral, e a segunda competente para o exame e julgamento de situações relacionadas à atuação da Administração Pública, como ocorre, por exemplo, na Itália, em Portugal, na França, na Alemanha e em outros Países.

Há situações em que é possível falar em multiplicidade de sistemas, pois se vai além da dualidade, alcançando a pluralidade jurisdicional, como ocorre na Alemanha, em que há sistemas jurisdicionais absolutamente autônomos e independentes, com estrutura, regras e competências próprias. Tem-se, naquela realidade, a justiça ou jurisdição social (*Sozialgerichtsbarkeit*), trabalhista (*Arbeitsgerichtsbarkeit*), de contas ou de finanças públicas (*Finanzgerichtsbarkeit*), a administrativa (*Verwaltungsgerichtsbarkeit*) e a comum, esta última responsável pelo julgamento dos casos civis e penais de modo geral (*ordentliche Gerichtsbarkeit*).

No sistema brasileiro, do ponto de vista estrutural (organização) a jurisdição é uma, havendo divisão de competências. Não se mostra correto falar em espécies de jurisdição, tratando-se de simples divisão de competências a referência à justiça comum e às justiças especializadas, todas integrando a jurisdição brasileira.

Portanto, só se pode falar em "jurisdições" do ponto de vista estritamente funcional, que, repita-se, nada mais é que simples repartição de competências.

3.6.1 Jurisdições penal e civil e seu relacionamento

Há entre as instâncias penal e civil relativa independência. Nesse sentido estabelece o art. 935 do CC que "a responsabilidade civil é independente da criminal, não se podendo questionar mais sobre a existência do fato, ou sobre quem seja o seu autor, quando estas questões se acharem decididas no juízo criminal".

Essa observação, entretanto, merece adequada compreensão, bem como destaque em relação aos seus temperamentos.

Um mesmo fato ou uma mesma situação da vida pode gerar, concomitantemente, repercussões de natureza civil e criminal. Isso ocorre cotidianamente, e os exemplos são incontáveis.

Um acidente de trânsito em que haja vítima de lesão ou mesmo morte poderá render ensejo a uma ação penal (pela prática de crime de lesão corporal ou homicídio culposo), bem como uma ação civil com a finalidade de reparação de danos ocasionados à vítima de lesão ou aos seus sucessores no caso de óbito.

O despejo de resíduos não tratados em um manancial poderá, uma vez esclarecida a prática do ilícito penal ambiental e sua autoria, levar à ação penal para a aplicação da sanção criminal, bem como a uma ação civil pública para a reparação dos danos causados ao meio ambiente e sua reconstituição.

A fraude praticada por um servidor público na realização de um procedimento licitatório e na contratação de uma empresa privada para prestação de serviços ao

Poder Público poderá dar margem a uma ação penal, bem como a uma ação civil de responsabilidade com a finalidade de imposição de sanções por ato de improbidade administrativa e reparação do dano ao erário.

A prática de condutas abusivas no que diz respeito à divulgação de produtos ou sua comercialização em desconformidade com suas características ou qualidades reais poderá sugerir a tipificação de algum crime previsto no Código de Defesa do Consumidor, provocando a propositura de uma ação penal, bem como o ajuizamento de pretensão de reparação de danos individuais ou coletivos, e a imposição de obrigação de fazer (substituição dos produtos vendidos por outros com qualidades minimamente adequadas) e de não fazer (imposição de abstenção, a fim de que a conduta ilícita não seja mais praticada pelo responsável).

Em todas essas situações – reitere-se – o mesmo fato produz consequências múltiplas, podendo ser indicado, seja no processo penal, seja no processo civil, como fato constitutivo de alguma pretensão a ser deduzida em juízo.

Daí a natural indagação: qual a relação existente entre uma ação penal e uma ação civil decorrentes do mesmo fato ou situação da vida, e quais as consequências que disso podem decorrer?

Entre uma ação penal e uma ação civil ajuizadas com fundamento nos mesmos fatos a relação existente é de conexão. Ademais, além da identidade dos fatos constitutivos das pretensões deduzidas, as partes serão, possivelmente, parcialmente coincidentes, sendo os pedidos distintos.

Essa situação permite o reconhecimento da conexão com fundamento no art. 55 do CPC/2015, por força do qual "reputam-se conexas duas ou mais ações quando lhes for comum o pedido ou a causa de pedir".

A consequência decorrente da conexão entre duas ou mais ações, em regra, é a reunião para julgamento conjunto, em conformidade com o disposto no art. 55, § 1º, do CPC/2015.

Isso não ocorre na hipótese em exame, entretanto, por se tratar de conexão entre ação civil e ação penal.

Esclareçamos por que não ocorre a reunião entre a ação penal e a ação civil decorrentes do mesmo fato.

Primeiro, porque o juízo cível não terá competência para o processo e julgamento da ação penal, sendo a recíproca igualmente verdadeira (o juízo criminal não terá competência para o julgamento da ação civil) onde houver varas judiciais especializadas.

Segundo, porque, mesmo que se trate de juízo com competência cumulativa (cível e criminal), os procedimentos dos feitos cível e criminal são absolutamente diversos e incompatíveis entre si, o que torna inviável a reunião dos processos para julgamento conjunto.

Último, e não menos importante: o Código de Processo Civil/2015 reconhece entre a ação penal e a ação civil decorrentes do mesmo fato a existência de relação prejudicial heterogênea,[20] determinando o sobrestamento da ação civil até que o processo criminal seja julgado.

Nesse sentido prevê o art. 315 do CPC/2015 que, se o conhecimento do mérito da demanda civil depender da verificação da existência de fato delituoso, o juiz poderá "determinar a suspensão do processo até que se pronuncie a justiça criminal". Disposição análoga se encontra no CPP, cujo art. 64, parágrafo único, prevê que "intentada a ação penal, o juiz da ação civil poderá suspender o curso desta, até o julgamento definitivo daquela".

A interpretação conjunta e sistemática dos dois dispositivos (art. 315 do CPC/2015 e art. 64, parágrafo único, do CPP) indica, portanto, a possibilidade de suspensão da ação civil pelo prazo máximo de um ano, a fim de que se aguarde, ao menos nesse período, o desfecho da ação penal, pois nenhum processo deve ficar indefinidamente suspenso. Solução diversa militaria contrariamente ao cumprimento dos escopos da jurisdição e do processo, notadamente a necessidade de pacificação social e o restabelecimento do direito violado.

Os §§ 1º e 2º do art. 315 do CPC/2015 preveem ainda, respectivamente, que se a ação penal não for proposta no prazo de três meses, "contado da intimação da suspensão, cessará o efeito" do sobrestamento, cabendo ao juiz cível examinar incidentemente a "questão prévia"; bem como que, uma vez "proposta a ação penal, o processo ficará suspenso pelo prazo máximo de um ano", ao final do qual o juiz cível examinará incidentalmente a prejudicial.

Assim, a determinação de sobrestamento da ação civil bem como o reconhecimento legal da existência de relação de prejudicialidade entre a ação penal e aquela indicam também o descabimento da reunião para instrução e julgamento conjunto.

Vale lembrar que se mostra conceitualmente correto o reconhecimento da existência de relação prejudicial entre a ação penal e a ação civil decorrentes do mesmo fato, conjunto de fatos ou situação da vida, na medida em que os fatos a serem esclarecidos no curso do processo penal são os mesmos que serão levados em consideração para fins de aplicação da lei civil.

E a prejudicialidade se faz presente sempre que se está diante de uma relação jurídica (prejudicial) cuja definição configura pressuposto lógico para o desfecho de outra relação jurídica dela dependente (prejudicada), influenciando, ademais, o resultado da apreciação desta última.

---

20. Fala-se em prejudicialidade heterogênea na relação prejudicial existente entre ação civil e ação penal, e em prejudicialidade homogênea na relação prejudicial existente entre ação civil e outra civil, ou entre duas ações penais, ou seja, entre ações da mesma natureza. Sobre prejudicialidade, cf.: Antônio Scarance Fernandes, *Prejudicialidade: Conceito, Natureza Jurídica, Espécies de Prejudiciais*, São Paulo, Ed. RT, 1988, *passim*; e José Carlos Barbosa Moreira, *Questões Prejudiciais e Coisa Julgada*, Rio de Janeiro, Borsói, 1967, *passim*. Bem como, mais recentemente, Clarisse Frechiani Lara Leite, *Prejudicialidade no Processo Civil*, São Paulo, Saraiva, 2008, *passim*.

A independência entre as instâncias civil e penal, entretanto, não é absoluta.

Partindo do pressuposto de que os parâmetros relativos ao grau de exigibilidade do resultado da atividade probatória (*standards* probatórios) no processo penal são mais graves e intensos que aqueles aplicáveis ao processo civil, visto que no processo penal estão em jogo tanto o risco de privação de liberdade do acusado como o estigma decorrente da condenação criminal, o legislador cria algum grau de influência e vinculação da decisão do processo criminal em relação ao processo civil.

Em outras palavras, embora prevaleça, em princípio, a diretriz da autonomia ou independência entre as instâncias civil e criminal, há regra expressa no sentido de que a definição quanto à existência do fato e à sua autoria, uma vez ocorrida no processo penal bem como passada em julgado a respectiva decisão, impede que o tema seja objeto de nova discussão no processo civil.

Essa solução (impedimento de rediscussão a respeito dos fatos e sua autoria no processo civil após a definição do processo criminal), ou, ainda, extensão da coisa julgada criminal à esfera cível, ocorre nas seguintes situações: (a) quando for julgada improcedente a ação penal, com fundamento no reconhecimento da inexistência material do fato e, por analogia, quando reconhecido o afastamento da sua autoria relativamente ao acusado (art. 66 do CPP); (b) quando a sentença penal reconhecer que o ato foi praticado em estado de necessidade, em legítima defesa, em estrito cumprimento do dever legal ou no exercício regular de direito (art. 65 do CPP).

A razão de ser dessa disciplina legal é antes de tudo lógica.

O fundamento racional da independência das instâncias reside no fato de que o não reconhecimento da responsabilidade criminal não implica necessariamente impossibilidade de reparação do dano. Ou solução oposta, ou seja, o não reconhecimento da responsabilidade civil não significa, necessariamente, isenção de responsabilidade criminal. Isso decorre da diversidade de requisitos para configuração das responsabilidades civil e criminal, ainda que relativas ao mesmo fato.

Exemplifiquemos.

Um corretor de seguros pode ter induzido determinada pessoa, seu cliente, a um mau negócio, realizando a aquisição de um imóvel cujo proprietário respondia a ações judiciais de cobrança por dívidas passadas. Futuramente esse imóvel vem a ser penhorado em execução de dívida movida por terceiro, nada obstante a venda anterior ao mencionado cliente, tendo o juízo da execução reconhecido a ocorrência de fraude de execução, que permite a vinculação do bem, mesmo após sua alienação, à execução (art. 790, VI, do CPC/2015).

Instaurada a ação penal por crime de estelionato (art. 171 do CP), entretanto, vem ela a ser julgada improcedente, não sendo reconhecido o dolo específico desse crime, ou seja, a vontade de obter vantagem ilícita mediante induzimento da vítima em erro. Nada obstante, poderá ser, eventualmente, acolhida a ação de reparação de danos do adquirente do bem em face do corretor, se configurada sua responsabilidade civil.

Esse exemplo deixa claro que os requisitos para preenchimento do tipo penal e para reconhecimento da responsabilidade civil são distintos, ainda que decorrentes do mesmo fato. O conceito de fraude para fins penais não é o mesmo que a definição de fraude à execução, sendo daí compreensível a independência das instâncias.

Desse quadro se extrai ainda, pela mesma perspectiva lógica, o acerto da orientação do legislador no sentido da extensão da coisa julgada criminal à esfera cível quando negada no crime a existência do fato. Se os *standards* probatórios (grau de exigência relativamente ao resultado da atividade probatória) são mais rigorosos, em princípio, no processo criminal que no processo civil, seria incoerente permitir que, mesmo após ter sido negada a existência do fato em um processo criminal, viesse a ser admitida, com base no mesmo fato, uma ação de reparação de danos.

O último aspecto a ser apreciado em tema de relacionamento entre a instância penal e a civil é a possibilidade de liquidação e execução da sentença penal no cível, para fins de reparação do dano.

Por expressa previsão legal, a sentença penal condenatória transitada em julgado é considerada título executivo judicial para fins de liquidação e reparação do dano (art. 515, VI, do CPC/2015). Ademais, o cumprimento de sentença para fins de reparação de danos é feito perante o juízo cível competente quando o título for sentença condenatória penal (art. 516, III, do CPC/2015).

Lembremos ainda que, por força do art. 91, I, do CP, a condenação criminal torna certa a obrigação de reparar o dano causado pelo crime. Sendo esse um efeito secundário da sentença condenatória criminal, o legislador cuidou de autorizar o juiz criminal a, sempre que possível, se pronunciar também a respeito do valor mínimo a ser considerado para fins de reparação do dano causado à vítima ou aos seus sucessores.

Há ainda disposição no Código de Processo Penal no sentido de que a execução no cível da sentença penal condenatória transitada em julgado, para fins de reparação do dano causado ao ofendido ou aos seus sucessores, poderá se dar pelo valor previamente fixado na própria sentença penal condenatória ou por outro a ser apurado em sede de liquidação de sentença (art. 63, parágrafo único, c/c o art. 387, IV, do CPP).

Dessa forma, além de qualificar a sentença penal condenatória transitada em julgado como título executivo judicial para fins de reparação do dano, o legislador processual penal, por força da Lei 11.719/2008, determinou que o juiz criminal se pronuncie, na sentença, não apenas a respeito da imputação penal, mas também sobre a obrigação de reparar o dano, prevendo-a ao proferir a sentença condenatória.

Tomando como premissa a unidade da jurisdição brasileira, bem como que dos mesmos fatos decorrem consequências variadas, a lei atribui ao juiz criminal competência para decidir a respeito de matéria que, em regra, é da alçada do juiz cível, vale dizer, a fixação de "valor mínimo para reparação dos danos causados pela infração, considerando os prejuízos sofridos pelo ofendido" (art. 387, IV, do CPP).

É evidente, contudo, que o juiz só deve se pronunciar, na sentença, a respeito do valor mínimo para fins de reparação de dano quando tiver elementos probatórios nos autos para fazê-lo. Do contrário, ou seja, caso não tenha condições, pela prova produzida no processo criminal, para aquilatar o montante do dano decorrente do crime, deverá abster-se, ficando o exame do ponto reservado para eventual ação civil de reparação de danos, a ser proposta na esfera cível.

Por último, e não menos importante, frise-se que se trata de fixação de valor mínimo, na sentença penal, da obrigação de reparar o dano. Assim, a vítima e seus sucessores, não concordando com o valor fixado, ou verificando a possibilidade de reparação em montante mais expressivo, poderão ajuizar ação de liquidação para definir valor maior de indenização.

Acrescente-se que a imutabilidade da sentença penal (coisa julgada material), da qual se extrai o título executivo para fins de reparação do dano, também se forma relativamente ao capítulo de sentença que fixou o valor mínimo para fins de reparação do dano.

Isso significa que, tendo ocorrido o trânsito em julgado da sentença penal condenatória, bem como tendo sido fixado valor mínimo a ser considerado para fins de reparação, não é possível que, em sede de liquidação movida pela vítima ou seus sucessores para obtenção de valor maior, seja fixado valor menor que aquele patamar mínimo estabelecido na sentença criminal.

3.6.2 Jurisdição especial ou comum

Sem perder de vista a unidade da jurisdição, vigente no ordenamento jurídico brasileiro, é oportuno lembrar que a estrutura judiciária nacional organiza nosso sistema de justiça segmentando a atividade jurisdicional por meio de justiças comuns e especializadas.

Os órgãos do Poder Judiciário que compõem a estrutura judiciária brasileira são indicados pelo art. 92 da CF. As justiças estaduais e federal compõem os segmentos da justiça comum, detentora de competência para assuntos de ordem geral. As justiças especializadas, que detêm competência para determinada espécie de relação jurídica de direito material, são as Justiças do Trabalho, Eleitoral e Militar.

Vejamos inicialmente o rol de competências das justiças comuns estaduais e federais.

Da competência da justiça de cada Estado não trata a Constituição Federal. Daí ser correto afirmar que sua competência é *residual*: tudo aquilo que não for expressamente estipulado na Constituição Federal como matéria de competência da justiça federal (comum) ou das justiças especializadas será da alçada da justiça estadual.

A fixação da competência da justiça estadual pelo critério *residual* faz com que, na prática, a amplitude de temas sob sua responsabilidade seja muito maior, tratando-se, de fato, do segmento do Poder Judiciário brasileiro com maior gama de temas a enfrentar com a finalidade de realizar a atividade jurisdicional.

E esse amplo e praticamente inestimável rol de matérias que, por não serem de competência das demais, são da atribuição das justiças dos Estados envolve tanto processos civis como criminais.

A competência da justiça federal, de outro lado, é discriminada de forma expressa no art. 109 da CF, com base essencialmente em dois critérios: em razão da pessoa (*ratione personae*) e em razão da matéria (*ratione materiae*).

A competência da justiça federal para as causas cíveis (não penais) é fixada em razão das pessoas (*ratione personae*) que atuam no processo como partes ou intervenientes, e apenas excepcionalmente em função da matéria (*ratione materiae*).

Assim é que o art. 109 da CF aponta a competência da justiça federal para causas cíveis: (a) desde que a União, entidade autárquica ou empresa pública federal forem interessadas na condição de autoras, rés, assistentes ou oponentes, exceto as de falência, as de acidentes de trabalho e as sujeitas à Justiça Eleitoral e à Justiça do Trabalho (art. 109, I); (b) as causas entre Estado estrangeiro ou organismo internacional e Município ou pessoa domiciliada ou residente no País (art. 109, II); (c) as causas fundadas em tratado ou contrato da União com Estado estrangeiro ou organismo internacional (art. 109, III); (d) mandados de segurança e *habeas data* contra ato de autoridade federal, excetuados os casos de competência dos tribunais federais (art. 109, VIII); (e) disputas sobre direitos indígenas (art. 109, XI).

Por outro lado, são da competência da justiça federal as ações penais, as quais são determinadas, na grande maioria das hipóteses, com fundamento na matéria (*ratione materiae*), e não pelas pessoas envolvidas (salvo excepcionalmente), nos seguintes casos: (a) crimes políticos e infrações penais praticadas em detrimento de bens, serviços ou interesses da União ou de suas entidades autárquicas ou empresas públicas, excluídas contravenções e ressalvada a competência da Justiça Militar e da Justiça Eleitoral (art. 109, IV); (b) crimes previstos em tratado ou convenção internacional quando, iniciada sua execução no País, o resultado tenha ou devesse ter ocorrido no estrangeiro, ou reciprocamente (art. 109, V); (c) crimes contra a organização do trabalho e, nos casos determinados por lei, contra o sistema financeiro e a ordem econômico-financeira (art. 109, VI); (d) *habeas corpus* em matéria criminal de sua competência ou quando o constrangimento provier de autoridade cujos atos não estejam diretamente sujeitos a outra jurisdição (art. 109, VII); (e) os crimes cometidos a bordo de navios ou aeronaves, ressalvada a competência da Justiça Militar (art. 109, IX); (f) os crimes de ingresso ou permanência irregular de estrangeiro (art. 109, XI).

As justiças especializadas, por sua vez, são a Justiça do trabalho, a Militar e a Eleitoral.

Observe-se a seu respeito, inicialmente, que não se confundem com tribunais de exceção, expressamente vedados pela CF, nos termos do art. 5º, LIII ("ninguém será processado nem sentenciado senão pela autoridade competente" – a denominada "garantia do juiz natural") e XXXVII ("não haverá juízo ou tribunal de exceção" – a denominada "vedação dos tribunais de exceção").

Note-se que, ao vedar os tribunais de exceção e determinar o respeito à garantia do juiz natural, o que a Constituição Federal impõe é que não sejam criados juízos *ad hoc* após os fatos a serem julgados, como julgadores de encomenda, cuja imparcialidade seria naturalmente objeto de dúvida.

Em outros termos, o que a Constituição estabelece é que os órgãos jurisdicionais sejam previamente constituídos, com competências definidas de modo claro e anterior aos fatos a serem analisados, assegurando a qualquer interessado a possibilidade de conhecer de antemão qual o juízo de direito que, em tese, será encarregado do exame do seu próprio caso.

A competência das justiças especializadas é definida com apoio na espécie de relação jurídica de direito material que se encontra à base do conflito de interesses.

A Justiça do Trabalho, nos termos do art. 114 da CF, tem competência para processar e julgar conflitos decorrentes das relações de trabalho, ou seja, que não tenham conteúdo estatutário, como ocorre, frequentemente, no âmbito do serviço público.

Tratando-se, portanto, de conflito decorrente de relação trabalhista, fundada na Consolidação das Leis do Trabalho/CLT, fica assentada a competência da justiça especializada, que o art. 114 da CF discrimina da seguinte forma: (a) ações oriundas da relação de trabalho, abrangidos os entes de direito público externo e da Administração Pública direta e indireta da União, dos Estados, do Distrito Federal e dos Municípios (art. 114, I);[21] (b) ações que envolvem o exercício do direito de greve (art. 114, II); (c) ações sobre representação sindical, entre sindicatos, entre sindicatos e trabalhadores e entre sindicatos e empregadores (art. 114, III); (d) os mandados de segurança, *habeas corpus* e *habeas data* quando o ato questionado envolver matéria sujeita à sua jurisdição (art. 114, IV); (e) conflitos de competência entre órgãos com jurisdição trabalhista, ressalvada a competência do STF (art. 114, V); (f) ações de indenização por dano moral ou patrimonial decorrentes da relação de trabalho (art. 114, VI); (g) ações relativas às penalidades administrativas impostas aos empregadores pelos órgãos de fiscalização das relações de trabalho (art. 114, VII); (h) execução de ofício de contribuições sociais e seus acréscimos legais decorrentes das sentenças que proferir (art. 114, VIII); (i) outras controvérsias decorrentes das relações de trabalho (art. 114, IX).

A Justiça Eleitoral, cujas linhas gerais de estrutura e organização estão definidas nos arts. 118 a 121 da CF, tem sua competência, nos termos do art. 121 da CF, definida por lei complementar.

Há várias leis federais que cuidam de aspectos específicos do ordenamento jurídico eleitoral, sendo possível citar, a título de exemplo, a Lei 9.504/1997, que "estabelece normas para as eleições"; a Lei Complementar 64/1990, que estabelece "casos de inelegibilidades, prazos de cessação e determina outras providências", além de resoluções do TSE e dos TREs.

Não tendo sido editada, entretanto, a lei complementar específica a que se refere o art. 121 da CF, a Lei 4.737/1965, ou seja, o Código Eleitoral, foi recepcionada pelo

---

21. Quando do julgamento da MC na ADI 3.395, rel. Min. Cézar Peluso, em 5.4.2006, o STF reconheceu o caráter estrito do conceito de relação de trabalho, contido no art. 114, I, da CF, estabelecendo, como consequência, que causas entre o Poder Público e servidores estatutários devem ser julgados pela justiça comum.

ordenamento constitucional em vigor, fazendo, assim, o papel da referida lei complementar.

Assim sendo, a competência da Justiça Eleitoral está definida no Código Eleitoral, nos arts. 22 e 23 (relativamente ao TSE), 29 e 30 (em relação aos TREs) e 35 (quanto aos juízes eleitorais).

Numa síntese essencial, competem à Justiça Eleitoral o processo, a instrução e o julgamento de todas as questões associadas ao processo eleitoral, ou seja, a denominada "matéria eleitoral", inclusive as infrações penais eleitorais, previstas na legislação específica.

A importância da boa organização, estrutura e funcionamento da Justiça Eleitoral mostra-se absolutamente manifesta, na medida em que a matéria sob sua chancela guarda relação direta com a regularidade do sistema de escolha dos representantes populares, velando, em última análise, pelo bom funcionamento do próprio regime democrático.

Bons exemplos disso são as competências a ela atribuídas para exame dos casos de inelegibilidade, probidade administrativa eleitoral, normalidade e legitimidade das eleições contra a influência do poder econômico ou abuso de função, cargo ou emprego na Administração direta ou indireta, a serem apurados mediante ação de impugnação de mandato (art. 14, §§ 9º, 10 e 11, da CF).

Resta ainda a Justiça Militar, cujas linhas gerais de estrutura, organização e competências são traçadas nos arts. 122 a 125 da CF.

A Justiça Militar está estruturada como Justiça Militar federal e Justiça Militar estadual. Seus órgãos são o STM e os tribunais e juízes militares instituídos por lei (art. 122 da CF).

A Justiça Militar federal, nos termos do art. 124 da CF, tem sua competência definida *ratione materiae*, ou seja, em razão da matéria, para "processar e julgar os crimes militares definidos em lei". Sua competência é, portanto, exclusivamente criminal, podendo alcançar militares e civis, caso esses ajam em concurso com aqueles na prática de infrações penais militares.

A referência à Justiça Militar estadual, de outro turno, é feita no art. 125, § 3º, da CF, por força do qual "a lei estadual poderá criar, mediante proposta do tribunal de justiça, a Justiça Militar estadual, constituída, em primeiro grau, pelos juízes de direito e pelos conselhos de justiça e, em segundo grau, pelo próprio tribunal de justiça, ou por tribunal de justiça militar nos Estados em que o efetivo militar seja superior a vinte mil integrantes".

A competência da Justiça Militar dos Estados é criminal e cível (esta incluída no rol de suas competências pela Emenda Constitucional 45/2004, que alterou o § 4º e acrescentou o § 5º ao art. 125 da CF). Definida em razão da matéria e das pessoas (*ratione materiae* e *ratione personae*).

Assim, em função do disposto no art. 125, § 4º, da CF, em matéria criminal compete à Justiça Militar estadual "processar e julgar os militares dos Estados, nos crimes militares definidos em lei e as ações judiciais contra atos disciplinares militares, ressalvada a competência do júri quando a vítima for civil, cabendo ao tribunal competente decidir sobre a perda do posto e da patente dos oficiais e da graduação das praças".

Ademais, nos termos do art. 125, § 5º, da CF, "compete aos juízes de direito do juízo militar processar e julgar, singularmente, os crimes militares cometidos contra civis e as ações judiciais contra atos disciplinares militares, cabendo ao conselho de justiça, sob a presidência do juiz de direito, processar e julgar os demais crimes militares".

Em suma, a Justiça Militar estadual tem competência criminal (julgar crimes militares), cível (julgar ações de impugnação de atos disciplinares militares – pedidos de anulação ou de revisão de punições, reintegração em caso de anulação etc.), e não julga, ao contrário da Justiça Militar federal, civis que tenham concorrido para a prática de crimes militares.

Por outro lado, as ações civis e os crimes militares praticados contra civis são julgados singularmente (pelos juízes de direito militares), enquanto os demais crimes militares são julgados por órgãos colegiados (os conselhos de justiça, sob a presidência de juiz de direito integrante dos quadros da justiça especializada).

3.6.3 Jurisdição superior ou inferior

Ressaltando mais uma vez a unidade da jurisdição, deve-se assentar que na estrutura judiciária nacional é viável segmentar verticalmente o exercício do poder cometido ao Poder Judiciário.

Nessa perspectiva torna-se compreensível falar em jurisdição "superior" e "inferior", como contraposição, no contexto da organização judiciária, entre os órgãos jurisdicionais situados em primeiro grau (juízos, varas) e aqueles situados em segundo grau (tribunais estaduais, TRFs, TRTs, TREs).

Numa outra projeção, entretanto, a contraposição entre os diferentes planos da estrutura judiciária, verticalmente considerados, coloca em posições diversas o âmbito de atuação dos denominados tribunais superiores e os demais órgãos da estrutura judiciária nacional.

Tribunais de segundo grau, nesse contexto, são aqueles estruturados pelo ordenamento constitucional brasileiro como órgãos recursais comuns, assegurando aos litigantes de modo concreto a aplicação do princípio do duplo grau de jurisdição, por meio da possibilidade de interposição de um recurso amplo das decisões de primeiro grau, no qual seja viabilizado, ao menos potencialmente, o reexame integral das matérias examinadas no grau inferior, ou seja, tanto questões de fato como questões de direito.

Tribunais superiores (a denominada jurisdição "superior"), por sua vez, são encarregados, predominantemente, do reexame de questões de direito, e não de fato. Não figuram como "terceiro grau" da justiça, e sua existência não guarda relação alguma com o princípio do duplo grau de jurisdição.

São estruturados como órgãos de superposição ou sobreposição, cuja competência é nomofilácica, ou seja, de "proteção" do ordenamento jurídico (em outros termos, velar pela observância do direito positivo constitucional e infraconstitucional federal).

Cabe-lhes fixar o entendimento a respeito das questões de direito cuja apreciação é de sua competência, dando a última palavra a esse propósito, velando, portanto, por sua inteireza e integridade – compreensão esta que deverá ser observada nas demais instâncias da justiça.

Cabe assim ao STF, seja por meio do controle concentrado de constitucionalidade (na ação direta de inconstitucionalidade, na ação declaratória de inconstitucionalidade por omissão, na ação declaratória de constitucionalidade e na arguição de descumprimento de preceito fundamental – cf. art. 102, I, "a", e § 1º, e art. 103, § 2º, da CF), seja por meio do controle difuso (através do recurso extraordinário – cf. art. 102, III, da CF), examinar as denominadas "questões federais constitucionais", velando pela correta compreensão e aplicação da Constituição Federal.

Por outro lado, cabe ao STJ, por intermédio do recurso especial (cf. art. 105, III, da CF), examinar as "questões federais infraconstitucionais", velando pela correta compreensão e aplicação das leis federais.

Função análoga possuem os tribunais superiores das justiças especializadas, ou seja, o STM, o TST e o TSE. Isso ocorre relativamente às questões de direito especializado das quais tratam, ou seja, respectivamente, direito militar, direito do trabalho e direito eleitoral, embora a especificação de suas competências não esteja na própria Constituição, que, nesse caso, remete a matéria à regulamentação por meio de legislação infraconstitucional (cf., respectivamente, arts. 113 [competência dos órgãos da Justiça do Trabalho], 121 [competência dos órgãos da Justiça Eleitoral] e 124, parágrafo único [competência dos órgãos da Justiça Militar]).

Anote-se ainda que, no caso da Justiça Eleitoral, a própria Constituição, nada obstante remeta a matéria à regulamentação inferior, já assinala a competência do TSE para julgamento de recurso contra as decisões dos TREs quando "forem proferidas contra disposição expressa desta Constituição" (art. 121, § 4º, I) e quando "ocorrer divergência na interpretação de lei entre dois ou mais tribunais eleitorais" (art. 121, § 4º, II).

Ou seja, a própria Constituição já assinala, quanto ao TSE, competência para uniformizar a interpretação e velar pela integridade e inteireza tanto do direito constitucional como do direito federal em matéria eleitoral, sem prejuízo quanto ao primeiro (direito constitucional) da competência do STF, que é o guardião e intérprete último da Constituição Federal.

3.6.4 Jurisdição de direito ou equidade

Fundamental ao Estado Democrático de Direito é a segurança jurídica, que guarda relação direta com a repartição de funções existente entre Executivo, Legislativo e Judiciário, bem como com o equilíbrio existente na relação entre eles.

No contemporâneo Estado de Direito não é possível mais aceitar, de modo simplista, a afirmação de que ao Executivo cabe apenas executar as leis, ao Legislativo editá-las e ao Judiciário aplicá-las quando conflitos forem a ele submetidos. Deve-se reconhecer a extrema complexidade das relações institucionais, que conduz o problema a patamares que vão muito além desta simples, didática, mas imprecisa equação.

Fato é, contudo, que, ao menos em linha de princípio, o papel do Poder Judiciário no concerto político-institucional consiste em aplicar o direito posto.

A aplicação do direito posto pelo Poder Judiciário não se confunde com a aplicação literal do que está descrito como regra positivada na lei, visto que os juízes não são simples autômatos, não sendo viável reduzir a operação lógica realizada nos julgamentos, pelos magistrados, a uma mera subsunção de fatos aos textos normativos.

Há sempre espaço para interpretação, que se amplia quando se pensa nos incontáveis fatores que tornam o direito atual um emaranhado revestido de extrema complexidade.

Exemplificando: a "inflação legislativa" (criação desenfreada de textos normativos que se sobrepõem, gerando necessidade de interpretação, bem como verificação quanto à ocorrência ou não de revogação, o que se torna ainda mais intrincado quando se pensa nas dificuldades associadas à identificação do órgão legislativo competente para dada matéria, ou mesmo nas competências legislativas concorrentes estabelecidas na Constituição Federal); a necessidade de emprego pelo legislador de cláusulas abertas e de conceitos legais indeterminados (que exigem preenchimento casuístico, evoluindo na medida em que o tempo passa e a concepção do direito também evolui); a existência de casos difíceis (*hard cases*, a exigirem grande esforço hermenêutico do aplicador da lei para identificar, no quadro de inúmeras regras diferentes, qual a norma de decisão que pode ser extraída do ordenamento jurídico).

De todo modo, mesmo tendo-se ciência de que a atividade do julgador não se resume à simples e mecânica aplicação da lei, devendo ser mais bem compreendida como aplicação das normas de decisão que são passíveis de identificação (cuja identificação se dá com maior ou menor dificuldade em razão da complexidade de cada caso concreto), não é viável negar que o juiz, ao julgar, está vinculado ao direito, como tal compreendido.

Essa é a compreensão contemporânea da afirmação de que a atividade do julgador está adstrita à aplicação da lei, afirmação esta que permanece válida se por "aplicação da lei" se compreende a aplicação do direito posto (ou seja, da norma de decisão, identificada no ordenamento jurídico), e não a simples aplicação "literal" da lei.

Nesse sentido deve ser afirmado que, em regra, no Estado Democrático de Direito a vinculação do julgador exclusivamente à lei é garantia de isenção e imparcialidade, bem como premissa de que o princípio da isonomia será efetivamente observado, aplicando-se a mesma solução de direito quanto aos casos análogos.

Assim, a regra é que, ao julgar, o juiz deve se adstringir à lei, nos termos acima compreendidos, ou seja, aplicando a norma de decisão, identificada no ordenamento jurídico vigente, aos casos concretos que lhe são submetidos.

Em outras palavras, a "jurisdição de direito" é a regra: decidir observando o direito vigente. A exceção é a jurisdição de "equidade", ou seja, a autorização – que deve ser expressa em lei – para que o juiz decida sem observar a estrita legalidade, buscando soluções que lhe pareçam mais apropriadas à regulação do caso concreto, ainda que não encontrem apoio explícito ou claro no ordenamento jurídico em vigor.

É nesse sentido que, em conformidade com o art. 140, parágrafo único, do CPC/2015, "o juiz só decidirá por equidade nos casos previstos em lei".

Isso é o que se verifica, por exemplo, no âmbito da jurisdição voluntária, visto que, nos termos do art. 723, parágrafo único, do CPC/2015, "o juiz não é obrigado a observar critério de legalidade estrita, podendo adotar em cada caso a solução que considerar mais conveniente ou oportuna".

Isso não significa dizer que o juiz está dispensado de observar a lei, mas sim que deve aplicá-la com temperamentos, mitigando seu rigor, de sorte a confortar a hipótese concretamente examinada com soluções que sejam, do ponto de vista estritamente pragmático, mais convenientes e oportunas.

Resta de todo evidente que a identificação legal dos casos em que incide a autorização legal para que o juiz decida com equidade não é, do ponto de vista prático, simples ou fácil.

Em suma: nos casos em que a lei autoriza decisões utilizando como critério a equidade não está ela a dispensar a observância da lei, mas sim a autorizar sua aplicação com temperamentos, para que seu resultado não seja pior ou mais negativo do que a mera observância literal da regra jurídica.

Por isso, parece mais correto afirmar que a lei, a bem da verdade, não autoriza o juiz a decidir "por equidade", mas sim "com equidade".

Do mesmo modo, o art. 25 da Lei dos Juizados Especiais estaduais (Lei 9.099/1995), ao se referir à possibilidade de que o litígio inicialmente pendente nos Juizados seja ao final submetido a arbitragem, anota que "o árbitro conduzirá o processo com os mesmos critérios do juiz, na forma do arts. 5º e 6º desta Lei, podendo decidir por equidade".

3.7 Limites da jurisdição

Quando se fala em limites da jurisdição deve-se ter presentes dois aspectos complementares do mesmo problema.

O primeiro, que se refere à indagação sobre a possibilidade de atuação da justiça brasileira em relação a fatos ocorridos fora do território nacional, ou quanto a pessoas situadas fora dele. Trata-se, nesse passo, da verificação quanto aos limites internacionais da jurisdição brasileira.

O segundo diz respeito à análise quanto ao alcance da atuação do Poder Judiciário dentro do próprio território nacional.

3.7.1 Limites internacionais

O exame dos limites internacionais da jurisdição brasileira está relacionado ao conceito de soberania nacional.

Sendo a jurisdição *poder*, *função* e *atividade*, é dela indissociável a possibilidade de solução imperativa de conflitos, com imposição daquilo que for decidido, a despeito da eventual resistência oferecida pelos destinatários de suas decisões.

O caráter imperativo das decisões judiciais e a inexistência de alternativa à sua observância revelam que o Poder Judiciário só está autorizado a atuar no espaço dentro do qual o Estado brasileiro exerce sua soberania.

Não há dúvida de que o Estado brasileiro exerce sua soberania, e, consequentemente, a jurisdição atua, no âmbito do território nacional. Nesse sentido, o art. 16 do CPC/2015 afirma expressamente, estabelecendo os limites territoriais da jurisdição brasileira, que "a jurisdição civil é exercida pelos juízes e pelos tribunais em todo o território nacional".

Deve-se questionar, entretanto, se em alguma hipótese pode a jurisdição operar fora dos lindes territoriais do Brasil.

Essa temática é disciplinada no Capítulo I do Título II do Livro II da Parte Geral do CPC/2015, sob a epígrafe "Dos Limites da Jurisdição Nacional".

Cuida-se, aqui, da denominada "competência internacional" da justiça brasileira, que em algumas situações pode atuar em relação a fatos ocorridos fora do território nacional ou em relação a pessoas situadas fora do território nacional.

O fundamento teleológico para essa autorização legislativa está em que a soberania nacional se exerce, de fato, primordialmente quanto a fatos ocorridos e pessoas situadas no território brasileiro, mas, adicionalmente, há hipóteses em que outras circunstâncias revelam projeções da soberania nacional para além desse território.

A *competência internacional da justiça brasileira* pode ser *concorrente* ou *exclusiva*.

A *competência internacional concorrente da justiça brasileira* verifica-se nos casos em que, nada obstante autorize o legislador a atuação da jurisdição nacional, não se exclui a possibilidade de que o litígio também seja apreciado pela justiça de outro País.

Os casos de competência internacional da justiça brasileira são previstos nos arts. 21 e 22 do CPC/2015, referindo-se às ações: (a) em que o réu, qualquer que seja sua nacionalidade, estiver domiciliado no Brasil (considerando-se domiciliada no Brasil a pessoa jurídica estrangeira que nele tiver agência, filial ou sucursal); (b) em que no Brasil tiver que ser cumprida a obrigação; (c) em que o fundamento seja fato ocorrido ou ato praticado no Brasil; (d) em que forem pedidos alimentos quando o credor tiver domicílio ou residência no Brasil, ou se o réu mantiver vínculos no Brasil, tais como posse ou propriedade de bens, recebimento de renda ou obtenção de benefícios econômicos; (e) decorrentes de relações de consumo, quando o consumidor tiver domicílio ou residência no Brasil; (f) em que as partes, expressa ou tacitamente, se submeterem à jurisdição nacional.

Observe-se que em todos os casos acima transcritos, indicados nos arts. 21 e 22 do CPC/2015, os fatos ou relações jurídicas substanciais subjacentes ao litígio poderão ter ocorrido no exterior. Nada obstante, por alguma razão identificada pelo legislador (*v.g.*, domicílio do réu no Brasil, ser o Brasil o local de cumprimento da obrigação, ser o credor de alimentos domiciliado no Brasil etc.) torna-se *também* a justiça brasileira competente para a apreciação do litígio, sem que se exclua – frise-se – a possibilidade de que o mesmo conflito seja julgado pela justiça estrangeira.

Em alguns casos, entretanto, a lei prevê a *competência internacional exclusiva* da justiça brasileira, excluindo os efeitos jurídicos de eventual processo ou decisão que, a respeito de tais hipóteses, tenham se verificado no exterior.

Tais são os casos previstos no art. 23 do CPC/2015, para os quais é competente a autoridade judiciária brasileira, com exclusão de qualquer outra, para: (a) conhecer de ações relativas a imóveis situados no Brasil; (b) em matéria de sucessão hereditária, proceder à confirmação de testamento particular e ao inventário e à partilha de bens situados no Brasil, ainda que o autor da herança seja de nacionalidade estrangeira ou tenha domicílio fora do território nacional; (c) em divórcio, separação judicial ou dissolução de união estável, proceder à partilha de bens situados no Brasil, ainda que o titular seja de nacionalidade estrangeira ou tenha domicílio fora do território nacional.

O fundamento racional que está por trás dos casos de competência internacional exclusiva da justiça brasileira é, mais uma vez, a soberania nacional. Tais hipóteses referem-se a situações em que os bens objeto da disputa estão situados no território nacional, o que envolve, em última análise – nada obstante o caráter privado das relações de direito material controvertidas –, a supremacia nacional para dispor a respeito de bens situados no âmbito do seu próprio território.

Anote-se, ainda, que nos casos de competência internacional concorrente da justiça brasileira podem as partes, mediante cláusula de eleição de foro exclusivo estrangeiro em contrato internacional, excluir a atuação da justiça brasileira. Essa previsão contratual, desde que arguida na contestação, exclui a competência da justiça nacional para a apreciação do conflito (art. 25 do CPC/2015).

Por outro lado, a lei exclui os efeitos da litispendência nos casos de existência de processo sobre o mesmo litígio, concomitantemente, na justiça brasileira e na justiça de outro País, nos casos em que isso é possível, nos termos dos arts. 21 e 22 do CPC/2015.

O art. 24 do CPC/2015 afirma que "a ação proposta perante tribunal estrangeiro não induz litispendência e não obsta a que a autoridade judiciária brasileira conheça da mesma causa e das que lhe são conexas, ressalvadas as disposições em contrário de tratados internacionais e acordos bilaterais em vigor no Brasil".

A rigor, litispendência, nesse caso, existe. A litispendência consiste no fato de existir processo instaurado a respeito do mesmo litígio, entre as mesmas partes, com fundamento na mesma causa de pedir e com o mesmo pedido (art. 337, § 3º, do CPC/2015). O que não se produzirá é o efeito da litispendência, consistente no impedimento de que nova demanda seja ajuizada (repetição da anterior), ou ainda a determinação de extinção da segunda demanda (proposta depois da primeira), como em princípio determina a lei processual (art. 485, V, do CPC/2015).

Pelas mesmas razões, a existência de processo sobre determinado litígio perante a justiça brasileira não impede a homologação de sentença estrangeira a respeito do mesmo conflito proferida pela justiça estrangeira, se presente a hipótese da competência territorial concorrente da justiça brasileira (art. 24, parágrafo único, do CPC/2015).[22]

---

22. O Código de Processo Civil/2015 prevê a necessidade de que a sentença estrangeira seja eficaz no País de origem para que possa ocorrer sua homologação no Brasil. Por outro

3.7.2 *Limites internos*

As reflexões sobre a existência de limites internos podem se dar em duas perspectivas distintas.

A primeira consiste na limitação ao exercício do poder jurisdicional em razão da divisão de trabalho existente entre os órgãos judiciais, inerente à sua estrutura nacional e à regulamentação que a lei lhes confere. As regras definidoras da competência de cada órgão judicial, fixadas na Constituição e nas leis, ao realizarem a divisão de trabalho entre os juízes e tribunais, por intermédio dos diversos critérios adotados no ordenamento, são um fator de limitação do exercício do poder.

É nesse sentido que se mostra correto dizer que a competência é a medida da jurisdição outorgada a cada órgão judicial, limitando sua possibilidade de examinar casos que extravasem do campo de atuação que lhes fora destinado pelo legislador.

De outro lado, nada obstante seja constitucionalmente assegurada a garantia constitucional da ação, estabelecendo o art. 5º, XXXV, da CF que nenhuma ameaça ou lesão a direito pode ser excluída da apreciação judicial, a legislação processual estabelece condições e requisitos para que o direito de ação possa ser exercido e o processo seja regularmente instaurado.

Desse modo, as denominadas condições da ação e os pressupostos processuais figuram como fatores de limitação ao exercício da jurisdição, pois sua ausência implicará a impossibilidade do regular e conclusivo exercício desse poder, levando o processo assim instaurado à extinção sem exame do mérito (art. 485, IV, V, VII e VIII, do CPC/2015).

Observe-se, nesse sentido, que o sistema jurídico busca equilibrar diferentes valores que entram em choque na arena judicial. Se por um lado é imprescindível que, no Estado Democrático de Direito, seja assegurada a possibilidade de tutela jurisdicional às situações de ameaça ou lesão ao direito (o que o ordenamento realiza através da garantia constitucional da ação), não se deve desconsiderar que a instauração do processo judicial, na perspectiva do réu, é sempre uma fonte de constrangimento (basta pensar no que, na prática, se dá com o réu após a citação: a pressão psicológica gerada pelo processo, a necessidade de constituir defensor, os encargos financeiros e pessoais gerados pela sujeição ao processo judicial, as repercussões no ambiente social no qual o demandado se insere etc.).

Assim, as condições da ação e os pressupostos processuais acabam figurando como requisitos mínimos exigidos pelo sistema processual para que, de modo legítimo, possa qualquer indivíduo ou entidade figurar na posição de réu no processo judicial, evitando que, de modo indevido ou inapropriado, seja submetido às repercussões negativas geradas pela ativação da jurisdição pela contraparte.

Nesse sentido funcionam como limites internos ao exercício da jurisdição.

---

lado, o art. 963, III, do CPC/2015 não exige que a decisão judicial que se pretende homologar tenha transitado em julgado (STJ, Corte Especial, SEC 14.812-EX, rela. Min. Nancy Andrighi, j. 16.5.2018 – *Info* 626).

3.8 Jurisdição voluntária

O estudo da denominada jurisdição voluntária envolve tema tradicional mas sempre controverso no âmbito do direito processual civil.

Nada obstante as dissensões existentes a esse propósito, apresenta-se ainda hoje como válida a compreensão que oferece à jurisdição voluntária uma noção complementar relativamente à denominada jurisdição contenciosa.

Embora na grande maioria dos casos levados ao Poder Judiciário esteja presente uma situação de conflito de interesses em que um sujeito apresenta uma pretensão à qual outro oferece resistência (lide), há situações em que o legislador impõe a atuação da justiça sem que haja propriamente confronto entre posições juridicamente tuteláveis, senão diversidade de compreensão dos interessados quanto ao modo de proteger um interesse comum.

Esse é o campo de atuação da jurisdição voluntária.

3.8.1 Conceito e características

A jurisdição voluntária, também denominada de jurisdição "graciosa", referida ainda como "administração pública de interesses privados", consiste no poder, função e atividade do Poder Judiciário que opera nos casos nela incluídos por imposição do legislador, com a finalidade de tutelar determinados interesses privados que representam, por escolha legislativa, tema sensível e digno de maior atenção e proteção estatal, nada obstante não haja, em tais casos, conflito de interesses qualificável como lide.[23]

Em outros termos, o que, em regra, justifica a procura do Poder Judiciário, através do exercício do direito de ação, é a existência de uma ameaça ou lesão ao direito de alguém que, não encontrando solução pacífica ou consensual para tal situação, espera encontrá-la, impositivamente, por força de decisão judicial.

Em tais casos o demandante apresenta-se como titular de uma posição jurídica à qual se contrapõe outro sujeito, o demandado, sendo certo que, precisamente pela inocorrência de solução consensual para este conflito, torna-se inevitável o ingresso em juízo.

Certo é, assim, que o litígio se caracteriza pela existência de compreensões reciprocamente excludentes a respeito da realidade jurídica por parte do titular da pretensão e daquele que a ela resiste.

Isso não ocorre nos casos de jurisdição voluntária.

Nesses quadrantes os interessados buscam cada qual ao seu modo encontrar proteção para a mesma situação jurídica, embora divirjam, concretamente, a respeito do melhor modo de fazê-lo.

---

23. Cf., a respeito, José Frederico Marques, *Ensaio sobre a Jurisdição Voluntária*, cit., *passim*. V., ainda, Leonardo Greco, *Jurisdição Voluntária Moderna*, São Paulo, Dialética, 2003, *passim*.

Não há, dessa forma, na jurisdição voluntária a lide propriamente dita, compreendida como conflito de interesses qualificado pela existência de uma pretensão de um sujeito e o oferecimento de resistência a esta pretensão, resistência esta com aptidão para confrontar a pretensão e excluir a possibilidade de seu acolhimento.

O que se verifica no campo ora analisado é que todos os sujeitos envolvidos no debate desejam que seja concedida proteção a uma determinada pessoa, situação, posição, relação jurídica ou direito, embora não estejam de acordo a respeito do melhor modo, forma ou oportunidade para que a tutela jurídica seja concedida ou concretamente realizada.

Dessa forma, é possível apontar as seguintes características da jurisdição voluntária: (a) inexistência de lide; (b) inexistência de partes, mas de interessados; (c) mitigação da estrita legalidade como critério de decisão; (d) relativização da coisa julgada.

Quanto à *inexistência de lide* é preciso dizer que aqui as partes não controvertem sobre direitos, mas sim sobre o modo de tutelar as situações jurídicas dignas de proteção. Não há, propriamente, o exercício de uma pretensão por um sujeito, à qual outro oferece resistência. Em verdade, há uma situação digna de proteção jurídica, que envolve interesses de mais de um sujeito, controvertendo estes no que se refere ao modo de lhe conferir tal proteção. Em última análise, há idêntico desejo dos interessados no sentido de que bens, pessoas ou direitos sejam resguardados, divergindo apenas, contudo, quanto à forma de realização dessa tutela jurídica.

Exemplificando, quando determinado legitimado move pedido judicial de interdição não há propriamente conflito de interesses (lide) entre ele e o interditando. Não há disputa a respeito da titularidade do patrimônio deste último. O primeiro apenas deseja que sejam adotadas medidas judiciais direcionadas à preservação daquele conjunto de bens, dada a notícia de que o interditando apresenta contemporânea limitação de entendimento e determinação, e que tal situação põe em risco sua própria pessoa ou seu patrimônio.

Ainda nessa linha, nos casos em que se exige a autorização judicial para a alienação de bens não há realmente disputa a respeito destes, mas apenas a exigência de permissão judicial como mecanismo para assegurar que sua concretização se dê sem prejuízo ao referido patrimônio e ao seu titular.

Nos casos de emancipação não há qualquer conflito entre quem quer que seja, mas sim zelo relativamente à situação do incapaz, a fim de que a passagem à condição de emancipado não se traduza em risco para ele.

Quanto à *inexistência de partes* a referência pode parecer meramente semântica, mas vai além. O art. 720 do CPC/2015 assenta que o procedimento pode se iniciar por provocação do interessado bem como do Ministério Público ou da Defensoria Pública. No mesmo sentido, o art. 721 do CPC/20/2015 determina a citação de todos os interessados para que se manifestem.

O fato é que, inexistindo conflito de interesses qualificado pela existência de uma pretensão de um sujeito e pelo oferecimento de resistência de outro (lide), não se pode falar em partes propriamente ditas, ou seja, autor e réu, sujeitos que, na relação processual, se colocam em posições conflitantes, antagônicas e reciprocamente excludentes: a vitória do autor significa a derrota do réu, e vice-versa.

Na jurisdição voluntária os sujeitos não litigam, não sustentam titularidade de posições jurídicas reciprocamente excludentes, mas apenas diversidade de ponto de vista quanto ao modo de tutelar determinado bem, direito ou pessoa. Apresentam-se, em verdade, como interessados. Interessados na melhor proteção, embora em desacordo quanto à forma de realizá-la.

Quanto à *mitigação da estrita legalidade como critério de decisão*, assenta o parágrafo único do art. 723 que "o juiz não é obrigado a observar o critério de legalidade estrita, podendo adotar em cada caso a solução que considerar mais conveniente ou oportuna".

Isso não significa que o juiz esteja dispensado de observar a lei, mas sim que poderá aplicá-la com equidade, ou seja, abrandando seus rigores, para oferecer, caso a caso, a melhor tutela às situações submetidas aos seus cuidados.

Imagine-se a hipótese de alienação, arrendamento ou oneração de bens de incapazes, que demanda autorização judicial (art. 725, III, do CPC/2015). A segurança jurídica e patrimonial que, em princípio, melhor atende à condição do incapaz é a preservação do seu patrimônio imobiliário intocado e sem qualquer ônus. Não se pode descartar, entretanto, que em determinada situação específica sejam mais vantajosos a alienação do bem, seu arrendamento ou que ele seja por qualquer outro modo onerado.

É nesse sentido, portanto, que se mostra legítimo afirmar que a mitigação da estrita legalidade como critério de decisão significa que o magistrado, nos procedimentos de jurisdição voluntária, está autorizado a decidir com equidade, vale dizer, flexibilizando o rigor do parâmetro estritamente legal, com o objetivo de adotar a solução que se mostre mais conveniente e oportuna naquilo que diz respeito ao caso concretamente considerado.

Quanto à *mitigação da coisa julgada*, o CPC/1973 tinha regra expressa a respeito ao prever, no art. 1.111, que "a sentença poderá ser modificada, sem prejuízo dos efeitos já produzidos, se ocorrerem circunstâncias supervenientes".

A regra não foi repetida no Código de Processo Civil/2015, mas isso não quer dizer que não seja mais aplicável a mesma diretriz normativa, embora a solução se dê com fundamento em disposição geral, contida no art. 505, I, do CPC/2015, por força do qual é possível nova decisão de mérito se, "tratando-se de relação jurídica de trato continuado, sobreveio modificação no estado de fato ou de direito, caso em que poderá a parte pedir a revisão do que foi estatuído na sentença".

Esse dispositivo legal cuida da coisa julgada nas relações jurídicas continuativas. Estabelece de forma clara que, embora se verifique a imutabilidade da decisão de mérito após o trânsito em julgado, como a relação jurídica continua a se desenvolver no tempo, torna-se possível a revisão do que foi decidido diante de novo quadro relativo aos elementos componentes daquela relação. Em outros termos, nas relações jurídicas continuativas a coisa julgada se forma *rebus sic stantibus*, ou seja, considerando o "estado de coisas" então existente, que, uma vez modificado, autoriza nova decisão a respeito da mesma matéria já examinada.

Inexistindo lide na jurisdição voluntária, mas sim apreciação judicial sobre o melhor modo de tutelar determinadas situações da vida cuja importância no contexto social é expressamente reconhecida pelo legislador, deve-se compreender que esta tutela se realiza de modo contínuo, justificando que, diante de novo quadro circunstancial, a temática seja novamente apreciada pelo juiz.

Tomemos como exemplo a interdição.

Uma vez reconhecida a incapacidade de entendimento e de determinação (*v.g.*, de pessoa em estado de coma após acidente de veículo), deve o interditando ser submetido à curatela por determinação judicial. Caso ele venha a se recuperar (imagine-se a recuperação e cura, com alta médica), entretanto, poderá ser revista a decisão de interdição. Isso poderá ocorrer a qualquer tempo, mesmo após o esgotamento do prazo para interposição de recursos contra a decisão que determinou a interdição.

Assim, a possibilidade de "levantamento" do decreto de interdição decorre da relatividade da coisa julgada na hipótese considerada, que, embora não ocorra apenas nos casos de jurisdição voluntária (visto que também se verifica em relações continuativas de caráter litigioso, como, por exemplo, no típico exemplo da obrigação de prestar alimentos), sempre está nela presente, podendo ser apontada, por essa razão, como um de seus dados característicos.

3.8.2 Jurisdição voluntária em contraposição à contenciosa

Nem sempre é simples, no cotidiano forense e na prática do processo civil, distinguir situações em que há verdadeiro litígio daquelas em que ele inexiste, divergindo os interessados exclusivamente em torno do modo de proteger pessoas, situações jurídicas, bens ou direitos.

Por vezes a intensidade da divergência quanto ao modo de realização da tutela jurídica é tão intensa que se avizinha do litígio. Em outros casos a dinâmica do relacionamento entre os interessados evolui, de modo a se instalar, onde inicialmente inexistia, verdadeira lide.

Tome-se como exemplo a hipótese do pedido de alienação de quinhão em coisa comum.

Enquanto a divergência entre os coproprietários do bem se situa, *v.g.*, no plano do seu valor, ou mesmo no que diz respeito à oportunidade ou forma de alienação, não há lide, mas sim controvérsia a respeito da melhor forma de tutelar o patrimônio comum.

Se o debate evolui, entretanto, e surge impugnação quanto à própria existência ou alcance do direito de propriedade de um dos sujeitos relativamente ao bem comum, instalado estará o conflito (lide), a exigir solução no plano da jurisdição contenciosa.

Importante ainda ressaltar, ademais, que a natureza contenciosa ou voluntária da atividade jurisdicional em determinado caso específico não estará necessariamente definida pelas afirmações feitas pelo requerente na petição inicial. Em outras palavras, ainda que a inicial afirme que se trata de provocação com finalidade meramente tutelar, nos termos dos arts. 719 e ss. do CPC/2015, será necessário aferir seu conteúdo e o modo de desenvolvimento do processo assim instaurado para que se conclua seguramente pela existência ou não de lide.

Em outros termos, o que importa é a essência, e não a forma.

Capítulo 4
PODER JUDICIÁRIO

4.1 Conceito. 4.2 Funções do Poder Judiciário e função jurisdicional. 4.3 Órgãos do Poder Judiciário: 4.3.1 Supremo Tribunal Federal – 4.3.2 Superior Tribunal de Justiça – 4.3.3 Organização das justiças especiais: Justiça Eleitoral, Justiça Militar e Justiça do Trabalho: 4.3.3.1 Organização da Justiça do Trabalho – 4.3.3.2 Organização da Justiça Eleitoral – 4.3.3.3 Organização da Justiça Militar – 4.3.4 Organização da justiça comum estadual – 4.3.5 Organização da justiça comum federal – 4.3.6 Juizados Especiais. 4.4 Organização judiciária. 4.5 Divisão judiciária. 4.6 Épocas para o trabalho forense. 4.7 Órgãos não jurisdicionais: Conselho Nacional de Justiça, corregedorias e ouvidorias de justiça e escolas da magistratura.

4.1 Conceito

O Poder Judiciário, como já foi assentado, situa-se, na tripartição de Poderes ou funções do poder estatal, como um dos seus componentes, ao lado do Poder Executivo e do Poder Legislativo, regendo-se todos pelos princípios da independência e harmonia recíproca, em conformidade com o art. 2º da CF.

Dentro da estrutura do Estado brasileiro cabe predominantemente ao Poder Judiciário o exercício da jurisdição, ou seja, do poder de dizer o direito aplicável aos casos concretos, embora esta função não lhe seja outorgada com exclusividade.

Isso se verifica na medida em que o ordenamento constitucional expressamente atribui ao Senado função jurisdicional na hipótese do julgamento do *impeachment* (impedimento), nos termos do art. 52, parágrafo único, da CF, oportunidade em que o Senado, ao exercer a denominada "jurisdição política", funcionará sob a presidência do Presidente do STF, atuando os senadores como juízes quanto aos fatos e ao direito aplicável ao imputado.

4.2 Funções do Poder Judiciário e função jurisdicional

Importante recordar que o Poder Judiciário exerce funções típicas (jurisdicionais) e atípicas (não jurisdicionais).

No campo atinente às funções típicas do Poder Judiciário situa-se o exame, mediante provocação dos legitimados, das pretensões deduzidas em juízo, com a finalidade da composição dos litígios que lhes rendem ensejo.

Tomando-se como premissa a percepção de que a Constituição assegura que nenhuma lesão ou ameaça a direito será excluída da apreciação judicial (garantia constitucional da ação, prevista no art. 5º, XXXV, da CF), a instrução e o julgamento dos feitos com a finalidade de composição dos conflitos é atribuição desse Poder. Trata-se aí do exercício da denominada jurisdição contenciosa.

Há, entretanto, outras funções (atípicas), que são judiciais (porque outorgadas ao Poder Judiciário) mas não tipicamente jurisdicionais (por não se situarem nos quadrantes das soluções adjudicadas dos conflitos).

Nesse contexto situa-se, em primeiro lugar, o campo da jurisdição voluntária, também denominada jurisdição graciosa, já analisada, em que o Poder Judiciário se ocupa do zelo por interesses privados, mesmo inexistindo conflito, porque esse cuidado lhe foi outorgado por escolha do legislador.

Tais atividades poderiam ter sido cometidas pela lei a outros órgãos que não o Poder Judiciário, como, por exemplo, o Ministério Público, a Administração Pública, ou mesmo aos cartórios extrajudiciais. O legislador, entretanto, valorando tais situações, entendeu ser melhor a atuação do Poder Judiciário para garantir que tais situações, pessoas ou bens sejam adequadamente protegidos.

Além disso, o Poder Judiciário tem funções atípicas administrativas, relativamente ao seu pessoal, seus bens e serviços, decorrentes da sua autonomia institucional, administrativa e financeira. Anote-se, a esse propósito, que sua autonomia administrativa e financeira está assegurada no art. 99, *caput*, da CF/1988. Conferiu-se também aos tribunais o poder de elaboração das suas propostas orçamentárias dentro dos limites estipulados com os demais Poderes na Lei de Diretrizes Orçamentárias, nos termos do § 1º do art. 99 da CF.

Assim, na gestão de seu pessoal e de seus bens tem o Poder Judiciário atribuições análogas às da própria Administração Pública.

Além disso, a própria Constituição atribui ao Poder Judiciário rol de funções atípicas, de cunho administrativo, ao prever o autogoverno da magistratura, estabelecendo competir privativamente aos tribunais, em conformidade com o art. 96, I: (a) eleger seus órgãos diretivos e elaborar seus regimentos internos, com observância das normas de processo e das garantias processuais das partes, dispondo sobre a competência e o funcionamento dos respectivos órgãos jurisdicionais e administrativos; (b) organizar suas secretarias e serviços auxiliares e dos juízos que lhe forem vinculados, velando pela atividade correicional respectiva; (c) prover, na forma prevista na Constituição, os cargos de juiz de carreira da respectiva jurisdição; (d) propor a criação de novas varas; (e) prover, por concurso público de prova, ou de provas e títulos, os cargos necessários à administração da justiça; (f) conceder licença, férias e outros afastamentos a seus membros e aos juízes e servidores que lhes forem imediatamente vinculados.

4.3 Órgãos do Poder Judiciário

Elemento fundamental, ademais, para a compreensão do panorama do Poder Judiciário no contexto das instituições da República Federativa do Brasil é a sua visão estrutural ou orgânica, cujas linhas fundamentais são estipuladas na Constituição.

Nesse plano, dispõe o art. 92 da CF serem órgãos do Poder Judiciário o Supremo Tribunal Federal/STF, o Conselho Nacional de Justiça/CNJ, o Superior Tribunal de Justiça/STJ, o Tribunal Superior do Trabalho/TST, os Tribunais Regionais Federais/TRFs e juízes federais, os tribunais e juízes do trabalho, os tribunais e juízes eleitorais, os tribunais e juízes militares e ainda os tribunais e juízes dos Estados e do Distrito Federal.

É necessário observar que, entre os órgãos acima referidos, o CNJ, que foi criado na mesma oportunidade que o Conselho Nacional do Ministério Público/CNMP pela Emenda Constitucional 45/2004, embora integre a estrutura do Poder Judiciário, não é órgão jurisdicional, possuindo atribuições estritamente administrativas, definidas no art. 103-B, § 4º, da CF, além de outras atribuições que lhe forem conferidas pelo Estatuto da Magistratura, circunscritas todas elas ao controle da atuação administrativa e financeira do Poder Judiciário e ao cumprimento dos deveres funcionais dos juízes.

Por outro lado, é oportuno anotar que, embora o Tribunal Superior do Trabalho/TST já estivesse compreendido no art. 92, IV, da CF ("os tribunais e juízes do trabalho"), a Emenda Constitucional 92/2016 incluiu um inciso II-A no referido artigo, apontando especificamente o TST como órgão do Poder Judiciário, buscando, aparentemente, dar a ele o mesmo destaque já ostentado pelo STF e pelo STJ, referidos de modo específico e individualizado nos incisos I e II do mesmo artigo.

A síntese da organização e da estrutura do Poder Judiciário está definida no art. 92 da CF, cuja compreensão deve ser complementada pela leitura de outras disposições constitucionais a respeito do tema bem como por normas referentes à organização da justiça contidas nas Constituições dos Estados e nas leis de organização judiciária.

É importante observar que, embora o STJ e o STF estejam situados num plano superior em relação aos demais órgãos da justiça, incluídos aí os respectivos tribunais, não figuram eles como tribunais de terceiro ou quarto grau de jurisdição respectivamente.

A impressão de que seriam terceiro ou quarto grau de jurisdição pode ser provocada no espírito leigo pela observação de uma sequência procedimental com sucessivos recursos que terminem no STF: a demanda é proposta; após a sentença vem o recurso de apelação; do julgamento deste é interposto o recurso especial; do resultado do julgamento do recurso especial pelo STJ a parte interpõe o recurso extraordinário endereçado ao STF.

Nesse simples exemplo hipotético, que reflete uma situação frequente, observa-se a ocorrência de quatro julgamentos distintos por diferentes instâncias (juiz, tribunal local, STJ e STF).

Isso não significa, entretanto, que o STJ e o STF tenham atuado, nesse exemplo, como instâncias recursais comuns, ao contrário do que se verifica com o tribunal local, que julga o recurso de apelação.

O recurso de apelação é a manifestação mais contundente do princípio do duplo grau de jurisdição, pois confere ao sucumbente a oportunidade de obter uma ampla revisão do exame que já foi realizado, em primeiro grau, de toda a matéria de fato e de direito relevante para o julgamento da lide.

De forma absolutamente distinta, o recurso especial, de competência do STJ (art. 105, III, da CF), e o recurso extraordinário, de competência do STF (art. 102, III, da CF), não servem para reexame amplo das questões de fato e de direito. Servem apenas como mote para que o STJ exerça a análise das *questões federais de direito infraconstitucional* e para que o STF exerça a análise das *questões federais de direito constitucional* que foram examinadas, no caso concreto, nas instâncias inferiores.[1]

Através desses recursos é que o STJ e o STF exercem a função nomofilácica, o primeiro como guardião do direito federal infraconstitucional (legislação federal) e o segundo como guardião do direito constitucional (Constituição).

Os dois tribunais superiores não são meros tribunais *federais* (da União), mas sim *nacionais*. Num regime federativo como o brasileiro, cuja ordem jurídica é estruturada de forma hierarquizada, com a repartição de competências legislativas fixadas na própria Constituição Federal, cabe ao STJ velar pela correta interpretação e aplicação das leis federais, uniformizando o entendimento a seu respeito e, com isso, preservando-as. No mesmo sentido, cabe ao STF velar pela correta interpretação e aplicação das normas da Constituição Federal, uniformizando o entendimento a seu respeito e, com isso, preservando-as. Esse é o exato sentido da função *nomofilácica* desempenhada pelas duas Cortes, que, precisamente por tal razão, são compreendidas como Cortes superiores ou de superposição.[2]

4.3.1 Supremo Tribunal Federal

O STF, nos termos do art. 101 da CF, "compõe-se de onze) ministros, escolhidos dentre cidadãos com mais de trinta e cinco) anos e menos de setenta anos de idade, de notável saber jurídico e reputação ilibada", sendo, em conformidade como o parágrafo único do referido artigo, "nomeados pelo Presidente da República, depois de aprovada a escolha pela maioria absoluta do Senado Federal".

A tradição adotada no regime constitucional brasileiro, desde a primeira Constituição Republicana de 1891, seguiu a mesma sistemática de provimento dos cargos na Corte Suprema americana. Conferiu ao Presidente da República a possibilidade

---

1. V., a respeito, Rodolfo de Camargo Mancuso, *Recurso Extraordinário e Recurso Especial*, 13ª ed., São Paulo, Ed. RT, 2015, pp. 133-135, e Teresa Arruda Alvim Wambier e Bruno Dantas, *Recurso Especial, Recurso Extraordinário e a Nova Função dos Tribunais Superiores no Direito Brasileiro*, 4ª ed., São Paulo, Ed. RT, 2017, pp. 308-328.

2. Conforme José Carlos Barbosa Moreira (*Comentários ao Código de Processo Civil, Lei 5.869, de 11 de Janeiro de 1973*, vol. V – arts. 476 a 565 –, 16ª ed., Rio de Janeiro, Forense, 2012, pp. 580-583), cabe aos tribunais superiores velar pela inteireza positiva, correta interpretação e aplicação do direito constitucional e do direito infraconstitucional federal.

de escolha dos novos juízes que irão compor o tribunal, submetendo esta escolha ao controle do Senado, em manifestação absolutamente evidente do sistema de freios e contrapesos (*checks and balances*). Este atua como elemento de modulação da tripartição de Poderes ou de funções no Estado Constitucional.

Dentro do contexto acima assinalado, o STF exerce papéis distintos: guardião da Constituição, tribunal recursal e órgão de competência originária.

O papel de guardião da Constituição é exercido através do controle de constitucionalidade, que pode ser realizado de forma *concentrada* e de forma *abstrata*, por meio das ações de controle concentrado, que rendem ensejo ao denominado "processo objetivo" (ação direta de inconstitucionalidade, ação declaratória de constitucionalidade, ação declaratória de constitucionalidade por omissão e arguição de descumprimento de preceito fundamental: art. 102, I, e § 1º, da CF), ou através do controle *difuso* e *concreto*, por meio do julgamento do recurso extraordinário (art. 102, III, da CF).

A função de tribunal recursal (ou seja, de Corte com competência para julgamento de recurso de ampla devolução), por meio do recurso ordinário, leva ao STF o conhecimento de todas as questões de fato e de direito relativas ao caso. Nos termos do art. 102, II, da CF, o STF tem competência para julgar em recurso ordinário "o *habeas corpus*, o mandado de segurança, o *habeas data* e o mandado de injunção decididos em única instância pelos tribunais superiores, se denegatória a decisão", e "o crime político".

Em outras palavras, trata-se da competência do STF para julgar como instância recursal comum casos que são, por imposição da própria Constituição, da competência originária de tribunais superiores.

A feição de Corte dotada de competência originária, por outro lado, está assentada nas hipóteses em que o STF recebeu competência para processar e julgar originariamente determinadas demandas.

Esses três diferentes grupos ou espécies de competências (originária, recursal comum e constitucional) é que indicam a existência, na prática, de três tribunais num mesmo tribunal.

4.3.2 Superior Tribunal de Justiça

A Constituição Federal prevê que o STJ é composto por, no mínimo, 33 ministros (art. 104, *caput*), o que significa que, por intermédio de lei, pode sua composição ser ampliada.

Seguindo sistemática análoga àquela adotada quanto ao STF para a escolha dos seus integrantes e provimento dos respectivos cargos, estabelece a Constituição, exaltando mais uma vez a adoção do sistema de freios e contrapesos (*checks and balances*) como temperamento à tripartição de Poderes, que os componentes do STJ "serão nomeados pelo Presidente da República, dentre brasileiros com mais de trinta e cinco e menos de setenta anos, de notável saber jurídico e reputação ilibada, depois de aprovada a escolha pela maioria absoluta do Senado Federal" (parágrafo único do art. 104 da CF).

No caso do STJ, entretanto, o texto constitucional vai além.

A Constituição Federal impõe a observância de fracionamento relativamente à origem dos futuros integrantes do STJ, procurando mesclar sua composição, a fim de que o tribunal seja composto não apenas por profissionais do direito que sejam detentores de qualidades pessoais antes indicadas ("notável saber jurídico e reputação ilibada"), mas com diferentes experiências nas respectivas vidas profissionais, nos diversos segmentos de exercício da atividade jurídica.

Além disso, assegura a participação das próprias corporações, que cederão integrantes para o STJ, bem como da própria Corte no processo de escolha, delimitando as opções do Presidente da República, a quem caberá ao final a nomeação, após a aprovação da indicação pelo Senado Federal.

Daí a exigência (art. 104, parágrafo único, I e II, da CF) da proporcionalidade quanto à origem, assentando o texto constitucional que os ministros do STJ sejam escolhidos (a) um terço dentre juízes dos TRFs e um terço dentre desembargadores dos tribunais de justiça, indicados em lista tríplice elaborada pelo próprio tribunal, e (b) um terço, em partes iguais, dentre advogados e membros do Ministério Público federal, estadual, do Distrito Federal e Territórios, alternadamente, indicados na forma do art. 94 da CF.

Assim, ao surgirem vagas de cada uma das classes antes referidas (juízes dos TRFs, desembargadores dos tribunais de justiça, advogados e membros do Ministério Público), as respectivas corporações abrem prazo para inscrição dos interessados, ultimando processo de formação de listas dos indicados. Essas listas são submetidas ao STJ, que, em processo de votação regulado regimentalmente, reduz o número de indicados a três, submetendo-os ao Presidente da República. Este, por sua vez, escolhe um nome, que será submetido a sabatina no Senado Federal e, uma vez aprovado, poderá ser nomeado para o cargo pelo chefe do Poder Executivo.

Observe-se que tal procedimento de escolha e nomeação assegura a possibilidade de participação de integrantes das respectivas classes em todo o território nacional.

Exemplificando: surgindo no STJ uma vaga a ser preenchida por desembargador de um dos tribunais de justiça dos Estados, todos os tribunais darão início ao procedimento para formação das respectivas listas. Estas serão consolidadas no STJ, que escolherá, dentre os indicados, três nomes a serem submetidos ao Presidente da República.

O mesmo procedimento se verifica tratando-se de vaga a ser ocupada por juiz de um dos tribunais federais, membros do Ministério Público e da advocacia.

No que diz respeito às competências, o STJ também exerce papéis distintos, atuando como guardião da lei federal, tribunal recursal e órgão de competência originária.

O papel de guardião da lei federal é exercido pelo STJ por intermédio do julgamento do recurso especial, por meio do qual são examinadas as *questões federais infraconstitucionais*. O recurso especial, nos termos do art. 105, III, da CF, será cabível relativamente às causas decididas, em única ou última instância, pelos TRFs ou pelos tribunais dos Estados, do Distrito Federal e Territórios quando a decisão recorrida (a) contrariar tratado ou lei federal, ou negar-lhes vigência, (b) julgar válido ato de governo local contestado em face de lei federal, (c) der a lei federal interpretação divergente da que lhe haja atribuído outro tribunal.

A competência recursal simples do STJ é realizada por intermédio do julgamento do recurso ordinário, que cumpre, em determinadas hipóteses, o mesmo papel cabível ao agravo de instrumento ou à apelação nos processos em geral, que tramitam nas instâncias ordinárias da justiça.

Nos termos do art. 105, II, da CF, cabe ao STJ julgar em recurso ordinário: (a) *habeas corpus* decididos em única ou última instância pelos TRFs ou pelos tribunais dos Estados, do Distrito Federal e Territórios, quando a decisão for denegatória; (b) os mandados de segurança decididos em única instância pelos TRFs ou pelos tribunais dos Estados, do Distrito Federal e Territórios, quando delegatória a decisão; (c) as causas em que forem partes Estado estrangeiro ou organismo internacional, de um lado, e, do outro, Município ou pessoa residente ou domiciliada no País.

Observe-se que no último caso acima mencionado (as causas em que forem partes Estado estrangeiro ou organismo internacional, de um lado, e, do outro, Município ou pessoa residente ou domiciliada no País) a competência para o processo e julgamento é dos juízes federais em primeiro grau de jurisdição (art. 109, II, da CF). Portanto, das decisões interlocutórias e das sentenças proferidas em primeira instância caberá recurso ordinário para o STJ.

O papel de órgão revestido de competência originária é exercido pelo STJ diante da previsão de que lhe cabe processar e julgar, originariamente: (a) nos crimes comuns, os governadores dos Estados e do Distrito Federal e, nestes e nos de responsabilidade, os desembargadores dos tribunais de justiça dos Estados e do Distrito Federal, os membros dos tribunais de contas dos Estados e do Distrito Federal, os dos Tribunais Regionais Federais, dos Tribunais Regionais Eleitorais e do Trabalho, os membros dos conselhos ou tribunais de contas dos Municípios e os do Ministério Público da União que oficiem perante tribunais (art. 105, I, "a", da CF); (b) os mandados de segurança e os *habeas data* contra ato de ministro de Estado, dos comandantes da Marinha, do Exército e da Aeronáutica ou do próprio Tribunal (art. 105, I, "b", da CF); (c) os *habeas corpus*, quando o coator ou paciente for qualquer das pessoas mencionadas na letra "a" acima, ou quando o coator for tribunal sujeito à sua jurisdição, ministro de Estado ou comandante da Marinha, do Exército ou da Aeronáutica, ressalvada a competência da Justiça Eleitoral (art. 105, I, "c", da CF); (d) os conflitos de competência entre quaisquer tribunais, ressalvado o disposto no art. 102, I, "o", da CF (competência do STF para julgar conflitos de competência entre o próprio STJ e quaisquer tribunais, entre tribunais superiores, ou entre tribunais superiores e qualquer outro tribunal), bem como entre tribunal e juízes vinculados a tribunais diversos (art. 105, I, "d", da CF); (e) as revisões criminais e as ações rescisórias de seus julgados (art. 105, I, "e", da CF); (f) a reclamação para a preservação de sua competência e garantia da autoridade de suas decisões (art. 105, I, "f", da CF); (g) os conflitos de atribuições entre autoridades administrativas e judiciárias da União, ou entre autoridades judiciárias de um Estado e administrativas de outro ou do Distrito Federal, ou entre as deste e da União (art. 105, I, "g", da CF); (h) o mandado de injunção, quando a elaboração da norma regulamentadora for atribuição de órgão, entidade ou autoridade federal, da Administração direta ou indireta, excetuados os casos de competência do STF e dos órgãos da Justiça Militar, da Justiça Eleitoral, da Justiça do Trabalho e da justiça federal (art. 105, I, "h", da CF); (i) a homologação de sentenças estrangeiras e a concessão de *exequatur* às cartas rogatórias (art. 105, I, "i", da CF).

É importante acrescentar que no âmbito do STJ funcionam, ainda, na esfera administrativa, a Escola Nacional de Formação e Aperfeiçoamento de Magistrados bem como o Conselho da justiça federal (art. 105, parágrafo único, I e II, da CF).

À Escola Nacional de Formação e Aperfeiçoamento de Magistrados cabe, dentre outras funções, regulamentar os cursos oficiais para o ingresso e a promoção na carreira.

Nesse passo, cumpre destacar aspecto relevante do denominado Estatuto da Magistratura, ou seja, do regime jurídico da carreira de juiz, cujos pontos essenciais estão assentados no art. 93 da CF. Trata-se de que, considerando que as promoções dos juízes podem ocorrer por antiguidade e merecimento, no último caso (promoções por merecimento) a aferição ocorrerá "conforme o desempenho e pelos critérios objetivos de produtividade e presteza no exercício da jurisdição e pela frequência e aproveitamento em cursos oficiais ou reconhecidos de aperfeiçoamento" (art. 93, II, "c", da CF).

Ou seja, a atividade da Escola Nacional de Formação e Aperfeiçoamento de Magistrados é importante não apenas para o aprimoramento dos juízes, contribuindo, ainda, para a aferição do merecimento para fins de movimentação na carreira.

Em relação ao Conselho da Justiça Federal/CJF, cabe a ele exercer, na forma prevista em lei, "a supervisão administrativa e orçamentária da justiça federal de primeiro e segundo graus, como órgão central do sistema e com poderes correicionais, cujas decisões terão caráter vinculante", na esfera administrativa, relativamente aos demais órgãos da justiça federal (art. 105, § 1º, II, da CF).

O CJF é órgão administrativo de supervisão administrativa e orçamentária da justiça federal, ou seja, dos juízos federais e dos TRFs. Não deve ser confundido com o Conselho Nacional de Justiça/CNJ, que é órgão de controle externo cujas atribuições, relativas à justiça como um todo, estão assentadas no art. 103-B da CF, tendo sido criado pela Emenda Constitucional 45/2004.

4.3.3 Organização das justiças especiais: Justiça Eleitoral, Justiça Militar e Justiça do Trabalho

Sem prejuízo da regulamentação de particularidades e especificidades na legislação infraconstitucional, a Constituição Federal traça as linhas fundamentais da organização das justiças especiais.

4.3.3.1 *Organização da Justiça do Trabalho*

A estrutura da Justiça do Trabalho compreende o Tribunal Superior do Trabalho/TST, os Tribunais Regionais do Trabalho/TRTs e os juízes do trabalho (art. 111 da CF).

Nos termos do art. 111-A da CF (redação da Emenda Constitucional 122/2022), é composto por 27 ministros. São escolhidos entre brasileiros com mais de 35 e menos de 70 anos, de notável saber jurídico e reputação ilibada, nomeados pelo Presidente da República após aprovação pela maioria absoluta do Senado Federal, respeitada a proporcionalidade a seguir indicada: (a) um quinto entre advogados com mais de 10 anos de efetiva atividade profissional e membros do Ministério Público do Trabalho com mais de 10 anos de efetivo exercício, observando-se o procedimento de nomeação previsto no art. 94 da CF (formação de listas sêxtuplas pelas respectivas corporações profissionais, encaminhamento das listas ao TST, formação de lista tríplice por deliberação do TST e encaminhamento dos três nomes assim escolhidos ao Presidente da República, para escolha daquele que será submetido à sabatina no Senado Federal e, se aprovado, nomeado pelo Presidente); (b) os demais dentre juízes dos TRTs, oriundos da magistratura de carreira, indicados pelo próprio Tribunal Superior.

As competências do TST serão especificadas em lei (art. 111-A, § 1º, da CF), sem prejuízo da competência, já especificada na própria Constituição Federal, para "processar e julgar, originariamente, a reclamação para a preservação de sua competência e garantia da autoridade de suas decisões" (art. 111-A, § 3º, da CF, redação da Emenda Constitucional 92/2016).

Há ainda a previsão da existência e funcionamento da Escola Nacional de Formação e Aperfeiçoamento de Magistrados do Trabalho, à qual cabe, dentre outras funções, regulamentar cursos oficiais para o ingresso e promoção na carreira (art. 111-A, § 2º, I da CF, redação da Emenda Constitucional 92/2016), bem como da existência do Conselho Superior da Justiça do Trabalho/CSJT, ao qual cabe exercer, na forma da lei, a supervisão administrativa, orçamentária, financeira e patrimonial da Justiça do Trabalho de primeiro e segundo graus, como órgão central do sistema, cujas decisões, de cunho administrativo, terão efeito vinculante para os demais órgãos administrativos da Justiça do Trabalho (art. 111-A, § 2º, II, da CF, redação da Emenda Constitucional 92/2016).

A criação de varas da Justiça do Trabalho deve ser feita por lei (art. 112 da CF), que disporá, ainda, a respeito da constituição, investidura, competência, garantias e condições de exercício dos respectivos órgãos (art. 113 da CF).

Relativamente à sua competência, prevê a Constituição caberem à Justiça Trabalhista o processo e julgamento de todos os litígios que tenham em seu cerne as relações de trabalho. Esse é o elemento central que alimenta as diretrizes contidas nos diversos incisos do art. 114 da CF, que prevê a competência daquela Justiça para: (a) ações oriundas da relação de trabalho, abrangidos os entes de direito público externo e da Administração direta e indireta da União, dos Estados, do Distrito Federal e dos Municípios (art. 114, I, da CF). Relativamente a esta hipótese, assentou o STF o entendimento de que a Justiça do Trabalho só será competente para exame de litígios trabalhistas envolvendo ente de direito público se o regime jurídico adotado for o celetista. Caso o regime do servidor seja estatutário, a competência será da justiça comum;[3] (b) ações que envolvam o exercício do direito de greve (art. 114, II, da CF). Igualmente ao que foi afirmado anteriormente, desde que se trate de relação jurídica celetista, não estatutária, se a greve envolver segmentos do serviço público; (c) as ações sobre a representação sindical, entre sindicatos, entre sindicatos e trabalhadores e entre sindicados e empregadores (art. 114, III, da CF); (d) os mandados de segurança, *habeas corpus* e *habeas data*, quando o ato questionado envolver matéria sujeita à sua jurisdição (art. 114, IV, da CF); (e) os conflitos de competência entre órgãos com jurisdição trabalhista, ressalvado o que dispõe o art. 102, I, "o", da CF, ou seja, ressalvada a competência do STF para o julgamento de conflitos de competência envolvendo o STJ ou tribunais superiores (art. 114, V, da CF); (f) as ações de indenização por dano moral ou patrimonial decorrentes da relação de trabalho (art. 114, VI, da CF); (g) as ações relativas às penalidades administrativas impostas aos empregadores pelos órgãos de fiscalização das relações de trabalho (art. 114, VII, da CF); (h) a execução, de ofício, das contribuições sociais previstas no art. 195, I, "a", e II, e seus acréscimos legais, decorrentes das sentenças que proferir (art. 114, VIII, da CF); (i) outras controvérsias decorrentes da relação de trabalho (art. 114, IX, da CF).

Merece destaque, ainda, o reconhecimento constitucional da denominada "competência normativa" da Justiça do Trabalho, decorrente do disposto no art. 114, § 2º, da CF, pelo qual nos dissídios coletivos (conflitos levados à Justiça Trabalhista nos quais figure como parte entidade sindical, de um lado, e entidade representativa dos empregadores, de outro) "de natureza econômica" poderá a Justiça do Trabalho "decidir o conflito, respeitadas as disposições mínimas legais de proteção ao trabalho, bem como as convencionadas anteriormente".

Em outros termos, na hipótese acima considerada poderá a Justiça Trabalhista fixar normas relativas ao desenvolvimento das relações laborais entre as categorias de empregados e de empregadores em conflito, limitando-se tal poder, evidentemente, aos contornos impostos pela legislação que regula as relações de trabalho.

Por último, e não menos importante, necessário observar que a Constituição traçou linhas fundamentais com relação à formação e à composição dos TRTs.

Em conformidade com o art. 115 da CF, são compostos de "no mínimo, sete juízes, recrutados, quando possível, na respectiva região, e nomeados pelo Presidente da República dentre brasileiros com mais de trinta e menos de setenta anos", respeitando-se divisão proporcional, na sua indicação, entre integrantes das carreiras da magistratura trabalhista, advocacia e Ministério Público do Trabalho (redação da Emenda Constitucional 122/2022).

Daí assentarem os incisos I e II do art. 115 da CF que os juízes dos TRTs serão: (a) um quinto dentre advogados com mais de 10 anos de efetiva atividade profissional e membros do Ministério Público do Trabalho com mais de 10 anos de efetivo exercício, observado o disposto no art. 94 da CF, ou seja, formação de listas sêxtuplas pelas

---

3. STF, Plenário, ADI/MC 3.395, rel. Min. Cézar Peluso, j. 5.4.2006, *DJU* 10.11.2006.

respectivas corporações (Ordem dos Advogados e Ministério Público do Trabalho, respectivamente), que serão submetidas ao TRT, para fins de formação de lista tríplice e ulterior escolha pelo Presidente da República de um entre os três indicados; (b) os demais, mediante promoção de juízes do trabalho por antiguidade e merecimento, alternadamente.

4.3.3.2 *Organização da Justiça Eleitoral*

O art. 118 da CF indica como órgãos da Justiça Eleitoral o Tribunal Superior do Trabalho/TST, os Tribunais Regionais Eleitorais/TREs, os juízes eleitorais e as Juntas Eleitorais.

Quanto ao TSE, sua composição, nos termos do art. 119 da CF, será de no mínimo sete membros, tratados como ministros, escolhidos em divisão proporcional entre magistrados e advogados, conforme segue: (a) mediante eleição, por voto secreto dos integrantes dos respectivos tribunais superiores – três juízes dentre os ministros do STF; dois juízes entre os ministros do STJ (art. 119, I, "a" e "b", da CF); (b) por nomeação do Presidente da República, dois juízes dentre seis advogados de notável saber jurídico e idoneidade moral, indicados pelo STF (art. 119, II, da CF).

Uma vez escolhidos os integrantes do TSE, e assim formada a composição da Corte, seu Presidente e o Vice-Presidente serão eleitos pelo próprio Tribunal dentre os ministros do STF, e o Corregedor Eleitoral dentre os ministros do STJ (art. 119, parágrafo único, da CF).

Na organização da Justiça Eleitoral é prevista a existência de um TRE na Capital de cada Estado e no Distrito Federal (art. 120, *caput*, da CF), cuja composição dar-se-á seguindo a mesma lógica da composição mista do TSE, ou seja, em conformidade com o art. 120, § 1º, da CF: (a) mediante eleição, pelo voto secreto, de dois juízes dentre os desembargadores do tribunal de justiça; de dois juízes, dentre juízes de direito, escolhidos pelo tribunal de justiça (art. 120, § 1º, I, "a" e "b", da CF); (b) de um juiz do TRF com sede na Capital do Estado ou no Distrito Federal, ou, não havendo, de juiz federal, escolhido, em qualquer caso, pelo TRF respectivo (art. 120, II, da CF); (c) por nomeação, pelo Presidente da República, de dois juízes dentre seus advogados de notável saber jurídico e idoneidade moral, indicados pelo tribunal de justiça (art. 120, III da CF).

Uma vez formada a composição do TRE, o próprio Tribunal elegerá seu Presidente e o Vice-Presidente dentre os desembargadores (art. 120, § 2º, da CF).

Observe-se que não há previsão de participação de assentos, na composição do TSE e do TRE, para integrantes da carreira do Ministério Público.

Por outro lado, necessário notar que não há previsão na Constituição em sentido diverso, o que, somado ao caráter transitório do exercício da função, figura como razão pela qual o desempenho das funções na Justiça Eleitoral em todas as instâncias, inclusive no TSE e no TER, ocorra sem prejuízo das atribuições originárias dos magistrados eleitorais. Assim, o exercício de tais funções se dá de forma cumulativa com o exercício das funções de ministro do STF, de ministro do STJ, bem como com a atividade de advogado, para os juízes eleitorais oriundos da advocacia.[4]

Com relação ao caráter temporário do exercício da judicatura eleitoral, observa o § 2º do art. 121 da CF que "os juízes dos tribunais eleitorais, salvo motivo justificado, servirão por dois anos, no mínimo, e nunca por mais de dois biênios consecutivos, sendo os substitutos escolhidos na mesma ocasião e pelo mesmo processo, em número igual para cada categoria".

Anote-se, ainda, que ulteriores aspectos relativos à organização e à competência dos tribunais, juízes de direito e Juntas Eleitorais são matéria de lei complementar, em conformidade com o art. 121, *caput*, da CF. Nesse sentido, e com *status* de lei complementar, foi recepcionado o Código Eleitoral, Lei 4.737/1965, que, dentre outros assuntos, cuida dos temas relativos à organização e à competência da Justiça Eleitoral.

4.3.3.3 *Organização da Justiça Militar*

A Constituição Federal indica como órgãos da Justiça Militar o Superior Tribunal Militar/STM e os tribunais e juízes militares instituídos por lei.

A composição do STM é mista, definindo o art. 123, *caput*, da CF que será integrado por "quinze ministros vitalícios, nomeados pelo Presidente da República, depois de aprovada a indicação pelo Senado Federal, sendo três dentre oficiais-generais da Marinha, quatro dentre oficiais-generais do Exército, três dentre oficiais-generais da Aeronáutica, todos da ativa e do posto mais elevado da carreira, e cinco dentre civis".

Relativamente aos cinco ministros civis e à proporcionalidade da distribuição destes cargos entre profissionais da advocacia e do Ministério Público, bem como entre juízes auditores (juízes concursados para a carreira da magistratura castrense) prevê o art. 123, parágrafo único, I e II, da CF que "serão escolhidos pelo Presidente da República dentre brasileiros maiores de trinta e cinco e menos de setenta anos" (redação da Emenda 122/2022), sendo: (a) "três dentre advogados de notório saber jurídico e conduta ilibada, com mais de dez anos de efetiva atividade profissional"; (b) e "dois, por escolha paritária, dentre juízes auditores e membros do Ministério Público Militar".

A Constituição cuida, igualmente, de uma particularidade relativa à Justiça Militar que não se reproduz nos demais ramos de justiça especializada, qual seja, a segmentação existente entre a Justiça Militar federal e a Justiça Militar estadual.

De fato, merece nota o fato de que a Justiça do Trabalho e a Justiça Eleitoral são federais. Mesmo com relação à Justiça Eleitoral essa observação não resta afastada pelo fato de que as funções de juiz eleitoral são, nos termos da legislação aplicável, exercidas por juízes estaduais, bem como por terem os TREs entre os seus integrantes

---

4. No julgamento da ADI 1.127-DF (rel. Min. Marco Aurélio, rel. para o acórdão Min. Ricardo Lewandowski, j. 17.5.2006) ficou assentado que: "A incompatibilidade com o exercício da advocacia não alcança os juízes eleitorais e seus suplentes, em face da composição da Justiça Eleitoral estabelecida na Constituição".

membros da justiça estadual, como anotado anteriormente (art. 120 da CF). São juízes estaduais provisoriamente e cumulativamente investidos de função inerente à justiça federal especializada, o que não desqualifica a própria Justiça Eleitoral como organização integrante do Poder Público da União.

Já em relação à Justiça Militar a cisão é clara.

Quanto à Justiça Militar federal, dispõe o art. 124 da CF que lhe compete "processar e julgar os crimes militares definidos em lei", adotando, portanto, o critério material (*ratione materiae*) para fixação, em lei, de sua competência. A matéria é definida, em lei, no Código Penal Militar (Decreto-lei 1.001/1969) e no Código de Processo Penal Militar (Decreto-lei 1.002/1969).

Isso dá à Justiça Militar federal a competência para julgar não só militares, mas também civis, na hipótese de concurso de agentes entre militar e civil na prática de crime militar.

Por outro lado, a Justiça Militar federal tem competência exclusivamente em matéria de direito penal militar. Observe-se que esse limite é fixado na Constituição Federal, pois, tratando-se de justiça especializada, não poderia o legislador infraconstitucional, ao regulamentar sua competência, ampliá-la para matéria distinta (por exemplo, matéria cível).

Quanto à Justiça Militar estadual, a definição de sua competência criminal é feita de modo mais restrito, mas, além do critério material (*ratione materiae*), a Constituição Federal adotou também o critério subjetivo (*ratione personae*). Nesse sentido dispõe o § 4º do art. 125 da CF caber à Justiça Militar estadual "processar e julgar os militares dos Estados, nos crimes militares definidos em lei".

A Justiça Militar estadual detém, entretanto, competência cível, que lhe foi concedida pela modificação operada na Constituição pela Emenda Constitucional 45/2004.

Assim, tem a Justiça Militar estadual, nos termos do § 4º do art. 125 da CF, competência para processar e julgar "as ações judiciais contra atos disciplinares militares". Ou seja, mandados de segurança e ações judiciais movidas por militares estaduais contra atos punitivos disciplinares, seja com a finalidade de anulação do processo administrativo disciplinar, seja com o objetivo de promover a revisão do ato punitivo, são, desde o ano de 2004, de competência da Justiça Militar estadual.

A mesma disposição constitucional subtrai da Justiça Militar a competência para o processo e julgamento dos crimes dolosos contra a vida praticados por militares estaduais quando a vítima for civil, que são da competência do Tribunal do Júri (art. 125, § 4º, c/c art. 5º, XXXVIII, "d", da CF).

Importante anotar, ainda, que a Constituição permite – não impõe – a criação, pelo legislador estadual, da Justiça Militar estadual (art. 125, § 3º, da CF), o que significa que sua existência não é obrigatória, e onde ela inexistir os feitos da sua competência tramitarão pela justiça comum dos Estados. Se criada, será constituída, em primeiro grau, pelos juízes de direito e pelos Conselhos de Justiça Militar, e em segundo grau pelo próprio tribunal de justiça do Estado ou por tribunal de justiça militar nos Estados em que o efetivo militar (polícia militar e corpo de bombeiros militar) for superior a 20 mil integrantes (art. 125, § 3º, da CF).

No âmbito da Justiça Militar estadual de primeiro grau o funcionamento dos órgãos julgadores poderá ser singular ou colegiado. Nesse sentido, em conformidade com o § 5º do art. 125 da CF, "compete aos juízes de direito do juízo militar processar e julgar, singularmente, os crimes militares cometidos contra civis e as ações judiciais contra atos disciplinares militares". Caberá, entretanto, ao colegiado, ou seja, ao "conselho de justiça, sob a presidência de juiz de direito, processar e julgar os demais crimes militares". Anote-se que os conselhos de justiça são compostos por oficiais das corporações militares, que atuam sob a presidência do juiz togado.

Por último, e não menos importante, a estabilidade dos integrantes das forças militares estaduais no respectivo cargo é expressamente reconhecida pela Constituição, que atribui ao tribunal de justiça militar a competência administrativa de "decidir sobre a perda do posto e da patente dos oficiais e da gradação das praças" (art. 125, § 4º, da CF).

Frise-se que, embora a Constituição tenha cometido ao tribunal militar decidir a respeito, não se trata de matéria propriamente jurisdicional, em virtude de não se cuidar, nesse caso, de processo civil ou criminal, mas sim de processo administrativo, comparável ao processo que se instaura contra o servidor público civil nas hipóteses em que se justifica a perda do cargo público.

4.3.4 Organização da justiça comum estadual

A Constituição Federal assenta, relativamente à organização da justiça comum dos Estados, apenas linhas fundamentais, cometendo o exame do tema ao constituinte estadual e ao legislador comum da entidade federativa, com determinação de observância dos princípios contidos na Lei Maior (art. 125, *caput*, da CF).

A regulamentação da matéria concernente à organização judiciária depende de lei, sendo certo que a iniciativa para a deflagração do processo legislativo nesta matéria é exclusiva do tribunal de justiça (art. 125, § 1º, c/c art. 96, II, "d", da CF).

Embora a Constituição nada diga a respeito, a legislação processual estabelece como unidade territorial o foro, ao prever a regra geral pela qual, tratando-se de competência territorial, cabem ao juízo do domicílio do réu o processo e o julgamento das ações fundadas em direito pessoal e as fundadas em direito real sobre bens móveis (art. 46, *caput*, do CPC/2015).

A unidade territorial na organização da justiça dos Estados é a comarca, consistente no espaço que compreende um ou mais Municípios, que compõem o foro sobre o qual determinado órgão judicial exercerá sua competência.

A repartição de competência entre os órgãos judiciais da justiça dos Estados se dá por meio de dois elementos distintos: primeiro, as regras gerais de competência fixadas no Código de Processo Civil/2015, que serão objeto de oportuno estudo. Segundo, como consequência da própria organização judiciária, prevista na legislação local, que pode prever, como frequentemente ocorre, órgãos judiciais revestidos de competência especializada pela matéria, denominada competência de juízo. São as denominadas varas especializadas: de registros públicos, de família, da Fazenda Pública, de recuperação judicial, da infância e da juventude, de feitos acidentários, do meio ambiente, do consumidor etc.

É necessário ainda ressaltar que a competência do tribunal de justiça local deve ser definida na Constituição do Estado (art. 125, § 1º, da CF) que pode, em função disso, estabelecer casos de competência originária da Corte local, ou seja, hipóteses em que a tramitação e o julgamento de determinada matéria caibam, originariamente, ao próprio tribunal local.

É o que se verifica no Estado de São Paulo, por exemplo, cuja Constituição confere ao Tribunal de Justiça competência para processar e julgar originariamente, nos termos do art. 74, casos de competência originária criminal e cível, valendo à pena destacar que lhe cabe processar e julgar originariamente: (a) nas infrações penais comuns, o Vice-Governador, os Secretários de Estado, os Deputados Estaduais, o Procurador-Geral de Justiça, o Procurador-Geral do Estado e os Prefeitos Municipais (art. 74, I, da Constituição paulista); (b) nas infrações penais comuns e nos crimes de responsabilidade, os juízes do Tribunal de Justiça Militar, os juízes de direito e os juízes de direito do juízo militar, os membros do Ministério Público, exceto o Procurador-Geral de Justiça, e o Comandante-Geral da Polícia Militar (art. 74, II, da Constituição paulista); (c) os mandados de segurança e os habeas *data* contra atos do Governador, da Mesa e da Presidência da Assembleia, do próprio Tribunal ou de algum de seus membros, dos Presidentes dos Tribunais de Contas do Estado e do Município de São Paulo, do Procurador-Geral de Justiça, do Prefeito e do Presidente da Câmara Municipal da Capital (art. 74, III, da Constituição paulista); (d) os *habeas corpus* nos processos cujos recursos forem de sua competência ou quando o coator ou paciente for autoridade diretamente sujeita a sua jurisdição, ressalvada a competência do Tribunal de Justiça Militar, nos processos cujos recursos forem de sua competência (art. 74, IV, da Constituição paulista); (e) os mandados de injunção quando a inexistência de norma regulamentadora estadual ou municipal, de qualquer dos Poderes, inclusive da Administração indireta, torne inviável o exercício de direitos assegurados na própria Constituição do Estado (art. 74, V, da Constituição paulista); (f) a representação de inconstitucionalidade de lei ou ato normativo estadual ou municipal contestados em face dessa Constituição, o pedido de intervenção em Município e a ação de inconstitucionalidade por omissão, em face de preceito dessa Constituição (art. 74, VI, da Constituição paulista); (g) as ações rescisórias de seus julgados e as revisões criminais nos processos de sua competência (art. 74, VII, da Constituição paulista); (h) os conflitos de atribuição entre as autoridades administrativas e judiciárias do Estado (art. 74, IX, da Constituição paulista); (i) a reclamação para garantia da autoridade de suas decisões (art. 74, X, da Constituição paulista); (j) a representação de inconstitucionalidade de lei ou ato normativo municipal contestados em face da Constituição (art. 74, XI, da Constituição paulista).

4.3.5 Organização da justiça comum federal

A Constituição Federal indica como órgãos da justiça federal os Tribunais Regionais Federais/TRFs e os juízes federais (art. 106).

Em relação à estrutura e composição dos TRFs ficou assentado no art. 107 da CF que serão compostos de, no mínimo, 7 juízes "recrutados, quando possível, na respectiva região e nomeados pelo Presidente da República dentre brasileiros com mais de trinta e menos de setenta anos" (redação da Emenda Constitucional 122/2022), respeitando-se a seguinte proporção: (a) um quinto dentre advogados com mais de 10 anos de efetiva atividade profissional e membros do Ministério Público Federal com mais de 10 anos de carreira; (b) os demais, mediante promoção de juízes federais com mais de 5 anos de exercício, por antiguidade e merecimento, alternadamente.

Existiam até recentemente cinco TRFs, em conformidade com a seguinte distribuição territorial: TRF-1ª Região, com sede em Brasília, abrangendo as Seções Judiciárias do Acre, Amapá, Amazonas, Bahia, Distrito Federal, Goiás, Maranhão, Minas Gerais, Mato Grosso, Pará, Piauí, Rondônia, Roraima e Tocantins; TRF-2ª Região, com sede no Rio de Janeiro, abrangendo as Seções Judiciárias do Rio de Janeiro e Espírito Santo; TRF-3ª Região, com sede em São Paulo, abrangendo as Seções Judiciárias de São Paulo e Mato Grosso do Sul; TRF-4ª Região, com sede em Porto Alegre, abrangendo as Seções Judiciárias de Paraná, Santa Catarina e Rio Grande do Sul; TRF-5ª Região, com sede em Recife, abrangendo as Seções Judiciárias de Alagoas, Ceará, Paraíba, Pernambuco, Rio Grande do Norte e Sergipe.

A Lei 14.226/2021 criou o TRF-6ª Região, com sede em Belo Horizonte e competência em relação ao Estado de Minas Gerais, que fica excluído da 1ª Região.

Em relação à organização da justiça federal comum em primeira instância, prevê o art. 110 da CF que "cada Estado, bem como o Distrito Federal, constituirá uma seção judiciária que terá por sede a respectiva Capital, e varas localizadas segundo o estabelecido em lei".

Por outro lado, a competência da justiça federal comum foi estabelecida na Constituição com base em dois critérios distintos: (a) em matéria cível foi adotado o critério subjetivo (*ratione personae*), que leva em consideração os sujeitos processuais; (b) e em matéria criminal o critério objetivo ou material (*ratione materiae*), que toma como premissa as circunstâncias objetivas do direito material deduzido.

Nesse sentido, ficou estabelecida a competência da justiça federal para processar e julgar, em matéria cível: (a) as causas em que a União, entidade autárquica ou empresa pública federal forem interessadas na condição de autoras, rés, assistentes ou oponentes, exceto nos casos de falência e acidentes de trabalho (de competência da justiça dos Estados) e as sujeitas à Justiça Eleitoral e à Justiça do Trabalho (art. 109, I, da CF); (b) as causas entre Estado estrangeiro ou organismo internacional e Município ou pessoa domiciliada ou residente no País (art. 109, II, da CF); (c) as causas fundadas em tratado ou contrato da União com Estado estrangeiro ou organismo internacional (art. 109, III, da CF); (d) mandados de segurança e *habeas data* contra ato de autoridade federal, excetuados os de competência dos tribunais federais (art. 109, VIII, da CF); (e) a execução de carta rogatória, após o *exequatur*, e de sentença estrangeira, após a homologação, bem ainda as causas referentes à nacionalidade, inclusive a respectiva opção, e à naturalização (art. 109, X, da CF); (f) a disputa sobre direitos indígenas (art. 109, XI, da CF).

Em matéria criminal, por outro lado, cabe à justiça federal processar e julgar: (a) os crimes políticos e as infrações penais praticadas em detrimento de bens, serviços ou interesse da União ou de suas entidades autárquicas ou empresas públicas, excluídas as contravenções e ressalvada a competência da Justiça Militar e da Justiça Eleitoral (art. 109, IV, da CF); (b) crimes previstos em tratado ou convenção internacional quando, iniciada a execução no País, o resultado tenha ou devesse ter ocorrido no estrangeiro, ou reciprocamente (art.109, V, da CF); (c) os crimes contra a organização do trabalho e, nos casos determinados por lei, contra o sistema financeiro e a ordem econômico-financeira (art. 109, VI, da CF); (d) os *habeas corpus* em matéria criminal de sua competência ou quando o constrangimento provier de autoridade cujos atos não estejam diretamente sujeitos a outra justiça (art. 109, VII, da CF); (e) os crimes cometidos a bordo de navios ou aeronaves, ressalvada a competência da Justiça Militar (art. 109, IX, da CF); (f) os crimes de ingresso ou permanência irregular de estrangeiro (art. 109, X, da CF).

Na estrutura lógica hierarquizada da justiça brasileira, a partir das competências dos juízos federais de primeira instância são fixados os limites da atuação dos TRFs, que é originária e recursal.

Assim, em conformidade com o art. 108, I, da CF, os TRFs devem processar e julgar originariamente: (a) os juízes federais da área de sua jurisdição, incluídos os da Justiça Militar e da Justiça do Trabalho, nos crimes comuns e de responsabilidade, e os membros do Ministério Público da União, ressalvada a competência da Justiça Eleitoral; (b) as revisões criminais e as ações rescisórias de julgados seus ou dos juízes federais da região; (c) os mandados de segurança e os *habeas data* contra ato do próprio tribunal ou de juiz federal; (d) os *habeas corpus* quando a autoridade coatora for juiz federal; (e) os conflitos de competência entre juízes federais vinculados ao tribunal.

Nos termos do art. 108, II, da CF, os TRFs têm ainda competência para examinar, em grau de recurso, as causas decididas pelos juízes federais e pelos juízes estaduais no exercício da competência federal da área de sua jurisdição, ou seja, no espaço territorial no qual exercem sua função.

Há ainda dois dados importantes relativamente à organização e à competência nas causas da justiça federal.

O primeiro deles tem a ver com o critério adotado pelo legislador para a fixação de competência. O elemento que norteou o legislador, nesse passo, ao fixar critério específico para a competência territorial ou de foro na justiça federal, levou em consideração o fato de que a União tem estrutura e condições físicas e materiais para se fazer presente em todo o território nacional, através do órgão encarregado de sua representação judicial, ou seja, a Advocacia-Geral da União.

É por essa razão que Constituição estabeleceu a possibilidade de que, nas ações em que a União for parte (autora ou ré), o foro competente seja, de algum modo, aquele que se apresente mais acessível para a parte contrária.

Assim, nos termos do art. 109, § 1º, da CF, nos processos judiciais em que a União for *autora* a demanda será aforada "na seção judiciária onde tiver domicílio a outra parte". Por outro lado, em conformidade com o art. 109, § 2º, da CF, se a demanda for intentada contra a União, figurando esta, portanto, como ré, o processo deverá tramitar "na seção judiciária em que for domiciliado o autor, naquela onde houver ocorrido o ato ou fato que deu origem à demanda ou onde esteja situada a coisa, ou, ainda, no Distrito Federal". O autor, nas ações contra a União, pode ajuizar a demanda em foros concorrentemente competentes, na medida da sua conveniência.

A mesma diretriz normativa foi reproduzida no art. 51 do CPC/2015.

Por outro lado, reconhecendo que nem sempre a estrutura da justiça federal é suficiente para o atendimento de todas as necessidades relativas ao acesso à justiça, permitiu a Constituição que parte das causas que seriam de sua competência seja instruída e julgada pela justiça estadual, com recurso para o TRF territorialmente competente.

Nesse sentido enquadram-se as ações previdenciárias, visto que, nos termos do art. 109, § 3º, da CF, "lei poderá autorizar que as causas de competência da justiça federal em que forem parte instituição de previdência social e segurado possam ser processadas e julgadas na justiça estadual quando a comarca do domicílio do segurado não for sede de vara federal" – devendo, nessas hipóteses, o recurso contra as decisões de primeira instância, nos termos do § 4º do mesmo artigo, ser julgado pelo TRF da respectiva região.

Essa mesma solução pode ser adotada, por lei, em relação a outros casos.

Isso foi feito pelo legislador, por exemplo, no art. 381, § 4º, do CPC/2015 no caso da produção antecipada de provas, dando competência à justiça estadual em hipótese em que, em princípio, competente seria a justiça federal se na localidade não houver órgão jurisdicional de primeiro grau desta última. Foi previsto no dispositivo que "o juízo estadual tem competência para produção antecipada de prova requerida em face da União, de entidade autárquica ou de empresa pública federal se, na localidade, não houver vara federal".

No mesmo contexto em que cuida da organização da justiça federal, prevê a Constituição o denominado incidente de deslocamento de competência. O instituto foi acrescentado ao texto da Lei Maior pela Emenda Constitucional 45/2004, que acrescentou o § 5º ao art. 109 da CF, estabelecendo a possibilidade de que, a requerimento do Procurador-Geral da República, determine o STJ o deslocamento de inquérito ou processo, em qualquer fase que estejam, para a justiça federal diante da hipótese concreta de grave violação de direitos humanos, com a finalidade de "assegurar o cumprimento de obrigações decorrentes de tratados internacionais de direitos humanos dos quais o Brasil seja parte".

Em outros termos, por força de tal instituto, que ostenta assento constitucional, tornou-se possível que em casos concretos, e desde que preenchidos os pressupostos indicados na norma (requerimento do Procurador-Geral da República, grave violação de direitos humanos, existência de tratado internacional do qual o Brasil seja subscritor e risco de descumprimento de obrigações assumidas pelo País em relação a tais pactos internacionais), venha a ser reconhecida a competência da justiça federal para o processo e julgamento de casos em relação aos quais, em princípio, não seria ela competente.

A necessidade de interpretação restritiva a respeito do efetivo cabimento do deslocamento da justiça estadual para a justiça federal (fruto de norma constitucional derivada) é manifesta, sob pena de desvirtuamento da repartição constitucional de competências, com indevida concentração de atividades ou federalização de temas e casos já "judicializados" ou "judicializáveis", com interpretação do instituto que seria incompatível com o pacto federativo estabelecido pelo constituinte em 1988, no desenho originário do texto constitucional.[5]

4.3.6 Juizados Especiais

É fundamental, numa primeira apresentação a respeito do tema, que se tenha noção a respeito do posicionamento institucional e da importância do sistema dos Juizados Especiais.

Contam eles também com previsão constitucional, em conformidade com o art. 98, I, da CF pelo qual a União, no Distrito Federal e nos Territórios, e os Estados criarão "Juizados Especiais, providos por juízes togados, ou togados e leigos, competentes para a conciliação, o julgamento e a execução de causas cíveis de menor complexidade e infrações penais de menor potencial ofensivo, mediante os procedimentos oral e sumariíssimo, permitidos, nas hipóteses previstas em lei, a transação e o julgamento de recursos por turmas de juízes de primeiro grau".

A matéria foi regulada por um conjunto de diplomas que forma um verdadeiro sistema paralelo e simplificado de processo e de prestação de justiça, caracterizado, essencialmente, pela maior agilidade, simplicidade, informalidade, economia processual e celeridade (art. 2º da Lei 9.099/1995), cujo escopo é dar vazão aos casos de menor dimensão econômica que por outro meio não teriam adequada porta de ingresso no sistema de justiça.

Foram, assim, editadas três leis: a Lei 9.099/1995, que dispôs sobre os "Juizados Especiais Cíveis e Criminais" e deve, pela sua extensão e primazia em relação às demais, ser considerada a "lei geral" do sistema dos Juizados, cujas regras são parâmetros, inclusive, para o suprimento de lacunas existentes nas duas outras leis do sistema; a Lei 10.259/2001, que dispôs sobre a "instituição dos Juizados Especiais Cíveis e Criminais no âmbito da justiça federal"; e a Lei 12.153/2009, que dispôs sobre "os Juizados Especiais da Fazenda Pública no âmbito dos Estados, do Distrito Federal, dos Territórios e dos Municípios".

---

5. A respeito do tema, v.: Ubiratan Cazetta, *Direitos Humanos e Federalismo – O Incidente de Deslocamento de Competência*, São Paulo, Atlas, 2009, *passim*.

4.4 *Organização judiciária*

A denominada "organização judiciária" envolve matéria fundamental para a boa estruturação e o funcionamento da justiça.

Nem sempre, em casos concretos, se apresenta com clareza a linha distintiva entre aquilo que diz respeito à regulação dos processos, dos procedimentos e da organização da Justiça.[6]

Na observação desse ponto mostra-se, ainda, fundamental lembrar que há variações em termos de competência legislativa bem como do poder de iniciativa para deflagrar o processo legislativo em cada uma destas matérias.

É privativa a competência da União para legislar sobre direito processual (art. 22, I, da CF), sendo concorrente entre União, Estados e Distrito Federal a competência para legislar sobre procedimentos em matéria processual (art. 24, XI, da CF).

Lembrando de aspectos da clássica distinção conceitual entre "processo" (relação jurídica estabelecida entre os sujeitos processuais) e "procedimento" (parte visível daquela relação, que se manifesta concretamente através da prática dos atos processuais, que dão vida e movimento àquela relação, tornando-a interativa e dinâmica), observa-se mais uma vez que nem sempre se tem clareza, analisando situações concretas, na diferenciação entre o que deve ser compreendido como "processo" ou como "procedimento" para fins de definição da competência legislativa.

Procurando estabelecer elementos para a distinção, é viável dizer que se estará a tratar, para fins legislativos, de direito processual sempre que a intenção do legislador for regular a configuração e o funcionamento de institutos do processo, inclusive aspectos de sua manifestação concreta na rotina processual inerente ao desenvolvimento do procedimento.

Assim, por exemplo, não há dúvida de que a lei que cuida de matérias como o exercício do direito de ação, do direito de defesa, intervenção de terceiros, tutela provisória, sentença, recursos, coisa julgada, cumprimento de sentença e execução de títulos extrajudiciais é, necessariamente, uma lei processual, sendo competência do legislador federal sua edição.

De outro lado, não é qualquer aspecto do procedimento em matéria processual que pode ser compreendido como hipótese de competência concorrente entre União, Estados e Distrito Federal.

Aspectos do procedimento que integram o próprio instituto processual regulado são sempre matéria submetida à competência privativa do legislador federal. O Código de Processo Civil regula, por exemplo, o procedimento comum e os procedimentos especiais, o procedimento de cumprimento de sentença, o procedimento nos processos submetidos à competência originária dos tribunais, procedimentos relativos a incidentes

---

6. Para amplo exame do tema, v.: Paula Sarno Braga, *Norma de Processo e Norma de Procedimento: o Problema da Repartição de Competência Legislativa no Direito Constitucional Brasileiro*, Salvador, JusPodivm, 2015, *passim*.

processuais ou alegação de matérias defensivas, procedimentos relacionados à intervenção de terceiros etc. Nesse campo estão disciplinados os prazos para alegar, o modo de fazer as alegações, a tramitação com abertura de vista à parte contrária em respeito ao contraditório, e assim por diante.

Estes são exemplos de procedimentos indissociáveis da regulação do próprio processo, que são, tal qual o último, submetidos à competência privativa do legislador federal.

Há procedimentos, entretanto, que não estão ligados diretamente ou de forma indissociável à essência do processo ou ao seu desenvolvimento em juízo, ou mesmo aos institutos processuais, nos termos acima consignados.

São procedimentos em matéria processual que, por não serem propriamente integrantes do processo, embora envolvam atividades que colaboram para seu funcionamento, podem ser objeto de regulamentação por parte do legislador estadual. Nesse quadro enquadra-se a regulamentação, por exemplo, de: preenchimento e emissão de guias de depósitos judiciais, recolhimento dos depósitos e juntada de vias ao processo ou sua entrega em cartório; retirada de autos dos cartórios judiciais, com particularidades sobre assinatura de livros de carga e ulterior devolução; detalhes ou particularidades referentes à juntada de documentos aos autos e/ou manutenção em cartório; procedimentos relativos à expedição de mandados judiciais, sua retirada, cumprimento, devolução e juntada aos autos – entre outros.

Note-se que os exemplos acima envolvem procedimentos que guardam relação com o processo mas não estão intrinsecamente ou indissociavelmente relacionados ao processo em si mesmo ou aos institutos processuais nele regulados.

Feita essa necessária reflexão sobre a tênue e nem sempre clara linha divisória entre o processo e os procedimentos em matéria processual, chega-se à temática da organização judiciária, cuja disciplina também envolve competência concorrente do legislador federal ou estadual, a depender de qual justiça se esteja a tratar.

Quando se fala de organização judiciária se está literalmente a tratar da organização de cada segmento da justiça bem como do funcionamento dos respectivos órgãos, inclusive quanto à divisão de competências.

Assim, em conformidade com o art. 22, XVII, da CF, compete privativamente à União legislar sobre "organização judiciária, do Ministério Público do Distrito Federal e dos Territórios e da Defensoria Pública dos Territórios, bem como organização administrativa destes". Embora o dispositivo se refira a vários temas, não só à organização judiciária, fica claro que, quanto a esta, o contexto refere-se ao Distrito Federal e Territórios. Em complementação, o art. 48, IX, da CF reafirma a atribuição do Congresso Nacional para dispor a respeito destas matérias.

Por outro lado, a Constituição fixa aos próprios tribunais a iniciativa para deflagrar o processo legislativo relativo à organização judiciária que lhes diga respeito, reservando-lhes ainda competência para disciplinar, por intermédio de atos regulamentares (regimentos, normas de serviço etc.), aspectos do funcionamento desta organização.

Assim, há indicações de temas relacionados à organização judiciária em diversos dispositivos da Constituição Federal, servindo como balizas a serem ulteriormente observadas pelo legislador federal (quando se tratar da organização e funcionamento da justiça federal, do Distrito Federal e dos Territórios), pelo legislador estadual (quando se tratar da organização da justiça dos Estados) bem como pelos tribunais, na edição de atos regulamentares (regimentos, normas de serviço) correlatos.

Dessa forma, a Constituição prevê (em dispositivos que em alguma medida chegam a repetir aquilo que, em outros termos, acaba sendo já indicado em disposições anteriores) que compete privativamente aos tribunais, em matéria de organização judiciária: (a) elaborar seus regimentos internos, com observância das normas de processo e das garantias processuais das partes, dispondo sobre competência e funcionamento dos respectivos órgãos jurisdicionais e administrativos (art. 96, I, "a", da CF); (b) organizar suas secretarias e serviços auxiliares e os dos juízos que lhes forem vinculados, velando pelo exercício da atividade correicional respectiva (art. 96, I, "b", da CF); (c) propor a criação de novas varas judiciárias (art. 96, I, "d", da CF); (d) ao STF, aos tribunais superiores e aos tribunais de justiça propor ao poder Legislativo: (i) a alteração do número de membros dos próprios tribunais inferiores; (ii) a criação e a extinção de cargos e a remuneração dos seus serviços auxiliares e dos juízos que lhes forem vinculados, bem como a fixação do subsídios de seus membros e dos juízes, inclusive dos tribunais inferiores, onde houver; (iii) a criação ou extinção dos tribunais inferiores; (iv) a alteração da organização e da divisão judiciárias (art. 96, II, "a", "b", "c" e "d", da CF);

Acrescente-se, naquilo que diz respeito à justiça estadual, a previsão de que os Estados organizarão suas justiças observando os princípios previstos na Constituição Federal, bem como que a competência dos tribunais será definida na Constituição do Estado, sendo a lei de organização judiciária de iniciativa do tribunal de justiça respectivo (art. 125, § 1º, da CF).

4.5 Divisão judiciária

A divisão judiciária realiza-se, essencialmente, pela repartição territorial como critério de delimitação da organização administrativa e jurisdicional dos diversos segmentos da justiça em todo o território nacional.

A expressão "foro" refere-se, precisamente, à divisão territorial para fins de delimitação da competência jurisdicional. O foro é o território sobre o qual o órgão jurisdicional exerce sua competência. O STF e o STJ, por exemplo, têm foro (competência territorial) em todo o território nacional. O tribunal de justiça do Estado tem foro sobre o território do respectivo Estado. Os TRFs têm foro sobre os Estados incluídos territorialmente na sua competência.

Quando se pensa nos órgãos jurisdicionais de primeira instância fala-se em "seção judiciária" na justiça federal e em "comarca" na justiça comum estadual para a delimitação do respectivo foro.

Assim, a "seção judiciária" é a unidade territorial (foro) na qual o órgão judicial de primeira instância da justiça federal exerce sua competência. A comarca é a unidade territorial (foro) sobre a qual o órgão judicial de primeira instância da justiça estadual exerce sua competência.

Em conformidade com esse raciocínio, dispõe o art. 110 da CF, relativamente à justiça federal, que "cada Estado, bem como o Distrito Federal, constituirá uma seção judiciária que terá por sede a respectiva Capital, e varas localizadas segundo o estabelecido em lei".

Inicialmente a estrutura da justiça federal era menor, havendo varas praticamente apenas nas Capitais e em algumas poucas cidades de maior porte no interior dos Estados. Posteriormente sua estrutura cresceu, ocorrendo o fenômeno que pode ser identificado como "interiorização" da justiça federal, com a instalação de varas em várias cidades do interior dos Estados, além daquelas já existentes nas respectivas Capitais.

Estas varas existentes no interior dos Estados, refletindo subdivisão da respectiva seção judiciária, são tratadas pelo legislador como "subseções judiciárias", tendo sua competência territorial (foro) limitada às áreas para as quais foram criadas.

Embora esse ponto seja objeto de estudo adiante, no exame da temática da competência, os denominados foros regionais não são, propriamente, simples divisão territorial de competência.

Ao contrário, como se verifica em grandes cidades (e nesse ponto a cidade de São Paulo é um excelente exemplo, visto possuir vários deles), os foros regionais são inseridos dentro do próprio foro da comarca, cujo território é a base para a definição da competência de todos os órgãos jurisdicionais que nela exercem sua jurisdição.

Os foros regionais envolvem divisão de competência funcional (de juízo, portanto), que leva em consideração vários critérios, como a matéria, o valor da causa ou, até mesmo, o local do fato ou o domicílio das partes, sem que isso represente, entretanto, uma definição de competência territorial.

Em outros termos, o foro na comarca de São Paulo é toda a base territorial do Município. A divisão em foro central e foros regionais não é uma repartição de competência territorial, mas sim um fracionamento de competência funcional (competência de juízo) estabelecido com base em vários critérios, inclusive a delimitação do território de cada região envolvida nesse raciocínio.

4.6 Épocas para o trabalho forense

A essencialidade do serviço prestado pelo Poder Judiciário aos jurisdicionados é um dado incontestável. Mesmo num contexto de valorização dos meios alternativos de resolução de conflitos a possibilidade e, frequentemente, a necessidade de utilização da via jurisdicional são elementos fundamentais para a manutenção do próprio Estado Democrático de Direito.

Por essa razão a ordem jurídica vigente estabelece, no contexto do conjunto de regras compreendido como "Estatuto constitucional da Magistratura", o caráter ininterrupto da atividade jurisdicional bem como a necessidade de manutenção de sistemas de plantão em dias sem expediente.

Nesse sentido, o art. 93, XII, da CF (redação da Emenda Constitucional 45/2004) prevê que "a atividade jurisdicional será ininterrupta, sendo vedado [*sic*] férias coletivas nos juízos e tribunais de segundo grau, funcionando, nos dias em que não houver expediente forense normal, juízes em plantão permanente".

Complementando essa disposição, estabelece o art. 220 do CPC/2015 que "suspende-se o curso do prazo processual nos dias compreendidos entre 20 de dezembro e 20 de janeiro, inclusive". Em adição, aduz o § 1º desse dispositivo que "ressalvadas as férias individuais e os feriados instituídos por lei, os juízes, os membros do Ministério Público, da Defensoria Pública e da Advocacia Pública e os auxiliares da justiça exercerão suas atribuições durante o período previsto no *caput*". Finalmente, anota o respectivo § 2º que "durante a suspensão do prazo, não se realizarão audiências nem sessões de julgamento".

O cotejo dos dispositivos constitucionais e legais acima referidos permite extrair diretrizes a respeito das épocas para o trabalho forense, bem como exceções a tais regras.

Primeiro, note-se que a norma constitucional determina que o caráter ininterrupto dos trabalhos forenses, com a vedação de férias coletivas, refere-se a todos os órgãos judiciários de primeira e segunda instância. *A contrario sensu*, excluem-se desta diretriz os tribunais superiores, ou seja, o STF, o STJ, o STM, o TST e o TSE.

Com relação aos juízos e tribunais de segundo grau a ressalva feita pelo legislador é a suspensão dos prazos processuais no período entre "20 de dezembro e 20 de janeiro, inclusive", com expressa previsão de não realização de audiências nem sessões de julgamento, somando-se a isso a vedação de férias coletivas.

Em outras palavras, nesse período ficam suspensos os prazos e não se realizam audiências e sessões de julgamento, mas a justiça deve ter seu funcionamento mantido.

Tais regras, entretanto, não retiram dos tribunais sua competência privativa para disciplinar a organização judiciária, em conformidade com o art. 96, I, "a", da CF, cuidando do "funcionamento dos respectivos órgãos jurisdicionais e administrativos".

É possível, portanto, com fundamento na competência privativa dos tribunais para disciplinar o funcionamento dos respectivos órgãos jurisdicionais e administrativos, bem como na autonomia de gestão administrativa que a própria Constituição lhes assegura (o denominado "autogoverno da magistratura"), que determinem a suspensão de expediente por razões associadas às necessidades da gestão administrativa dos serviços judiciários.

Diga-se, a propósito, que frequentemente isso ocorre, ou seja, determinação de suspensão de expediente forense para, por exemplo: reparos em prédios, mudanças de sede, dedetizações, modificações de estrutura física, fazer frente a situações de calamidade (enchentes, greves) etc. Em todas estas situações a necessidade da gestão administrativa dos órgãos jurisdicionais impõe a suspensão do expediente forense, sendo mantido, entretanto, seu caráter ininterrupto, pois o atendimento do órgão jurisdicional continua, ainda que em sistema de plantão.

Desse modo, é possível que os tribunais, exercendo sua competência privativa, regulamentem o funcionamento dos respectivos juízos e serviços, com apoio na conveniência da gestão administrativa, determinando, por ato regulamentar, a suspensão do expediente no período entre 20 de dezembro e 20 de janeiro, período em que não correrão os prazos processuais e não ocorrerão audiências e sessões de julgamento.

Nesse caso, entretanto, imprescindível será a continuidade dos serviços, com atendimento adequado aos seus destinatários, que poderá ser realizado em esquema de plantão judiciário realizado por juízes e servidores. O mesmo raciocínio e idêntico regime serão aplicáveis, como decorrência lógica, aos membros do Ministério Público, da Defensoria Pública e da Advocacia Pública, que nesse caso poderão atuar, sem interrupção das atividades institucionais, em sistema de plantão.

4.7 Órgãos não jurisdicionais: Conselho Nacional de Justiça, corregedorias e ouvidorias de justiça e escolas da magistratura

No panorama da organização e funcionamento do Poder Judiciário não deve ser olvidada a relevância de órgãos que, muito embora não jurisdicionais, exercem papel fundamental em seu aprimoramento.

Trata-se do Conselho Nacional de Justiça/CNJ, das corregedorias, das ouvidorias e das escolas institucionais da magistratura.

O CNJ é fruto, em conjunto com o Conselho Nacional do Ministério Público/CNMP, de modificação operada na Constituição Federal pela Emenda Constitucional 45/2004 (a denominada Emenda Constitucional da "Reforma do Poder Judiciário").

Embora não tenha caráter jurisdicional e não exerça poderes judiciais, é arrolado como um dos órgãos do Poder Judiciário (art. 92, I-A, da CF), tendo sua composição e suas atribuições disciplinadas diretamente no texto constitucional (art. 103-B da CF).

É composto por 15 membros, denominados "conselheiros", que exercem suas funções por investidura a termo, pelo prazo de dois anos, permitida uma recondução, sendo eles: o Presidente do STF; um ministro do STJ (indicado pelo respectivo tribunal); um ministro do TST (indicado pelo respectivo tribunal); um desembargador de tribunal de justiça (indicado pelo STF); um juiz estadual (indicado pelo STF); um juiz de TRF (indicado pelo STJ); um juiz federal (indicado pelo STJ); um juiz de TRT (indicado pelo TST); um juiz do trabalho (indicado pelo TST); um membro do Ministério Público da União (indicado pelo Procurador-Geral da República); um membro do Ministério Público estadual (escolhido pelo Procurador-Geral da República dentre os nomes indicados pelo órgão competente de cada instituição estadual); dois advogados (indicados pelo Conselho Federal da OAB); dois cidadãos, de notável saber jurídico e reputação ilibada (indicados um pela Câmara dos Deputados e outro pelo Senado Federal).

Sua função reside, essencialmente, no "controle da atuação administrativa e financeira do Poder Judiciário e do cumprimento dos deveres funcionais dos juízes", em conformidade com o art. 103-B, § 4º, da CF. Nesse contexto, os diversos incisos do preceito constitucional antes referido especificam atribuições do colegiado, sem prejuízo de outras que lhe sejam futuramente conferidas no Estatuto da Magistratura, ou seja, na lei complementar à Constituição que futuramente será editada, em substituição à ainda parcialmente vigente (porque parcialmente recepcionada pela Constituição Federal) Lei Orgânica da Magistratura Nacional (Lei Complementar 35/1979).

Dentre as referidas atribuições, exemplificativamente indicadas no dispositivo constitucional antes apontado, merecem destaque: a possibilidade de expedir atos regulamentares e recomendações aos tribunais (art. 103-B, § 4º, I da CF); o controle da legalidade e da observância dos princípios constitucionais da Administração Pública quanto aos atos administrativos das Cortes (art. 103-B, § 4º, II, da CF); a competência para exame de reclamações contra membros ou órgãos do Poder Judiciário, inclusive contra seus serviços auxiliares, serventias e órgãos prestadores de serviços notariais e de registro que atuem por delegação do Poder Público ou oficializados, sem prejuízo da competência disciplinar dos tribunais, com a possibilidade de avocação de processos disciplinares em curso, determinação de remoção, de disponibilidade ou mesmo de aposentadoria com subsídios ou proventos proporcionais ao tempo de serviço, bem ainda aplicar outras sanções administrativas (art. 103-B, § 4º, III, da CF).

Tratando-se o CNJ de órgão de natureza administrativa, e não jurisdicional, cuja função reside essencialmente no controle externo do Poder Judiciário, seus atos e decisões em processos administrativos não são excluídos da possibilidade de controle judicial, na medida em que, por força da garantia constitucional da ação, "a lei não excluirá da apreciação do Poder Judiciário lesão ou ameaça a direito" (art. 5º, XXXV, da CF).

O controle dos seus atos e decisões cabe ao STF, cuja competência para tanto está prevista no art. 102, I, "r", da CF, que prevê caberem à Suprema Corte o processo e o julgamento das "ações contra o Conselho Nacional de Justiça e contra o Conselho Nacional do Ministério Público".

Nos termos do dispositivo, "ações contra" o CNJ e o CNMP (melhor seria dizer ações "em face" dos colegiados) são aquelas em que no polo passivo figura o próprio órgão, como autoridade coatora ou reclamada. Ou seja, a competência do STF, nesse caso, limita-se ao julgamento de mandados de segurança, mandados de injunção, *habeas corpus*, *habeas data* e reclamações constitucionais contra os dois colegiados de controle externo do poder Judiciário e do Ministério Público.

Nessas hipóteses, em conformidade com a disciplina processual dos referidos remédios constitucionais, os próprios órgãos administrativos desprovidos de personalidade jurídica possuem, pontualmente, personalidade judiciária para responder diretamente pelos atos praticados, integrando os processos assim formados como autoridades coatoras ou reclamadas, em tais situações, por meio de informações e manifestações apresentadas, e recursos interpostos pelos respectivos presidentes (Presidente do CNJ e do CNMP).

Caso sejam propostas ações anulatórias ou reparatórias de dano em decorrência de atos ou omissões do CNJ e do CNMP, ou mesmo com a finalidade de obtenção de tutela específica de alguma obrigação (fazer, não fazer ou mesmo entrega de coisa), a legitimidade passiva para figurar no polo passivo da relação processual será sempre da Fazenda Pública da União.

Nesse ponto é necessário observar, como elemento de apoio para tal afirmação, que no ordenamento jurídico brasileiro prevalece a teoria *orgânica* ou *organicista*, por força da qual o Estado responde pelos atos de seus agentes e de seus órgãos administrativos desprovidos de personalidade jurídica.

Tanto assim que a responsabilidade objetiva do Estado está expressamente assentada na Constituição, pois, em conformidade com o art. 37, § 6º, "as pessoas jurídicas de direito público e as de direito privado prestadoras de serviços públicos responderão pelos danos que seus agentes, nessa qualidade, causarem a terceiros, assegurado o direito de regresso contra o responsável nos casos de dolo ou culpa".

Em suma: tratando-se de ajuizamento de remédios constitucionais (mandado de segurança, mandado de injunção, *habeas corpus*, *habeas data* ou reclamação constitucional) nos quais sejam questionados atos do CNJ e do CNMP, em que se manifestarão diretamente os próprios órgãos (desprovidos de personalidade jurídica, mas que possuem personalidade judiciária – possibilidade de estar em juízo defendendo suas prerrogativas e seus atos), a competência para o processo e julgamento será do STF.

Nas demais hipóteses, em que, seguindo o procedimento comum, a ação seja ajuizada contra a União, à qual os colegiados de controle externo (CNJ e CNMP) estão vinculados, a competência para o processo e julgamento será da justiça federal comum em primeira instância.

Teria o CNJ atribuição para o controle dos atos do STF?

A Constituição silencia a respeito, falando o art. 103-B, § 4º, no controle da "atuação administrativa e financeira do Poder Judiciário" e no "cumprimento dos deveres funcionais dos juízes".

Entretanto, sendo os atos do próprio CNJ sujeitos ao controle jurisdicional no âmbito do STF (art. 102, I, "r", da CF), não faria qualquer sentido admitir que o colegiado de controle externo pudesse examinar administrativamente atos do STF, proferindo decisões que se sujeitariam, em última análise, ao controle judicial da própria Suprema Corte.

Além disso, o STF é o órgão de cúpula do Poder Judiciário, prevendo expressamente a Constituição que a competência para o processo e julgamento de crimes de responsabilidade praticados por seus ministros é do Senado Federal (art. 52, II, da CF) e que cabem ao próprio STF o processo e o julgamento no caso de cometimento de crimes comuns por seus integrantes (art. 102, I, "b", da CF).

Nesse contexto, em interpretação sistemática e finalista, chega-se à clara conclusão de que os atos do STF e de seus ministros não estão sujeitos ao controle administrativo do CNJ.[7]

---

7. Quanto ao tema, o STF, por maioria, julgou improcedente o pedido formulado na ADI 4.412-DF, para declarar a constitucionalidade do art. 106 do Regimento Interno do CNJ, na

Passemos ao exame das corregedorias dos tribunais.

A Constituição Federal só se refere expressamente ao tema ao afirmar, relativamente ao TSE, no parágrafo único do art. 119, que o corregedor eleitoral será escolhido entre os ministros componentes da Corte oriundos do STJ.

Além disso, há menção à função no plano dos órgãos de controle externo do Poder Judiciário e do Ministério Público, visto que em relação ao CNJ tal papel caberá ao ministro do STJ integrante do colegiado (art. 103-B, § 5º, da CF), havendo no CNMP figura equivalente (art. 130-A, § 3º, da CF).

Por outro lado, naquilo em que, por não ser incompatível, foi recepcionada pela Constituição Federal, a Lei Orgânica da Magistratura Nacional (Lei Complementar 35/1979) prevê a figura do corregedor da justiça, tratando deste cargo e da respectiva função em diversas passagens.

A lei complementar menciona o corregedor, portanto, nas seguintes passagens, apontadas exemplificativamente, que podem ser consideradas recepcionadas pela ordem constitucional vigente, por ausência de incompatibilidade: (a) ao prever que os juízes deverão remeter relatórios ao corregedor (art. 39); (b) ao tratar da iniciativa do corregedor para processos administrativos (art. 76, I); (c) ao prever que o corregedor participa da composição do Órgão Especial dos tribunais de justiça (art. 99); (d) ao estabelecer que as funções do corregedor serão previstas no regimento interno do tribunal (art. 103, § 2º); (e) ao estabelecer que o corregedor participará da composição do Conselho Superior da Magistratura do respectivo tribunal (art. 104); (f) ao indicar a possibilidade de edição de norma fixando o número mínimo de correições a serem realizadas anualmente (art. 105).

Por outro lado, a Resolução do CNJ 135, de 15.7.2011, dispôs sobre "a uniformização de normas relativas ao procedimento administrativo disciplinar aplicável aos magistrados, acerca do rito e das penalidades", cuidou de aspectos do processo administrativo disciplinar contra juízes de direito e, neste contexto, do papel dos corregedores dos tribunais.

É necessário, portanto, observar que essa figura tradicional na organização judiciária nacional possui papel extremamente relevante para o bom funcionamento da justiça.

Não paira dúvida quanto à independência funcional, como garantia imanente ao exercício da magistratura, decorrente do conjunto expresso de garantias e vedações

---

redação dada pela Emenda Regimental 1, de 9.3.2010, confirmando a medida cautelar anteriormente concedida. Determinou a remessa imediata ao STF de todas as "ações ordinárias", em trâmite na justiça federal, em que tenha sido formulada impugnação de atos do CNJ praticados no âmbito de suas competências constitucionais (art. 103-B, § 4º, da CF). Foi fixada a seguinte tese: "Nos termos do art. 102, inciso I, 'r', da Constituição Federal, é competência exclusiva do Supremo Tribunal Federal processar e julgar, originariamente, todas as ações ajuizadas contra decisões do Conselho Nacional de Justiça e do Conselho Nacional do Ministério Público proferidas no exercício de suas competências constitucionais, respectivamente, previstas nos arts. 103-B, § 4º, e 130-A, § 2º, da Constituição Federal" (STF, Plenário, ADI 4.412-DF, rel. Min. Gilmar Mendes, j. 18.11.2020).

previstas no art. 95 da CF, a estabelecer claramente que o juiz, no exercício da função jurisdicional, está vinculado exclusivamente aos limites impostos pela lei.

Assim, a atividade jurisdicional não se sujeita ao controle de órgãos administrativos. Em outras palavras, não é possível obter, em processo instaurado perante a corregedoria do tribunal, a corregedoria do CNJ ou mesmo em procedimento administrativo de controle perante o próprio CNJ, a revisão ou reforma de decisões proferidas em processos judiciais. A anulação, modificação, revisão ou reforma de decisões judiciais só podem ser obtidas no próprio processo judicial, por meio de interposição de recursos ou ajuizamento de ações autônomas de impugnação, quando cabíveis.

Isso não exclui, entretanto, a possibilidade do exame da conduta funcional e pessoal dos magistrados, o que pode ser feito em processo instaurado perante as corregedorias do tribunal respectivo, do CNJ, ou perante o próprio CNJ, observando-se, quanto ao órgão de controle externo, as regras de divisão de trabalho e de procedimento previstas no respectivo regimento interno.

Acrescente-se, ademais, que a Constituição Federal, ao cuidar do Estatuto da Magistratura, estabelece regras expressas a respeito das promoções e remoções dos juízes por antiguidade e merecimento (art. 93, II e III), bem como sobre o estágio probatório prévio ao alcance da vitaliciedade (art. 95, I).

Desse quadro torna-se viável extrair, como suma, diferentes porém igualmente relevantes funções das corregedorias: (a) acompanhamento e orientação dos magistrados, no sentido do aprimoramento dos trabalhos a seu cargo, respeitando-se sempre a independência funcional e a intangibilidade da atividade jurisdicional; (b) em decorrência de tal acompanhamento, notadamente em relação aos juízes que ainda não são vitalícios (em estágio probatório), fornecer informações relevantes para avaliação para fins de aquisição da vitaliciedade, bem ainda para análise dos requerimentos de promoção ou remoção por merecimento; (c) promover apurações preliminares, provocando a instauração de processos administrativos, se necessário, para apuração de irregularidades de conduta pessoal e funcional de magistrados, bem como aplicação de sanções administrativas cabíveis.

Por último, e não menos importante, desempenham ainda as corregedorias dos tribunais papel importante em relação aos cartórios extrajudiciais, cuja atividade correicional, em caráter permanente, é realizada pelos juízes de direito das comarcas, e em grau de recurso administrativo pela corregedoria-geral dos respectivos tribunais de justiça.

Relativamente às Escolas institucionais da Magistratura, são expressamente previstas na Constituição Federal, possuindo papel fundamental no aprimoramento de todo o pessoal do Poder Judiciário, ou seja, magistrados e colaboradores.

O art. 93, IV, da CF indica a necessidade de que a Lei Orgânica da Magistratura deverá contemplar sua regulamentação, com "previsão de cursos oficiais de preparação, aperfeiçoamento e promoção de magistrados", determinando ainda constituir "etapa obrigatória do processo de vitaliciamento a participação em curso oficial ou reconhecido por escola nacional de formação e aperfeiçoamento de magistrados".

O art. 105, § 1º, I, da CF prevê ainda que junto ao STJ funcionará a "Escola Nacional de Formação e Aperfeiçoamento de Magistrados, cabendo-lhe, entre outras funções, regulamentar os cursos oficiais para o ingresso e promoção na carreira". Previsão análoga está contida no art. 111-A, § 2º, I, da CF, que trata da Escola Nacional de Formação e Aperfeiçoamento de Magistrados do Trabalho.

O papel das escolas institucionais consiste, portanto, no oferecimento de cursos não apenas para magistrados em início de carreira, mas também para servidores, estagiários ou mesmo colaboradores do Poder Judiciário, como, por exemplo, aqueles que vêm se dedicando à atividade de mediação, que tem se tornado absolutamente relevante no sistema complexo de solução de conflitos nos últimos tempos.

A criação das ouvidorias de justiça foi prevista no art. 103-B, § 7º, da CF (redação da Emenda Constitucional 45/2004), segundo o qual "a União, inclusive no Distrito Federal e nos Territórios, criará ouvidorias de justiça, competentes para receber reclamações e denúncias de qualquer interessado contra membros ou órgãos do Poder Judiciário, ou contra qualquer de seus serviços auxiliares, representando diretamente ao Conselho Nacional de Justiça".

Trata-se de importante canal de comunicação direta entre os cidadãos e o CNJ, ou mesmo com os tribunais que vierem efetivamente a criá-las, na medida em que, por meio delas, notadamente com o uso dos meios eletrônicos de comunicação, torna-se possível aos usuários deste serviço, com maior simplicidade e facilidade, receber orientações e informações ou mesmo formular críticas que podem ser aproveitadas para o aprimoramento de todas as atividades a cargo do Poder Judiciário e de seus serviços auxiliares.

Capítulo 5
PROCESSO

5.1 Introdução e referência histórica. 5.2 Conceito atual e classificações. 5.3 Divisões. 5.4 Processo e procedimento.

5.1 Introdução e referência histórica

A noção que hoje se tem de processo é uma herança da fase científica do direito processual.

A preocupação dos estudiosos e dos profissionais do direito antes do início da fase científica ou autônoma era com os direitos. Não se pensava propriamente em processo, mas sim no procedimento. O que se tinha, diante do juízo, era a prática ritualística de atos com a finalidade de defender direitos.[1]

Foi com Oskar von Büllow, na conhecida monografia publicada em 1868, na qual tratou das exceções e dos pressupostos processuais, que foram lançados as bases científicas do direito processual bem como os elementos para a construção da ideia de que existe uma relação jurídica no processo distinta do direito material, com elementos e características próprios.[2]

O dado importante é que, se até um determinado momento inexistia a preocupação sistêmica com relação ao processo (tendo importância essencialmente a noção de procedimento), a partir do ponto de inflexão no qual se vislumbra a relação jurídica processual abre-se o espaço conceitual para a distinção entre processo e procedimento e para a construção das bases da moderna dogmática da ciência processual.

---

1. Cândido Rangel Dinamarco fala na "pobreza metodológica do direito processual", que se identificava na fase em que o processo nada mais era que um apêndice do direito material ("Os institutos fundamentais do direito processual", in *Fundamentos do Processo Civil Moderno*, 5ª ed., vol. I, São Paulo, Malheiros Editores, 2002, pp. 80-81).

2. Oskar von Büllow, *La Teoría de las Excepciones Procesales y los Presupuestos Procesales*, Buenos Aires, Ediciones. Jurídicas Europa-America/EJEA, 1964, pp. 1-4 (do original em língua alemã *Die Lehre von den Prozesseinreden und die Prozessvoraussetzungen*).

5.2 Conceito atual e classificações

Sob certa perspectiva, o processo deve ser compreendido como um método de trabalho e um instrumento por intermédio do qual o Estado-Juiz atua para o equacionamento de conflitos e para a aplicação da ordem jurídica quando tal se torna necessário e ocorre a provocação, daqueles habilitados a fazê-lo (partes), para que tal atuação ocorra.[3]

Esta noção funcional do processo (que tem relação com sua finalidade prática, no âmbito da atuação da jurisdição – processo como instrumento para que a jurisdição atue) mostra-se apropriada sob tal perspectiva, ou seja, a preocupação com a realização da finalidade pela qual opera o Poder Judiciário.

É importante, por outro lado, pôr em destaque a concepção ontológica de processo, que reside nas particularidades da sua essência, envolvendo o que ele é intrinsecamente, bem como suas características.

Neste ponto é correto observar que o processo é uma relação jurídica entre as pessoas que nele se apresentam, distinta do direito material. Mas não só. Ele é também uma relação entre os atos que nele são praticados, para o alcance da finalidade estatal de resolver conflitos e tornar efetiva a aplicação da ordem jurídica.

Em outros termos, o processo é uma relação entre pessoas e uma relação entre atos. Esta última revela, nele, a presença do procedimento, como sua parte visível.

A concepção moderna de processo, por outro lado, não pode desconsiderar a noção de contraditório, que no nosso caso se qualifica como garantia constitucional e contribui para a caracterização do Estado Democrático de Direito (art. 5º, LV, da CF).[4]

Nesse ponto, importante dar destaque à construção de Elio Fazzallari em relação à concepção contemporânea de processo. O que para este autor habilita o procedimento estatal à condição de processo é o contraditório. Em outras palavras, o processo seria, essencialmente, o procedimento em contraditório.[5]

A percepção que deve prevalecer na atual quadra da ciência jurídica é uma conjugação das observações acima formuladas.

Em suma, o processo é: (a) um método estatal de solução de conflitos e de efetivação da ordem jurídica; (b) uma relação jurídica entre pessoas, distinta daquela existente no plano do direito material, com elementos e requisitos próprios; (c) uma

---

3. Conforme José Roberto dos Santos Bedaque o processo exerce o papel de "método estatal de solução de conflitos", ou seja, método de trabalho para a efetivação do direito por parte do Estado (*Direito e Processo: Influência do Direito Material sobre o Processo*, 6ª ed., São Paulo, Malheiros Editores, 2011, pp. 22-28; bem como in *Efetividade do Processo e Técnica Processual*, 3ª ed., São Paulo, Malheiros Editores, 2010, pp. 71-74).

4. Cf. Cândido Rangel Dinamarco (*Instituições de Direito Processual Civil*, 8ª ed., vol. II, São Paulo, Malheiros Editores, 2019, p. 26), destacando a existência de relação entre pessoas, entre atos, bem como a indispensabilidade do contraditório. No mesmo sentido: Flávio Luiz Yarshell, *Curso de Direito Processual Civil*, vol. I, São Paulo, Marcial Pons, 2014, pp. 294-296.

5. Elio Fazzallari, *Istituzioni di Diritto Processuale*, 7ª ed., Pádua, CEDAM, 1994, p. 82.

relação entre atos, que se desenvolvem de modo sequencial, encadeados, de forma que um ato, praticado num momento, cria situação jurídica nova que induz outro sujeito processual à prática de ato subsequente; (d) o encadeamento de atos (procedimento) realizado em contraditório.

Ostentando o processo a condição de instituto fundamental do direito processual, caracteriza-se ele pelos aspectos indicados adiante: (a) sua natureza pública (situado no campo do direito público); (b) sua autonomia (envolve relação distinta daquela existente, entre os sujeitos, no plano do direito material); (c) sua abstração (só há relação processual enquanto existir processo; extinto o processo, tem fim a relação que o inspirava); (d) seu dinamismo (sua evolução ou desdobramento varia em conformidade com o comportamento e as manifestações das partes, ao contrário do que se dá na relação de direito material, em que as posições são previamente estabelecidas e fixadas na lei ou no contrato, por exemplo); (e) sua complexidade (associada à variedade de posições jurídicas ativas e passivas incidentes em relação aos sujeitos processuais: poderes, deveres, ônus, faculdades e sujeições).[6]

5.3 Divisões

O processo, como instituto fundamental, está atrelado, sob a perspectiva ontológica, às noções de relação entre pessoas, entre atos e contraditório. Sob a ótica funcional ou finalista ele é método de trabalho.

Seu emprego pode se dar, por outro lado, em relação a variados segmentos do direito material.

Por esta razão será ele (processo) qualificado e disciplinado a partir das peculiaridades próprias do segmento de direito material a que seu regime, especificamente, se refira.

É disso que se extrai a divisão, alinhada com aspectos ou segmentos do direito material, em processo civil, criminal, trabalhista, administrativo, eleitoral etc.

A base essencial ou conceitual é a mesma: em todos os casos o que se tem são relações entre os sujeitos processuais, entre atos e em contraditório. A disciplina específica, entretanto, varia conforme as caraterísticas e a necessidade de cada segmento material.

É possível formular referência ou divisão, por outro lado, a partir da espécie de tutela jurisdicional buscada e do procedimento que para tanto concorre.

Este critério era nítido sob a vigência do Código de Processo Civil/1973, que previa livros específicos para os processos de conhecimento, cautelar e de execução, direcionados, respectivamente, ao alcance de tutela de conhecimento (decisões de conteúdo declaratório, condenatório ou constitutivo), cautelar (na verdade, para a obtenção

---

6. Não por outra razão, José Joaquim Calmon de Passos falava no processo como "tipo complexo de formação sucessiva" (*Esboço de uma Teoria das Nulidades Aplicada às Nulidades Processuais*, Rio de Janeiro, Forense, 2005, pp. 71 e ss.).

de medidas provisórias, de conteúdo cautelar ou antecipatório) e de execução (para obtenção de tutela jurisdicional executiva).

Este critério de classificação ou de divisões não tem na atualidade a mesma relevância ou prestígio do qual gozava no passado, pois na atual fase da ciência processual, que se reflete no Código de Processo Civil/2015, confere-se maior importância à tutela jurisdicional.

Na codificação em vigor o que se tem, portanto, é simplesmente a referência ao processo de conhecimento (direcionado, primordialmente, à obtenção de pronunciamentos de mérito, ou seja, tutela de conhecimento) e ao processo de execução (direcionado à obtenção da tutela executiva, ou seja, atividade de efetivação de direitos já reconhecidos em título extrajudicial). Inexiste, como antes, disciplina autônoma e apartada, como estrutura própria, do processo de natureza cautelar (as medidas provisórias são preparatórias ou incidentais em relação ao processo de conhecimento).

5.4 Processo e procedimento

Processo e procedimento são institutos e conceitos correlatos, que não se confundem, embora tenham existência e finalidades afins.

Como visto acima, o processo é relação jurídica e relação entre atos dos sujeitos processuais, que se desenvolvem em contraditório, destinando-se a um fim – qual seja, o escopo de propiciar a aplicação do direito a determinada situação concreta.

O procedimento, por sua vez, é o caminhar do processo, seu aspecto visível, materializado, que se compreende e percebe nos atos que são praticados pelos sujeitos processuais.

O procedimento tem sua sequência em razão das situações processuais que se formam em virtude dos atos praticados pelos partícipes do fenômeno processual.

Cada ato cria situação jurídica nova, que rende ensejo à prática de outro ato por algum dos sujeitos, encadeando-se no itinerário estipulado na lei para desaguar na finalidade buscada pelo sistema jurídico, ou seja, o acertamento do direito, no processo de conhecimento, ou a realização do direito já reconhecido, na execução.

Assim, exemplificando, o ajuizamento da demanda (exercício do direito de ação) cria a necessidade de sua apreciação pelo órgão judicial. Apreciada, determina o juiz a citação. Realizada esta, surge para o demandado a necessidade/possibilidade de oferecer resposta. Assim segue sucessivamente o procedimento, rendendo ensejo, ao final, à prolação de sentença.

Por tal razão se afirma que, no processo, o procedimento traz em si um encadeamento complexo que se resolve na sucessão de atos entrelaçados, em certa medida, entre si.[7]

---

7. Sobre a correlação existente entre as manifestações dos sujeitos processuais v.: Tagie Assenheimer de Souza, *Posições Jurídicas dos Sujeitos Parciais do Processo Civil: Análise sob a Ótica da Correlatividade*, São Paulo, Dialética, 2021, pp. 149-150.

Por outro lado, existem procedimentos que não são inspirados ou animados pelo contraditório. Eles não se confundem com o processo, e neles não são aplicáveis em sua integralidade e com a mesma densidade os princípios e garantias constitucionais do processo.

São procedimentos destinados ao simples esclarecimento de fatos, sem a aplicação de sanções ou de atos de autoridade estatal (cuja imposição ocorre, no Estado Democrático de Direito, sempre em processo e sob os auspícios do contraditório).

Deste modo, são simples procedimentos, voltados à obtenção de informações, indícios ou documentação de fatos para, posteriormente, iniciar-se o pertinente processo administrativo ou judicial, por exemplo: as apurações preliminares no âmbito do Poder Público (para a colheita de informações relacionadas à eventual ocorrência de faltas funcionais cometidas por servidores públicos), o inquérito policial (no qual são realizadas investigações criminais, com colheita de indícios de infrações penais e sua autoria, para propositura de ação penal em juízo), o inquérito civil, a cargo do Ministério Público (para apuração de ocorrência de situações de risco ou danos a interesses metaindividuais) – entre outros.

Assim, verificados indícios de falta funcional na apuração preliminar, instaura-se processo administrativo, com ampla defesa e contraditório, para que, comprovada a falta, possa o Poder Público aplicar a sanção disciplinar ao agente público. Apurados indícios de autoria e da ocorrência da infração penal, inicia-se o processo criminal, por denúncia do Ministério Público, para que, ao final da instrução, sob o devido processo legal e o contraditório, seja eventualmente aplicada a sanção. Idêntico cenário é que se dá no processo coletivo. Apurados fatos no inquérito civil, deverá seguir-se a demanda coletiva para, no processo judicial, fixação de responsabilidades e imposição de obrigações.

Nítida, portanto, a substancial distinção entre processo e procedimento.

Capítulo 6

SUJEITOS ESSENCIAIS À DISTRIBUIÇÃO DA JUSTIÇA, SEUS DIREITOS E SUAS GARANTIAS

6.1 Introdução

O processo é mecanismo estatal de solução de conflitos. Estes envolvem pessoas físicas ou entidades, com ou sem personalidade jurídica, sendo certo que dos trâmites destinados à sua composição tomarão parte, invariavelmente, outras pessoas.

A formação e o desenvolvimento do processo envolvem, portanto, pessoas, algumas delas na condição de titulares das posições jurídicas afirmadas e disputadas em juízo (partes), outras que ingressam, eventualmente, na relação processual por serem indiretamente interessadas ou titulares de interesses reflexos (terceiros).

Entretanto, além destes sujeitos processuais, envolvem-se no fenômeno processual outros, que não são pessoalmente titulares de posições jurídicas nos feitos em que atuam, mas são indispensáveis ao funcionamento da justiça.

Dessa forma, em linhas gerais, é possível dizer que os *sujeitos do processo* são todos aqueles que se envolvem no fenômeno processual.

Uma primeira classificação, levando em conta o critério do *interesse*, permite dividir os sujeitos processuais em sujeitos *parciais* (aqueles que sustentam interesse subjetivo no processo) e *imparciais* (aqueles que não sustentam interesse subjetivo no processo, mas são importantes para sua instauração e funcionamento).

São sujeitos *parciais* do processo as partes (autor e réu no processo de conhecimento, exequente e executado no processo de execução do título extrajudicial ou na fase de cumprimento de sentença). São sujeitos *imparciais* do processo o juiz, o membro do Ministério Público quando a instituição intervém como fiscal da ordem jurídica, bem como os auxiliares permanentes e eventuais da justiça (servidores dos cartórios judiciais são auxiliares permanentes [escrivão, escrevente, oficiais de justiça, tradutores, peritos judiciais, etc.]; auxiliares eventuais são os servidores dos cartórios extrajudiciais [tabelião, registrador; escrevente]; também são auxiliares eventuais os servidores das polícias civis e militares, bem como pessoas convocadas para prestar serviços à Justiça Eleitoral, dentre outros).

Outra classificação, considerando o critério de participação ou não na relação processual, permite classificar os sujeitos processuais como *partes* (aqueles que integram a relação processual, defendendo interesses subjetivos) e *outros sujeitos essenciais à distribuição da justiça* (não são titulares de pretensões ou interesses disputados no processo, mas sua presença é indispensável). Nesta última categoria podem ser enquadrados o juiz, o membro do Ministério Público, o advogado e o defensor público.

A temática relativa aos sujeitos processuais que apresentam algum interesse jurídico relacionado direta ou indiretamente ao objeto litigioso do processo, ou seja, as partes e terceiros, será examinada em outro capítulo (Capítulo 11).

Cabe nesta passagem da obra examinar contextualmente a questão referente aos outros sujeitos essenciais à distribuição de justiça, ou seja, juiz, membro do Ministério Público, advogado público ou privado e defensor público.

Importante ainda, neste ponto, compreender conceitos e institutos relacionados à viabilidade e regularidade de atuação das partes em juízo.

6.2 Personalidade e capacidade

6.2.1 Personalidade e capacidade no direito material

Há no tema ora examinado entrelaçamento entre conceitos de direito material e de direito processual.

No plano do direito material, são sujeitos de direitos as pessoas *naturais* ou *físicas* e pessoas *jurídicas*. Se, por um lado, as pessoas naturais adquirem sua personalidade civil a partir do nascimento com vida (art. 2º do CC), as pessoas jurídicas começam a existir com o registro de seus atos constitutivos (contrato ou estatuto) no registro civil das pessoas jurídicas (art. 45 do CC).

Ainda nesse plano, é necessário verificar a existência da capacidade *civil* ou *de direito* (capacidade de ser titular de direitos e obrigações) e da capacidade *de exercício* ou *de gozo* (capacidade de exercer pessoalmente seus direitos e cumprir pessoalmente suas obrigações).

Pois bem.

Todas as pessoas físicas ou naturais possuem *capacidade civil* ou *de direito*, pois, nos termos do art. 1º do CC, "toda pessoa é capaz de direitos e deveres na ordem civil".

A capacidade *de exercício* ou *de gozo*, entretanto, nem sempre é plena. A ausência da plena capacidade *de exercício* ou *de gozo* se dá, em conformidade com hipóteses previstas expressamente em lei, sempre que, por alguma razão concreta ou presumida pelo legislador, o sujeito de direitos não tenha plena capacidade de compreender os fatos e de manifestar seu entendimento e sua vontade (possibilidade de entendimento e autodeterminação).

Assim, por exemplo, o art. 3º do CC (redação da Lei 13.146/2015) prevê a absoluta incapacidade de "exercer pessoalmente os atos da vida civil" dos "menores de 16 (dezesseis) anos".

Por outro lado, o art. 4º do CC (redação da Lei 13.146/2015) estabelece limitação de capacidade para certos atos, ou relativamente à maneira de exercê-los, quanto às seguintes pessoas: maiores de 16 e menores de 18 anos de idade; os ébrios habituais e os viciados em tóxico; aqueles que, por causa transitória ou permanente, não puderem exercer sua vontade; os pródigos.

As pessoas *jurídicas*, por sua vez, a partir de sua constituição (contrato ou estatuto) e inscrição dos seus atos constitutivos no registro respectivo (art. 45 do CC), adquirem não só a capacidade *civil* ou *de direito*, mas também a capacidade *de gozo* ou *de exercício*, a qual caberá aos seus administradores ou àqueles que, para tanto, forem designados nos respectivos estatutos, contrato social, ou por outro modo previamente designados em conformidade com seus atos de constituição (art. 47 do CC).

Observe-se que, até aqui, estamos no campo do direito material, tratando, portanto, de personalidade civil, personalidade jurídica, capacidade civil ou de direito, capacidade de exercício ou de gozo.

6.2.2 Capacidade no direito processual

Ocorre que estes conceitos se projetam para o campo do direito processual, no qual, como sabemos, com a propositura da demanda se estabelece uma relação jurídica distinta daquela de direito material.

No âmbito do direito processual a possibilidade de exercer a defesa de posições jurídicas em juízo envolve o preenchimento de três diferentes, porém complementares, capacidades: a capacidade de *ser parte*, a capacidade *processual* ou *de estar em juízo* e a capacidade *postulatória.*

Além disso, embora a personalidade civil ou jurídica seja um pressuposto da atuação em juízo, por vezes o sistema jurídico assegura a entes despersonalizados esta atuação, o que se compreende como *personalidade judiciária.*

Examinemos, portanto, o problema das capacidades no plano do direito processual.

Possuem capacidade de *ser parte* todas as pessoas naturais ou físicas, bem como as pessoas jurídicas. A capacidade de *ser parte* decorre, portanto, da própria personalidade civil e jurídica, respectivamente. Ter capacidade de *ser parte* significa que, por ser o indivíduo ou entidade sujeito de direitos e obrigações, estará habilitado (ou habilitada) a se fazer presente em juízo sustentando seu próprio interesse ou posição jurídica. Em última análise, a capacidade de *ser parte*, no plano do direito processual, equivale à capacidade *civil* ou *de direito* no plano do direito material.

Por outro lado, nem todos possuem a capacidade *processual* ou *de estar em juízo*. Ostentam tal capacidade aqueles que podem *pessoalmente* fazer valer suas posições jurídicas em juízo. O paralelo com o plano do direito material novamente se justifica: a capacidade *processual* ou *de estar em juízo* (plano do direito processual) equivale à capacidade *de exercício* ou *de gozo* (plano do direito material).

Em outros termos, não possuem plena capacidade *processual* ou *de estar em juízo* aqueles que não possuem plena capacidade *de exercício* ou *de gozo*. Neste caso, embora no plano do direito material os sujeitos de direitos sejam titulares de posições jurídicas (possuem personalidade civil ou jurídica, tendo capacidade civil ou de direito), não podem exercê-las pessoalmente (absoluta incapacidade de exercício ou de gozo). Nesta hipótese, embora no plano do direito processual os sujeitos tenham capacidade de ser partes (autor, réu ou interveniente no processo), não poderão fazê-lo pessoalmente ou sem complementação de sua capacidade. Deverão ser representados (os absolutamente incapazes) ou assistidos (os relativamente incapazes) por aqueles que, legalmente, sejam por eles responsáveis.

Assim, no plano do direito material o menor de 16 anos de idade possui personalidade civil, tem capacidade civil ou de direito, mas não tem capacidade de exercício ou de gozo, por ser absolutamente incapaz.

Neste mesmo exemplo, no plano do direito processual, o menor de 16 anos de idade possui capacidade de ser parte, mas não possui capacidade processual ou de estar em juízo, por ser absolutamente incapaz. Terá que ser representado por seu representante legal. Quando a criança, portanto, propõe ação de alimentos ela é representada por sua genitora ou seu genitor. Na petição inicial da demanda constará que o autor (menor) é "representado" por seu genitor ou sua genitora.

Caso a incapacidade seja apenas relativa, como ocorre com o menor entre 16 e 18 anos de idade, haverá relativa incapacidade civil. Assim, no âmbito do direito material, terá personalidade civil, capacidade civil ou de direito, bem como parcial ou relativa capacidade de exercício ou de gozo, razão pela qual nos atos da vida civil deverá ser assistido por seu responsável legal.

Este mesmo sujeito poderá propor ações judiciais, ou poderão ser elas propostas em face dele. Terá capacidade de ser parte e relativa capacidade processual ou de estar em juízo, devendo ser assistido por seu responsável legal. Se este indivíduo, entre 16 e 18 anos de idade, propuser ação judicial, da petição inicial constará que ele é o autor e está "assistido" por seu responsável legal.

Remanesce ainda o exame da capacidade *postulatória*.

Esta consiste na habilitação legal para postular em juízo, possibilidade que, em princípio, em nosso sistema jurídico é reservada aos advogados, ou seja, bacharéis em direito devidamente inscritos nos quadros da OAB.

A capacidade postulatória, nesse sentido, está prevista no art. 103 do CPC/2015, segundo o qual "a parte será representada em juízo por advogado regularmente inscrito na Ordem dos Advogados do Brasil". Além disso, em conformidade com o art. 1º, I, do

Estatuto da Advocacia (Lei 8.906/1994), a postulação em juízo é uma das atividades privativas da advocacia.

A capacidade postulatória, de direito processual, não encontra paralelo ou correspondente no direito material.

Em outras palavras, as pessoas podem, diretamente, sem a necessidade de representação por advogado, praticar os atos da vida civil, inclusive assinando contratos, quando isso for necessário.

No processo judicial, contudo, os atos da parte são praticados sempre, ao menos em princípio, mediante a subscrição de um advogado que tenha, para tanto, sido constituído pelo sujeito interessado (ou seja, tenha recebido procuração para fazê-lo – outorga do contrato de mandato).

Excepcionalmente a lei dispensa a representação da parte por advogado, outorgando capacidade postulatória ao próprio sujeito que figura no processo como parte.

Primeiro, isso se verifica quando a própria parte ostenta a condição de advogado inscrito nos quadros da OAB. Nesse sentido, dispõe o parágrafo único do art. 103 do CPC/2015: "É lícito à parte postular em causa própria quando tiver habilitação legal".

Há ainda outras exceções à regra geral. Juizados Especiais, processo trabalhista e *habeas corpus*.

O art. 9º da Lei dos Juizados Especiais (Lei 9.099/1995) prevê que "nas causas de valor até vinte salários-mínimos, as partes comparecerão pessoalmente, podendo ser assistidas por advogado; nas de valor superior, a assistência é obrigatória". A apresentação do pedido pode ser feita de forma escrita ou oral à secretaria do Juizado, que, no último caso (pedido apresentado oralmente), deverá reduzi-lo a termo escrito, podendo, inclusive, ser utilizados formulários previamente preparados pelo cartório para tal fim (art. 14, § 3º). Além disso, o art. 41, § 2º, da referida lei prevê que "no recurso, as partes serão obrigatoriamente representadas por advogado". Dessa forma, nos limites dos dispositivos acima referidos, a lei atribuiu capacidade postulatória à própria parte, dispensando a representação por advogado.

No processo trabalhista, por razões históricas associadas à necessidade de assegurar o acesso direto dos interessados à justiça especializada, admite-se que a demanda judicial (naquela seara denominada "reclamação trabalhista") seja proposta diretamente pelo interessado, de forma escrita ou verbal, esta última mediante comparecimento em cartório e narrativa dos fatos e da pretensão deduzida, a ser reduzida a termo pela serventia judicial (Consolidação das Leis do Trabalho/CLT, arts. 791 e §§ e 840).

Quanto ao processo de *habeas corpus* idêntico entendimento tem prevalecido. E a razão para tanto está essencialmente associada à finalidade da garantia constitucional, cujo escopo é a proteção da liberdade de locomoção, ameaçada por ilegalidade ou abuso de poder (art. 5º, LXVIII, da CF).

A partir dessa premissa, o art. 654, *caput*, do CPP, pelo qual o *habeas corpus* poderá "ser impetrado por qualquer pessoa, em seu favor ou de outrem", tem sido compreendido não apenas como fundamento da legitimação para agir em defesa de direito próprio ("em seu favor") ou de terceiro ("ou de outrem"), em nítido caso de legitimação extraordinária (substituição processual – defesa em nome próprio de interesse alheio), mas, igualmente, como portador de exceção ao sistema, pela qual ao requerente é concedida capacidade postulatória específica para tal fim sem a necessidade de representação por advogado.

Em apoio a esta interpretação o art. 1º, § 1º, do Estatuto da Advocacia, pelo qual "não se inclui na atividade privativa de advocacia a impetração de *habeas corpus* em qualquer instância ou tribunal".

Embora, nos termos do art. 133 da CF, o advogado seja indispensável à administração da justiça, isso não significa que o legislador não possa em determinadas hipóteses, tais como aquelas aqui noticiadas (Juizados Especiais até determinado valor, reclamações trabalhistas e processos de *habeas corpus*), conceder capacidade postulatória aos próprios interessados, dispensando a representação por advogado.

Nesses exemplos os valores humanísticos em jogo (acesso pleno à justiça em causas de diminuto valor, defesa da liberdade de locomoção) justificam, em análise teleológica, a atuação direta dos interessados, evitando-se o risco de em situações concretas se obstar ou, quando menos, criar dificuldade insuperável para apreciação dos casos pelo Poder Judiciário.

Situação particular, a ser considerada ainda no âmbito da análise da capacidade postulatória, é a do Ministério Público.

Para o cumprimento das funções que a Constituição e as leis asseguraram à instituição, seus membros são autorizados a postular em juízo sem, evidentemente, a necessidade de se fazer representar por advogado.

Esta é a única interpretação aceitável da análise compreensiva e sistemática da inserção da instituição no rol daquelas que são essenciais à justiça, em conjunto com a Advocacia Pública, a Advocacia Privada e a Defensoria Pública (arts. 127 a 135 da CF).

Não bastasse isso, a Lei Orgânica do Ministério Público atribui expressamente aos seus membros a atribuição de propor ações civis e penais, bem como manifestar-se em processos judiciais como intervenientes, quando a atuação não se der na condição de autores (art. 25 e 26, VIII, da Lei 8.625/1993), o que só se mostra possível com a atuação direta da instituição, sem a representação por advogado.

6.2.3 Personalidade no direito processual (personalidade "judiciária")

Está dito que a personalidade civil e a personalidade jurídica são compreendidas como pressupostos das capacidades no direito material (capacidade civil ou de direito e capacidade de exercício ou de gozo) e, por consequência, de capacidades no direito processual (capacidade de ser parte, capacidade processual ou de estar em juízo). Por outro lado, embora não se trate de pressuposto para a capacidade postulatória, em princípio não se abre ensejo para a discussão a respeito desta se não está presente a personalidade civil (existência da pessoa física) ou jurídica, pois só as pessoas podem litigar em juízo.

Exemplo acadêmico colabora na compreensão. Animais, perante o direito, são bens (semoventes), não sujeitos de direitos.

Portanto, se determinado sujeito, pretendendo proteger seu animal de estimação ou, mesmo, obter reparação de dano por ato violento praticado por terceiro, decide ingressar com demanda judicial, sujeito de direito e postulante nesta ação será o proprietário do animal, não estando este último habilitado (o próprio animal) a figurar como titular de direito (direito material) ou mesmo como parte no processo (processo judicial).

Em suma, seres ou entidades desprovidos de personalidade natural ou jurídica não podem figurar como titulares de direitos e, por consequência, não podem figurar como partes em processo judicial.

Entretanto, por vezes o sistema jurídico admite que entidades despersonalizadas se façam presentes em juízo defendendo posições jurídicas em benefício próprio ou de pessoas que congreguem. O que se verifica nesta hipótese é que, a despeito de inexistir a pessoa formal (pessoa jurídica), existe, no plano da realidade fática ou fenomênica, um conjunto de prerrogativas e posições jurídicas a serem protegidas.

Nesses casos é pertinente o reconhecimento da personalidade *judiciária*, ou seja, da aptidão de uma entidade despida de personalidade jurídica para se fazer presente em juízo, na defesa de suas prerrogativas institucionais ou posições jurídicas que lhe toquem.

A personalidade *judiciária* (aptidão de entidades sem personalidade jurídica para o processo judicial) é concedida a corpos institucionais organizados (corpos legislativos [Senado, Câmara dos Deputados, Assembleias Legislativas, Câmaras Municipais], instituições e Poderes estatais (tribunais do Poder Judiciário, Ministério Público, Defensoria Pública, tribunal de contas), ou mesmo a uma massa patrimonial despersonalizada (espólio [no inventário ou arrolamento de bens do falecido], herança jacente ou vacante, massa falida, condomínio em edificações).

Em todos estes exemplos, embora não esteja presente a personalidade jurídica, está presente a personalidade judiciária.

Note-se que o Senado Federal, a Câmara dos Deputados, as Assembleias Legislativas dos Estados e as Câmaras Municipais não possuem personalidade jurídica. Contudo, consideradas a independência e a harmonia dos Poderes do Estado (art. 2º da CF) bem como a sistemática constitucional que lhes assegura autonomia de gestão administrativa (*v.g.*, arts. 51, IV, e 52, XIII, da CF), realizam concursos, licitações, contratam serviços, efetuam sua própria gestão financeira e orçamentária – e assim por diante.

E nesse contexto, embora atos praticados por seus agentes, em caso de dano, sejam imputáveis ao Estado, ou seja, à pessoa jurídica de direito público à qual estiverem vinculados (art. 37, § 6º, da CF), resta-lhes assegurada a possibilidade de ingressar em juízo para a defesa de prerrogativas inerentes à entidade, instituição ou Poder. Nisso reside o reconhecimento da sua personalidade judiciária.

Assim, por exemplo, a Presidência das Mesas Diretoras da Câmara dos Deputados, do Senado, da Assembleia Legislativa ou da Câmara Municipal pode impetrar mandado de segurança contra autoridades do Poder Executivo que indevidamente venham a violar prerrogativas relacionadas à autonomia administrativa e orçamentária dos referidos corpos legislativos. Ou seja, podem estar em juízo na defesa de suas prerrogativas, embora não possuam personalidade jurídica.[1]

Situações e possibilidades análogas devem ser reconhecidas relativamente aos tribunais do Poder Judiciário, ao Ministério Público, à Defensoria Pública e aos tribunais de contas. Embora os atos de seus agentes que, no exercício de suas funções, venham a causar danos a terceiros sejam imputáveis à pessoa jurídica de direito público à qual estiverem vinculados, podem tais entidades agir em juízo em defesa das suas prerrogativas institucionais e de seus membros.

Diversa não é a conclusão em relação a outros conglomerados de pessoas ou de bens sem personalidade jurídica mas revestidos de personalidade judiciária, que os torna aptos a litigar em juízo, como ocorre com a massa falida, a herança jacente ou vacante, com o espólio (aglomerado de bens sem personalidade jurídica), bem como com o condomínio (que conjuga pessoas com interesses comuns sem, entretanto, dispor de personalidade jurídica).

Observe-se, neste ponto, que: (a) a massa falida é representada em juízo pelo administrador judicial (art. 75, V, do CPC/2015); (b) a herança jacente ou vacante é representada em juízo por seu curador (art. 75, VI, do CPC/2015); (c) o espólio é representado em juízo pelo inventariante (art. 75, VII, do CPC/2015); (d) o condomínio é representado em juízo pelo administrador ou síndico (art. 75, XI, do CPC/2015).

Ainda nessa linha, e em dispositivo que pode ser considerado norma de encerramento, aplicável a situações não previstas expressamente, prevê o art. 75, IX, do CPC/2015 que "a sociedade e a associação irregulares e outros entes organizados sem personalidade jurídica" serão representados em juízo "pela pessoa a quem couber a administração de seus bens".

Em suma: a própria lei, não apenas a doutrina, reconhece concretamente a categoria jurídica da personalidade judiciária, embora esta expressão, propriamente dita, não seja expressamente mencionada pelo legislador processual civil.

6.3 Advogado

A advocacia é uma das funções essenciais à justiça, sendo o advogado, nos termos do art. 133 da CF, "indispensável à administração da justiça", sendo ainda reconhecida no referido dispositivo sua imunidade judiciária, ou seja, sua inviolabilidade "por seus atos e manifestações no exercício da profissão, nos limites da lei".

A matéria vem disciplinada no art. 142, I, do CP, ao excluir a tipicidade penal, ou seja, reconhecer ser fato atípico e, por isso, não punível penalmente, a injúria ou

1. Nesse sentido cita-se também a Súmula 525 do STJ, que dispõe: "A Câmara de Vereadores não possui personalidade jurídica, apenas personalidade judiciária, somente podendo demandar em juízo para defender os seus direitos institucionais".

difamação constituídas pela "ofensa irrogada em juízo, na discussão da causa, pela parte ou por seu procurador".

Em outras palavras, a imputação de fatos difamatórios (fatos ofensivos à reputação) ou a injúria (com ofensas à dignidade ou decoro), se praticadas sem o desejo de ofender (*animus difamandi vel injuriandi*) contra a parte contrária e nos limites da discussão da causa em juízo, nos estritos termos da necessidade para a defesa de uma tese ou posição jurídica, não são fatos puníveis penalmente.

A inviolabilidade ou imunidade judiciária penal do advogado não isenta a penalização da prática da calúnia (art. 138 do CP), consistente em imputar a outrem a prática de crime, tanto quanto não isenta a ofensa irrogada contra o magistrado, ou aquela que exceda os limites do razoável e estritamente necessário para a defesa da causa em juízo.

A atuação como advogado habilita o profissional, desde que bacharel em direito bem como inscrito nos quadros da OAB (art. 3º do Estatuto da Advocacia e da OAB/EAOAB – Lei 8.906/1994), a praticar atividades privativas da advocacia, ou seja, postular perante órgãos do Poder Judiciário, bem como exercer as atividades de consultoria, assessoria e direção jurídicas (art. 1º do EAOAB).

Anote-se que o Estatuto também prevê a inviolabilidade do advogado, no exercício da profissão e nos limites da lei, por seus atos e manifestações (art. 2º, § 3º).

Acrescente-se que, embora o advogado exerça atividade ou ministério privado, "presta serviço público e exerce função social", reconhecendo a lei expressamente que, no processo judicial, seus atos "constituem múnus público", em conformidade com o disposto no art. 2º, §§ 1º e 2º, do EAOAB.

O exercício da atividade da advocacia no território brasileiro e, consequentemente, a possibilidade de se ostentar a condição de advogado são privativos dos inscritos na OAB, embora os estagiários de escritórios de advocacia, desde que regularmente inscritos na OAB, possam praticar determinados atos, em conjunto com advogado e sob a responsabilidade deste (art. 3º, § 2º, do EAOAB).

Consequência disto é a existência de vício (que o Estatuto da Advocacia designa como nulidade) na hipótese da prática por pessoa não inscrita na OAB de atos privativos de advogado, sem prejuízo de outras sanções, eventualmente cabíveis, de natureza civil, penal e administrativa. O mesmo vício é reconhecido relativamente aos atos praticados por advogado impedido, suspenso ou licenciado, ou que passar a exercer atividade incompatível com a advocacia (art. 4º e parágrafo único do EAOAB).

Veremos oportunamente que no processo judicial não há nulidade de atos das partes, sendo possível exclusivamente reconhecer sua ineficácia para o alcance dos efeitos para eles programados pelo ordenamento jurídico quando praticados de forma irregular.

Assim, a compreensão da afirmação legal (art. 4º do EAOAB) de que são nulos os atos privativos de advogado praticados por pessoa não inscrita na OAB ou por advogado suspenso, impedido ou licenciado deve ser no seguinte sentido: tratando-se de atos de direito material, nulidade; tratando-se de atos de direito processual, ineficácia.

Exemplificando: é ineficaz no processo, não tendo aptidão para produzir efeitos, a petição subscrita por quem não é advogado, seja qual for sua finalidade (propositura de demanda judicial, interposição de recurso, requerimento de produção de provas, oferecimento de contestação etc.).

Entretanto, como o advogado atua em juízo como representante da parte, salvo nos casos em que atua em causa própria (art. 103 do CPC/2015), é indispensável que o faça trazendo prova do mandato (contrato), o que se verifica com a juntada do respectivo instrumento, ou seja, a procuração (art. 5º do EAOAB).

Excepcionalmente se admite que o advogado postule em juízo sem procuração em situação de urgência, como, por exemplo, para evitar preclusão, decadência ou prescrição. Nesse caso torna-se imprescindível que, no prazo de 15 dias, apresente a procuração da parte cujo interesse ou direito pretende preservar, promovendo, dessa forma, a ratificação dos atos praticados. Caso isso não ocorra são tais atos considerados ineficazes relativamente à pessoa em cujo nome os atos foram praticados, respondendo o advogado por despesas, perdas e danos (art. 104 do CPC/2015 e art. 5º, § 1º, do EAOAB).

Por outro lado, a procuração para o foro em geral (cláusula *ad judicia*), que pode ser outorgada por instrumento público ou privado (inexistindo exigência legal de reconhecimento de firma), habilita o profissional a praticar todos os atos judiciais, em qualquer juízo ou instância, salvo os que exijam poderes especiais (art. 5º, § 2º, do EAOAB).

A procuração com poderes especiais (cláusula *et extra*) é exigida para receber citação, confessar, reconhecer a procedência do pedido, transigir, desistir, renunciar ao direito sobre o qual se funda a ação, receber e dar quitação, firmar compromisso e assinar declaração de hipossuficiência econômica. Nesses casos, a procuração, contendo outorga de tais poderes, deve conter cláusulas específicas para tais fins (art. 105 do CPC/2015).

Ademais, a procuração, que pode ser assinada digitalmente, valerá, salvo disposição expressa, para todas as fases do processo, inclusive a fase de cumprimento de sentença (art. 105, §§ 1º e 4º, do CPC/2015).

Adite-se que, havendo renúncia do advogado ao mandato no curso do processo, para que esta se torne eficaz deve ser notificada ao cliente (mandante) pelo próprio advogado. Uma vez juntada aos autos a comprovação da notificação da renúncia ao mandato, deverá o advogado, pelo prazo subsequente de 10 dias, continuar representando o mandante, desde que isso seja necessário para evitar a ocorrência de prejuízo àquele (art. 112 do CPC/2015), bem como desde que não seja, mesmo antes deste prazo, constituído outro patrono pela parte (art. 5º, § 3º, do EAOAB).

O Estatuto da Advocacia e da AB disciplina prerrogativas e direitos dos advogados (arts. 6º e 7º), entre eles o direito aos honorários (arts. 22 a 26).

Neste ponto é relevante anotar que os honorários podem ser contratuais ou convencionais (fixados contratualmente, em função da formação do mandato, com a estipulação da cláusula de remuneração pela prestação dos serviços do profissional) bem como honorários de sucumbência, impostos como obrigação decorrente da derrota à parte vencida no processo judicial (art. 22 do EAOAB).

Por disposição expressa, os honorários incluídos na sentença judicial por força do desfecho do processo pertencem ao advogado da parte vencedora, e não a esta. Em função disso, o advogado é parte legítima para, em defesa de direito próprio e autônomo, promover o cumprimento da sentença (execução) nesta parte, requerendo inclusive a expedição do precatório em seu próprio nome (em seu favor), caso o Poder Público tenha sido condenado na ação judicial (art. 23 do EAOAB).[2]

Por último, e não menos importante, é necessário lembrar que a OAB é uma autarquia especial, possuindo disciplina absolutamente própria, reconhecendo a lei expressamente que, embora se enquadre no sentido amplo no conceito de serviço público, não mantém com órgãos da Administração Pública qualquer vínculo funcional ou hierárquico (art. 44, § 1º, do EAOAB).

Foi-lhe atribuída como finalidade defender a Constituição, a ordem jurídica do Estado Democrático de Direito, os direitos humanos, a justiça social, bem como pugnar pela aplicação das leis, pela rápida administração da justiça e pelo aperfeiçoamento da cultura e das instituições jurídicas (art. 44, I, do EAOAB); e, evidentemente, promover, com exclusividade, a representação, a defesa, a seleção e a disciplina dos advogados em toda a República Federativa do Brasil (art. 44, II, do EAOAB).

O Conselho Federal e os Seccionais possuem personalidade jurídica própria e distinta, agindo cada qual na esfera territorial de exercício de suas atribuições (nacionalmente o Conselho Federal; no âmbito dos respectivos Estados os Conselhos Seccionais – nos termos do art. 45, §§ 1º e 2º, do EAOAB).

Há previsão ainda no sentido de que o Conselho Federal tem legitimidade para representar, em juízo ou fora dele, os interesses coletivos ou individuais dos advogados (art. 54, II, do EAOAB) bem como ajuizar ação direta de inconstitucionalidade, ação civil pública, mandado de segurança coletivo, mandado de injunção e demais ações cuja legitimação lhe seja outorgada por lei (art. 54, XIV, do EAOAB) – valendo recordar que, no caso do controle concentrado de constitucionalidade de atos normativos, a legitimação da OAB foi estipulada no próprio texto da Constituição Federal (art. 103, VII).

Observe-se também que as disposições referentes ao Conselho Federal são aplicáveis, em alguma medida, aos Conselhos Seccionais, pois, em conformidade com o art. 57 do EAOAB, estes exercem e observam, no respectivo território, as competências, vedações e funções atribuídas ao Conselho Federal, no âmbito de sua competência material e territorial.

6.4 Ministério Público

A disciplina constitucional do Ministério Público está inserida entre as funções essenciais à justiça, do art. 127 ao art. 130 da CF, cuidando ainda o art. 130-A, incluído

2. Sobre o tema, cf. a Súmula Vinculante 47 do STF: "Os honorários advocatícios incluídos na condenação ou destacados do montante principal devido ao credor consubstanciam verba de natureza alimentar cuja satisfação ocorrerá com a expedição de precatório ou requisição de pequeno valor, observada ordem especial restrita aos créditos dessa natureza".

pela Emenda Constitucional 45/2004, do Conselho Nacional do Ministério Público/CNMP.

Tratando-se de instituição permanente, essencial à função jurisdicional do Estado (art. 127 da CF), cuja existência e cujo perfil foram assentados em benefício, portanto, dos cidadãos brasileiros, que são os destinatários da prestação jurisdicional, exclui-se frontalmente a possibilidade de cogitação de qualquer reforma constitucional tendente a reduzir substancialmente seu papel, sua estrutura normativa e suas garantias de atuação.

A existência do Ministério Público e sua conformação constitucional, que compreende suas funções, seus instrumentos de atuação, bem como as garantias institucionais e aquelas referentes aos seus membros, são verdadeira garantia constitucional endereçada aos cidadãos, no sentido de que terão como defensora da coletividade uma instituição verdadeiramente apta a desempenhar os encargos constitucionais que lhe foram reservados pelo constituinte originário.

Em outras palavras, sua disciplina constitucional deve ser compreendida como verdadeira cláusula pétrea, núcleo intangível da Constituição, ressalvada a possibilidade de seu aperfeiçoamento. Afinal, a redução do papel reservado constitucionalmente ao Ministério Público ou mesmo das suas garantias institucionais ou dos respectivos membros significaria, em última análise, mitigação de garantia dos destinatários de seus serviços, vedada, nos termos do art. 60, § 4º, IV, da CF.

Recebeu o Ministério Público a incumbência de "defesa da ordem jurídica, do regime democrático e dos interesses sociais e individuais indisponíveis" (art. 127, *caput*, da CF). Dentro desses parâmetros e a partir deles deve ser realizada a exegese da legislação infraconstitucional que disciplina a estrutura, o regime jurídico e a atuação dos diversos segmentos da instituição, ou seja, a Lei Orgânica Nacional do Ministério Público (Lei 8.625/1993), a Lei Orgânica do Ministério Público da União (Lei Complementar 75/1993) e as diversas leis orgânicas dos Ministérios Públicos dos Estados, como, por exemplo, no Estado de São Paulo, a Lei Complementar 734/1993.

Em outros termos, a disciplina infraconstitucional da atuação do Ministério Público, contida na legislação orgânica, no Código de Processo Civil/2015 ou mesmo na legislação de direito processual ou de direito material em geral, deve ser sempre apreendida e interpretada tendo como pano de fundo as premissas de que o exercício das funções institucionais se volta à defesa da ordem jurídica, do regime democrático e dos interesses sociais e individuais indisponíveis.

Para cumprir seus encargos com destemor e isenção, a própria Constituição estabeleceu como princípios institucionais do Ministério Público, em conformidade com o art. 127, § 1º: (a) a unidade (a atuação se dá sempre em nome da instituição, pois é ela que se faz presente por meio de seus membros), que se opera dentro de cada um dos segmentos do Ministério Público brasileiro, e não em relação ao Ministério Público como um todo; (b) a indivisibilidade (não há vínculo pessoal entre os membros do Ministério Público e os processos em que atua; é possível que ocorram substituições sem solução de continuidade em casos de afastamentos regulares como férias e outros tipos de licenças, ou mesmo em casos de promoções ou remoções, pois, qualquer que seja o membro da instituição que atue no feito, desde que em designação regular, estará a instituição presente); (c) e a independência funcional (em suas manifestações processuais ou extraprocessuais, no exercício de suas atribuições como órgãos de execução, os membros do Ministério Público devem obediência exclusivamente à lei, sem qualquer vinculação hierárquica ou subordinação com órgãos superiores ou mesmo com a chefia administrativa do Ministério Público).

Além disso, a Constituição Federal previu garantias para a própria instituição, que guarda as mesmas prerrogativas institucionais dos demais Poderes do Estado (Executivo, Legislativo e Judiciário). Nesse sentido a previsão da autonomia funcional e administrativa do Ministério Público (art. 127, § 2º, da CF), que lhe assegura a possibilidade de autogestão ou autogoverno, sem interferências externas, bem como a possibilidade de elaboração de sua proposta orçamentária (art. 127, § 3º, da CF), para inclusão no projeto de lei orçamentária a ser encaminhado pelo Poder Executivo ao Legislativo todos os anos.

Aos membros da instituição foram igualmente asseguradas garantias de atuação com independência e destemor, bem como vedações aptas a permitir-lhes uma atuação isenta e imparcial.

São garantias (de independência) dos membros do Ministério Público, conforme as alíneas do art. 128, § 5º, I, da CF: (a) vitaliciedade, adquirida depois de dois anos de exercício, com o significado de que somente por ação judicial transitada em julgado, e não em processo administrativo, é possível a perda do cargo; (b) inamovibilidade, ou seja, garantia de permanência no cargo e na localidade de sua lotação, ressalvada a possibilidade de remoção por interesse público, mediante decisão do órgão colegiado competente da própria instituição, pelo voto da maioria absoluta de seus membros, em processo revestido de todas as garantias decorrentes do devido processo legal, notadamente a ampla defesa; (c) irredutibilidade de subsídio, que, para ser efetiva, deveria alcançar não o valor nominal da quantia paga mensalmente a tal título, mas sim seu valor real ou poder aquisitivo, embora na prática ao longo dos anos não tenha sido de tal forma compreendida e aplicada tal garantia por parte dos poderes públicos envolvidos no processo de fixação do valor dos pagamentos mensais dos membros do Ministério Público.

As vedações (verdadeiras garantias de imparcialidade), por sua vez, são discriminadas no art. 128, § 5º, II, da CF. Contemplam as seguintes proibições: (a) receber, a qualquer título e sob qualquer pretexto, honorários, percentagens ou custas processuais; (b) exercer a advocacia; (c) participar de sociedade comercial, na forma da lei; (d) exercer atividade político-partidária; (e) receber, a qualquer título ou pretexto, auxílios ou contribuições de pessoas físicas, entidades públicas ou privadas, ressalvadas as exceções previstas em lei.

A instituição Ministério Público é constitucionalmente segmentada, considerada a estrutura federativa do Estado brasileiro, em Ministério Público da União, de um lado, e Ministérios Públicos dos Estados, de outro. O Ministério Público da União compreende quatro diferentes carreiras, ou seja: o Ministério Público Federal, o Ministério Público do Trabalho, o Ministério Público Militar e o Ministério Público do Distrito Federal e Territórios.

Os integrantes das carreiras dos Ministérios Públicos dos Estados são designados como promotores de justiça (os que atuam em primeira instância, ou seja, perante órgãos judiciais de primeiro grau de jurisdição) e como procuradores de justiça (os que atuam em segundo grau, ou seja, perante os tribunais locais). Idêntica denominação é reservada aos membros do Ministério Público do Distrito Federal e Territórios.

No âmbito do Ministério Público da União há diferentes designações.

Os integrantes da carreira do Ministério Público federal são designados como procuradores da República (membros que oficiam em primeira instância, perante as varas judiciais federais), procuradores regionais da República (que oficiam perante os TRFs) e como subprocuradores-gerais da República (que atuam perante o STF, o STJ, o TSE e em órgãos internos, como as Câmaras de Coordenação e Revisão, em conformidade com os seguintes dispositivos: arts. 44, 66, 68 e 70 da Lei Complementar 75/1993 – Lei Orgânica do Ministério Público da União).

No Ministério Público do Trabalho existem as seguintes designações: subprocuradores-gerais do trabalho, procurador regional do trabalho e procurador do trabalho, que exercem suas funções, respectivamente, no TST, nos TRTs e os últimos (procuradores do trabalho) tanto perante os TRTs como ainda perante a primeira instância, junto às varas e juízes do trabalho, nos litígios trabalhistas que envolvam, especialmente, interesses de incapazes (arts. 86, 107, 110 e 112 da Lei Complementar 75/1993).

No campo do Ministério Público Militar existem os cargos de subprocurador-geral da Justiça Militar, procurador da Justiça Militar e promotor da Justiça Militar (art. 119 da Lei Complementar 75/1993).

Os subprocuradores-gerais da Justiça Militar oficiam junto ao STM; os procuradores da Justiça Militar oficiam junto às auditorias militares, podendo substituir os subprocuradores; e os promotores da Justiça Militar oficiam junto às auditorias militares (arts. 140, 143 e 145 da Lei Complementar 75/1993).

É importante dizer que o Ministério Público desenvolve sua atuação, no processo judicial, em duas perspectivas fundamentais, ou seja, como autor ou como fiscal da ordem jurídica, sem prejuízo da sua atuação extrajudicial.

A atuação extrajudicial do Ministério Público vem ganhando importância nos últimos tempos, na esteira dos movimentos doutrinários que, acertadamente, têm preconizado a necessidade de maior valorização dos mecanismos alternativos de solução de conflitos.

Nesse plano, têm se mostrado relevantes para a atuação extrajudicial do Ministério Público, produzindo como resultado a solução dos conflitos sem a necessidade de ajuizamento de demandas judiciais, os institutos a seguir referidos: inquérito civil, termo de ajustamento de conduta, acordo de não persecução penal, acordo de não persecução civil e recomendação. O primeiro tem assento constitucional (art. 129, III, da CF), enquanto os demais são previstos e regulados apenas na legislação infraconstitucional.

O termo de ajustamento de conduta ou compromisso de ajustamento, pelo qual o responsável por práticas causadoras de ameaça ou danos a interesses metaindividuais assume a obrigação de interromper a conduta ilícita e reparar danos causados, está previsto no art. 5º, § 6º, da Lei da Ação Civil Pública (Lei 7.347/1985).

A recomendação está regulamentada na legislação orgânica do Ministério Público (Lei Complementar 75/1993, art. 6º, XX; art. 27, parágrafo único, IV, da Lei 8.625/1993). Pode dela se utilizar o órgão de execução do Ministério Público com a finalidade de alertar determinada pessoa ou ente investigado a respeito da apuração de situações de desconformidade com o ordenamento jurídico que apresentem como consequência da ilegalidade a ameaça ou o risco de dano para interesses sob sua tutela, concitando o responsável, dessa forma, a corrigir sua conduta ou omissão, sob pena de, não o fazendo o destinatário da recomendação, se abrir o caminho do ajuizamento de ação judicial.

O inquérito civil, por seu turno, previsto na Constituição (art. 129, III, da CF) e na Lei da Ação Civil Pública (art. 8º, § 1º, da Lei 7.347/1985), é o procedimento investigatório a cargo do Ministério Público destinado à apuração de atos ou omissões ilegais e, por isso, aptos a causar ameaça ou lesão a interesses metaindividuais em quaisquer de suas modalidades, ou seja, difusos, coletivos em sentido estrito e individuais homogêneos.

O acordo de não persecução penal é previsto, atualmente, no art. 28-A do CPP (redação da Lei 13.964, de 24.12.2019), desde que o acordo seja "necessário e suficiente para a reprovação e prevenção do crime", mediante a observância de condições ajustadas cumulativa e alternativamente, nos termos da lei processual penal (reparação do dano ou restituição da coisa à vítima, exceto na impossibilidade de fazê-lo; renúncia voluntária a bens e direitos indicados pelo Ministério Público como instrumentos, produto ou proveito do crime; prestação de serviços à comunidade ou a entidades públicas por período correspondente à pena mínima cominada ao delito diminuída de um a dois terços, em local a ser indicado pelo juízo da execução; pagamento de prestação pecuniária a entidade pública ou de interesse social, a ser indicada pelo juízo da execução, que tenha, preferencialmente, como função proteger bens jurídicos iguais ou semelhantes aos aparentemente lesados pelo delito; cumprimento, por prazo determinado, de outra condição indicada pelo Ministério Público, desde que proporcional e compatível com a infração penal imputada).

Há ainda, na esfera criminal, a hipótese específica dos acordos para fins de colaboração premiada, que encontram regulamentação própria e requisitos específicos (arts. 3º, I, 3º-A, 3º-B, 3º-C e 6º da Lei 12.850, de 2.8.2013, que "define organização criminosa e dispõe sobre a investigação criminal, os meios de obtenção de prova, infrações penais correlatas e o procedimento criminal").

O acordo de não persecução civil, por sua vez, está previsto atualmente no art. 17-B da Lei 8.429/1992 (redação da Lei 14.230/2021)) como forma de solução consensual para situações relativas à prática de atos de improbidade administrativa.

Ao lado da atuação extrajudicial, deve ser dado o devido destaque ao papel do Ministério Público no processo judicial, civil ou penal, como autor ou como fiscal da ordem jurídica.

No âmbito do processo penal figura a instituição como protagonista, pois tem a titularidade privativa da ação penal pública (art. 129, I, da CF).

Note-se que, como o exercício do *ius persequendi* em juízo envolve parcela relevante da soberania estatal no plano da imposição da sanção penal, que traz consigo o risco do cerceamento da liberdade (pena privativa de liberdade) bem como o estigma social inerente à condenação criminal, reservou a ordem constitucional ao próprio Estado, por intermédio do Ministério Público, a possibilidade de fazê-lo.

Como contraponto, bem como considerando que, embora o interesse primário, em regra, no direito penal seja público, mas que há também de forma subjacente a necessidade de tutela do interesse privado do ofendido, reservou a ordem constitucional à vítima da infração penal a possibilidade de exercer a ação penal nos casos de omissão indevida do Ministério Público.

Dessa forma, há previsão, ao lado da regra (ação penal pública), da exceção, que é a ação penal privada subsidiária, para a qual é legitimada a vítima da infração penal (art. 5º, LIX, da CF, pelo qual "será admitida a ação privada nos crimes de ação pública, se esta não for intentada no prazo legal").

Observe-se que a garantia constitucional da ação penal privada subsidiária da pública, acima indicada, subsiste, por se tratar de exceção, apenas nos estritos limites da dicção constitucional, nos casos de omissão do Ministério Público. Ou seja, quando deixa de ajuizar a ação penal no prazo previsto em lei para fazê-lo sem apresentar, para tanto, qualquer justificativa.

Em outras palavras, quando o Ministério Público aprecia o inquérito policial ou o termo circunstanciado de ocorrência (registro dos fatos relativos a delitos de pequeno potencial ofensivo) e se manifesta, optando pelo não aforamento da ação penal, por entender que é caso de arquivamento, não há possibilidade de oferecimento de ação penal privada subsidiária da pública pelo ofendido, pois não terá havido, neste caso, omissão do Ministério Público.

Ainda no processo penal, em todos os feitos em que o Ministério Público não for autor (por exemplo: ação penal privada, ação penal privada subsidiária da pública, *habeas corpus* e mandados de segurança criminais) figurará como fiscal da ordem jurídica (o *custos legis*, que a doutrina tradicional, em tradução literal, designa como "fiscal da lei").

É oportuno acrescentar que embora, em regra, as infrações penais sejam objeto do trabalho da polícia judiciária (ou seja: a Polícia Federal, no plano dos crimes de competência da justiça federal; a Polícia Civil, no plano dos crimes comuns; e as autoridades militares ou policiais militares, no plano das infrações penais militares, nos termos do disposto no art. 144, I e IV, e § 4º, da CF), nada impede que o Ministério Público realize investigações criminais ou complemente apurações já realizadas pela polícia judiciária.

Embora muita discussão já tenha havido a respeito, a questão é absolutamente singela: trata-se de poder implícito, pois, sendo conferido à instituição o poder de privativamente dar início à ação penal pública (art. 129, I, da CF), não faria qualquer sentido que em casos graves, em que sua iniciativa investigatória se mostre imprescindível, não pudesse fazê-lo.

A realidade tem demonstrado, nos últimos tempos, ser absolutamente imprescindível que em algumas situações (crimes graves praticados por policiais ou por detentores de poder político ou econômico, criminalidade organizada etc.) o Ministério Público atue, em caráter colaborativo, com a atividade investigatória já iniciada ou ainda não realizada pela polícia judiciária.

Ademais, a Constituição não outorga exclusividade à atividade investigatória da polícia judiciária, embora – insista-se – em regra caiba a esta investigar.

As comissões parlamentares de inquérito investigam, podendo apurar a ocorrência de crimes (art. 58, § 3º, da CF); a Administração Pública instaura e instrui procedimentos para apuração da conduta funcional de seus servidores, acabando, por vezes, por apurar crimes cuja ocorrência e autoria deverão ser levadas ao conhecimento do Ministério Público; os tribunais de contas podem, nos processos sob sua responsabilidade, apurar a ocorrência de fatos que configurem crimes e, consequentemente, encaminhar cópias ao Ministério Público, que poderá propor a ação penal, dado ser prescindível o inquérito policial para início da ação penal (nos termos do art. 12 do CPP, o inquérito "acompanhará a denúncia ou queixa, sempre que servir de base a uma ou outra", deixando claro que a ação penal pode ser iniciada sem o inquérito policial. Igualmente, nos crimes de ação penal pública condicionada à representação do ofendido, prevê o art. 39, § 5º, do CPP que o órgão do Ministério Público "dispensará o inquérito, se com a representação forem oferecidos elementos que o habilitem a promover a ação penal, e, neste caso, oferecerá denúncia no prazo de quinze dias").

No processo civil, por sua vez, atua a instituição como autora e como fiscal da ordem jurídica, embora não seja exclusiva para ela a dedução de nenhuma espécie de pretensão.

Nesse sentido, a Constituição indica que a instituição tem legitimidade para ajuizar ação civil pública para defesa do patrimônio público e social, do meio ambiente e de outros interesses difusos e coletivos, ações diretas de inconstitucionalidade ou representação de intervenção da União e dos Estados, nos casos previstos na Constituição, defender judicialmente os direitos dos indígenas, bem como outras funções que lhe forem conferidas por lei, desde que "compatíveis com sua finalidade, sendo-lhe vedada a representação judicial e a consultoria jurídica de entidades públicas" (art. 129, III, IV, V e IX, da CF).

Ou seja, desde que haja compatibilidade com seu perfil constitucional (art. 127 da CF) e, portanto, com sua finalidade, pode o Ministério Público, por lei, receber a atribuição de ajuizar ações judiciais ou de oficiar em feitos cíveis em defesa da ordem jurídica.

Note-se, contudo, que a legitimidade do Ministério Público para propositura de ações civis é sempre concorrente, nunca exclusiva. Como diz o art. 129, § 1º, da CF, esta legitimidade "não impede a de terceiros, nas mesmas hipóteses", segundo o disposto na Constituição e em lei.

A atuação da instituição no processo civil, seja como autor, seja como fiscal da ordem jurídica, recebeu disciplina, em termos gerais, nos arts. 176 a 181 do CPC/2015, sem prejuízo de disposições outras, contidas no próprio Código e na legislação processual civil extravagante.

Como fiscal da ordem jurídica, é imperativa a observância dos parâmetros gerais de atuação do Ministério Público, que decorrem da afirmação constitucional e legal de que cabe à instituição a defesa da ordem jurídica, do regime jurídico, do regime democrático e dos interesses sociais e individuais indisponíveis (art. 127 da CF, c/c arts. 176 e 177 do CPC/2015); bem como a indicação específica, na lei, dos casos de intervenção como fiscal da ordem jurídica, previstos no art. 178 do CPC/2015, em processos que envolvam: (a) interesse público e social; (b) interesse de incapaz; (c) litígios coletivos pela posse de terra rural ou urbana.

6.5 Defensoria Pública

A Defensoria Pública também foi tratada pelo constituinte como instituição permanente, essencial à função jurisdicional do Estado, "incumbindo-lhe, como expressão e instrumento do regime democrático, fundamentalmente, a orientação jurídica, a promoção dos direitos humanos e a defesa, em todos os graus, judicial e extrajudicial, dos direitos individuais e coletivos, de forma integral e gratuita, aos necessitados, na forma do inciso LXXIV do art. 5º desta Constituição Federal" (art. 134 da CF, redação da Emenda Constitucional 80/2014).

Em outros termos, tendo a Constituição Federal estabelecido, como garantia fundamental, a prestação, pelo Estado, de "assistência jurídica integral e gratuita aos que comprovarem insuficiência de recursos" (art. 5º, LXXIV), delineou a Defensoria como instituição incumbida de fazê-lo.

Portanto, toda vez que uma pessoa ou entidade jurídica não tiver condições materiais de, como autora ou ré, promover a tutela de seus próprios interesses em juízo ou extrajudicialmente, caberá à Defensoria Pública prestar-lhe assistência jurídica integral e gratuita.

Observe-se que, quando atua assistindo pessoas físicas ou jurídicas necessitadas, preenche a Defensoria, com sua presença, a capacidade postulatória dos litigantes. Ou seja, ela não atua em nome próprio, mas em representação dos titulares das posições jurídicas debatidas em juízo.

Exemplificando: numa ação de alimentos, o autor é o alimentando, não a Defensoria, pois o defensor público apenas representa o titular do direito, agindo em nome alheio em defesa de direito alheio (preenche, assim, o requisito da capacidade postulatória do litigante).

Diversamente, quando se trata da sua atuação em defesa de interesses coletivos (art. 134, *caput*, da CF e art. 5º, II, da Lei da Ação Civil Pública – Lei 7.347/1985, redação da Lei 11.448/2007), propõe a Defensoria ações coletivas como substituto processual, ou seja, atua em nome próprio na defesa de interesse alheio (a coletividade lesada).[3]

A Constituição prevê a existência da Defensoria Pública da União e do Distrito Federal e dos Territórios, de um lado, e dos Estados, de outro. A primeira organizada por lei complementar, que prescreverá, ainda, normas gerais para a organização das defensorias públicas dos Estados (art. 134, § 1º, da CF).

Seus integrantes ingressam na carreira de defensor público por concurso público de provas e títulos (art. 134, § 1º, da CF).

A disciplina legislativa da atuação dos defensores públicos deve observar, ademais, a garantia constitucional da inamovibilidade (garantia de independência), bem como a vedação do exercício da advocacia fora das atribuições institucionais (art. 134, § 1º, da CF, redação da Emenda Constitucional 45/2004 – garantia de imparcialidade).

Observe-se, ainda, que a regulamentação legal da instituição e do exercício das suas funções deve observar os princípios da unidade (a instituição é uma), da indivisibilidade (onde oficia um defensor público está presente a própria instituição, tornando-se possíveis as substituições, quando necessárias, sem que haja solução de continuidade de sua atuação) e da independência funcional (no exercício das funções que compõem sua atividade-fim os defensores públicos subordinam-se exclusivamente à lei, não sendo submetidos hierarquicamente à chefia da Defensoria senão para fins administrativos). Nesse sentido o disposto no art. 134, § 4º, da CF (redação da Emenda Constitucional 80/2014).

Cumpre ainda anotar que a ordem constitucional assegura à Defensoria Pública estadual, expressamente, autonomia funcional e administrativa, e a iniciativa de sua proposta orçamentária dentro dos limites estabelecidos na Lei de Diretrizes Orçamentárias (art. 134, § 2º, da CF, redação da Emenda Constitucional 45/2004).

6.6 Advocacia-Geral da União e procuradorias

A Advocacia-Geral da União, as procuradorias dos Estados e as procuradorias Municipais fazem parte do segmento de atividade que é denominado "Advocacia Pública", em contraposição à Advocacia Privada.

Da Advocacia Pública tratam os arts. 131 e 132 da CF, cuidando da Advocacia-Geral da União e das procuradorias dos Estados os dois dispositivos, respectivamente. A Constituição silencia a respeito das procuradorias municipais, que, em função disso,

---

3. Nesse sentido, cita-se a Repercussão Geral do STF, Tema 607, que fixou: "A Defensoria Pública tem legitimidade para a propositura de ação civil pública que vise a promover a tutela judicial de direitos difusos ou coletivos de que sejam titulares, em tese, pessoas necessitadas" (STF, RE 733.433, j. 15.2.2013).

têm sua regulamentação integralmente conferida ao legislador municipal (o que inclui a escolha entre criá-las ou não), devendo ser respeitados os princípios gerais da Administração Pública, assentados na Constituição Federal (art. 37), e outros limites gerais, extraíveis da Constituição, à atividade do legislador infraconstitucional.

A Advocacia-Geral da União, nos termos do art. 131 da CF, é a instituição que, "diretamente ou através de órgão vinculado, representa a União, judicial e extrajudicialmente", tendo a incumbência de, nos termos da lei complementar que dispuser sobre sua organização e funcionamento, cuidar das "atividades de consultoria e assessoramento jurídico do Poder Executivo".

Cumpre recordar que, em conformidade com o art. 75, I, do CPC/2015, a União é representada em juízo, ativa e passivamente, pela Advocacia-Geral da União ou mediante órgão vinculado.

Essa matéria foi regulamentada, por outro lado, pela Lei Complementar 73/1993, Lei Orgânica da Advocacia-Geral da União.

Os integrantes da carreira da Advocacia-Geral da União nela ingressam por concurso público de provas e títulos (art. 131, § 2º, da CF), atuando, em conformidade com as divisões de atribuições estabelecidas na legislação orgânica, em atividades de representação judicial e extrajudicial, bem como consultoria e assessoramento jurídico, no Poder Executivo federal, bem como nas entidades integrantes da Administração indireta.

Para exercer tais atividades, nos termos do art. 2º da Lei Complementar 73/1993, a Advocacia-Geral da União possui órgãos de direção superior (Advogado-Geral da União, Procuradoria-Geral da União e da Fazenda Nacional, Consultoria-Geral da União, Conselho Superior da Advocacia-Geral da União e Corregedoria-Geral da Advocacia-Geral da União) e órgãos de execução (procuradorias regionais da União e procuradorias regionais da Fazenda Nacional, e as procuradorias da União e da Fazenda Nacional nos Estados e no Distrito Federal, bem como as procuradorias seccionais destas; a Consultoria da União, as consultorias jurídicas dos ministérios, da Secretaria-Geral e das demais secretarias da Presidência da República e do Estado-Maior das Forças Armadas; órgãos de assistência direta e imediata ao Advogado-Geral da União).

Todo o regime jurídico, envolvendo direitos, prerrogativas, deveres, poderes etc., dos integrantes da instituição está definido na respectiva lei orgânica.

No que diz respeito às procuradorias dos Estados a disciplina constitucional é enxuta, reproduzindo, em suma, aquilo que se dispôs a respeito da Advocacia-Geral da União.

Nesse sentido, prevê o art. 132 da CF que os procuradores dos Estados e do Distrito Federal integram carreira na qual ingressam por concurso público de provas e títulos, no qual haverá a participação da OAB, em todas as fases, cabendo-lhes o exercício da representação judicial e consultoria jurídica das respectivas entidades federativas.

Observe-se que a função de representação judicial dos Estados e do Distrito Federal, cometida pelo legislador aos procuradores dos Estados e do Distrito Federal, também foi posta em destaque no art. 75, II, do CPC/2015.

Não se deve confundir a figura do procurador do Estado ou do Distrito Federal com o procurador da República ou procurador de justiça, pois são integrantes de carreiras distintas, possuindo em comum apenas a expressão "procurador", que designa, parcialmente, o respectivo cargo, carreira e funções.

Note-se: o procurador do Estado ou do Distrito Federal integra a Advocacia Pública. Exerce a representação judicial e extrajudicial do respectivo ente federativo, integrando a procuradoria do Estado ou do Distrito Federal vinculada ao Poder Executivo. O chefe desta instituição é o procurador-geral do Estado.

O procurador da República é o membro do Ministério Público Federal que atua em primeira instância ou grau de jurisdição, perante as varas da justiça federal. Integra instituição cujo chefe é o Procurador-Geral da República.

O procurador de justiça é integrante do Ministério Público do Estado ou do Distrito Federal. É o membro do Ministério Público que oficia perante os tribunais locais, ou seja, em segunda instância ou em segundo grau de jurisdição, integrando instituição cujo chefe é o Procurador-Geral de Justiça.

6.7 Magistratura

A magistratura é expressão que designa o conjunto dos magistrados. Nela estão compreendidos todos os integrantes do Poder Judiciário, ou seja, todos os juízes, desembargadores e ministros de tribunais superiores, que exercem a função judicante nos diversos graus de jurisdição.

Assim, todos os magistrados que atuam nos variados órgãos judiciais integrantes do sistema de justiça, discriminados no art. 92 da CF, são componentes das diversas carreiras que formam, em seu conjunto, a magistratura.

É necessário lembrar que há órgãos julgadores designados pelo sistema normativo brasileiro como tribunais que não integram o Poder Judiciário, sendo certo anotar, em função disso, que seus integrantes não são magistrados, no sentido estrito da expressão, nos termos aqui expostos.

Assim, é possível apontar exemplos de órgãos e autoridades que exercem a função de julgar processos não jurisdicionais e não são, portanto, tribunais, nem juízes, respectivamente, em sentido estritamente técnico: (a) os Ministros do Tribunal de Contas da União/TCU e os conselheiros dos tribunais de contas dos Estados não integram o Poder Judiciário, que exercem a função de julgar processos administrativos da competência das Cortes de Contas (arts. 71, 73 e 75 da CF); (b) os integrantes da Justiça Desportiva (art. 217, §§ 1º e 2º, da CF), que julgam processos relacionados à observância da legislação atinente à disciplina desportiva; (c) os integrantes do Tribunal Administrativo de Defesa Econômica (Lei 12.529/2011, arts. 5º, I, 6º e 9º), que integram a estrutura do Conselho Administrativo de Defesa Econômica/CADE, que, por sua vez, integra o Sistema Brasileiro de Defesa da Concorrência, encarregado da instrução e julgamento de processos administrativos relacionados à prevenção e repressão de infrações administrativas à ordem econômica; (d) os "juízes", no sentido lato e não técnico da expressão, dos tribunais de impostos e taxas/TITs, que funcionam como órgão recursal, na esfera administrativa, encarregado de julgar recursos administrativos interpostos contra autuações realizadas pelos agentes encarregados da fiscalização tributária, sendo vinculados ao Poder Executivo e, mais precisamente, à própria Secretaria da Fazenda ou órgão equivalente.

Por outro lado, embora a prática, nos últimos tempos, tenha consagrado tratamento nem sempre preciso, nos termos da disciplina e da dicção constitucional da matéria, magistrados ou juízes (gênero) podem ser designados em três espécies distintas: (a) juízes (sentido estrito), que são os julgadores que exercem a jurisdição em primeiro grau ou primeira instância; (b) desembargadores, que são os juízes junto aos tribunais de justiça estaduais; (c) juízes de tribunais, locução que revela o modo como a Constituição trata os magistrados que atuam nos TRFs, nos TRTs e nos TREs (embora sejam por vezes tratados, na prática forense, como "desembargadores federais" ou desembargadores do trabalho, os juízes da segunda instância da Justiça Federal e da Justiça do Trabalho, respectivamente); (d) ministros, que são os juízes integrantes dos tribunais superiores (STF, STJ, TST, STM, TSE).

Não se deve, por outro lado, confundir *instância* com *entrância.*

Instância é grau ou nível de atuação do Poder Judiciário. Fala-se em primeira ou segunda instância, como referência às atividades judicantes dos juízes (primeira instância) ou dos tribunais (segunda instância). Como sinônimo utilizam-se as expressões primeiro ou segundo grau de jurisdição.

Entrância, por outro lado, é divisão estrutural e administrativa, que envolve as classificações relativas aos órgãos jurisdicionais e, consequentemente, à própria carreira de determinado segmento da magistratura. No Estado de São Paulo, por exemplo, as comarcas menores são designadas como entrância inicial. As que possuem movimento forense e população pouco maior são designadas como entrância intermediária. As maiores, como entrância final. Após isso, na evolução funcional dos magistrados, chega-se ao tribunal local, ou seja, à segunda instância ou grau de jurisdição, quando são promovidos ao cargo de desembargador.

O art. 93 da CF traça o conteúdo mínimo (tratado pela Lei Maior como verdadeiros princípios) do regime jurídico da carreira da magistratura, consolidando, neste dispositivo, a essência do denominado "Estatuto da Magistratura", remetendo a regulamentação da matéria, ademais, ao âmbito da lei complementar, cuja iniciativa é privativa do Presidente do STF.

Ainda se encontra em vigor, neste particular, ao menos parcialmente (ou seja, naquilo em que não contrarie a Constituição Federal e tenha, em função disso, sido recepcionado pela ordem constitucional vigente), a Lei Complementar 35/1979, que "dispõe sobre a Lei Orgânica da Magistratura Nacional".

Alguns pontos do estatuto constitucional da magistratura merecem destaque, pois dão os contornos mínimos, verdadeiramente essenciais, do Poder Judiciário brasileiro, qualificando-o positivamente.

Há previsão expressa de que o ingresso nas diversas carreiras da magistratura deve ocorrer no cargo de juiz substituto, por concurso público de provas e títulos, com a participação da OAB em todas as fases, bem como observando-se a exigência, em relação aos bacharéis em direito, candidatos, de no mínimo três anos de atividade profissional e nas nomeações, ademais, a ordem de classificação (art. 93, I, da CF).

Quanto à movimentação dos juízes na carreira, devem ser observadas, em conjunto, várias regras (art. 93, II: a) promoção de entrância para entrância, por antiguidade e merecimento; b) obrigatoriedade da promoção do juiz que figurar por três vezes consecutivas ou cinco alternadas em lista de merecimento; c) promoção por merecimento só após dois anos de exercício na entrância respectiva, bem como desde que o juiz integre a primeira quinta parte da lista de antiguidade, salvo se não houver candidato com tais requisitos; d) aferição do merecimento com base no desempenho e em critérios objetivos de produtividade e presteza no exercício da jurisdição, bem ainda pela frequência e aproveitamento em cursos oficiais ou reconhecidos de aperfeiçoamento).

Ainda com relação à movimentação na carreira, há previsão de recusa de promoção do juiz, por antiguidade, por voto fundamentado de dois terços do tribunal (ou respectivo órgão especial), desde que assegurada a ampla defesa (art. 93, II, "d", da CF), bem como vedação de promoção do juiz que, injustificadamente, retiver autos em seu poder além do prazo legal, não sendo possível sua devolução em cartório sem o devido despacho ou decisão (art. 93, II, "e", da CF).

Nessa mesma seara, deve também ser anotada a regra pela qual o acesso aos tribunais se dá por promoção, pelos critérios de antiguidade e merecimento, apurados na última ou única entrância (art. 93, III, da CF), paralelamente ao ingresso originário por força do instituto do "quinto constitucional".

Note-se que o instituto do "quinto constitucional", previsto no art. 94 da CF, estabelece que o equivalente a um quinto dos assentos nos TRFs bem como nos tribunais dos Estados e do Distrito Federal deverá ser ocupado por integrantes das carreiras da advocacia e do Ministério Público.

Trata-se de instituto tradicional no direito brasileiro, cujo objetivo é promover o "arejamento" na formação do pensamento dos TRFs e nos tribunais de justiça dos Estados, Distrito Federal e Territórios. Por meio dele busca-se viabilizar que o corpo dos julgadores nos tribunais de segunda instância seja formado não apenas por juízes de carreira, mas também por magistrados oriundos das carreiras jurídicas da advocacia e do Ministério Público, com experiência, portanto, no funcionamento da justiça, mas com diferentes visões do fenômeno jurídico.

Nesse sentido, determina a regra que as corporações (OAB e Ministério Público) formem listas sêxtuplas que, em momento subsequente, serão reduzidas pelo tribunal a uma lista tríplice. Esta será encaminhada ao Poder Executivo, a quem caberá a nomeação de um dos três indicados. Por este mecanismo deverá ser ocupado o número correspondente a um quinto dos assentos nos TRFs, tribunais dos Estados e do Distrito Federal.

A Constituição exige, para indicação à vaga do quinto, que os membros do Ministério Público indicados tenham pelo menos 10 anos de carreira, bem como, quanto aos advogados, que sejam detentores de notório saber jurídico e reputação ilibada, com mais de 10 anos de efetiva atividade profissional.

Ainda no contexto do Estatuto constitucional da Magistratura encontra-se a previsão da existência do denominado "órgão especial" nos tribunais formados por pelo menos 25 julgadores. Neste caso poderá ser instituído o órgão especial, colegiado fracionário composto por no mínimo 11 e no máximo 25 julgadores, ao qual serão delegadas, pelo regimento interno do tribunal, as competências administrativas e jurisdicionais que, em princípio, são do tribunal pleno. Metade dos seus integrantes ocupará vagas por antiguidade, e a outra metade mediante eleição pelo tribunal pleno.

O Estatuto constitucional da Magistratura permite, ainda, que haja delegação aos servidores do Poder Judiciário para a prática de atos de administração e de mero expediente, sem caráter decisório (art. 93, XIV, da CF).

Essa autorização constitucional tem sido utilizada nos diversos segmentos da justiça brasileira, sendo certo que a lei processual civil também se vale dela.

Nesse sentido, prevê o art. 203, § 4º, do CPC/2015 que "os atos meramente ordinatórios, como a juntada e a vista obrigatória, independem de despacho, devendo ser praticados de ofício pelo servidor e revistos pelo juiz quando necessário". Tais atos, como se mostra evidente, não possuem conteúdo decisório. Nesse sentido, pode a matéria ser regulamentada no âmbito dos regimentos internos e normas de serviços dos tribunais, respeitados os limites impostos pela Constituição Federal.

Ainda nessa mesma linha encontra-se a previsão da realização automática de atos sem conteúdo decisório na hipótese de processos que tramitem em autos eletrônicos, nos termos do art. 228, § 2º, do CPC/2015, pela qual nesse caso "a juntada de petições ou de manifestações em geral ocorrerá de forma automática, independentemente de ato do serventuário da justiça".

Outro importante aspecto relativo ao Estatuto constitucional da Magistratura são as garantias constitucionais asseguradas ao próprio Poder Judiciário, de um lado, e aos juízes, de outro.

As garantias institucionais do Poder Judiciário referem-se à sua autonomia administrativa, financeira e orçamentária.

Foram disciplinadas nos termos dos arts. 96 e 99 da CF, cuidando o primeiro da autonomia administrativa, enquanto o segundo se refere a ambas, disciplinando ainda, especificamente, a iniciativa privativa dos tribunais para encaminhamento da respectiva proposta orçamentária, respeitados os limites estabelecidos na Lei de Diretrizes Orçamentárias de cada entidade federativa.

Quanto aos magistrados, foram asseguradas garantias de independência e de imparcialidade.

Garantias de independência funcional são aquelas que conferem aos juízes condições pessoais de atuar tendo como limites apenas o ordenamento jurídico, ou seja, a Constituição e as leis, e sua consciência, pautada na convicção formada relativamente aos fatos apreciados nos casos concretos.

As garantias de independência funcional, assentadas no art. 95, I, II e III, da CF são: (a) a vitaliciedade, que, no primeiro grau de jurisdição é adquirida após dois anos de exercício (o período do chamado "estágio probatório"), tendo como consequência que a perda do cargo durante o estágio probatório pode ser determinada por decisão administrativa do tribunal ao qual o magistrado estiver vinculado, e após a aquisição da vitaliciedade só pode ocorrer por força de decisão judicial transitada em julgado (nos casos, por exemplo, de condenação criminal que tenha como consequência a perda do cargo público, ou de condenação por ato de improbidade administrativa, nos termos da Lei 8.429/1992). Para os juízes dos tribunais que ingressam diretamente em segundo grau, por força da regra do "quinto constitucional" (art. 94 da CF), ou nos tribunais superiores, por nomeação do Presidente da República após aprovação da indicação pelo Senado Federal, como ocorre no STF, STJ, STM e TST, a aquisição da vitaliciedade se dá como imediata consequência da nomeação e posse; (b) inamovibilidade, ou seja, impossibilidade de remoção ou retirada de funções do cargo, salvo por motivo de interesse público, em processo administrativo no qual seja assegurada a ampla defesa, e em decisão tomada pela maioria absoluta do respectivo tribunal ou do Conselho Nacional de Justiça/CNJ (art. 93, VIII, da CF); (c) irredutibilidade do valor dos subsídios, observados, entretanto, os limites constitucionais relativos ao tema.

As garantias de imparcialidade são as chamadas "vedações constitucionais", cujo escopo é impedir que o magistrado seja, de algum modo, cooptado, tornando-se parcial na apreciação dos processos sob sua responsabilidade, envolvendo, nos termos do art. 95, parágrafo único, I a V, da CF, as proibições de: (i) exercer, ainda que em disponibilidade, outro cargo ou função, salvo uma de magistério; (ii) receber, a qualquer título ou pretexto, custas ou participação em processo; (iii) dedicar-se à atividade político-partidária; (iv) receber, a qualquer título ou pretexto, auxílios ou contribuições de pessoas físicas, entidades públicas ou privadas, ressalvadas as exceções previstas em lei; (v) exercer a advocacia no juízo ou tribunal do qual se afastou, antes de decorridos três anos de afastamento do cargo por aposentadoria ou exoneração.

Quanto à última vedação (proibição de exercer a advocacia no juízo ou tribunal do qual se afastou, antes de decorridos três anos de afastamento do cargo por aposentadoria ou exoneração), também denominada nos meios forenses de "quarentena", embora tenha sido inserida no contexto das regras constitucionais que tratam da magistratura, cuida-se antes de norma dirigida à advocacia, verdadeira limitação ao exercício desta, cujo desrespeito pode acarretar sanções disciplinares existentes no Estatuto da Advocacia e da Ordem dos Advogados do Brasil/EAOAB (Lei 8.906/1994).

6.8 Auxiliares permanentes e eventuais da justiça

Inerente ao exercício de qualquer atividade estatal é a existência de pessoal de apoio, ou seja, de sujeitos encarregados de materializar ou dar cumprimento às determinações proferidas pelos órgãos detentores do poder, aos quais incumbe emitir deliberações nos processos decisórios.

Tal circunstância se faz igualmente presente no âmbito das atividades jurisdicionais, pois, como é curial, o juiz profere sentenças, decisões interlocutórias ou despachos que devem ser cumpridos e, a depender do respectivo conteúdo, pelas partes ou por pessoas encarregadas de concretizar, no processo ou fora dele, tais determinações.

Lembremos que processo é relação entre pessoas e atos, que se manifesta, de forma visível, por meio do procedimento, consistente no conjunto concatenado e coordenado de atos por força dois quais a relação processual se desenvolve, caminhando, de forma dinâmica, para seu desfecho, através da prestação jurisdicional.

Em outros termos, quando o juiz determina a citação, a fim de que o réu seja cientificado da existência do processo judicial e integrado a ele, os atos concretos para a realização da comunicação processual devem ser praticados por alguém. Isso também se verifica quando há determinação de realização de penhora, avaliação, intimação de testemunhas, publicação de decisões ou despachos, realização de perícias, solicitação de colaboração de outros órgãos públicos (polícias, universidades, entre outros) etc.

Auxiliares da justiça são, portanto, todos os órgãos ou instituições que, de qualquer modo, atuam como colaboradores na atividade cometida ao Poder Judiciário, praticando atos ou adotando providências que têm por escopo, em última análise, materializar ou concretizar determinações advindas dos juízes e, com isso, confluir para a instrução dos processos, prolação de decisões judiciais e prestação da tutela jurisdicional.

Os auxiliares da justiça podem ser permanentes ou eventuais.

Os *auxiliares permanentes* da justiça são servidores públicos, ou seja, integrantes das diversas carreiras do serviço público judicial que, em razão do vínculo funcional estatutário com o Poder Judiciário, atuam dando cumprimento às determinações judiciais. São os escreventes, técnicos judiciários, oficiais de justiça, pregoeiros, peritos, assistentes jurídicos, assistentes sociais, psicólogos, dentre alguns, que, como serventuários da justiça, são encarregados da realização de todos os serviços afetos à justiça.

Os *auxiliares eventuais* da justiça são pessoas ou instituições que, embora sem guardar vínculo permanente, funcional ou de subordinação em relação ao Poder Judiciário, prestam, mediante requisição, colaboração com o funcionamento da justiça. São, por exemplo, os cartórios extrajudiciais (cartórios do registro civil, do registro de imóveis, de notas, tabelionatos), a Polícia Militar, a Polícia Civil, a Polícia Científica, a Receita Federal, o Banco Central, universidades públicas, institutos públicos encarregados de realizar determinadas espécies de perícias (como, no Estado de São Paulo, por exemplo, o Instituto de Medicina Social e Criminologia de São Paulo/IMESC – que realiza perícias para identificação de relações de parentesco em ações de investigação de paternidade), leiloeiros extrajudiciais, profissionais com formação em nível superior (engenheiros, médicos, arquitetos, contabilistas, economistas, administradores) nomeados para realizar perícias em casos específicos e processos determinados, mediadores e conciliadores etc.

O Código de Processo Civil/2015 não disciplina o estatuto jurídico das carreiras dos servidores públicos do Poder Judiciário (auxiliares permanentes da justiça), e nem deveria fazê-lo, pois não se trata de matéria a ser nele contida, sujeita, ademais, a reserva de iniciativa legislativa por parte do Poder Judiciário (art. 96, I, "a", da CF).

O Código corretamente disciplina, entretanto, aspectos da atuação processual dos auxiliares da justiça, englobando algumas dessas atividades em normas aplicáveis, ao menos em princípio, tanto aos colaboradores judiciais como aos colaboradores eventuais da justiça.

A referência é feita a partir do art. 149 do CPC/2015, que inicia capítulo sob a rubrica "Dos Auxiliares da Justiça". Em conformidade com aludido dispositivo, "são auxiliares da justiça, além de outros cujas atribuições sejam determinadas pelas normas de organização judiciária, o escrivão, o chefe de secretaria, o oficial de justiça, o perito, o depositário, o administrador, o intérprete, o tradutor, o mediador, o conciliador judicial, o partidor, o distribuidor, o contabilista e o regulador de avarias". Resta evidente que tal enumeração é exemplificativa, não taxativa.

O Código de Processo Civil/2015 especifica atribuições processuais dos auxiliares da justiça a que se refere.

Nos termos do art. 152 do CPC/2015, cabe ao *escrivão ou ao chefe de secretaria*: (a) redigir ofícios, mandados, cartas precatórias e outros atos de seu ofício (cartório) judicial; (b) efetivar ordens judiciais, realizar citações e intimações, bem como praticar os demais atos que lhe forem atribuídos pelas normas de organização judiciária; (c) comparecer às audiências ou designar servidor para substituí-lo; (d) manter autos sob sua guarda e responsabilidade, não permitindo sua retirada do cartório, salvo quando autorizado por lei; (e) fornecer certidão de qualquer ato ou termo do processo, independentemente de despacho, observadas as disposições referentes ao segredo de justiça; (f) praticar, de ofício, atos meramente ordinatórios.

As incumbências do *oficial de justiça* são descritas no art. 154 do CPC/2015, ou seja: (a) fazer citações, prisões, penhoras, arrestos e demais diligências próprias do seu ofício, sempre que possível na presença de duas testemunhas, certificando no mandado judicial o ocorrido, com menção ao lugar, dia e à hora; (b) executar as ordens do juiz a que estiver subordinado; (c) entregar o mandado em cartório após seu cumprimento; (d) auxiliar o juiz na manutenção da ordem; (e) efetuar avaliações; (f) certificar em mandado a proposta de autocomposição apresentada por qualquer das partes, na ocasião da realização de ato de comunicação que lhe couber.

Os *peritos*, por sua vez, têm por função auxiliar o juiz quando a prova do fato ou fatos alegados pelas partes depender de conhecimento técnico ou científico (art. 156, *caput*, do CPC/2015). Devem ser nomeados pelo juiz entre os profissionais legalmente habilitados e os órgãos técnicos ou científicos devidamente inscritos em cadastro mantido pelo tribunal ao qual o juiz está vinculado (art. 156, § 1º, do CPC/2015).

Das atribuições do *depositário* e do *administrador* cuida o art. 159 do CPC/2015, assentando que lhes cabe "a guarda e a conservação de bens penhorados, arrestados, sequestrados ou arrecadados" que lhes forem confiados.

Há ainda determinação no sentido de que, por seu trabalho, o depositário ou o administrador percebam remuneração que o juiz fixará "levando em conta a situação dos bens, ao tempo do serviço", bem como "as dificuldades de sua execução" (art. 160 do CPC/2015).

Do *intérprete* e do *tradutor* cuida o art. 162 do CPC/2015, que serão nomeados, quando necessário, para: (a) traduzir documento redigido em língua estrangeira; (b) verter para o Português as declarações das partes e das testemunhas que não conhecerem o idioma nacional; (c) realizar a interpretação simultânea dos depoimentos das partes e testemunhas com deficiência auditiva que se comuniquem por meio da Língua Brasileira de Sinais, ou equivalente, quando for solicitado.

Quanto aos *conciliadores* e *mediadores judiciais* há disciplina mais ampla (art. 165 a 175 do CPC/2015), cuja análise deve ser realizada em conjunto com a Lei 13.140, de 26.6.2015, que "dispõe sobre a mediação entre particulares como meio de solução de controvérsias e sobre a autocomposição de conflitos no âmbito da Administração Pública".

Embora seja tênue a distinção entre as duas figuras (conciliador e mediador) e, consequentemente, entre a própria atividade de conciliação e a de mediação, fornece o art. 165, §§ 2º e 3º, do CPC/2015 elementos para a diferenciação.

Nos termos do art. 165, § 2º, do CPC/2015, atua o conciliador "preferencialmente nos casos em que não houver vínculo anterior entre as partes", podendo sugerir soluções para o litígio, vedada, evidentemente, a utilização de qualquer tipo de constrangimento ou intimidação para que as partes se conciliem.

Por outro lado, em conformidade com o art. 165, § 3º, do CPC/2015, atua o mediador "preferencialmente nos casos em que houver vínculo anterior entre as partes", auxiliando os interessados a compreender as questões e os interesses em conflito, de modo que eles possam, pelo restabelecimento da comunicação, "identificar, por si próprios, soluções consensuais que gerem benefícios comuns".

Ou seja: (a) o conciliador atua quando não há vínculo anterior entre os litigantes, e pode formular sugestões para a solução do litígio; (b) o mediador atua quando há vínculo anterior entre as partes, mas não formula sugestões, devendo, apenas, atuar de modo a fomentar que os litigantes compreendam melhor a situação conflituosa e cheguem por si mesmos a uma solução.

A lei processual civil estabelece, ainda, referências à possibilidade de responsabilização, por dolo ou culpa, dos auxiliares da justiça que procederem mal no desempenho da atividade e, com isso, causarem danos às partes ou a terceiros. Nesse sentido os seguintes dispositivos do CPC/2015: art. 155, II (escrivão, chefe de secretaria e oficial de justiça); art. 158 (perito); art. 161 (depositário ou administrador); art. 173 (conciliador ou mediador).

Anote-se, ainda, que as disposições relativas ao impedimento e à suspeição dos juízes são aplicáveis, no que couber, aos auxiliares da justiça (art. 148, II, do CPC/2015).

Ocioso dizer que as observações aqui formuladas, embora tenham tomado como referência disposições contidas no Código de Processo Civil, servem, igualmente, para o processo penal, contendo o Código de Processo Penal, da mesma forma, disposições referentes aos auxiliares da justiça.

Nesse sentido, em capítulo próprio, sob a rubrica "Dos Funcionários da Justiça", estabelece o art. 274 do CPP que "as prescrições sobre suspeição dos juízes estendem-se aos servidores e funcionários da justiça, no que lhes for aplicável". Além disso, dispositivos contidos em capítulo seguinte cuidam da atividade dos peritos e intérpretes (arts. 275 a 281 do CPP).

Capítulo 7

PRINCÍPIOS DO DIREITO PROCESSUAL

7.1 Considerações iniciais e classificação

O estudo científico de qualquer área do conhecimento humano toma como ponto de partida balizas mestras, parâmetros fundamentais, que, por coerência lógica e por sua consistência, são considerados como elementos fundamentais na compreensão e no desenvolvimento do saber.

A ciência não é captada como simples acumulação de informações, dissociadas entre si e surgidas do nada, como que num passe de mágica, com mera aptidão para explicar situações analisadas.

Os princípios, nesse contexto, funcionam tanto como ponto de partida mas também como elemento de ligação e paradigma reflexivo para correta compreensão e evolução do conhecimento em determinado segmento do pensamento científico.

Princípios, em suma, são dogmas, fundamentos essenciais, linhas mestras, a partir dos quais se constrói toda a edificação do conhecimento científico, com coerência lógica e consistência justificativa, de forma concatenada, de sorte a permitir, por argumentação racional, a compreensão da realidade fenomênica e a evolução dos conceitos, institutos, regras, e da experiência prática associada à própria ciência.[1] São, ademais, parâmetros para a otimização da própria ciência e, no caso do direito, do ordenamento jurídico.

Não há ciência sem princípios, e só a partir destes se mostra possível sua compreensão e sua evolução.

Na ciência do direito apresenta-se como indispensável a compreensão dos fenômenos humanos e sociais a partir da correta identificação dos *fatos*, dos *valores* e das *normas*. Fato, valor e norma são, portanto, eixos metodológicos em torno dos quais se assenta, constrói e desenvolve o direito, consonante o vaticínio de Miguel Reale, na sua *Teoria Tridimensional do Direito*.[2]

Pensar, portanto, no estudo dos valores éticos que devem estar presentes no desenvolvimento da ciência do direito significa lançar o olhar para a *deontologia*.

Por outro lado, pensar no estudo das normas, que são parte integrante da vida do direito, significa cuidar da *epistemologia*.

Se a construção do direito é informada pelo estudo do *fato*, dos *valores* e das *normas*, a *deontologia* e a *epistemologia* estão indissociavelmente a ele vinculadas.

A partir dessas singelas observações torna-se possível compreender uma importante classificação dos princípios no estudo do direito, que toma como referência sua associação ao estudo dos valores éticos (*deontologia*) ou ao estudo das normas (*epistemologia*).

Dessa forma, sob a perspectiva da *deontologia* é possível falar em *princípios informativos* do direito processual, ou seja, linhas mestras, paradigmas fundamentais que orientam a construção e o desenvolvimento do direito processual. Não estão escritos ou descritos em nenhuma proposição normativa específica, mas podem ser extraídos, precisamente, do conjunto de valores éticos e sociais que inspiram a edificação teórica desse segmento da ciência do direito, tornando-o adequado ao contexto social em que opera.

Ao se falar dos *princípios informativos* do direito processual, ou seja, dos valores éticos que devem inspirar sua formação e sua evolução, costuma a doutrina a referir-se aos seguintes princípios: *lógico*, *jurídico*, *político* e *econômico*.[3]

Pelo princípio informativo *lógico*, deve imperar a racionalidade na construção e evolução do direito processual. Em outros termos, a edificação do sistema processual,

---

1. V., a respeito: Miguel Reale, *Filosofia do Direito*, 18ª ed. São Paulo, Saraiva, 1998, pp. 60-62; e Humberto Ávila, *Teoria dos Princípios: da Definição à Aplicação dos Princípios Jurídicos*, 10ª ed., São Paulo, Malheiros Editores, 2009, pp. 78-80.

2. Cf. Miguel Reale, *Teoria Tridimensional do Direito*, São Paulo, Saraiva, 1968, pp. 73-74.

3. Assim, *v.g.*: Cândido Rangel Dinamarco, Gustavo Henrique Righi Ivahy Badaró e Bruno de Vasconcelos Carrilho Lopes, *Teoria Geral do Processo*, 32ª ed., São Paulo, Malheiros Editores, 2020, p. 81; Vicente Greco Filho, *Direito Processual Civil*, vol. 1 (*Teoria Geral do Processo e Auxiliares da Justiça*), 21ª ed., São Paulo, Saraiva, 2009; e Moacyr Amaral Santos, *Primeiras Linhas de Direito Processual Civil: Adaptadas ao Novo Código de Processo Civil*, 5ª ed., vol. 1, São Paulo, Saraiva, 1977.

por obra dos legisladores, dos doutrinadores e da jurisprudência, deve, no limite do possível, favorecer a adoção de mecanismos seguros e eficazes que maximizem o potencial de descoberta da verdade e a realização da justiça, obstaculizando o cometimento de erros.

Pelo princípio informativo *jurídico*, o valor que deve estar presente, como síntese objetiva, no direito processual é seu direcionamento à realização da justiça, com igualdade no tratamento de seus destinatários. Em outras palavras, aproveitando a ainda insuperável atualidade do pensamento romano, devem os esforços ser conjugados para que o direito processual estruture mecanismos aptos a fazer com que as pessoas, seus destinatários, observem os preceitos para a vida em conformidade ao direito: dar a cada um o que é seu (*suum cuique tribuere*); não lesar ninguém (*alterum non laedere*); e viver honestamente (*honestum vivere*).[4]

Pelo princípio informativo *político*, é imprescindível que o direito processual assegure o funcionamento de seus institutos e mecanismos e, com isso, o convívio social, com o máximo de observância das garantias aplicáveis no curso do processo e o mínimo de sacrifício de direitos individuais, notadamente da liberdade das pessoas.

Pelo princípio informativo *econômico,* não se pode perder de vista que, embora o processo tenha um custo e duração, deve o sistema processual conter regulação adequada, de modo a não tornar a justiça inacessível para as pessoas. Em outras palavras, o legislador, a doutrina e a jurisprudência devem contribuir, com seu trabalho, para o aperfeiçoamento do sistema processual, de sorte a não criar, bem como a minimizar, obstáculos associados ao custo e à duração do processo.

Ao lado dos princípios informativos é possível identificar proposições de conteúdo e caráter geral que informam o direito processual em perspectiva técnico-jurídica. Seu estudo está situado no campo da *epistemologia* jurídica, pois a reflexão que sua compreensão exige guarda relação com a formação e a estrutura do ordenamento jurídico, ou seja, com a própria dogmática jurídica.

Tais são os princípios *gerais* do direito e, no caso do tema em estudo, os princípios gerais do direito processual. A seu lado situam-se os princípios *constitucionais* do direito e, no nosso campo, do direito processual. Dada a amplitude das matérias e dos temas disciplinados na Constituição Federal/1988, verifica-se, na prática, certa identidade entre os princípios gerais e os princípios constitucionais. Eles serão examinados a seguir.

---

4. Sobre a busca de tais valores no direito romano, cf.: Thomas Marky, *Curso Elementar de Direito Romano*, 8ª ed., São Paulo, Saraiva, 1995, p. 13. V., ainda: Carlos Alexandre Bötcher, "O legado ético e universalista do direito romano", *Revista da Faculdade de Direito da USP* 108/155-167, São Paulo, janeiro-dezembro/2013. Como anota em obra clássica José Carlos Moreira Alves, com apoio no jurista romano Celso, para os romanos "o direito nada mais é do que a realização prática (*ars*) do bem comum (*bonum*) e da igual distribuição da justiça (*aequum*)" (*Direito Romano*, 20ª ed., Rio de Janeiro, Forense, 2021, p. 181).

7.2 Princípios, garantias e regras

Na linha de estudos associados à dogmática jurídica, torna-se inevitável esboçar a distinção entre os princípios, as garantias e as normas ou regras que contribuem na formação do ordenamento jurídico.

Trata-se de temática revestida de alta dose de complexidade, cujo estudo completo comporta autonomia e profundidade, devendo ser realizado no campo da filosofia do direito.

De toda forma, tendo-se presente, também, que a matéria não é pacífica, havendo mais de uma corrente de pensamento dos filósofos do direito, cada qual adotando nuanças próprias relativamente ao problema em exame, é possível adotar uma dessas linhas de pensamento com a finalidade de estabelecer premissas coerentes, aptas a subsidiar, seja no plano teórico, seja no plano prático, a consistente compreensão do direito processual.

Assim, para viabilizar o estudo sistemático do direito processual e da sua teoria geral, podemos fixar conceitos e estabelecer distinções entre os princípios, as garantias e as regras em sentido estrito.

Recorde-se, novamente, que não se trata, neste passo, do exame dos princípios *informativos* (associados à deontologia jurídica, ou seja, ao campo dos valores éticos que inspiram a compreensão e o desenvolvimento da ciência), mas sim da análise dos princípios *gerais* (situados no âmbito da dogmática jurídica – estudo do ordenamento jurídico e das normas que o compõem), que, dadas a constitucionalização de matérias e a amplitude de tratamento de temas inseridos na Constituição Federal/88, confundem-se com os princípios *constitucionais* do direito processual.

Assim, *princípios* devem ser compreendidos como proposições gerais, abstratas, com redação aberta, que não definem propriamente condutas, nem impõem sanções (punitivas ou premiais), mas definem linhas fundamentais, parâmetros gerais e em alguma medida valores adotados como pontos de partida a serem considerados por todos aqueles que se encontram sob os auspícios do Estado de Direito.

Os princípios, que nem sempre são escritos e podem ser extraídos da compreensão sistemática e contextual do ordenamento jurídico, trazem em si paradigmas a serem observados em diferentes momentos ou campos de atuação do próprio Estado de Direito e das suas instituições ou Poderes.

Em outras palavras, sua observância é imanente à formação do ordenamento jurídico, na atividade do legislador, bem como à aplicação das normas integrantes deste ordenamento, por parte de todos os Poderes do Estado e dos destinatários das normas, contribuindo, dessa forma, para sua consistência, coerência e equilíbrio.

Assim, ao produzir leis em sentido lato (emendas constitucionais, leis complementares, leis ordinárias, leis delegadas, medidas provisórias etc.) deve o legislador observância aos parâmetros adotados pelos princípios gerais e constitucionais, que orientam sua atuação e, em última análise, o próprio resultado do processo legislativo.

O Poder Judiciário, por sua vez, também tem sua atuação diretamente influenciada pelos princípios, na medida em que na atividade jurisdicional, quando da interpretação e aplicação das normas, deve-se ter presente, como pano de fundo, a premissa de que as regras infraconstitucionais devem ser compreendidas e ter seu alcance delimitado à luz do ordenamento constitucional, notadamente dos princípios gerais e/ou constitucionais aplicáveis a cada hipótese.

A mesma percepção deve ser associada à atividade do Poder Executivo, seja por parte da Administração direta (governo) como ainda por parte das entidades que compõem a Administração Pública indireta (autarquias, fundações públicas, empresas públicas e sociedades de economia mista).

Síntese precisa do quanto vem sendo acima exposto assinala que, se, em projeção global, o ordenamento jurídico, no Estado Constitucional de Direito, deve ser interpretado, compreendido e aplicado à luz da moldura constitucional que o enquadra, em reconhecimento particular ou específico, relativamente ao direito processual, o direcionamento não pode ser outro: a atividade do legislador, dos administradores e também dos juízes e tribunais no que diz respeito à aplicação das leis processuais deve igualmente tomar como premissa o ordenamento constitucional.

Em outros termos, a compreensão do sistema processual deve tomar como ponto de partida o que pode ser denominado de "modelo constitucional do processo", que engloba os princípios constitucionais do processo.

Princípios, por outro lado, não se confundem com garantias constitucionais e com as regras objetivamente consideradas. Essa observação vale para qualquer campo do direito, inclusive para o direito processual.

Se os princípios são normas de cunho geral e abstrato, que não prescrevem especificamente condutas ou sanções, mas sim parâmetros para a elaboração das normas infraconstitucionais bem como para sua exegese e aplicação, as garantias e as regras em sentido objetivo têm delimitação mais restrita e específica.

Embora frequentemente sejam as garantias associadas diretamente a algum princípio constitucional, elas trazem a prescrição de uma vedação ou um não fazer por parte do Estado (liberdades públicas negativas) ou a prescrição de condutas ou de um fazer por parte do Estado (liberdades públicas positivas), cuja inobservância pode acarretar inúmeras consequências, entre elas a imposição de sanção de nulidade dos atos processuais praticados de forma irregular, bem como a exigência de realização de fazer ou não fazer por parte do Estado, quando invocada a observância da garantia em juízo.

Tomemos como exemplo o devido processo legal (art. 5º, LIV, da CF), que é ao mesmo tempo princípio e garantia constitucional do processo.

Princípio, na medida em que fixa parâmetro geral e abstrato a ser observado pelo legislador, na elaboração das normas constitucionais, e pelo Poder Judiciário, juntamente com os destinatários da regra, quando de sua aplicação. Ao mesmo tempo trata-se de garantia, cuja inobservância acarreta consequências variadas, entre elas a possibilidade de aplicação da sanção de nulidade aos atos processuais praticados sem que tenha sido observado.

Normas ou regras, por sua vez, são prescrições específicas e delimitadas de condutas ou de abstenções a serem diretamente observadas pelos seus destinatários, positivadas, na maioria dos casos, pelo legislador infraconstitucional. Pensando ainda no devido processo legal, pode-se afirmar que as normas de processo e de procedimento, editadas pelo legislador infraconstitucional, dão os exatos contornos, em determinado ordenamento, do alcance do princípio e da garantia do devido processo legal.

Note-se, portanto que uma mesma ideia se manifesta, num primeiro momento e num plano superior, como um princípio, materializando-se também como uma garantia, e ulteriormente, por obra do legislador, como uma regra. Princípios, prescrevendo diretrizes abstratas e impessoais a serem tomadas como parâmetro na formação, exegese e aplicação do ordenamento jurídico. Garantias, prescrevendo diretamente vedações ou prestações, a serem observadas pelo Estado, com escopo de proteção em relação aos seus destinatários. Regras, contendo prescrições em relação a comportamentos ou procedimentos, cuja observância ou inobservância está, frequentemente, associada a alguma espécie de sanção punitiva ou premial (embora existam regras despidas de sanção).

Mais um exemplo. A publicidade é princípio constitucional no campo do direito processual (art. 5º, LX, e art. 93, IX. da CF) bem como na área do direito constitucional e administrativo (art. 37, *caput*, da CF). Como tal, é também garantia, aos destinatários de tais disposições, no sentido de que os atos processuais, no primeiro caso, e os atos da Administração estatal, no segundo, serão públicos, como ocorre num processo judicial ou num processo licitatório.

Não bastasse tal constatação, há incontáveis regras nas leis infraconstitucionais que prescrevem procedimentos ou cautelas relacionados à observância da publicidade. Assim, por exemplo, os seguintes artigos do CPC/2015: 8º, 11, 12, § 1º, 26, III, 153, § 1º, 156, § 2º, 194, 368, 554, § 3º, 791, § 1º, 880, § 1º, 882, § 2º, 927, § 5º, 930, 979 – entre outros.

Idêntica situação verifica-se no direito administrativo, como se observa da leitura de dispositivos da Lei de Licitações (Lei 8.666/1993 – atualmente, Lei 14.133/2021) que estabelecem regras relacionadas ao respeito à publicidade, nos termos dos artigos a seguir mencionados, a título de exemplificação: 1º, 3º, 16, 39, 43, § 1º, 45, § 2º – entre outros.

Esse quadro se repete em inúmeros casos em que nos deparamos com uma ideia que encontra anteparo no sistema jurídico nos três planos ou perspectivas distintas, ou seja, como princípio, como garantia e como regra.

7.3 Princípios e garantias constitucionais

Dado o quadro acima noticiado, ou seja, que as mesmas bases de raciocínio se reproduzem, com projeções, repercussões e eficácias distintas no plano dos princípios, das garantias e das normas infraconstitucionais, convém tratar, de modo conjunto, dos princípios e garantias constitucionais do processo, com a indicação, sempre que isso for necessário, de normas infraconstitucionais em que também haja sua manifestação.

7.3.1 Eficácia imediata das garantias constitucionais

É importante ressaltar que, por expressa disposição, contida no art. 5º, § 1º, da CF, "as normas definidoras dos direitos e garantias fundamentais têm aplicação imediata".

A aplicação imediata dos direitos e garantias fundamentais significa dizer que possuem eficácia plena, independente de regulamentação pelo legislador infraconstitucional.

Naquilo que importa na análise ora realizada, ou seja, com relação às garantias fundamentais do processo, isso implica a conclusão de que, onde houver uma garantia constitucional, sua aplicação será plena, a despeito de não ter sido disciplinada por norma infraconstitucional, produzindo efeito nos processos judiciais e administrativos, a impor sua observância e vedar condutas ou omissões que revelem violação a ela.

Como muitos dos princípios são também garantias constitucionais, isso provoca, como efeito prático, o reconhecimento de consequências diretas das diretrizes nelas (garantias) contidas, interferindo de forma imediata no processo, antes mesmo da edição de lei a seu propósito.

Sempre estará presente, contudo, a possibilidade de delimitação do alcance do princípio/garantia, mediante a edição de lei regulamentadora, desde que esta, por sua vez, não colida ou infrinja o núcleo central ou a essência da disposição regulamentada.

7.3.2 Devido processo legal

O devido processo legal está assentado, como princípio e garantia constitucional do processo, no art. 5º, LIV, da CF, pelo qual "ninguém será privado da liberdade ou de seus bens sem o devido processo legal".

Pode-se afirmar que se trata de um "superprincípio" constitucional do direito processual, que, por sua abrangência, dispensaria a previsão expressa de outros princípios, englobando-os, podendo estes, portanto, em interpretação construtiva, ser dele extraídos.[5]

O devido processo legal – ou, no original, em Inglês, *due process of law* – remonta, originariamente, à Magna Carta do Rei João Sem Terra, de 1215, pela qual ninguém poderia ser privado de sua liberdade, de seus direitos ou de seus bens sem que fosse observada a *law of the land*, ou seja, a lei vigente na sua terra.

Entre nós, não há dúvida, contemporaneamente, pela dicção do dispositivo constitucional seguinte, que trata do contraditório e da ampla defesa, afirmando que "aos litigantes, em processo judicial ou administrativo, e aos acusados em geral são assegurados o contraditório e ampla defesa, com os meios e recursos a ela inerentes" (art. 5º, LV, da CF), de que o devido processo legal e os demais princípios e garantias

---

5. Cf. Nelson Nery Jr., *Princípios do Processo Civil na Constituição Federal*, 13ª ed., São Paulo, Ed. RT, 2017, p. 60.

constitucionais do processo alcançam o processo judicial (civil, criminal, trabalhista, eleitoral etc.) e o processo administrativo (ou seja, não jurisdicional).

No processo administrativo, que se apresenta de modos variados, a imprescindibilidade de observância do devido processo legal decorre da possibilidade de imposição de sanções ou medidas onerosas ou restritivas pela autoridade pública, tanto quanto se verifica no processo judicial, em que a autoridade judiciária ostenta poder para imposição de condutas ou obrigações aos destinatários da prestação jurisdicional.

Variados são os exemplos de processo administrativo em que, dada a possibilidade de imposição de sanções ou condutas pela autoridade pública, se torna imprescindível a observância do devido processo legal: (a) o processo administrativo disciplinar (no qual há apuração da prática de falta funcional cometida pelo servidor público, para fins de aplicação de sanções previstas em lei – advertência, multa, suspensão, demissão a bem do serviço público); (b) processo para aplicação de sanções relativas ao descumprimento de contratos entre particulares (pessoas físicas ou jurídicas) e a Administração Pública (rescisão contratual, aplicação de multa, aplicação de penalidade de suspensão do direito de contratar com o Poder público etc., em conformidade com a antiga Lei de Licitações – Lei 8.666/1993 – atualmente, Lei 14.133/2021); (c) processos relativos à confirmação de autuações realizadas pela fiscalização tributária, ultimados, em caso de não acolhimento das impugnações e recursos apresentados pelo sujeito passivo da obrigação tributária, com a confirmação da autuação e aplicação de outras sanções, como a multa prevista em lei; (d) processos de fiscalização de contas, a cargo dos órgãos de controle de contas (Tribunal de Contas da União/TCU, tribunais de contas dos Estados, tribunais de contas e conselhos de contas dos Municípios), que podem ser finalizados com imposição de sanções, inclusive reconhecimento de débito ou fixação multa, observando-se que a decisão, neste caso, terá eficácia de título executivo extrajudicial (art. 71, § 3º, da CF); (e) processos de fiscalização de setores da atividade econômica, a cargo de entidades às quais, por lei, foi atribuído poder de fiscalização e de decisão, como se verifica com as agências reguladoras e outras entidades instituídas por lei. Exemplo disso é a atribuição do Conselho Administrativo de Defesa Econômica/CADE, cuja previsão se insere no contexto do "Sistema Brasileiro de Defesa da Concorrência", previsto na Lei 12.529/2011, tendo competência para decidir a respeito de casos em que haja infrações à ordem econômica, com aplicação das sanções previstas em lei; (f) processos administrativos de controle de atos praticados pelos tribunais e pelas unidades do Ministério Público, instaurados, respectivamente, no âmbito do Conselho Nacional de Justiça/CNJ e do Conselho Nacional do Ministério Público/CNMP.

É importante observar que, quando se fala da incidência do devido processo legal em relação ao processo administrativo deve-se ter presente que só no *processo*, e não em simples *procedimentos* administrativos, terá ele reconhecida sua observância.

Falar em *processo* administrativo significa apontar o reconhecimento da formação de uma relação processual peculiar, própria e dinâmica, entre a Administração Pública e a parte (servidor, particular, empresa etc.) destinatária da decisão a ser proferida pela autoridade administrativa detentora de atribuições (competência administrativa) para decidir referido processo, impondo sanções administrativas, condutas ou abstenções.

No procedimento integrante do processo administrativo (parte visível da relação jurídica processual, que se manifesta por sucessão de atos concatenados e entrelaçados entre si, em que um ato cria, sempre, uma nova situação jurídica, provocando a prática de atos subsequentes, até o desfecho: decisão) tem-se a prática de atos preparatórios para a decisão da autoridade administrativa, que trará consigo uma sanção ou uma imposição de conduta ao seu destinatário.

Isso não se verifica no simples procedimento administrativo de cunho investigatório.

Neste não há falar em relação jurídica, mas na simples prática de atos voltados ao esclarecimento de um fato ou de fatos, bem como apuração da respectiva autoria. A pessoa ou a entidade investigada não figuram como sujeitos de uma relação processual, mas como sujeitos sobre os quais incide a atividade investigativa. Não há, nesses casos, possibilidade de imediata aplicação de sanção como resultado da atividade investigativa. No limite, o que se verifica é que com o resultado positivo da apuração (esclarecimento dos fatos e de sua autoria) torna-se viável a instauração, aí sim, de um processo administrativo, no qual será, após a devida instrução, com observância do devido processo legal, aplicada a sanção prevista em lei.

Feita a distinção, portanto, entre processo administrativo (no qual há a possibilidade de aplicação de sanção ou imposição de conduta ou abstenção) e o simples procedimento administrativo investigativo (no qual não há a possibilidade direta, como conclusão do procedimento, de aplicação de sanção, mas sim de instauração de processo), chega-se à conclusão de que neste último não incide o devido processo legal.

Insista-se: a Constituição prevê a aplicação do devido processo legal no *processo* administrativo, não em simples procedimentos de investigação.

Dessa forma, não incide o devido processo legal, por exemplo, em procedimentos investigativos tais como: (a) inquérito policial; (b) inquérito civil; (c) procedimento de investigação realizado por comissão parlamentar de inquérito (art. 58, § 3º, da CF) ou comissões especiais de inquérito (equivalente às CPIs nas Assembleias Legislativas dos Estados e nas Câmaras Municipais); (d) procedimentos administrativos preliminares ou sindicâncias administrativas destinadas ao esclarecimento de fatos, que precedem a instauração do processo administrativo disciplinar; (e) procedimentos de fiscalização ou auditoria realizados pela área técnica dos tribunais ou conselhos de contas; (f) procedimentos preliminares de apuração de fatos no âmbito das corregedorias dos poderes públicos; etc.

Observe-se, por outro lado, que a evolução da concepção a respeito do devido processo legal conferiu a este princípio/garantia um alcance ainda maior.

É hoje praticamente assente o entendimento de que ele também se aplica ao processo legislativo, ou seja, exige-se a perfeita observância da Constituição, notadamente das disposições referentes ao processo legislativo, e da legislação infraconstitucional aplicável (especialmente os regimentos internos dos corpos legislativos – Senado, Câmara dos Deputados, Assembleias Legislativas e Câmaras Municipais) no processo de elaboração das normas infraconstitucionais (emendas à Constituição, leis complementares, leis ordinárias, leis delegadas, medidas provisórias, decretos legislativos e resoluções).

É por tal razão que, embora o controle judicial de constitucionalidade das leis em nosso sistema seja sempre repressivo (recai sobre lei já elaborada), não preventivo (que incide sobre os projetos de leis ou de normas ainda em tramitação), o STF tem admitido o controle preventivo incidental de constitucionalidade quando há violação de regra constitucional inerente ao processo legislativo, de sorte a implicar violação de direito líquido e certo de parlamentar (deputado ou senador) a participar da elaboração da norma, com respeito ao "devido processo legislativo".

É, por tal razão, correta a concessão de ordem em casos de impetração de mandado de segurança por parlamentares que alegam violação de seu direito líquido e certo de participar do "devido processo de elaboração das leis", apreciando-se nestes casos, de maneira incidental, a inconstitucionalidade do projeto normativo em tramitação no Parlamento. O resultado da impetração, em caso de concessão da ordem é a anulação de todo o processo legislativo, de parte dele e dos atos subsequentes, ou de ato determinado que tenha colidido frontalmente com a norma constitucional ou com norma regimental aplicável.[6]

Mas não é só.

Além dessa projeção "processual", tradicionalmente associada ao devido processo legal (devido processo legal "processual"), a evolução da exegese do princípio passou a compreender no seu alcance a necessidade de razoabilidade ou proporcionalidade quanto ao resultado da atividade legislativa.

Trata-se, neste particular, do devido processo legal "substancial", inspirado na *proportionality* do direito de *common law* (notadamente desenvolvida no direito norte-americano) e da *Verhältnismässigkeit* (razoabilidade) do direito germânico.

Para que, do ponto de vista substancial, o produto da atividade legislativa (lei) seja materialmente compatível com a Constituição não basta que não haja colisão com norma constitucional expressa. É imprescindível que a lei seja substancialmente aceitá-

---

6. V., por exemplo, o que se assentou no STF, Tribunal Pleno, MS 32.033, rel. Min. Gilmar Mendes, relator p/ o acórdão Min. Teori Zavascki, j. 20.6.2013: "*Ementa:* Constitucional – Mandado de segurança – Controle preventivo de constitucionalidade material de projeto de lei – Inviabilidade. 1. Não se admite, no sistema brasileiro, o controle jurisdicional de constitucionalidade material de projetos de lei (controle preventivo de normas em curso de formação). O que a jurisprudência do STF tem admitido, como exceção, é 'a legitimidade do parlamentar – e somente do parlamentar – para impetrar mandado de segurança com a finalidade de *coibir atos praticados no processo de aprovação de lei ou emenda constitucional incompatíveis com disposições constitucionais que disciplinam o processo legislativo*' (MS 24.667, Pleno, Min. Carlos Velloso, *DJ* de 23.4.2004). Nessas excepcionais situações, em que o vício de inconstitucionalidade está diretamente relacionado a aspectos formais e procedimentais da atuação legislativa, a impetração de segurança é admissível, segundo a jurisprudência do STF, porque visa a corrigir vício já efetivamente concretizado no próprio curso do processo de formação da norma, antes mesmo e independentemente de sua final aprovação ou não".

vel, ou seja, materialmente compatível com a Constituição, ultrapassando três "testes" (necessidade, adequação e proporcionalidade em sentido estrito), que podem ser sintetizados como requisitos para o reconhecimento da proporcionalidade ou razoabilidade da lei: (a) que ela seja efetivamente necessária, do ponto de vista da regulamentação das relações humanas; (b) que suas disposições sejam adequadas para a regulação da realidade fenomênica subjacente; (c) que suas disposições sejam proporcionais em sentido estrito, vale dizer, que não imponham sacrifícios desnecessários aos seus destinatários, e que os sacrifícios, caso impostos, sejam menores, proporcionalmente, que os resultados positivos (ganhos sociais) que ela pode produzir.

Portanto, o fundamento para a declaração da inconstitucionalidade da lei por falta de proporcionalidade ou razoabilidade é – observe-se – precisamente o art. 5º, LIV da CF.

A projeção do princípio/garantia, portanto, vai hoje muito além do direito processual.

Tornando ao campo do direito processual, entretanto, torna-se necessário responder à seguinte indagação: qual é a medida ou o alcance do devido processo legal?

Reafirme-se que o devido processo legal pode, de um lado, ser compreendido como "superprincípio", cuja previsão dispensaria até mesmo a adoção de outros princípios que são dele naturalmente decorrentes, como o contraditório e a ampla defesa, a publicidade, a motivação etc.

Isso mostra seu alcance numa projeção constitucional do tema.

Entretanto, a pergunta acima formulada, a respeito de sua medida ou seu alcance, deve ser objeto de reflexão naquilo que diz respeito às projeções infraconstitucionais do devido processo legal.

É muito comum que se alegue, em processo judicial, nulidade de atos ou do processo com fundamento na violação ao princípio/garantia do devido processo legal. Ele não pode ser compreendido, entretanto, como uma panaceia para todos os males ou dúvidas.

Em outras palavras, a medida do devido processo legal é a lei, cuja constitucionalidade se presume, salvo declaração judicial em sentido contrário. Portanto, observar o devido processo legal significa dar cumprimento à lei processual. Não há violação ao princípio/garantia de que aqui se trata se o ato processual praticado está em conformidade com a lei processual, ficando ressalvada a possibilidade de declaração de inconstitucionalidade da lei.

Acertado dizer, dessa forma, que a medida do devido processo legal é a regulação pelo legislador, na legislação infraconstitucional, do processo e do procedimento. E, como se sabe, a presunção que vigora no plano do relacionamento entre as normas constitucionais e as normas infraconstitucionais é no sentido da constitucionalidade das leis, ressalvada a declaração judicial de inconstitucionalidade.

Assim, alegações de que, embora dispositivo do Código de Processo Penal ou do Código de Processo Civil tenha sido cumprido, teria sido violado o devido processo legal não podem ser acolhidas, a não ser que, em análise a respeito da constitucionalidade do próprio dispositivo legal observado, conclua o órgão judicial no sentido de sua incompatibilidade formal ou material com a Constituição.

Idêntico raciocínio vale para disposições contidas em normas relativas ao processo administrativo.

Um exemplo.

Na vigência do Código de Processo Civil/1973 se esboçou na doutrina e na jurisprudência pátrias, sob a influência da doutrina estrangeira, a teoria das "cargas probatórias dinâmicas", pela qual, a despeito da regra clara do art. 333 do CPC/1973, contendo distribuição "estática" dos encargos probatórios ao autor (quanto aos fatos constitutivos do pedido) e ao réu (quanto aos fatos extintivos, modificativos e impeditivos do direito do autor), poderia o juiz, caso a caso, deixar de aplicar o art. 333, determinando que a prova fosse produzida pela parte que detivesse, no caso concreto, maior facilidade para sua produção.

O fundamento adotado para se sustentar tal posição, de modo geral, era a necessidade de respeito ao princípio da isonomia (necessidade de tratar desigualmente os desiguais, para restabelecer o equilíbrio de forças na relação processual) e a aplicação do devido processo legal. Ou seja, não se reconhecia a inconstitucionalidade da disposição legal, mas se deixava de aplicá-la com o pretexto de que, no caso concreto, isso seria necessário para assegurar a isonomia entre os litigantes.[7]

Pedimos vênia para, respeitado tal posicionamento, dele discordar.

Se a regra legal (no exemplo mencionado, o art. 333 do CPC/1973) não contrariava a Constituição, tinha que ser aplicada. Se houvesse inconstitucionalidade, deveria ela ser declarada pelo Poder Judiciário, retirando-se a regra do ordenamento jurídico. Não é dado ao Poder Judiciário aplicar ou não a norma legal ao seu sabor, em razão da percepção do caso concreto.

Vale dizer, ainda nessa linha: se a lei não for declarada inconstitucional deve ser aplicada. Não se pode, sob a alegação de violação ao devido processo legal ou a outro princípio/garantia constitucional, deixar de aplicar lei válida e em vigor, a não ser que a própria lei seja declarada inconstitucional, em controle concentrado ou difuso de constitucionalidade.

A aceitação da ideia de que o órgão judicial pode deixar de aplicar a lei, sem declará-la inconstitucional, porque esta solução seria melhor para o caso concreto implica transformar o juiz em legislador, minando por completo a segurança jurídica. A "regra do jogo" (com o perdão da expressão comum) seria definida pelo órgão jurisdicional em cada caso concreto, e não por aquele a quem cabe fazê-lo, de modo geral, abstrato e impessoal, ou seja, o Poder Legislativo.

Em suma, retomando a afirmação feita acima: a medida do devido processo legal é a própria regulamentação infraconstitucional, na lei processual, do processo e do

---

7. V., por exemplo, o respeitável ensaio de Antônio Janyr Dall'Agnol Jr., "Distribuição dinâmica dos ônus probatórios", *RT* 788/92-107, São Paulo, Ed. RT, junho/2001, *passim*.

procedimento. Observar o devido processo legal significa observar a lei processual. A alegação de violação do devido processo legal, embora tenha sido observada a lei processual, só pode ser acolhida caso seja declarada a inconstitucionalidade da própria lei.

A manifestação concreta, no sistema processual, do devido processo legal se dá precisamente nas leis que regulam o processo e o procedimento, bem como os institutos a eles inerentes. Em suma, o modo como a lei regula os institutos fundamentais do processo (jurisdição, processo, ação, defesa) e outros tantos aspectos relativos à vida do processo (exemplificando: partes e terceiros, litisconsórcio, capacidades, representação, procuradores, competência, atos processuais, procedimentos em matéria processual, comunicação dos atos, preclusão, coisa julgada, recursos, cumprimento de sentença, processo nos tribunais etc.) deve ser considerado como concretização do devido processo legal.

Observar a lei processual é, portanto, seguir o devido processo legal.

7.3.3 *Contraditório e ampla defesa*

O contraditório e a ampla defesa não se confundem, mas se sobrepõem, sendo, na prática, indissociáveis na realidade do processual judicial e administrativo no Estado Democrático de Direito.

Oportuno também observar que poderiam ser extraídos, como já anotado, do devido processo legal (art. 5º, LIV, da CF), dispensando-se sua previsão expressa no texto da Constituição, embora tenha optado nosso constituinte pela abundância na previsão e descrição dos direitos fundamentais, princípios e garantias constitucionais, de sorte a não deixar dúvida sobre sua existência e incidência.

Trata-se, evidentemente, de característica inerente a uma Constituição "analítica" e descritiva, como a brasileira (em contraposição a uma Constituição "sintética", como a dos Estados Unidos da América), que prefere pecar mais pelo excesso que pela falta de dispositivos a respeito dos temas reputados como importantes para a ordem constitucional.

Observe-se que, nos termos do art. 5º, LV, da CF, "aos litigantes, em processo judicial ou administrativo, e aos acusados em geral são assegurados o contraditório e ampla defesa, com os meios e recursos a ela inerentes".

Trata-se, mais uma vez, tanto de princípio como de garantia constitucional.

Princípio, porque estabelece parâmetros gerais e abstratos, que incorporam valores ou diretrizes fundamentais a serem observados pelo legislador, quando da elaboração das normas infraconstitucionais do processo, e pelos magistrados, na aplicação da lei processual.

Configura-se, ademais, como garantia, pois impõe sua observância pelas partes e pelo juiz no processo, bem como a abstenção da prática de atos que impliquem sua violação, sob pena de incidência de sanções processuais pertinentes, como, por exemplo, a nulidade de atos processuais ou, eventualmente, de todo o processo especificamente considerado.

Acrescente-se que, como esclarecido em tópico anterior, a respeito do devido processo legal, o contraditório e a ampla defesa incidem apenas no processo judicial e administrativo, e não em simples procedimentos administrativos destinados ao esclarecimento de fatos ou à apuração da autoria de ilícitos penais, civis e administrativos.

Falar em processo judicial ou administrativo significa falar na formação de relação jurídica processual, a cargo de uma autoridade estatal, do qual seja possível eclodir, ao final, *v.g.*, a imposição de uma obrigação (pagamento de quantia, entrega de coisa, fazer, não fazer) ou diretamente uma sanção (multa, suspensão de exercício funcional, suspensão de exercício de certa atividade, proibição de praticar determinados atos, como contratar com o Poder Público, exoneração do servidor a bem do serviço público etc.).

Simples procedimentos destinados à apuração de fatos e ao esclarecimento de sua autoria (inquérito policial, inquérito civil, procedimento de apuração de falta funcional, procedimento de investigação criminal a cargo do Ministério Público, procedimento de investigação em comissões parlamentares de inquérito ou comissões especiais de investigação) não são processos. Ao seu final não legitimam a imposição de sanções, mas sim a instauração de um processo (judicial ou administrativo) a fim de que, eventualmente, haja imposição de alguma sanção ou modificação jurídica.

O que significa, por outro lado, falar em contraditório?

Qual o sentido das expressões "ampla defesa, com os meios e recursos a ela inerentes"?

Num primeiro passo anote-se, como mencionado, que contraditório não é sinônimo de ampla defesa, embora haja certa sobreposição entre eles, ou ainda, em outra perspectiva, seja possível dizer que o contraditório engloba a ampla defesa, ou talvez que esta englobe aquele, tudo a depender do ponto de vista adotado pelo observador.

O contraditório no processo contemporâneo ostenta múltiplos sentidos.

Diga-se, inicialmente, relativamente à percepção das partes, que deve ser visto como um binômio, que envolve a informação e a possibilidade de reação. *Informação-reação* é a síntese mais precisa do significado do contraditório para as partes no processo judicial ou administrativo.

Assegurar o contraditório significa assegurar para as partes a possibilidade de ciência de tudo aquilo que se passa no processo (*informação*), bem ainda, como desdobramento natural desse conhecimento, a possibilidade de oferecimento de manifestações e meios de impugnação (*reação*), como petições, requerimentos, manifestações, interposição de recursos, suscitação de incidentes, ajuizamento de ações autônomas de impugnação etc.

O tolhimento de um dos dois lados dessa moeda, ou seja, a possibilidade efetiva de ter ciência daquilo que se passa no processo ou a possibilidade efetiva de reagir aos atos de medidas que causem gravame ao litigante, significa, inequivocamente, cerceamento do contraditório.

O contraditório pode ser compreendido também, entretanto, na perspectiva da relação entre as partes e o órgão judicial.

Nesse sentido, o contraditório deve significar interação entre o juiz e as partes, visto que estas colaboram para a instrução do processo, dando ao juiz condições para decidir melhor, tanto no que diz respeito à realidade fática subjacente como ainda naquilo que se refere à correta compreensão e aplicação da lei. O juiz, por sua vez, deve propiciar às partes oportunidades para contribuir na dialética judicial, abrindo-lhes ocasião para se manifestarem sobre tudo aquilo que se mostre relevante para o desfecho do feito, inclusive para apreciação das questões que podem ser apreciadas de ofício.

Neste último sentido, o contraditório pode ser compreendido como cooperação entre o juiz e as partes, merecendo destaque o disposto nos arts. 9º e 10 do CPC/2015. Pelo art. 9º, "não se proferirá decisão contra uma das partes sem que ela seja previamente ouvida". Em conformidade com o art. 10, "o juiz não pode decidir, em grau algum de jurisdição, com base em fundamento a respeito do qual não se tenha dado às partes oportunidade de se manifestar, ainda que se trate de matéria sobre a qual deva decidir de ofício".

Em outras palavras, o contraditório na perspectiva da relação entre o juiz e as partes – repita-se – deve ser compreendido como possibilidade de que estas influenciem positivamente o convencimento do juiz, fornecendo-lhe elementos para compreender melhor aquilo sobre o qual deverá decidir, e de que o magistrado conceda a elas oportunidade para se manifestarem e trazerem seus pontos de vista ao debate judicial.

É a noção de *contraditório como influência.*

A ampla defesa, por sua vez, confunde-se e se sobrepõe, em alguma medida, ao contraditório, significando, contudo, conotação mais ativa das partes em relação a tudo aquilo que no processo lhes causa gravame.

Em outros termos, a ampla defesa não se refere exclusivamente ao réu no processo civil, criminal ou administrativo. Embora a expressão "defesa" seja em um primeiro momento associada à posição do réu, ela está inserida, no contexto deste princípio/garantia constitucional do processo, como diretriz que assegura às partes de modo geral (autor ou réu) a possibilidade de efetiva defesa das suas posições jurídicas no processo.

Note-se, ademais, que ao se referir à "ampla defesa" o art. 5º, LV, da CF fala nos "meios e recursos a ela inerentes". Isso permite concluir que se trata, efetivamente, não apenas da ampla defesa do "réu", mas da ampla defesa das posições jurídicas das partes (autor e réu) no processo, pois todos aqueles que litigam, diante de situações de gravame (decisões prejudiciais ao seu interesse ou posição jurídica), têm assegurada a possibilidade de se utilizar de recursos e mecanismos processuais adequados para submeter a reapreciação e reforma a decisão que lhes causou constrangimento.

O contraditório e a ampla defesa, ademais, são inspiração e objeto de inúmeras regras na legislação processual infraconstitucional.

Apenas para focar em alguns exemplos: (a) o art. 7º do CPC/2015, que assegura às partes "paridade de tratamento em relação ao exercício de direitos e faculdades processuais, aos meios de defesa, aos ônus, aos deveres e à aplicação de sanções processuais, competindo ao juiz zelar pelo efetivo contraditório"; (b) o art. 329, II, do CPC/2015, que prevê a possibilidade de aditamento da petição inicial após a citação e antes do saneamento do processo, inclusive com alteração do pedido e da causa de pedir, desde que haja consentimento do réu e seja "assegurado o contraditório mediante a possibilidade de manifestação deste [*do réu*] no prazo mínimo de 15 (quinze) dias, facultado o requerimento de prova suplementar"; (c) o art. 372 do CPC/2015, que estabelece a possibilidade de utilização da "prova emprestada", ou seja, produzida em outro processo, "atribuindo-lhe o valor que considerar adequado, observado o contraditório"; (d) o art. 503, § 1º, II, do CPC/2015, que condiciona a formação da coisa julgada material quanto às questões prejudiciais, incidentalmente apreciadas no processo, ao fato de ter havido "contraditório prévio e efetivo, não se aplicando em caso de revelia"; (e) os recursos de modo geral, bem como os meios de prova, cuja regulamentação se compõe de regras que velam, em última análise, pelo respeito ao princípio/garantia do contraditório e da ampla defesa.

Do ponto de vista prático é muito comum que os litigantes, no processo, aleguem existência de vício e de nulidade processual por violação do contraditório e da ampla defesa, apontando ofensa, diretamente, ao dispositivo constitucional (art. 5º, LIV, da CF).

O problema deve ser recolocado nos seus devidos termos.

Tal qual se verifica com relação ao devido processo legal, a medida do contraditório e da ampla defesa, com os meios e recursos que lhes são inerentes, é aquela que foi definida pelo legislador infraconstitucional ao editar a lei que regulamenta o processo.

O contraditório e a ampla defesa, portanto, devem ser assegurados nos termos e nos limites previstos na lei, e esta lei é a lei processual, que regulamenta o processo, o procedimento, os institutos e incidentes processuais, os recursos etc.

Em outras palavras, não deve ser acolhida a alegação de violação do contraditório e da ampla defesa, para fins de anulação do ato processual ou mesmo do processo como um todo, se foi observada a prescrição contida na lei processual.

Exemplifiquemos.

O juiz indefere a realização de determinada prova, sob o fundamento de que a alegação de fato que se pretende provar é irrelevante, tratando-se de diligência inútil ou meramente protelatória (art. 370, parágrafo único, do CPC/2015).

Examinando-se o caso concreto, percebe-se que, efetivamente, não se trata de fato constitutivo do direito deduzido pelo autor e tampouco de fato extintivo, modificativo ou impeditivo daquele direito. Também não se trata de fato simples ou secundário, também denominado fato probatório, que serviria para reforçar argumentação relativa aos fatos principais, ou mesmo para induzir demonstração a respeito de sua ocorrência.

Nesse esdrúxulo e hipotético exemplo (que, anote-se, vez por outra se verifica no foro) não colheria êxito a alegação de nulidade por violação do contraditório e da ampla defesa, sob a pretensa razão de que as partes devem ter a possibilidade sempre mais abrangente de demonstrar a ocorrência de fatos que, de algum modo, poderiam auxiliar na defesa de sua posição jurídica.

Em outros termos, tanto quanto ocorre com relação ao devido processo legal, a medida do respeito ao contraditório e à ampla defesa é aquela oferecida pela lei processual. A única ressalva que se faz é a possibilidade de declaração de inconstitucionalidade da lei processual.

Mais um exemplo.

O Código de Processo Civil/2015 fixou, em rol taxativo,[8] os casos de cabimento de agravo de instrumento contra decisões interlocutórias (art. 1.015). Da leitura do dispositivo percebe-se que não é cabível agravo de instrumento contra decisão que aceita o requerimento de ingresso do litisconsorte voluntário (intervenção litisconsorcial voluntária), embora seja cabível o agravo de instrumento contra decisão que determina a exclusão do litisconsorte (art.1.015, VII, do CPC/2015). Observe-se que não se trata de decisão que admite ou inadmite a intervenção de terceiros (art. 1.015, IX, do CPC/2015), pois o ingressante, no caso examinado, não é, em sentido próprio, terceiro, tornando-se, isto sim, parte principal.

Outro exemplo.

O juiz acolhe contradita e indefere a oitiva de determinada testemunha. Não há, nesse caso, possibilidade de interposição de agravo de instrumento, pois tal hipótese, tal qual o exemplo anterior, não está arrolada no art. 1.015 do CPC/2015.[9]

A parte cujo requerimento foi rejeitado, nos dois exemplos acima, pugna pela anulação do ato processual (não acolhimento do requerimento de indeferimento do ingresso do interveniente, na intervenção litisconsorcial voluntária; indeferimento da oitiva da testemunha), alegando que houve violação do contraditório e da ampla defesa, por não ser cabível recurso de agravo de instrumento contra tais decisões; ou, ainda, interpõe o agravo de instrumento afirmando que, embora não seja previsto seu cabimento, este deve ser assegurado, em interpretação *contra legem*, em homenagem ao contraditório e à ampla defesa.

As iniciativas acima, apontadas em relação aos dois exemplos, evidentemente não podem ser acolhidas.

Mais uma vez: a medida dos princípios/garantias constitucionais do contraditório e da ampla defesa é aquela que lhes foi dada pela norma processual infraconstitucional. A alternativa a essa conclusão seria – anote-se – a declaração de inconstitucionalidade da regra infraconstitucional, para, aí sim, assegurar-se o atendimento do requerimento

---

8. Embora a jurisprudência do STJ tenha se consolidado no sentido de que referida taxatividade é mitigada. No Tema 988 de Recursos Especiais Repetitivos foi fixada a seguinte tese: "O rol do art. 1.015 do CPC é de taxatividade mitigada, por isso admite a interposição de agravo de instrumento quando verificada a urgência decorrente da inutilidade do julgamento da questão no recurso de apelação" (*DJe* 28.2.2018).

9. Nem parece aceitável a alegação de urgência, de sorte a propiciar a admissão do uso do agravo de instrumento como meio de impugnação, com fundamento na tese fixada no Tema 988 do STJ, conforme nota anterior.

formulado pela parte (anulação do ato processual ou admissão do recurso, a despeito de não haver previsão no rol taxativo criado pela lei).

7.3.4 Inafastabilidade da tutela jurisdicional

A inafastabilidade da tutela jurisdicional está prevista no art. 5º, XXXV, da CF, pelo qual "a lei não excluirá da apreciação do Poder Judiciário lesão ou ameaça a direito".

Cuida-se daquilo que nos Países filiados aos sistemas de *common law* é tratado como direito do cidadão a ter seu *day in Court*, ou seja, seu momento perante o órgão jurisdicional, com a finalidade de defender seus direitos.

É comum que se faça referência a essa disposição não apenas como "inafastabilidade da tutela jurisdicional", mas como "garantia do acesso à justiça", "garantia do direito de ação", "indeclinabilidade da tutela jurisdicional" ou "garantia da tutela jurisdicional".

Tem-se neste dispositivo um importante princípio constitucional do processo, visto que ele estabelece uma diretriz genérica e abstrata, endereçada especialmente ao legislador, no sentido de que ao regulamentar, no plano infraconstitucional, o sistema processual não adote soluções que criem obstáculos indevidos, excessivos ou insuperáveis ao acesso à justiça.

Contempla, por outro lado, verdadeira garantia, pois seus destinatários poderão invocá-la com a finalidade de obter soluções concretas e específicas para situações em que a possibilidade de obtenção de proteção judicial lhes seja indevidamente tolhida.

Dentro dessa linha de raciocínio, resta indagar qual é, efetivamente, o alcance deste princípio/garantia.

A célebre doutrina de Cândido Rangel Dinamarco pontua que o art. 5º, XXXV, da CF não assegura apenas o ingresso em juízo, ou seja, o direito de demandar, pois isso seria muito pouco para que a inafastabilidade tivesse assento constitucional. Há nesse caso uma verdadeira "escalada de situações jurídicas", em que estão assegurados o direito de demandar ou ingressar em juízo, passando pelo correto desenrolar do processo judicial, pela decisão de mérito e, ao fim, pelo efetivo respeito ao direito reconhecido na sentença, ou seja, cumprimento daquilo que foi decidido.[10]

Direito de demandar, formação e desenvolvimento regular do processo, decisão de mérito e seu efetivo cumprimento, portanto, estão, nessa linha de pensamento, garantidos pela inafastabilidade. Todos eles são aspectos integrantes da tutela jurisdicional. Esta última resta desde o primeiro momento, em grau mínimo, garantida (quando do ingresso em juízo). É assegurada, ainda, em intensidade maior com a

---

10. Cf. Cândido Rangel Dinamarco, "Tutela jurisdicional", in *Fundamentos do Processo Civil Moderno*, 6ª ed., vol. II, São Paulo, Malheiros Editores, 2010, pp. 374-377; bem como in *Instituições de Direito Processual Civil*, 10ª ed., vol. I, São Paulo, Malheiros Editores, 2020, pp. 270-272.

prolação da decisão de mérito favorável ao titular do direito. A tutela jurisdicional restará finalmente entregue em grau máximo por meio da efetiva realização do direito reconhecido na sentença.

Note-se que a garantia constitucional da ação não é ofertada apenas ao autor que se sagra vencedor.

Em alguma medida, mesmo o autor cuja pretensão não chega sequer a ser apreciada no mérito teve seu acesso à justiça assegurado, pois pôde demandar em juízo. O réu, por sua vez, também é alcançado pela proteção que emerge da garantia constitucional da ação, pois pode, no processo, oferecer sua defesa e sustentar suas posições jurídicas. Isso também está dentro do espectro da garantia.

Por outro lado, quando o réu se defende e a ação é julgada improcedente está o juiz a declarar que o autor não tem razão, mas sim o demandado. Esse é o grau máximo de tutela jurisdicional que o réu pode alcançar no processo, com a declaração da inexistência do direito do autor ou mesmo a declaração da existência do seu próprio direito (do réu), no caso da improcedência da ação declaratória negativa (decisão reconhecendo a existência da relação jurídica).

Considerados, portanto, os diferentes graus de proteção que decorrem do princípio/garantia da inafastabilidade (direito de demandar em juízo, direito à formação e desenvolvimento regular do processo, direito de oferecer defesa [réu], direito à sentença de mérito, direito ao cumprimento da sentença), mostra-se perfeitamente legítimo que o legislador estabeleça requisitos ou condicionamentos para sua obtenção, desde que sejam eles revestidos de razoabilidade.

É isso o que faz o legislador quando cria os requisitos de admissibilidade do julgamento do mérito, ou seja, as condições da ação e os pressupostos de constituição e de desenvolvimento válido e regular do processo (ou, sinteticamente, pressupostos processuais), que serão examinados em momento oportuno.

Embora não seja, ainda hoje, pacífico o entendimento doutrinário a respeito do tema, boa hipótese de trabalho relativamente às condições da ação, para sua compreensão e emprego metodológico, assenta-se na denominada "teoria eclética" ou mista. Por esta, as condições da ação (legitimidade para agir em juízo e interesse processual) são requisitos para que o mérito da demanda ajuizada (ou seja, o direito de ação efetivamente exercido) seja julgado. As condições da ação seriam, portanto, requisitos para que a ação seja julgada no mérito, dando-se pela procedência ou improcedência da pretensão deduzida pelo autor.

Por outro lado, os pressupostos para a formação e o desenvolvimento válido e regular do processo são considerados como requisitos para que o processo, uma vez ajuizada a demanda (ou seja, exercido o direito constitucional de ação), possa se formar e se desenvolver validamente, até o final, com a prolação da sentença de mérito.

Ambos os condicionamentos, da ação (condições da ação) e do processo (pressupostos processuais), são condicionamentos relevantes à inafastabilidade da jurisdição, pois é razoável que o legislador imponha alguns limites ao seu exercício, evitando que este ocorra de forma abusiva.

Em outras palavras, as condições da ação e os pressupostos processuais, nos moldes estabelecidos pela legislação processual brasileira, são limitações legítimas ao acesso à justiça, de sorte a impedir o exercício abusivo ou arbitrário do direito.

A garantia da ação (inafastabilidade ou indeclinabilidade da jurisdição, ou ainda garantia da tutela jurisdicional) deve assegurar o legítimo e adequado exercício do direito de ativar a jurisdição. Não deve ser fonte de abuso e, portanto, de lesão a posições jurídicas de outros sujeitos.

Lembremos, ainda com a finalidade de compreender a razoabilidade dos condicionamentos impostos pelo legislador (condições da ação e pressupostos processuais) nos moldes do sistema processual brasileiro em vigor, que figurar como réu em um processo é sempre fonte de algum constrangimento para o demandado: a preocupação com o processo judicial, a preocupação do réu com sua imagem pessoal perante seus pares e perante a comunidade em geral, a preservação do bom nome e da possibilidade de obtenção de crédito, a necessidade de ter que realizar gastos para efetivamente se apresentar e defender em juízo (constituição de advogado, adiantamento de custas e honorários de peritos etc.), tudo somado revela o quão constrangedora pode significar a existência do processo judicial para o demandado.

Dessa forma, os pressupostos de admissibilidade do julgamento do mérito condicionam, no limite do aceitável e adequadamente, a efetiva utilização da garantia constitucional ora em exame.

A condição da ação ou o pressuposto processual só seriam ilegítimos em relação à ordem constitucional se criassem obstáculos insuperáveis ou de improvável superação.

Exemplos hipotéticos de pressupostos de admissibilidade que seriam abusivos e, portanto, inconstitucionais: condicionar o exercício da ação à apresentação de prova cabal a respeito dos fatos constitutivos do direito alegado; exigir, como pressuposto processual objetivo, de regularidade procedimental, que o valor das custas iniciais a ser depositado por ocasião da propositura da demanda seja em muito superior ao valor do próprio direito deduzido em juízo; vedar o exercício do direito de ação em função do valor da pretensão (ou seja, estabelecer teto mínimo a partir do qual seja autorizada a propositura da demanda judicial).

Exemplo concreto de norma inconstitucional, porque violadora do art. 5º, XXXV, da CF, é o parágrafo único do art. 1º da Lei 7.347/1985 (Lei da Ação Civil Pública), pelo qual "não será cabível ação civil pública para veicular pretensões que envolvam tributos, contribuições previdenciárias, o Fundo de Garantia do Tempo de Serviço – FGTS ou outros fundos de natureza institucional cujos beneficiários podem ser individualmente determinados".

A razão para o reconhecimento da inconstitucionalidade desta norma é clara: ela veda a propositura de ações coletivas relativamente a situações que, pelo seu pequeno potencial de dano individual, não são tuteláveis em juízo senão através da ação coletiva. Alguém iria, efetivamente, constituir advogado, pagando pelos seus serviços, para pleitear em juízo benefício cujo valor, em caso de êxito da ação individual, seria menor que o próprio custo do processo judicial? A resposta, obviamente, é negativa.[11]

7.3.5 Igualdade ou isonomia processual

Não há um dispositivo constitucional que fale, expressamente, da necessidade de tratamento igualitário ou isonômico das partes no âmbito do processo. O que existe é uma diretriz geral, que estipula a necessidade de tratamento isonômico de todos os destinatários das normas constitucionais, em toda e qualquer hipótese.

É nesse sentido que dispõe o art. 5º, *caput*, da CF, ao estabelecer que "todos são iguais perante a lei, sem distinção de qualquer natureza, garantindo-se aos brasileiros e aos estrangeiros residentes no País a inviolabilidade do direito à vida, à liberdade, à igualdade, à segurança e à propriedade".

Ora, se a igualdade ou isonomia é estipulada como viga mestra dos direitos fundamentais em todos os campos do convívio humano, não poderia deixar de estar presente no campo do direito processual.

Por outro lado, a igualdade figura tanto como princípio (ostenta caráter geral, abstrato, trazendo valor ou parâmetro fundamental, a ser observado tanto pelo legislador, na elaboração da lei, como pelo julgador, ao aplicá-la) quanto como garantia (impõe necessidade de sua observância em casos concretos, bem como a abstenção de condutas que impliquem violação a ela, sob pena de consequências negativas, tais como, no plano do processo judicial ou administrativo, a anulação de atos praticados ou processos instruídos e concluídos sem respeitá-la).

Note-se, por outro lado, que ao falar em *igualdade de todos perante a lei* não pretende o texto constitucional estipular uma igualdade formal e absoluta, mas sim inserir todos os destinatários desse preceito em contexto de equilíbrio, em que todos sejam tratados de forma equivalente.

Trata-se, portanto, não de uma igualdade formal ou absoluta, mas sim de uma igualdade substancial ou material, no sentido de que se deve tratar igualmente os iguais e desigualmente os desiguais, na medida de suas desigualdades. Essa diversidade justifica-se sempre que estiver presente um fator razoável e legítimo de discriminação, pois a diferença do tratamento destinado a pessoas em situação distinta é o que assegura, desde que na adequada medida de diferenciação, a equivalência ou equilíbrio de tratamento (ou seja, o respeito à isonomia).

É por essa razão que a própria Constituição, em inúmeras hipóteses, abre espaço para regramento distinto às pessoas, com a finalidade de conceder-lhes proteção equivalente.

---

11. Infelizmente, referida inconstitucionalidade não foi, até o momento, afastada do sistema normativo pela jurisprudência brasileira, notadamente no STF e no STJ.

Um exemplo é marcante: a Constituição Federal assegura a "assistência jurídica integral e gratuita aos que comprovarem a insuficiência de recursos" (art. 5º, LXXIV). Essa assistência – note-se – não é garantida a todos, mas somente às pessoas carentes, nos termos do dispositivo constitucional. Qual a razão para tanto? A resposta: conferir tratamento desigual na medida da desigualdade entre os que possuem recursos materiais e os que não possuem, de modo que, em caso de necessidade de assistência por profissional do direito e, mais ainda, na hipótese de litígio judicial, possam estar ambos (o que possui recursos materiais e o carente) aptos a sustentar com paridade de armas as suas posições jurídicas.

A igualdade manifesta-se não só como princípio, mas também como regra, pois em inúmeras e diversas circunstâncias, no âmbito da lei processual, o legislador disciplina a isonomia em relação ao tratamento a ser dispensado às partes.

Alguns exemplos: (a) a lei impõe seja assegurada às partes "paridade de tratamento em relação ao exercício de direitos e faculdades processuais, aos meios de defesa, aos ônus, aos deveres e à aplicação de sanções processuais, competindo ao juiz zelar pelo efetivo contraditório" (art. 7º do CPC/2015); (b) ao tratar da cooperação jurídica internacional, exige a lei "igualdade de tratamento entre nacionais e estrangeiros" (art. 26, II, do CPC/2015); (c) a lei impõe ao juiz o dever de "assegurar às partes igualdade de tratamento" (art. 139, I, do CPC/2015).

Há regras, entretanto, em que a diversidade de tratamento se justifica como mecanismo para colocar as partes em situação equivalente. Isso também decorre do princípio/garantia da isonomia. Alguns exemplos: (a) a necessidade de nomeação de curador especial ao incapaz (se não tiver representante legal ou se os interesses deste colidirem com os daquele, enquanto durar a incapacidade), ao réu preso revel, bem como ao revel citado por edital ou com hora certa (enquanto não for constituído advogado), nos termos do art. 72 do CPC/2015, tem por finalidade manter o equilíbrio e a paridade de condições entre o beneficiário da curatela e a parte contrária. A lei, assim, presume a hipossuficiência do incapaz, do réu preso revel e do revel citado por edital ou com hora certa e cria um mecanismo para reequilibrar a possibilidade de defesa de suas posições jurídicas no processo, em respeito à isonomia; (b) a gratuidade da justiça (arts. 98 a 102 do CPC/2015), regulamentação da garantia constitucional da assistência gratuita (art. 5º, LXXIV, da CF) no campo do processo judicial, tem por finalidade manter a paridade de armas, ou seja, equilibrar as condições dos litigantes no processo, considerando que aqueles que não têm suficientes recursos para prover a defesa judicial de suas posições jurídicas estão, precisamente por esta situação, em desigualdade relativamente à contraparte; (c) o prazo em dobro assegurado ao Ministério Público, à Advocacia Pública e à Defensoria Pública (sempre que não se tratar de prazo próprio das referidas instituições, em conformidade com os arts. 180, 183 e 186 do CPC/2015), bem como em relação aos litisconsortes com diferentes procuradores que não sejam integrantes do mesmo escritório de advocacia (art. 229 do CPC/2015), é o reconhecimento de que em tais situações, por inúmeras razões, tais litigantes estão em condições de inferioridade, no plano processual, em relação às partes adversas. Basta pensar na quantidade de processos e diversidade de temas enfrentados pelas bancas do Ministério Público, Advocacia Pública e Defensoria Pública, dificuldade de acesso à informação para sustentar as posições jurídicas cuja defesa lhes é cometida por lei, bem como no fato de que, em regra, atuam em prol de interesses que, por diversas razões, são extremamente sensíveis e relevantes. Esta constatação é suficiente para compreender que, por margem de segurança e para reequilíbrio da balança no processo, opta a lei processual no sentido de que tenham prazo duplicado para oferecimento de manifestações, interposição de recursos, oferecimento de contrarrazões a recursos interpostos pela contraparte etc. Do mesmo modo como ocorre com litisconsortes representados por procuradores de escritórios de advocacia distintos: a dificuldade de acesso aos autos de forma concomitante justifica a dobra do prazo. É por tal motivo que a própria lei elimina o prazo em dobro aos litisconsortes com procuradores distintos, integrantes de escritórios diversos, se o processo judicial for eletrônico e, por isso, concomitantemente acessível a todas as partes (art. 229, § 2º, do CPC/2015); (d) a remessa necessária (reexame necessário, antigamente mal denominado "recurso de ofício", previsto no art. 496 do CPC/2015) justifica-se pelo fato de que, nos limites e atendidos os pressupostos previstos na lei processual, muito embora crie tratamento diferenciado para o Poder Público, assegura maior zelo na preservação, em última análise, de seu patrimônio, que é pertencente a todos os cidadãos; (e) idêntica conclusão deve ser assentada em relação aos critérios diferenciados no que diz respeito à fixação dos honorários de sucumbência quando vencida a Fazenda Pública (nos termos do art. 85, § 3º, do CPC/2015), pois, embora os honorários de sucumbência componham a reparação dos males causados pela não observância espontânea do direito do litigante vencedor, que se viu compelido a ingressar em juízo, não se deve desconsiderar que não podem eles significar também fonte de lesão ao patrimônio público. E a realidade do foro mostra que nem sempre o patrimônio público, pelo qual deve velar a Fazenda Pública, é, por razões as mais variadas, inclusive estruturais e técnicas, adequadamente tutelado pelos representantes do Poder Público em juízo. Os critérios de limitação ou teto na fixação dos honorários de sucumbência, neste caso, são uma forma razoável de equilibrar os interesses contrastantes – necessidade de reparação ao lesado, de um lado, e preservação do erário, de outro; (f) a exclusão da confissão, como efeito da revelia, no caso de ausência de contestação, quando se trata de defesa de direito indisponível (art. 345, II, do CPC/2015). Neste caso, presumindo a fragilidade dos titulares dos direitos indisponíveis bem como a necessidade de maior proteção destes direitos, o legislador afasta a possibilidade de aplicação do efeito da confissão, buscando maior equilíbrio no tratamento das posições jurídicas contrapostas, ou seja, a do titular do direito disponível, de um lado, e a do titular do direito indisponível, do outro.

Em suma: pelo acima exposto, conclui-se que a igualdade ou isonomia é ao mesmo tempo um princípio e uma garantia constitucional, bem como que, no campo da legislação processual, inúmeras regras foram editadas tendo como parâmetro aludido princípio/garantia.

7.3.6 Imparcialidade e independência do julgador, juiz natural e vedação aos tribunais de exceção

É intuitivo que, ao tratar da imparcialidade e da independência do Poder Judiciário, sejam também examinados o princípio do juiz natural e a vedação à existência dos tribunais de exceção.

A imparcialidade (isenção em relação aos interesses contrapostos no processo) e a independência (liberdade para formação de suas próprias convicções, que devem estar atreladas exclusivamente aos fatos apurados no processo e aos limites impostos pela lei aplicável o caso concreto) dos órgãos jurisdicionais para decidir casos submetidos ao seu exame são, ao mesmo tempo, um princípio (que deve orientar a formação das leis infraconstitucionais do processo) e uma garantia (que deve ser assegurada, concretamente, nos processos judiciais).

Embora não estejam expressamente previstas na Constituição Federal, decorrem da interpretação sistemática de dispositivos constitucionais e são, em momento ulterior, regulamentadas na lei processual, que trata de modo específico das hipóteses de impedimento e de suspeição (CPC/2015, arts. 144 e 145; CPP, arts. 252 a 256).

Note-se que ao cuidar das garantias constitucionais dos juízes (vitaliciedade, inamovibilidade e irredutibilidade de vencimentos – art. 95, I, II e III) a Constituição introduz no sistema normativo mecanismos que oferecem ao magistrado condições materiais para ter uma atuação imparcial. A certeza de que não perderá o cargo senão por decisão judicial (vitaliciedade), de que não será movimentado para outra unidade judicial nem perderá suas competências senão mediante procedimento específico de remoção compulsória, em que lhe seja assegurada a ampla defesa (inamovibilidade), e de que não sofrerá redução de subsídios (irredutibilidade), dá ao magistrado condições estruturais, e até mesmo emocionais e psicológicas, para atuar com destemor e de forma imparcial.

Por outro lado, as proibições ou vedações aplicáveis aos magistrados (art. 95, parágrafo único, da CF) fornecem a tônica de que sua atuação não será, de qualquer forma, cooptada pelo poder político ou econômico. Essa é a razão pela qual para os juízes é proibido: exercer, ainda que em disponibilidade, outro cargo ou função, salvo uma de magistério; receber, a qualquer título ou pretexto, custas ou participação em processo; dedicar-se à atividade político-partidária; receber, a qualquer título ou pretexto, auxílios ou contribuições de pessoas físicas, entidades públicas ou privadas, ressalvadas as exceções previstas em lei.

Assim, nessa observação inicial, é possível afirmar claramente que a imparcialidade e a independência dos juízes são princípios que podem ser extraídos, contextualmente, da Constituição.

Nesse quadro, pela mesma linha de pensamento, inserem-se a vedação aos tribunais de exceção (art. 5º, XXXVII, da CF, pelo qual "não haverá juízo ou tribunal de exceção") e a garantia do juiz natural (art. 5º, LIII, pelo qual "ninguém será processado nem sentenciado senão pela autoridade competente").

Os dois dispositivos constitucionais acima mencionados preveem duas garantias específicas, indissociáveis entre si, ou seja, de que não haja juízo ou tribunal de exceção e de que seja observado o denominado "juiz natural".

Assegurar a garantia do juiz natural significa prever que os processos serão distribuídos livremente, observando critérios de competência previamente definidos na Constituição, nas leis e em outros atos normativos que disciplinem a matéria.

Em outros termos, deve ser possível para qualquer interessado saber, de antemão, em conformidade com os elementos relacionados ao seu caso concreto, para qual (ou quais, onde houver mais de um juízo com a mesma competência) órgão judicial seu caso será distribuído.

A vedação aos juízos ou tribunais de exceção, por outro lado, significa que não se admite a criação de juízo ou tribunal posterior ao fato, ou *ad hoc*, de modo direcionado, para o exame de determinado caso específico, pois do contrário seria permitida a instituição da figura do "julgador de encomenda", destacado para conhecer e julgar certo caso, com sua "reserva mental" já formada a esse propósito.

Juízos ou tribunais de exceção, contudo, não se confundem com justiças especializadas, cuja competência é definida em conformidade com as matérias a serem examinadas. São especializadas a Justiça do Trabalho, a Justiça Eleitoral e a Justiça Militar. Têm sua existência prevista na Constituição, sendo certo que sua organização e divisão interna de competências são definidas por norma infraconstitucional.

Não há dúvida de que a existência das justiças especializadas está de acordo com a vedação dos juízos e tribunais de exceção e o juiz natural, pois é possível saber, de antemão, diante das regras objetivas que definem suas competências, quais casos serão por elas processados e julgados.

Por outro lado, numa primeira perspectiva é pressuposto da vedação dos juízos e tribunais de exceção e da garantia do juiz natural que o órgão jurisdicional tenha existência anterior ao fato que será por ele julgado, bem como que tenha sido criado por lei.

A exigência de lei para criação de órgão público, inclusive para a criação de varas judiciais, é decorrência do princípio da reserva legal, acolhido pela Constituição Federal (arts. 48, IX e XI, e 61, § 1º, II, "e"), sendo certo que quando se trata de órgão judicial a iniciativa para a apresentação de projeto de lei para sua criação é privativa do respectivo tribunal (art. 96, II, "b", "c" e "d", da CF).

Dessa forma, é imprescindível, para que sejam respeitados os princípios/garantias aqui examinados, que o órgão judicial tenha sido criado por lei anterior ao fato a ser processado e julgado.

Observe-se, entretanto, que já se assentou, inclusive no âmbito do STF, o entendimento no sentido de que a indispensabilidade de lei em sentido estrito para a criação de novo órgão judicial (tribunal ou vara) não impede que o remanejamento de competências, ou seja, a especialização dos órgãos já existentes, seja feito por ato regulamentar (provimento, resolução, regimento interno ou normas de serviço do tribunal).[12]

Dessa forma, quando por ato regulamentar (resolução, provimento, portaria, regimento interno) o tribunal de justiça transforma vara já existente, dotada de competência geral (por exemplo, vara cível; ou vara criminal do foro central), em vara especializada (respectivamente, aproveitando o exemplo já iniciado, vara da Fazenda Pública, vara de registros públicos, vara do idoso ou da infância e da juventude, vara de família e sucessões; vara criminal especializada em determinado tipo de infração penal) não há violação ao princípio da reserva legal, à vedação dos juízos ou tribunais de exceção, ou mesmo ao juiz natural.

Idêntico posicionamento deve ser adotado nos casos em que, por norma regimental, são alteradas competências de órgãos colegiados (seções, grupos de câmaras, câmaras ou turmas) já existentes no âmbito do tribunal.

Acrescente-se ainda que nos casos (pense-se novamente nos exemplos acima) em que a especialização ocorre, tendo-se a fixação, portanto, de competência material (de juízo), identifica-se junto ao aludido órgão judicial situação de competência absoluta, cuja consequência é a migração de todos os processos em andamento para o órgão cuja competência foi especializada, a partir do início de seu funcionamento (art. 43 do CPC/2015).

Em outras palavras, não se aplicará neste caso a regra da *perpetuatio jurisdictionis*, pela qual a competência é fixada no momento em que a ação é proposta, "sendo irrelevantes as modificações do estado de fato ou de direito ocorridas posteriormente", precisamente porque, nos termos do art. 43 do CPC/2015, trata-se de caso de modificação de regra de competência absoluta.

Como a matéria (imparcialidade e independência dos juízes e tribunais; vedação a juízos ou tribunais de exceção; juiz natural) conta, como vimos, com regulamentação em normas infraconstitucionais, não deve colher êxito a alegação de que determinado processo ou ato processual é nulo por ofensa, direta, aos aludidos parâmetros constitucionais.

Como a medida dos princípios e garantias constitucionais é dada pelos contornos da sua regulamentação na legislação infraconstitucional (ressalvada sempre, evidentemente, a possibilidade de declaração da inconstitucionalidade da lei que regulou a matéria, e, nesse caso, reconhecimento de ofensa direta à Constituição), deve a parte alegar desrespeito à lei processual e, com isso, ofensa à imparcialidade, à independência judicial, à vedação ao juízo de exceção ou ao juiz natural, para, com o acolhimento de sua alegação, obter anulação do ato processual, decisão judicial ou processo como um todo.

---

12. Nesse sentido, por exemplo, STF, 2ª Turma, HC 91.024, rela. Min. Ellen Gracie, j. 5.8.2008, *DJe* 22.8.2008.

Exemplo: não deve colher êxito a alegação de que o processo ou decisão é nulo porque o juiz foi imparcial. Deve a parte suscitar, inicialmente, a alegação de impedimento ou de suspeição e, se for o caso, sendo rejeitada essa alegação, sustentar a nulidade com fundamento na inobservância da regra legal aplicável, que, em última análise, materializa, no procedimento previsto em lei, a observância dos aludidos princípios/garantias constitucionais.

7.3.7 Publicidade dos atos processuais

A publicidade é valor fundamental a ser observado num Estado Democrático de Direito. Os governantes eleitos, bem como as estruturas administrativas que lhes dão suporte, existem, rigorosamente, para atuar em prol dos beneficiários de suas atividades, os cidadãos.

Se assim é no âmbito do poder político (Poderes Executivo e Legislativo) e da atividade administrativa a ele correlata, diferente não pode ser no campo do Poder Judiciário.

A publicidade, que é um dos princípios da Administração Pública (art. 37, *caput*, da CF), foi também disciplinada como princípio/garantia no âmbito do direito processual.

Nesse sentido, dispõe o art. 5º, LX, da CF que "a lei só poderá restringir a publicidade dos atos processuais quando a defesa da intimidade ou o interesse social o exigirem". Do mesmo modo, prevê o art. 93, IX, da CF que "todos os julgamentos dos órgãos do Poder Judiciários serão públicos, e fundamentadas todas as decisões, sob pena de nulidade, podendo a lei limitar a presença, em determinados atos, às próprias partes e aos seus advogados, ou somente a estes, em casos nos quais a preservação do direito à intimidade do interessado no sigilo não prejudique o interesse público à informação".

Mais uma vez: cuida-se de princípio, por se tratar de norma abstrata e de projeção geral, que não estabelece propriamente uma conduta a ser adotada sob pena de sanção, mas sim um valor, critério geral que deve nortear o processo de formação das leis, por parte do legislador, bem como sua interpretação, para fins de aplicação, por parte do Poder Judiciário.

Figura como garantia, por outro lado, pois sua inobservância, na medida daquilo que como regulamentação da publicidade é estabelecido nas leis processuais – normas infraconstitucionais –, implicará possibilidade de anulação de atos processuais, decisões ou processos como um todo.

A publicidade no processo atua, de um lado, em benefício das próprias partes, de forma a complementar ou integrar o devido processo legal e o contraditório, pois só com a efetiva possibilidade de conhecimento de tudo aquilo que se verifica na arena processual têm os litigantes, efetivamente, condições de sustentar adequadamente suas posições jurídicas.

Atua também, entretanto, e em sentido mais amplo, como mecanismo de defesa social, pois a publicidade opera indiretamente, em alguma medida, como mecanismo de contenção quanto a erros, excessos e, até mesmo, contra a má-fé: pois todos sabem (inclusive os magistrados) que os atos praticados no processo são, potencialmente, submetidos ao conhecimento público e geral, sujeitando-se, bem por isso, ao escrutínio não só das partes, mas de terceiros.

Anote-se, ainda nesse passo (conhecimento público e geral dos atos praticados no processo), que, embora as decisões judiciais não se submetam a controle administrativo para fins de reforma ou revisão, mas apenas ao controle jurisdicional, mediante interposição de recursos ou ajuizamento de ações autônomas de impugnação (por exemplo, ação rescisória, ação anulatória, mandado de segurança, *habeas corpus*, embargos de terceiro, embargos à execução etc.), a conduta funcional dos juízes se submete a reexame de órgãos censores.

O controle da conduta funcional dos magistrados é realizado pelo trabalho das corregedorias dos respectivos tribunais, bem como pelo Conselho Nacional de Justiça/CNJ, ao qual foi atribuída a competência de velar pelo "cumprimento dos deveres funcionais dos juízes", bem como para "receber e conhecer das reclamações contra membros ou órgãos do Poder Judiciário (...), podendo avocar processos disciplinares em curso e determinar a remoção, a disponibilidade ou a aposentadoria com subsídios ou proventos proporcionais ao tempo de serviço e aplicar outras sanções administrativas, assegurada a ampla defesa" (art. 103-B, § 4º, III, da CF).

Em outras palavras, a corregedoria do tribunal ou o CNJ não podem, em processo administrativo instaurado contra juiz de direito, por motivo disciplinar, rever decisões de cunho jurisdicional. O único modo de promover a revisão destas decisões é através do próprio processo judicial (recursos ou ações autônomas de impugnação). Os órgãos administrativos de controle podem, entretanto, instaurar processos disciplinares dos quais poderá resultar a aplicação de sanções administrativas contra os magistrados, inclusive em razão de sua conduta, atos, omissões ou decisões no processo judicial.

Nesse quadro, confirma-se a percepção de que a publicidade funciona como mecanismo de controle social e de contenção da prática de abusos ou ilegalidades, o que – diga-se de passagem – fica robustecido com a facilidade contemporaneamente existente de veiculação das informações através dos meios de comunicação e com o exercício da liberdade de imprensa.

Quem não se recorda de mais de um exemplo de casos que, por alguma razão, se tornaram objeto de interesse geral e, consequentemente, de acompanhamento passo a passo pela imprensa, seja em relação à conduta processual das partes, seja quanto à sua condução e às decisões proferidas pelo juiz ou tribunal competentes para seu julgamento?

Merece louvor a opção pela ampla publicidade adotada como viga fundamental no sistema constitucional brasileiro, tanto no campo da Administração Pública como no campo do processo jurisdicional, por fornecer o elemento essencial para a realização do controle dos atos praticados pelos Poderes do Estado, o que – repita-se – num Estado Democrático de Direito se mostra indispensável.

Averbe-se, aliás, que a publicidade no sistema processual brasileiro é paradigma para outras experiências jurídicas, dadas sua plenitude e amplitude.

Note-se, por exemplo, que na experiência italiana, após os debates das partes, os órgãos julgadores colegiados se recolhem em sessão que não é pública, realizada *in camera di consiglio*, a fim de debater o caso sob julgamento e decidir, tornando-se pública a decisão apenas posteriormente. Este *procedimento in camera di consiglio* é previsto no art. 276 do CPC italiano, segundo o qual: "La decisione è deliberata in segreto nella camera di consiglio. Ad essa possono partecipare soltanto i giudici che hanno assistito alla discussione". Literalmente: a discussão da causa pelos juízes é secreta e da referida sessão só os magistrados participam.

Outro exemplo importante é o direito alemão.

No processo civil alemão após o debate das partes chega-se à decisão, pelo competente órgão colegiado, em discussão ocorrida em sessão secreta. Esse procedimento é denominado *Behandlung*, após o qual é designada uma audiência para tornar pública a decisão.

Nesse sentido, o § 310 da *Zivilprozessordnung/ZPO* (Código de Processo Civil alemão) disciplina o *Termin der Urteilverkundung*, ou seja, a designação de uma audiência de publicação da decisão, após o debate realizado, reservadamente, pelos julgadores integrantes do colegiado competente para decidir.

Nestes e em outros sistemas jurídicos sequer se imagina a possibilidade de transmissão ao vivo (como ocorre no Brasil) de sessões de discussão e julgamento de causas nos tribunais. Isso para o jurista estrangeiro soa frequentemente como um "excesso" de publicidade, incompatível, inclusive, com a manutenção da "aura" e da credibilidade que devem pairar sobre a posição institucional do tribunal, que pode sofrer desgastes diante da possibilidade de debates acalorados entre os próprios magistrados responsáveis pelo julgamento do caso.

Embora seja subjetiva tal avaliação, tanto quanto a posição oposta também o é, parece válido frisar que a publicidade, na linha do que foi acima exposto, efetivamente contribui para o aprimoramento da prestação jurisdicional, seja pela possibilidade de efetiva participação que propicia às partes, seja pela possibilidade mais efetiva de controle que oferece aos órgãos censores e à comunidade em geral.

Nosso sistema processual, assim, prestigia de modo muito mais efetivo a publicidade processual, que alcança todas as fases do processo, inclusive os debates dos juízes, nos órgãos colegiados, que precedem a prolação das decisões.

A publicidade, entretanto, não é absoluta.

Todo processo causa alguma comoção ou ruído social, o denominado *strepitus fori*, na expressão latina. O estrépito pode ser maior ou menor, conforme o assunto discutido no processo, suas consequências sociais ou, mesmo, as pessoas envolvidas no caso concreto.

Daí advém a regulação da restrição à publicidade processual.

Os dispositivos constitucionais que dela tratam (art. 5º, LX, e art. 93, IX) já indicam a possibilidade de restrição à publicidade no processo, fornecendo elementos ou parâmetros a serem considerados no juízo de valor que deve ser feito a esse propósito.

O art. 5º, LX, da CF prevê a possibilidade de restrição à publicidade dos atos processuais "quando a defesa da intimidade ou o interesse social o exigirem". O art. 93, IX, da CF, por seu turno, autoriza a limitação da presença, em determinados atos, às próprias partes e a seus advogados, ou somente a estes, "em casos nos quais a preservação do direito à intimidade do interessado no sigilo não prejudique o interesse público à informação".

Da compreensão sistemática dos dois dispositivos torna-se viável observar os valores a serem considerados pelo juiz ou tribunal para fins de decretação de sigilo de determinado processo: de um lado, favorecendo a decretação do sigilo, a *defesa da intimidade* das pessoas envolvidas no processo e o *interesse social*; de outro lado, a ser ponderado, para contraponto, o *interesse público no acesso à informação*.

É do confronto entre tais elementos que se deve, em cada caso concreto, verificar qual a solução que deve prevalecer, ou seja, a decretação do sigilo ou a manutenção da publicidade do processo.

Note-se, entretanto, mais um ponto relevante nesta discussão: mesmo nos casos em que for decretado o sigilo jamais será ele absoluto, pois será mantida a publicidade do processo para as partes e seus advogados. Nessa hipótese (decretação do sigilo) ocorrerá, na prática, uma publicidade relativa do processo: acesso restrito para terceiros, acesso assegurado às partes.

Essa disciplina foi reproduzida em regras infraconstitucionais, pois o legislador repetiu tais diretrizes na legislação processual.

Nesse sentido, dispõe o art. 189 do CPC/2015 que os atos processuais são públicos, autorizando, contudo, a tramitação em "segredo de justiça" dos processos: (a) em que o exija o interesse público ou social; (b) que versem sobre casamento, separação de corpos, divórcio, separação, união estável, filiação, alimentos e guarda de crianças e adolescentes; (c) em que constem dados protegidos pelo direito constitucional à intimidade (por exemplo, informações bancárias e relacionadas ao sigilo fiscal e telefônico); (d) que versem sobre arbitragem, inclusive sobre cumprimento de carta arbitral, desde que a confidencialidade estipulada na arbitragem seja comprovada perante o juízo.

Complementando tais disposições, preveem ainda os §§ 1º e 2º do art. 189 do CPC/2015 que "o direito de consultar os autos de processo que tramite em segredo de justiça e de pedir certidões de seus atos é restrito às partes e aos seus procuradores" (§ 1º), bem como que "o terceiro que demonstrar interesse jurídico pode requerer ao juiz certidão do dispositivo da sentença, bem como de inventário e de partilha resultantes de divórcio ou separação" (§ 2º).

Na mesma linha, o art. 11 do CPC/2015, enquadrado no contexto das "normas fundamentais" do novo sistema processual civil, estabelece a publicidade dos julgamentos, prevendo ainda seu parágrafo único que "nos casos de segredo de justiça, pode ser autorizada a presença somente das partes, de seus advogados, de defensores públicos ou do Ministério Público".

De modo análogo, o art. 20 do CPP, regulando a excepcional possibilidade de restrição à publicidade que deve prevalecer no inquérito policial, estipula que "a autoridade [*policial*] assegurará no inquérito o sigilo necessário à elucidação do fato ou exigido pelo interesse da sociedade".

Por último, e não menos importante, ao regular a tramitação do inquérito civil o art. 7º da Resolução 23/2007 do Conselho Nacional do Ministério Público/CNMP prevê que o aludido procedimento investigatório deve observar "o princípio da publicidade dos atos, com exceção dos casos em que haja sigilo legal ou em que a publicidade possa acarretar prejuízo às investigações, casos em que a decretação do sigilo legal deverá ser motivada".

O que se extrai da regulamentação infraconstitucional da publicidade processual é, em suma, que: (a) a publicidade não é absoluta; (b) a restrição à publicidade (decretação de sigilo de investigações [inquérito policial, inquérito civil] ou de processos judiciais) deve ser motivada; (c) a preservação das partes, de vítimas, de testemunhas ou de pessoas de qualquer modo envolvidas no processo, em razão do estrépito inerente ao foro, pode justificar a decretação do sigilo; (d) a decretação do sigilo também pode ser justificada pela necessidade de contenção de divulgação de informações a respeito da investigação ou do processo, de sorte a não restarem prejudicados o esclarecimento dos fatos ou a apuração de autoria ou responsabilidades; (e) o sigilo também pode ser decretado para preservar informações sigilosas em razão da proteção constitucional à privacidade de dados pessoais (informações fiscais ou fazendárias, bancárias, ou mesmo relativas às telecomunicações); (f) a decretação do sigilo pode ser parcial, alcançando fases do processo ou mesmo partes dele, destacadas em apensos; (g) decretado o sigilo, tal decisão pode, ulteriormente, ser revista, tornando-se à publicidade geral; (h) ainda que decretado o sigilo, será o processo sempre acessível às partes e seus advogados.

A publicidade do processo, como regra geral significa que o processo deve ser acessível a todos, não só a quem nele figura como parte – ressalvada, evidentemente, a imposição de sigilo.

Desta forma, nos processos físicos qualquer pessoa pode comparecer ao cartório e, no respectivo balcão, consultar os autos, mesmo não sendo parte, nem, no caso de advogado, tendo procuração nos autos.

Esse mesmo acesso deve ser assegurado nos casos em que os autos tramitam em meio digital (processo eletrônico). Não se justifica, portanto, que os mecanismos ou sistemas de processo eletrônico sirvam, na prática, como meio de restrição de acesso ao conteúdo de processos, salvo nos casos de decretação de sigilo.

Em outras palavras, quando um sistema de processo judicial eletrônico assegura a quem não é parte no processo apenas o acesso ao andamento processual (extrato eletrônico), e não ao seu conteúdo, que fica acessível exclusivamente para as partes, isso significa uma indevida, insustentável e não fundamentada limitação à publicidade.

Dir-se-á, talvez, em defesa de entendimento contrário, que a ampla acessibilidade permitirá o mau uso de informações contidas em processos, com risco de danos às pessoas e às autoridades que neles atuam.

O argumento, entretanto, não merece acolhimento.

O mesmo risco existe em processos físicos. É um ônus decorrente da publicidade, que como princípio/garantia constitucional deve ser observada.

Solução para tal impasse, ainda pensando na hipótese do processo judicial eletrônico, é exigir, no próprio sistema digital, que o interessado em acessar os autos se cadastre e identifique no sistema, a fim de que seja possível, caso necessário, apurar responsabilidades pelo mau uso da informação.

O que não deve ser aceito, entretanto, é arbitrariamente (diversamente do que se verifica quando, de modo fundamentado, se decreta o sigilo da investigação ou do processo), simplesmente, por uma lacuna da ferramenta do sistema de processo digital, negar o acesso à informação pública.

7.3.8 Motivação das decisões

Em conformidade com o art. 93, IX, da CF, "todos os julgamentos dos órgãos do Poder Judiciário serão públicos, e fundamentadas todas as decisões, sob pena de nulidade".

Embora tal dispositivo não esteja no rol do art. 5º da CF, não há dúvida de que se insere no contexto dos direitos e garantais fundamentais da Constituição, que, em consonância com o § 1º do referido artigo, são assinalados em rol meramente exemplificativo, pois, como está ali consignado, "os direitos e garantias expressos nesta Constituição não excluem outros decorrentes do regime e dos princípios por ela adotados, ou dos tratados internacionais em que a República Federativa do Brasil seja parte".

Como nos casos anteriormente mencionados, cuida-se de princípio/garantia.

Princípio, porque revela, em norma abstrata e de cunho genérico, valor, critério, diretriz fundamental a ser adotada pelo legislador no processo de formação das leis, bem ainda pelos juízes e tribunais quando de sua interpretação, embora, como princípio, não prescreva essencialmente uma conduta a ser seguida sob pena de sanção.

Ao mesmo tempo garantia, por prescrever o conteúdo a ser observado, como mecanismo de proteção de seus destinatários, autorizando o reconhecimento da nulidade de decisões proferidas sem que ocorra sua estrita observância.

A relevância da motivação das decisões judiciais, no contexto do Estado Democrático de Direito, é indiscutível e se enquadra no mesmo plano em que está situada a publicidade do processo e dos seus atos.

Note-se, nesse sentido, que a motivação, em conjunto com a publicidade, fornece subsídios para o controle das decisões pelas partes (controle interno) bem como pela sociedade em geral (controle externo), em função do maior ou menor interesse em relação ao caso concretamente considerado.

No que diz respeito ao controle pelas partes (controle interno), somente com o conhecimento dos motivos levados em consideração pelo juiz ou tribunal para decidir é que se viabiliza ao litigante, em preenchimento ao seu ônus de argumentação, na dialética que impera no campo do processo, demonstrar, de forma justificada, o desacerto da decisão impugnada e, consequentemente, a necessidade de sua reforma ou cassação.

Idêntico desenvolvimento apresenta-se no campo do controle social (externo): a compreensão das razões pelas quais o provimento judicial foi proferido é essencial para que se torne viável o questionamento, caso necessário, da conduta do magistrado ou do tribunal, para fins de verificação disciplinar ou administrativa, embora, como anteriormente considerado, a revisão da decisão só possa ocorrer na arena do próprio processo judicial, através de interposição de recurso ou ajuizamento de ação autônoma de impugnação.

Sem o conhecimento dos motivos adotados como fundamento para decidir torna-se inviável o exercício da crítica, através do recurso, ações autônomas de impugnação ou mediante mecanismos de controle de conduta funcional, que são inerentes e absolutamente indissociáveis ao Estado Democrático de Direito.

A motivação também foi inserida, no plano infraconstitucional, como regra cuja observância é essencial à validade da decisão.

O Código de Processo Civil/202015, neste ponto, foi extremamente exigente. O legislador impôs aos órgãos judiciais a observância de um grau de motivação que deveria, naturalmente, ser observado pelos juízes e tribunais, que, na prática, acabaram, ao longo da história, simplificando excessivamente o cumprimento deste dever processual, flertando, frequentemente, com sua completa desconsideração.

Em que pese às críticas que têm sido feitas em relação a essa renovada exigência, nos termos do Código de Processo Civil/2015, é compreensível e elogiável a opção adotada pela lei. Num contexto de um novo sistema processual, que pretende valorizar determinados entendimentos adotados pelos tribunais (precedentes, jurisprudência e súmulas), ou seja, em última análise, dar maior importância ao denominado direito jurisprudencial, é imprescindível que sejam aprimorados e fortalecidos os parâmetros relativos à exigência de motivação das decisões.

Em outros termos, num sistema que valoriza o direito jurisprudencial aumentam, proporcionalmente, tanto o ônus de argumentação das partes (afinal, não basta argumentar, no processo, com o olho voltado para a letra da lei, sendo igualmente necessário levar em consideração, no raciocínio dialético que se desenvolve na arena judicial, o modo como o direito vem sendo compreendido pelos órgãos judiciais) como o dever de fundamentação dos juízes e tribunais.

Daí advém a intensidade com que a exigência de fundamentação foi prevista no Código de Processo Civil/2015.

Primeiro, como norma fundamental, o art. 11 do CPC/2015, pelo qual "todos os julgamentos dos órgãos do Poder Judiciário serão públicos, e fundamentadas todas as decisões, sob pena de nulidade".

Por outro lado, cuidando da sentença, indica o art. 489, II, do CPC/2015 que a fundamentação é um dos seus elementos essenciais. Não bastasse isto, o § 1º deste dispositivo afirma expressamente que não se considera fundamentada qualquer decisão judicial que: (a) se limitar à indicação, à reprodução ou à paráfrase de ato normativo, sem explicar sua relação com a causa ou a questão decidida; (b) empregar conceitos jurídicos indeterminados, sem explicar o motivo concreto de sua incidência no caso; (c) invocar motivos que se prestariam a justificar qualquer outra decisão; (d) não enfrentar todos os argumentos deduzidos no processo capazes de, em tese, infirmar a conclusão adotada pelo julgador; (e) se limitar a invocar precedente ou enunciado de súmula, sem identificar seus fundamentos determinantes nem demonstrar que o caso sob julgamento se ajusta àqueles fundamentos; (f) deixar de seguir enunciado de súmula, jurisprudência ou precedente invocado pela parte, sem demonstrar a existência de distinção no caso em julgamento ou a superação do entendimento.

No CPP, da mesma forma, a exigência de motivação está prevista no art. 381, III e IV, que exigem "a indicação dos motivos de fato e de direito em que se fundar a decisão", bem como "a indicação dos artigos de lei aplicados". Está também minudenciada no art. 315, § 2º (redação dada pela Lei 13.964, de 24.12.2019), que reproduz, de modo praticamente literal, o disposto no art. 489, § 1º, do CPC/2015.

Claro deve restar, contudo, que nem mesmo considerando literalmente o disposto no art. 489, § 1º, do CPC/2015 se chegará à conclusão de que a deficiência na fundamentação deve ser compreendida como ausência de motivação, ou que o juiz deva, com amparo no art. 489, § 1º, IV, do CPC/2015 (que impõe ao juiz "enfrentar todos os argumentos deduzidos no processo capazes de, em tese, infirmar a conclusão adotada pelo julgador"), responder a um verdadeiro "questionário" formulado pelas partes para que a decisão possa ser considerada adequadamente fundamentada.

Frise-se: deficiência na motivação não é, necessariamente, sinônimo de falta de motivação.

O que a decisão deve efetivamente conter, a fim de que seja considerada adequadamente motivada, é o exame de todos os pontos e questões de fato e de direito que tenham, potencialmente, aptidão para direcionar a convicção do juiz num ou noutro sentido.

Em outras palavras, pontos, questões ou argumentos efetivamente irrelevantes para o desfecho do processo dispensam análise na decisão. Ademais, para que seja possível reconhecer a invalidade e decretar-se a nulidade da decisão por falta de motivação é imprescindível que a omissão ao dever de motivar traga efetivo prejuízo, impedindo o controle da decisão, através de recurso ou meio autônomo de impugnação, por meio de argumentação racional.

Ou seja, se a deficiência de motivação não impede a compreensão da decisão, não se refere a ponto ou questão de fato ou de direito relevante, não afeta de modo algum o desfecho do processo, nem causa prejuízo, no sentido de inviabilizar o controle da decisão (interposição de recurso, com efetiva possibilidade de argumentação e demonstração de que a decisão é equivocada), não há de ser acolhida alegação de vício por ausência de fundamentação.

Como é viável perceber, a questão da exigência de motivação das decisões, que se situa no plano dos temas fundamentais do processo judicial, deve ser compreendida em contexto sistemático e teleológico, e não apenas em análise literal.

7.3.9 Prova lícita

O processo existe e se desenvolve em função de litígios, devendo operar como legítimo mecanismo estatal para sua solução. Os litígios, por sua vez, surgem em razão das relações sociais, entre pessoas e entre entidades jurídicas.

A solução dos conflitos, entretanto, é atividade que não se limita à aplicação da lei aos casos concretos examinados pelos juízes ou tribunais.

Para oferecer resposta às demandas que lhe são endereçadas deve o Poder Judiciário, necessariamente, ter diante de si, tanto quanto possível, esclarecidas as questões de fato subjacentes ao conflito.

Em outros termos, se são as relações humanas que estão em jogo, para que a lei seja corretamente aplicada é imprescindível conhecer adequadamente os fatos.

Isso mostra a essencialidade da prova no direito processual. Sem a possibilidade de realização de adequada atividade probatória para esclarecimento da pertinência e veracidade das alegações de fatos subjacentes ao conflito é inimaginável pensar em adequada prestação de justiça.

A atividade probatória, entretanto, por sua própria natureza, é potencialmente invasiva da esfera privada das pessoas que, de algum modo, se sujeitam a ela.

Por tais razões torna-se indispensável, num Estado Democrático de Direito, assegurar a possibilidade de realização da prova, para, com isso, viabilizar o acesso à prestação jurisdicional, sem que, entretanto, isso signifique indevida violação da esfera de direitos das partes ou de outros sujeitos ou entidades.

É por tais motivos que, nos termos do art. 5º, LVI, da CF, "são inadmissíveis, no processo, as provas obtidas por meios ilícitos".

Esta disposição contém mais do que literalmente descreve.

Cuidando-se de verdadeiro princípio/garantia, é necessário compreender seu real conteúdo e alcance.

Não se trata, simplesmente, de vedar a utilização de provas obtidas por meios ilícitos.

Trata-se, em primeiro lugar, de um princípio, que em caráter geral e abstrato, sem prescrever conduta específica, orienta o legislador a produzir leis que assegurem, no processo, a possibilidade de realização de provas para esclarecimento de fatos subjacentes aos conflitos. Estipula que isso seja feito, contudo, nos limites da razoabilidade, o que inclui proscrever meios de prova que não sejam aceitáveis, porque conflitantes com limites constitucionais estabelecidos (basta pensar, por exemplo, no conjunto de disposições que oferecem proteção à privacidade – inviolabilidade da intimidade, da vida privada, da honra, da imagem, sigilo de correspondência e das comunicações telegráficas, de dados, das comunicações telefônicas, cf. art. 5º, X e XII, da CF), seja porque colidentes com a regulamentação a ser dada, no plano infraconstitucional, à matéria.

Trata-se, em segundo lugar, de uma garantia, pois sua inobservância, materializada pela produção da prova em desconformidade com norma infraconstitucional ou com limites constitucionalmente estabelecidos, acarretará, ao menos em princípio, reconhecimento da invalidade do ato processual praticado, viabilizando a declaração da nulidade daquele ou do próprio processo no qual foi realizado o ato.

Pode-se dizer, portanto, que a disposição constitucional tem uma eficácia *positiva* (assegurar o direito à prova e aos procedimentos probatórios), de um lado, e, de outro, uma eficácia *negativa* (vedar a utilização da prova ilícita ou obtida por meios ilícitos).

Este princípio/garantia processual constitucional encontra sua materialização e seus limites nas normas infraconstitucionais que regulamentam o direito probatório.

Assim, todas as disposições contidas no Código de Processo Civil/2015 a respeito da teoria geral da prova, sobre procedimentos probatórios, bem como sobre as provas em espécie (arts. 369 e ss.), assim como disposições análogas contidas na legislação esparsa – como, por exemplo, no Código Civil/2002 (arts. 212 e ss.) ou no Código do Consumidor (art. 6º, VIII) –, são editadas com fundamento no direito à prova e aos procedimentos probatórios, cuja essência encontra amparo no art. 5º, LVI, da CF.

O direito à prova se constitui, portanto, num dos corolários do devido processo legal e do acesso à justiça. Pois de nada adiantaria fosse assegurada a possibilidade de ter acesso ao processo se não fosse viável demonstrar, neste, a veracidade das alegações de fato cujo esclarecimento e confirmação são essenciais a fim de que o Poder Judiciário possa assegurar o reconhecimento e o gozo do direito ao seu titular.

Nesse sentido, o direito à prova e o direito ao exercício da atividade probatória podem ser compreendidos – destaque-se – como manifestações do próprio direito de ação, pois é correto compreender que neste está incluído um feixe amplo de faculdades, ônus e poderes, entre eles o direito de que aqui se trata, todos imprescindíveis para o alcance, ao final, da tutela jurisdicional.

Ademais, trata-se propriamente de um direito assentado no art. 369 do CPC/2015, pelo qual "as partes têm o direito de empregar todos os meios legais, bem como moralmente legítimos, ainda que não especificados neste Código, para provar a verdade dos fatos em que se funda o pedido ou a defesa e influir eficazmente na convicção do juiz".

Já se formulou na doutrina a distinção entre prova *ilícita* e prova *ilegítima*.[13]

A primeira (prova *ilícita*) seria aquela produzida de forma a conflitar com alguma garantia constitucional do processo. A ilicitude afetaria, neste caso, o próprio conteúdo da prova (resultado). A segunda (prova *ilegítima*) seria aquela produzida em desconformidade com regras relativas aos procedimentos probatórios. A ilicitude residiria, nesta situação, não no conteúdo ou resultado da prova, mas no procedimento probatório.

Embora conceitualmente seja relevante a distinção, na prática, atualmente, mostra-se despida de maior interesse, na medida em que, seja pela disposição expressamente contida no art. 5º, LVI, da CF, seja pelo conjunto de princípios e garantias constitucio-

13. Ada Pellegrini Grinover, Antônio Scarance Fernandes e Antônio Magalhães Gomes Filho, *As Nulidades no Processo Penal*, pp. 126-127.

nais do processo, a violação à norma de procedimento probatório revela, em última análise, ainda que de forma indireta, a violação também a uma garantia constitucional.

Assim, se todas as ilicitudes relacionadas à atividade probatória podem ser compreendidas como violações ao menos indiretas à Constituição, por tangenciarem o devido processo legal (art. 5º, LIV, da CF), torna-se – repita-se – irrelevante a distinção.

É muito frequente no processo a alegação de nulidade por utilização de prova ilícita ou de prova obtida por meio ilícito, com afirmação de ofensa ao art. 5º, LVI, da CF. Isso provoca, mais uma vez, do mesmo modo como se verificou em relação a outros princípios/garantias constitucionais do processo, a pergunta a respeito da possibilidade de ofensa direta à Constituição, ou, em outra perspectiva, a indagação a respeito da medida da ilicitude.

A prova será ilícita, em última análise (superada, como visto acima, a distinção entre prova ilícita e proba ilegítima), quando conflitar com princípios, garantias e regras inseridas no quadro normativo que contextualiza o devido processo legal.

Como todas as garantias constitucionais do processo têm delimitado seu alcance através das normas infraconstitucionais que regulamentam o processo – o próprio devido processo legal tem sua delimitação fixada pelo legislador infraconstitucional –, a alegação de utilização de prova ilícita deve ser demonstrada como violação a alguma disposição *legal* relativa à prova.

Dito de outro modo, a violação ao princípio/garantia constitucional da prova lícita será sempre indireta.

Consequentemente, a simples alegação do litigante de que houve ofensa ao art. 5º, LVI, da CF, sem demonstração da violação de alguma disposição legal referente ao direito probatório, não deverá merecer acolhimento.

7.3.10 Razoável duração do processo e celeridade

Em conformidade com o art. 5º, LXXVIII, da CF, "a todos, no âmbito judicial e administrativo, são assegurados a razoável duração do processo e os meios que garantam a celeridade de sua tramitação".

Essa disposição, inserida no rol do art. 5º da CF pela Emenda Constitucional 45/2004, incorporou expressamente ao ordenamento constitucional preceito que já vigorava entre nós por força da adesão do Brasil à Convenção Interamericana de Direitos Humanos (art. 8º, n. 1).[14]

Cuida-se, igualmente, de princípio/garantia.

Como princípio, em norma geral e abstrata, adota valor, critério ou parâmetro que deve ser observado pelo legislador ao elaborar leis sobre direito processual, bem como

---

14. Assinada na Conferência Interamericana sobre Direitos Humanos, realizada em San José/Costa Rica em 22.11.1969, posteriormente objeto de adesão pelo Brasil em 25.9.1992 bem como publicação pelo Decreto Presidencial 678, de 6.9.1992.

pelos juízes ou tribunais, como referência e paradigma na interpretação e aplicação das leis.

Como garantia, impõe ao Estado conduta (assegurar a duração razoável dos processos, fornecer meios que assegurem a celeridade de sua tramitação) e vedação (não permitir que os processos tramitem indefinidamente, sem observância de prazo razoável) cujo descumprimento acarretará consequências efetivas, como, por exemplo, a obrigação de reparação do dano moral causado pela indevida e excessiva duração do processo bem como, em último caso, a possibilidade de reconhecimento de nulidade.

Observe-se, nesse passo, que a não observância da garantia da duração razoável do processo e dos meios que assegurem a celeridade de sua tramitação configura verdadeiro constrangimento ilegal a que são submetidos os destinatários da garantia constitucional.

O dispositivo contém conceito jurídico indeterminado ao falar em "razoável" duração do processo. A razoabilidade da duração do processo tem conteúdo, nessa medida, relacional, pois é indispensável conhecer a realidade subjacente para se chegar à conclusão sobre se a demora na conclusão de determinado processo é ou não aceitável.

Como essa garantia foi prevista, inicialmente, na Europa, na Convenção Europeia dos Direitos do Homem, de 1950, a jurisprudência da Corte Europeia de Direitos Humanos, de Estrasburgo, e de tribunais europeus desenvolveu, com base na experiência concreta do foro, critérios para delimitar o conceito da razoável duração do processo.

A doutrina brasileira tem dedicado, igualmente, vivo interesse relativamente ao tema, sendo certo que, como anota José Rogério Cruz e Tucci,[15] parâmetros para a aferição do respeito à garantia são, em suma: (a) a complexidade da causa; (b) o comportamento das partes e seus procuradores; (c) o modo como e o contexto em que se desenvolveu o processo; (d) a atuação das autoridades judiciais que oficiam no feito; (e) a importância do litígio para os litigantes.

Está claro, portanto, que não há fixação de um prazo objetivo e específico a partir do qual, como que num cálculo simples, seja viável aferir se houve ou não violação à cláusula que impõe a razoável duração do processo.

O que se deve aferir, a partir do contexto em que se desenvolveu aquele processo determinado, é se houve ou não, para os litigantes, indevido constrangimento ilegal e, portanto, se tal constrangimento se mostra injustificável diante do quadro especificamente considerado.

Saliente-se, no que diz respeito ao seu alcance, que o princípio/garantia se refere tanto ao processo judicial como ao administrativo, como expressamente dispõe o art. 5º, LXXVIII, da CF. Estende-se também, evidentemente, aos processos de execução de título extrajudicial e de cumprimento de sentença.

---

15. José Rogério Cruz e Tucci, *Tempo e Processo*, São Paulo, Ed. RT, 1997, pp. 66-80, bem como "Garantia do processo sem dilações indevidas", in *Garantias Constitucionais do Processo Civil: Homenagem aos 10 Anos da Constituição Federal de 1988*, São Paulo, Ed. RT, 1999, pp. 234 e ss.

Assim, consequências de sua inobservância podem ser extraídas de processos cíveis, criminais, trabalhistas, eleitorais, disciplinares, processos perante os tribunais de contas etc. em que não tenha sido cumprida a cláusula constitucional da razoável duração do processo e do oferecimento de meios que assegurem a celeridade de sua tramitação.

7.4 Princípios, garantias constitucionais e o conceito de processo justo

Afinal, para que serve o processo e, mais, para que serve o próprio direito?

Esse é um dilema que não só assalta o pensamento dos cidadãos comuns, que necessitam, no seu dia a dia, do direito e do processo, mas também atormenta o espírito dos filósofos do direito.

Refletindo com os olhos voltados para o direito processual já tivemos a oportunidade, com apoio em Cândido Rangel Dinamarco, de assinalar os escopos da jurisdição e, consequentemente, do próprio processo, que estão centrados nos campos político (exercício do poder), jurídico (manutenção da integridade da ordem jurídica) e social (pacificar as pessoas e educá-las a lidar melhor com os conflitos).[16]

Não se afasta, entretanto, do pensamento empírico e da elaboração científica o pensamento de que o direito e o processo deveriam servir à realização da justiça.

Entretanto, definir o que exatamente significa a justiça, que deve ser alcançada pelo direito e pelo processo, é tarefa de difícil superação, pois, como claramente se percebe, o conceito daquilo que é "justo" varia em conformidade com as expectativas de cada pessoa, com as suas experiências pessoais, com o contexto político, social e cultural em que vive, com a moral, com a religião etc.

Se em determinada cultura, o "olho por olho, dente por dente" se mostra justo, em outro contexto social revelará a face institucionalizada da barbárie. Penas corporais, que são adotadas ainda hoje em determinadas regiões do mundo, ligadas a determinada matriz cultural e religiosa são proscritas pelos ordenamentos jurídicos dos Países ocidentais.

Como definir, então, o que é justo, se a avaliação a esse respeito é, antes de tudo, contextual?

Sem enveredar pelo campo da filosofia do direito, o direito processual fornece outra perspectiva para esse raciocínio.

Se não há, como assinalado acima, viabilidade de se construir um conceito universal de justiça (resultado), dadas as variáveis que interferem nessa avaliação, é possível, entretanto, estabelecer um parâmetro unívoco através do qual seja cabível aferir se o processo judicial é justo (meio, instrumento).

Efetivamente, se o alcance do resultado da atuação estatal deve ser a justiça, e se esta é um conceito fluido, não há dúvida de que o seu alcance só pode ser viabilizado através de um processo justo.

---

16. Cf. item 1.5, *supra*.

Neste ponto, efetivamente, deve residir a preocupação do processualista. Delinear um sistema processual que tenha aptidão para produzir resultados justos. Se eles serão ou não alcançados em cada caso concreto, ou em que consistem os resultados justos (conceito de justiça), essa é outra discussão.

Diante desse contexto, pode-se afirmar que a única referência precisa, objetiva e segura para a definição do *processo justo* é essa: é aquele apto a permitir o alcance de decisões justas, no Estado Constitucional de Direito, mediante a observância dos princípios e das garantias constitucionais do processo.[17]

Princípios e garantias constitucionais do processo fornecem os elementos para a aferição da aptidão do processo judicial para ser ou não qualificado como justo.

Assim, *processo justo* é aquele que se inicia, desenvolve e conclui em conformidade com os princípios e garantias constitucionais aplicáveis, notadamente: a inafastabilidade da tutela jurisdicional, o devido processo legal, o contraditório e a ampla defesa, a isonomia processual, a imparcialidade e a independência do julgador, o juiz natural, a vedação dos tribunais de exceção, a publicidade, a motivação das decisões, a utilização de provas lícitas, bem como a razoável duração do processo e a previsão de meios que garantam a celeridade da sua tramitação.

Evidentemente, comporta tal conceito complementação, considerando garantias constitucionais aplicáveis exclusivamente aos processos de natureza penal.

Implícita neste conceito está a ideia de que a observância dos referidos princípios/garantias constitucionais deve ocorrer na medida da sua regulamentação pelo legislador infraconstitucional, o que se deve verificar com a adoção de parâmetros razoáveis e conformes ao próprio ordenamento constitucional, para que tal regulação seja tida como constitucionalmente legítima.

Nessa linha de pensamento, é viável assentar que a instauração, a tramitação e a conclusão do processo judicial com a estrita observância de tais prescrições concedem ao instrumento estatal de solução de conflitos (processo) condições de, ao menos potencialmente, produzir resultados justos.

Esta é uma delimitação objetiva da compreensão do problema da justiça estatal. A justiça quanto ao meio. A justiça quanto ao fim (resultado) extravasa do campo do direito processual, e consiste em problema cuja solução – arrisca-se afirmar –, talvez insuperável, é deixada para o campo da filosofia do direito.

---

17. Nesse sentido: Luigi Paolo Commoglio, *La Garanzia Costituzionale dell'Azione e il Processo Civile* (Pádua, CEDAM, 1970, pp. 154-157, especialmente p. 156), reafirmado por: Nicolò Trocker, "Il valore costituzionale del 'giusto processo'" (in Maria Acierno *et al.*, *Il Nuovo Articolo 111 della Costituzione e il Giusto Processo Civile*, Milão, Franco Angeli, 2001, p. 45); José Roberto dos Santos Bedaque, *Direito e Processo: Influência do Direito Material sobre o Processo* (6ª ed., São Paulo, Malheiros Editores, 2011, pp. 44, 82 e 100-101); Cândido Rangel Dinamarco, *Instituições de Direito Processual Civil*, cit., 10ª ed., vol. I (pp. 150-151 e 323-324).

7.5 Garantias aplicáveis exclusivamente ao processo penal

Há no texto da Constituição Federal um rol de garantias que, pela sua natureza e escopo, são aplicáveis exclusivamente, ao menos em princípio, aos processos de natureza penal, ou seja, aqueles relativos à apuração da prática de infrações penais, dos quais pode surgir a aplicação de sanções de natureza criminal, como tais assim definidas pela legislação penal.

A ressalva deve ser direcionada às garantias relacionadas à prisão. Como há, no ordenamento jurídico pátrio, a possibilidade de prisão civil do devedor de pensão alimentícia (art. 5º, LXVII, da CF),[18] também se aplicam ao processo civil, neste caso, as garantias relativas à prisão.

São elas listadas a seguir: (a) o reconhecimento da instituição do Júri, assegurados a plenitude da defesa; o sigilo das votações; a soberania dos veredictos; a competência para o julgamento dos crimes dolosos contra a vida (art. 5º, XXXVIII, da CF); (b) o cumprimento da pena criminal em estabelecimentos distintos, em conformidade com a natureza do delito, a idade e o sexo do apenado (art. 5º, XLVIII, da CF); (c) garantia de respeito à integridade física e moral dos presos (art. 5º, XLIX, da CF); (d) garantia às presidiárias de permanência com seus filhos durante o período de amamentação (art. 5º, L, da CF); (e) presunção de inocência, por força da qual ninguém será considerado culpado até o trânsito em julgado da sentença penal condenatória (art. 5º, LVII, da CF); (f) garantia de não sujeição a identificação criminal do cidadão que já está civilmente identificado, salvo hipóteses previstas em lei (art. 5º, LVIII, da CF); (g) garantia de admissão da ação privada nos crimes de ação penal pública se esta não for intentada no prazo legal (art. 5º, LIX, da CF); (h) garantia de que ninguém será preso senão em flagrante delito ou por ordem escrita e fundamentada de autoridade judiciária competente, salvo nos casos de transgressão militar ou crime propriamente militar, definidos em lei (art. 5º, LXI, da CF); (i) garantia de que a prisão de qualquer pessoa e o local onde se encontre serão comunicados imediatamente ao juiz competente e à família do preso ou à pessoa por ele indicada (art. 5º, LXII, da CF); (j) garantia concedida ao preso de ser informado de seus direitos, entre os quais o de permanecer calado, sendo-lhe assegurada a assistência da família e de advogado (art. 5º, LXIII, da CF); (k) garantia da identificação dos responsáveis por sua prisão ou interrogatório judicial (art. 5º, LXIV, da CF); (l) garantia de imediato relaxamento da prisão ilegal pela autoridade judiciária (art. 5º, LXV, da CF); (m) garantia de liberdade provisória, ou seja, de que ninguém será levado à prisão ou nela mantido quando a lei admitir a liberdade provisória, com ou sem fiança (art. 5º, LXVI, da CF); (n) garantia de concessão do *habeas corpus* sempre que alguém sofrer ou se achar ameaçado de sofrer violência ou coação na sua liberdade de locomoção por ilegalidade ou abuso de poder (art. 5º, LXVIII, da CF).

Pode-se afirmar, na linha do que foi anteriormente exposto, que a observância das garantias constitucionais acima expostas em relação aos processos de natureza penal

---

18. Na leitura do referido inciso LXVII do art. 5º da CF deve-se ter em mente a Súmula Vinculante 25 do STF: "É ilícita a prisão civil de depositário infiel, qualquer que seja a modalidade de depósito". Bem como a Súmula 419 do STJ: "Descabe a prisão civil do depositário infiel".

também é imprescindível à qualificação do processo punitivo como constitucionalmente justo, ou seja, potencialmente apto à produção de resultados justos.

7.6 Falsos princípios – Regras processuais

A doutrina frequentemente fala em princípios ao cuidar de diretrizes que, a rigor, nada mais são que regras legais, normas de natureza infraconstitucional, regulatórias do processo e do procedimento.

Não são propriamente princípios, no sentido aqui assentado, por não tratarem de valores fundamentais, critérios estruturantes do sistema processual como um todo (notadamente quando ostentam assento constitucional), que orientam a edição de normas infraconstitucionais pelo legislador e sua aplicação pelo julgador.

Ao contrário, são opções específicas realizadas pelo legislador quanto ao funcionamento do processo e do procedimento.

Mas, considerando que são relevantes para o sistema processual, ajudando a caracterizá-lo, acabam recebendo o destaque doutrinário com a chancela ou alcunha de "princípios" de direito processual.

São, em nosso sentir, "falsos" princípios, pois, a rigor, como meras regras legais, estabelecem soluções para questões específicas e pontuais do funcionamento do processo. Em outros termos, a não observância de tais regras provoca consequências específicas e claras, como, por exemplo, a invalidade do ato judicial (com a possibilidade de declaração de sua nulidade), ou então a inaptidão, quando se tratar de ato da parte, para a produção dos efeitos que, para ele, foram programados pelo sistema jurídico.

Nesse ponto, como veremos adiante, ao tratar das invalidades, só se fala em nulidades de atos judiciais. Os atos das partes, quando praticados sem observar requisitos legais, não são passíveis de anulação, apenas não tendo aptidão para produção dos efeitos que para eles foram inicialmente programados pelo ordenamento jurídico.

De todo modo, os "falsos" princípios de direito processual (simples regras do processo e do procedimento), que não se confundem com os princípios informativos, nem com os princípios constitucionais (gerais) do processo, merecem toda a atenção do processualista, pois tais normas são de extrema importância, na medida em que contribuem para caracterizar o modo como o processo judicial, num determinado sistema normativo, se constitui, tramita e se conclui.

Necessário ainda dizer que estas regras processuais, tratadas como princípios do processo (falsos princípios), são influenciadas, evidentemente, pelos princípios informativos, bem como pelos princípios (gerais) e garantias constitucionais do processo, antes examinadas, como não poderia deixar de ocorrer. Afinal, seria inimaginável que o legislador editasse as leis de processo, regulamentando este segmento do direito, sem levar em conta valores que estão assentados em plano superior do ordenamento, notadamente na Constituição Federal.

Passemos ao seu exame.

7.6.1 Iniciativa judicial na investigação das provas e princípio da verdade real

A iniciativa judicial na investigação das provas guarda relação com a orientação mais "publicista" ou "privatista" do sistema processual.

Isso tem a ver com aquilo que na doutrina tradicional era apontado como prevalência da busca da verdade "formal" ou da verdade "real", "substancial" ou "material" no processo.

Era comum, numa abordagem tradicional e ortodoxa, a afirmação de que, por exemplo, o processo penal só se satisfaz com a busca da verdade "real", enquanto no processo civil bastaria uma verdade meramente "formal" relativamente ao esclarecimento dos fatos subjacentes ao litígio.

A ideia que estava presente nessa linha de argumentação era a de que, como no processo penal está em jogo a liberdade da pessoa (acusado), bem como levando em conta o estigma social que naturalmente decorre da condição de réu em processo criminal e, mais ainda, da condenação criminal, só mesmo o esclarecimento completo dos fatos subjacentes ao litígio permitiria a imposição da sanção penal. Ou seja, seria imprescindível a busca da verdade "real". Só com esta, ou seja, com a certeza quanto aos fatos, poderia o juiz proferir a sentença condenatória.

No processo civil, por outro lado, seguindo o mesmo raciocínio, como não estaria em jogo a liberdade, nem estigma social tão intenso quanto aquele que decorre de uma condenação criminal, seria suficiente um esclarecimento simplesmente formal dos fatos subjacentes ao litígio, podendo o juiz se contentar com grau relativo de conhecimento da realidade fática para proferir decisão.

Essa distinção é, evidentemente, artificial.

A verdade é uma só. Não existe uma verdade "formal", que possa ser contraposta a uma verdade "real", "substancial" ou "material".

Por outro lado, a busca, em si mesma, da verdade dita "real", "substancial" ou "material", ou seja, de uma certeza (absoluta) sobre o modo como os fatos ocorreram, é algo extremamente improvável, senão impossível, no campo do processo. Só mesmo uma entidade "espiritual" ou "superior", não humana, poderia alcançar tal conhecimento. As próprias pessoas envolvidas no conflito (partes, testemunhas) frequentemente têm percepção equivocada sobre os fatos. Isso decorre, por exemplo, de falha nos sentidos humanos (visão, audição, memória), que podem induzir a erro quanto à compreensão da realidade.

O que se deve buscar no processo civil, penal ou administrativo é a ausência de dúvida razoável, para que a autoridade com poder de decisão possa formar sua convicção e, com isso, decidir com menor margem de erro.

Em outras palavras, a busca no processo não é pela certeza, mas sim pelo fornecimento de elementos de convicção que deem ao julgador segurança para decidir.

O que varia, em conformidade com a espécie de processo (civil ou criminal), é o grau desta exigência. Ou seja, a variação reside nos parâmetros (*standards*) probatórios, mais rigorosos no processo penal, menos rigorosos no processo civil.

Esse é o correto sentido, em visão contemporânea, daquilo que anteriormente era estabelecido como distinção entre verdade "formal", de um lado, e verdade "real", "material" ou "substancial", de outro.[19]

Dentro de tal contexto e numa visão publicista do processo é que se assenta o ("falso") princípio ou regra, segundo o qual o juiz tem relativa liberdade na realização da investigação probatória.

Nesse sentido, prevê o art. 370 do CPC/2015 que "caberá ao juiz, de ofício ou a requerimento da parte, determinar as provas necessárias ao julgamento do mérito", bem como o respectivo parágrafo único, dispondo que "o juiz indeferirá, em decisão fundamentada, as diligências inúteis ou meramente protelatórias".

Em outros termos, embora as iniciativas probatórias sejam reservadas às partes (ao autor cabe a prova dos fatos constitutivos do seu direito, enquanto ao réu cabe a prova dos fatos extintivos, impeditivos e modificativos do direito do autor, nos termos do art. 373 do CPC/2015), pode o juiz, em caráter excepcional, com fundamento nos poderes instrutórios que o sistema processual lhe confere, realizar ou determinar investigações relativas aos fatos.

Quando isso é possível? Qual o limite dessa possibilidade?

Estas são perguntas para as quais a doutrina, mesmo ao tratar em monografias a respeito do tema, não encontrou, até o momento, resposta satisfatória. Em outros termos, não há resposta objetiva e universal para dizer quando e como o juiz pode adotar postura mais ativa em relação à iniciativa na produção de provas.

O juiz pode de ofício determinar a realização de atividades probatórias, não se discute. Não pode com isso, entretanto, perder sua imparcialidade, favorecer indevidamente uma das partes ou substituir-se àquilo que, naturalmente, cabe aos litigantes fazer.[20]

Embora não tenham sido, até então, identificados limites objetivos ou claros (inclusive diante da omissão normativa) para os poderes instrutórios do juiz, é viável esboçar parâmetros que devem nortear a iniciativa do magistrado. Mesmo porque – observe-se – a exceção não pode se tornar regra.

Nesse sentido, é razoável afirmar, sistematizando a argumentação acima, que: (a) a primazia nas iniciativas probatórias é das partes, cabendo ao juiz fazê-lo apenas excepcionalmente; (b) a iniciativa judicial justifica-se quando, esgotadas as possibilidades das

---

19. A propósito: Luiz Guilherme Marinoni e Sérgio Cruz Arenhart, *Prova*, São Paulo, Ed. RT, 2009, pp. 30-33, e Gustavo Henrique Righi Ivahy Badaró, *Epistemologia Judiciária e Prova Penal*, São Paulo, Thomson Reuters Brasil, 2019, pp. 237 e ss.

20. Cf.: José Roberto dos Santos Bedaque, *Poderes Instrutórios do Juiz* (4ª ed., São Paulo, Ed. RT, 2009, pp. 108-112) bem como José Carlos Baptista Puoli, *Os Poderes Instrutórios do Juiz e as Reformas do Processo Civil* (São Paulo, Juarez de Oliveira, 2002, pp. 37 e ss.).

partes, ainda assim alguma dúvida relevante se apresente no espírito do juiz a respeito do esclarecimento sobre as questões de fato; (c) a iniciativa judicial probatória deve, excepcionalmente, servir para restabelecer a situação de igualdade processual das partes quando for evidente que, pelas suas condições pessoais (por exemplo, pobreza), associadas a manifestas limitações na defesa técnica dativa, ficar evidenciada a situação de desigualdade processual entre os litigantes; (d) a iniciativa judicial não deve importar, na prática, quebra da imparcialidade.

Como é possível perceber, as limitações acima, fruto daquilo que, em linhas gerais, a respeito dos poderes do juiz em matéria probatória é assinalado pela doutrina, envolvem indicações fluidas e subjetivas, que dependem da análise casuística, realizada em cada processo, sobre quando e como pode ou não o magistrado determinar a realização de provas de ofício.

Exemplificando: imagine-se que as partes tenham requerido e produzido provas relativas ao litígio. Ao final da instrução remanesce o magistrado em estado de dúvida a respeito de uma questão de fato importante para o desfecho da causa. Durante a oitiva de testemunhas foi mencionada uma pessoa que poderia fornecer informações complementares sobre importante aspecto de fato. O juiz pode, de ofício, determinar a oitiva da "testemunha referida", com a finalidade de esclarecer importante questão de fato, não vislumbrada anteriormente pelas partes, uma vez que estas já cumpriram seus encargos probatórios mas o juiz permanece em estado de dúvida.

Outro exemplo: as partes requereram perícia. A perícia foi realizada, respondidos os quesitos formulados pelos litigantes. Recebendo o processo para sentenciar, o juiz percebe omissão no laudo sobre aspecto de fato que, em sua percepção, é relevante para formação da sua convicção. Pode ele, nesse caso, determinar que o perito apresente laudo complementar, a fim de elucidar a dúvida.

Em tais exemplos estão presentes os parâmetros antes indicados: as partes cumpriram seus encargos; o juiz atuou excepcionalmente, determinando a complementação da prova já realizada, por força da atuação dos litigantes; assim agiu para esclarecer dúvida sua (do magistrado) a respeito de questão de fato relevante para o julgamento; o juiz não abandonou sua imparcialidade.

7.6.2 Persuasão racional (livre convencimento motivado)

Cuida-se aqui, igualmente, de "falso" princípio de direito processual, verdadeira regra, estipulada em norma legal, relativa ao modo como o juiz deve formar seu convencimento a respeito dos fatos e do direito a ser aplicado ao caso concreto sob julgamento.

Pela sua importância na caracterização do sistema processual, refletindo opção política do legislador, acabou, ao longo do tempo, recebendo a qualificação de princípio, por revelar escolha política e legislativa relacionada ao próprio perfil do Estado Democrático de Direito.

O estudo da valoração da prova no processo revela que os sistemas processuais, de forma geral, numa simplificação para fins didáticos (embora, evidentemente, a análise de cada ordenamento jurídico revele detalhamento muito mais profundo que tal sumarização), podem tendencialmente optar por três modelos distintos de análise do acervo probatório pelo juiz: (a) a livre convicção ou livre apreciação da prova; (b) a tarifação (ou sistema das provas legais); (c) e o livre convencimento motivado ou persuasão racional.

No sistema da *livre convicção* ou *livre apreciação da prova* o juiz forma sua convicção com total liberdade, sendo dispensado de justificar suas conclusões.

Embora não seja este, em regra, o sistema adotado no direito processual brasileiro, há entre nós, ainda, dois casos em que tal sistema prevalece.

O primeiro refere-se ao julgamento realizado pelo Senado Federal do processo de impedimento (*impeachment*, nos termos do art. 52, parágrafo único, da CF). Trata-se de uma competência, excepcionalmente, jurisdicional do Senado, presidido, para tal fim, pelo Presidente do STF. Cuida-se da chamada "jurisdição política".

Ao julgar, nesse caso, os senadores estão dispensados de dar a motivação da sua escolha, decidindo pela condenação ou absolvição da autoridade submetida ao *impeachment* por sua livre e íntima convicção.

Outro exemplo é o julgamento dos crimes dolosos contra a vida pelo Tribunal do Júri. Lembrando que a própria Constituição Federal, ao assegurar a existência do Tribunal do Júri, estabelece como uma de suas características fundamentais o sigilo das votações (art. 5º, XXXVIII, "b"), acaba assim por adotar uma hipótese de formação livre da convicção dos juízes do fato (jurados) a respeito do caso concreto. Se a votação é sigilosa somente seu resultado, não seu fundamento, pode ser divulgado e conhecido.

Outro sistema histórico de valoração das provas é o sistema das *provas legais* ou *tarifadas* (ou "tarifação" das provas). Em tal caso a própria lei estabelece, de antemão, qual o valor a ser atribuído a cada espécie de prova, cabendo ao juiz computar, ao final do processo, o resultado da atividade probatória.

A história já distante revela que o direito de povos antigos adotou, em mais de uma experiência jurídica, a valoração taxativa ou tarifada do resultado da atividade probatória.[21] O direito canônico, do mesmo modo, por seu formalismo, adotou (e ainda, em alguma medida, adota) tal critério de valoração.[22]

São exemplos das ideias que permeiam a valoração tarifada das provas parêmias como *testis unus, testis nullus* (uma só testemunha não tem valor probatório) ou a afirmação de que a confissão era a *regina probarum* (rainha das provas), ou mesmo a exigência de números diferentes de testemunhas conforme a espécie de fato a ser provado ou ainda o tipo de processo.

---

21. Para profunda análise da evolução histórica da prova v.: José Rubens de Moraes, *Sociedade e Verdade: Evolução Histórica da Prova*, tese (Doutorado em Direito Processual), São Paulo, Faculdade de Direito da USP, 2008 (São Paulo, EDUSP, 2015), *passim*.

22. Cf. José Rogério Cruz e Tucci e Luiz Carlos de Azevedo, *Lições de História do Processo Civil Canônico*, São Paulo, Ed. RT, 2001, pp. 121 e ss.

O sistema de prova das denominadas "Ordálias" ou "Juízos de Deus", presente em época medieval, é também um dos exemplos mais vivos das provas tarifadas. Não cabia ao juiz, a bem da verdade, valorar o resultado da atividade probatória, mas apenas verificar quem teve êxito ou não na "prova" a que era submetido, como se verificava, por exemplo, no "duelo" decisório, cujo vencedor seria, igualmente, consagrado vitorioso no processo. A mesma dinâmica dava-se nas denominadas provas "de fogo" ou "de água". Igualmente se verificava, com a utilização dos chamados "conspurgadores" ou "conjuradores": exigência de que número determinado número de pessoas fosse trazido ao juiz para, junto com a parte, jurar que tal ou qual fato era verdade, sendo certo que só por essa forma tal afirmação poderia ser tida como verdadeira.[23]

Há resquício distante da influência das provas legais ou tarifadas no direito processual brasileiro no que diz respeito à valoração da prova documental. Há disposições legais relativas à força probante dos documentos, evidenciando que os documentos públicos têm maior credibilidade que os documentos particulares (arts. 405 e ss. do CPC/2015).

Por último, e naquilo que diretamente nos interessa, resta o sistema do *livre convencimento motivado* ou *persuasão racional*, adotado no direito brasileiro.

Nesse sentido, dispõe o art. 371 do CPC/2015 que "o juiz apreciará a prova constante dos autos, independentemente do sujeito que a tiver promovido, e indicará na decisão as razões da formação de seu convencimento". Existe regra análoga em relação ao processo penal (art. 155 do CPP).

O sistema processual brasileiro adota, portanto, o "livre convencimento motivado" ou "persuasão racional" como parâmetro relativo à valoração do resultado da atividade probatória.

Por este, o juiz não está vinculado a valores ou "pesos" previamente estabelecidos em relação às provas. Pode valorá-las livremente, devendo, entretanto, justificar, de forma circunstanciada, suas escolhas e o modo como formou sua convicção. Ou seja, deve demonstrar, na fundamentação da sentença, como, racionalmente, chegou a tal ou qual conclusão a respeito dos fatos subjacentes ao litígio.

7.6.3 Dispositivo

O "falso" princípio do *dispositivo* traduz, na realidade, conjunto de regras que guardam relação com as escolhas realizadas pelo legislador ao dar conformação a determinado sistema processual. Do seu reconhecimento, ademais, decorre a percepção da existência de uma série de outras diretrizes relativas sempre ao mesmo tema central, que poderiam ser resumidas na seguinte pergunta: quem tem "disponibilidade" a respeito do litígio e do processo?

A premissa de raciocínio, no ponto ora examinado, é a seguinte: o litígio envolve interesses/direitos dos litigantes – privados, portanto. É natural que a eles seja dada a

---

23. Cf. José Rubens de Moraes, *Sociedade e Verdade: Evolução Histórica da Prova*, cit., pp. 258-263.

disponibilidade de trazer ou não o litígio à justiça, para sua solução. O processo, entretanto, é mecanismo público, estatal, criado para a resolução dos conflitos.

Dessa forma, se, de um lado, é compreensível que seja reservada às partes a disponibilidade sobre trazer ou não o conflito ao Poder Judiciário, ou sobre qual parcela do conflito a ser guindado ao exame judicial, por outro lado, o modo de equacionamento, no método estatal eleito para tal fim (processo), não fica inteiramente à disposição das partes.

A síntese acima revela a tendência publicista do direito processual brasileiro contemporâneo, que segue, em linhas gerais, as mesmas vertentes dos sistemas do direito europeu continental que o influenciaram, ou seja, de raiz romano-germânica, notadamente o direito italiano, o lusitano e o alemão.

Um sistema cuja matriz, como acima exposto, revela "tendência" publicista está a meio-caminho entre modelos essencialmente privatistas, de um lado, e absolutamente públicos, de outro.

Compreenda-se: num sistema essencialmente privatista os aspectos relativos ao conflito e à sua solução (introdução da causa, delimitação do objeto litigioso, condução do processo, indicação das provas a serem realizadas etc.) são deixados à livre escolha das partes.

Em contrapartida, num sistema de matriz essencialmente publicista o Estado, por meio do Poder Judiciário, pode tudo, inclusive dar início ao processo, definir os contornos do litígio, estabelecer o modo e o procedimento para seu tratamento – e assim sucessivamente.

Os sistemas processuais ligados ao direito europeu continental contemporâneo tendem ao meio-termo entre esses dois quadrantes, ou seja, adotam modelos processuais em que o aspecto privado da vontade das partes é respeitado, mas em busca de equilíbrio com a concessão de poderes ao Estado-Juiz. Isso tendo presente que a solução de todo e qualquer conflito, mesmo aqueles que envolvem interesses/direitos essencialmente privados, tem relevância pública. A justificativa para tanto está no fato de que todo conflito tem potencial para criar alguma insatisfação social, razão pela qual seu equacionamento é relevante não só para as partes, mas também para o Estado.

O princípio/regra do *dispositivo*, portanto, guarda relação com a titularidade do direito material, e, assim, com a disponibilidade que a parte tem sobre ele. Remete a aspectos materiais ou substanciais do conflito. Pelo *dispositivo*, deduzir ou não a demanda em juízo, definir os contornos do objeto litigioso do processo, seguir ou não com o processo até seu final, renunciar ao direito, submeter-se à pretensão do autor, entre outros pontos, todos eles relacionados à titularidade do direito material, são aspectos relacionados à esfera privada, à disponibilidade da parte.

A contrapartida, ou seja, aquilo que não está relacionado de modo estrito com o conteúdo material do litígio, mas sim com o seu "tratamento", é o desenvolvimento do processo em juízo: solução de incidentes, instrução do feito, produção de provas etc.

A distinção acima é assinalada pela doutrina alemã, que diferencia a *Dispositionsmaxime*, *Dispositionsgrundsatz* ou *Verfügunsgrundsatz* (referente, nos termos acima, ao conteúdo material do litígio, reservado inteiramente à escolha e deliberação das partes, dada a titularidade destas em relação às pretensões deduzidas ou não em juízo), de um lado, da *Verhandlungsmaxime* ou *Verhandlungsgrundsatz* (no Italiano, *principio della tratazione della causa*), relativa ao "tratamento" da demanda em juízo, de outro. [24]

Pelo princípio/regra do dispositivo, portanto, o ajuizamento ou não da ação judicial, os contornos da causa de pedir e do pedido, a manutenção ou não da litispendência (dada a possibilidade de desistência, por parte do autor, ou de solução consensual – renúncia ao direito, transação ou reconhecimento do pedido) são assuntos atribuídos inteiramente à disponibilidade das partes.

Os aspectos internos do processo, referentes ao tratamento da causa em juízo (*Verhandlungsmaxime*), ou seja, à condução do processo pelo órgão judicial, estão associados às iniciativas do juiz em matéria probatória (art. 370 do CPC/2015), aos poderes-deveres do juiz de dirigir o processo (art. 139 do CPC/2015) e à regra do impulso oficial (art. 2º do CPC/2015).

Dessa forma, decorrem do princípio/regra do *dispositivo*: (a) a regra da demanda ou da inércia da jurisdição; (b) e a correlação, congruência ou adstrição entre o pedido e a decisão.

Examinemos tais pontos.

Pela *regra da demanda* ou *da inércia da jurisdição* (igualmente "falso" princípio) o processo só se inicia por provocação da parte. Nestes termos o art. 2º do CPC/2015, por força do qual "o processo começa por iniciativa da parte", complementando o dispositivo com a afirmação de que ele "se desenvolve por impulso oficial, salvo as exceções previstas em lei".

Está presente na regra da demanda a ideia contida no brocardo romano n*emo iudex sine actore*, ou seja, não atua o juiz sem que haja, previamente, provocação do autor. E a provocação do autor (exercício do direito de ação) se faz por um ato, ou seja, a demanda, que é materializada em um documento, qual seja, a petição inicial.

Esta diretriz tem absoluta relação com o respeito à autonomia da vontade das pessoas, configurando importante limitação à intervenção do Estado – o que está afinado, em última análise, com a essência do Estado Democrático de Direito.

Em outros termos, é importante que o Estado ponha à disposição dos cidadãos mecanismo para solução de conflitos, o que se faz por intermédio do processo, no campo da jurisdição. Saber, entretanto, se deverá ou não o Estado atuar em casos específicos, e em que medida se dará esta atuação, é algo que fica reservado à esfera privada de deliberação dos interessados. Afinal, sendo estes os titulares das posições jurídicas lesadas ou ameaçadas (interesses jurídicos ou direitos), cabe a eles, e somente a eles, realizar a escolha entre as alternativas de suportar prejuízos ou riscos ou invocar a atuação da jurisdição.

---

24. Cf., por exemplo: Leo Rosenberg, Karl Heinz Schwab e Petter Gottwald, *Zivilprozessrecht*, 17ª ed., Munique, Verlag C. H. Beck, 2010, pp. 395-408; e Wolfgang Lüke, *Zivilprozessrecht*, 10ª ed., Munique, Verlag C. H. Beck, 2011, pp. 5-21.

Sendo a possibilidade de ajuizamento da demanda (exercício do direito de ação) um direito assegurado aos cidadãos, não uma imposição, não pode o Estado (ao menos num Estado Democrático de Direito) atuar sem que haja provocação para que o faça.

Observe-se que até mesmo no processo penal, em que está em jogo o interesse público por excelência, ou seja, o *ius persequendi* (direito de persecução do autor do ilícito) do próprio Estado, representado, na grande maioria dos casos (em que a ação penal é pública incondicionada) pela atuação de um órgão estatal encarregado de formular a acusação criminal (o Ministério Público), a jurisdição não atua de ofício. A instauração do processo depende do ajuizamento da ação penal, separando-se as funções, dentro do próprio Estado, de acusação e de julgamento.

Cumpre lembrar, neste ponto, que anteriormente à Constituição Federal de 1988 havia entre nós disposição legal que determinava a instauração do processo penal de ofício nos casos de prática de contravenção penal. Em tais casos, para o início do processo penal condenatório era suficiente a existência de auto de prisão em flagrante delito, portaria da autoridade policial ou mesmo portaria judicial, sem a exigência de separação das funções de acusação (Ministério Público) e julgamento (Poder Judiciário). Nesse sentido era a orientação contida no art. 531 do CPP na sua redação originária, evidentemente não recepcionada pela ordem constitucional inaugurada em 1988, por ser incompatível com o art. 129, I, da CF, pelo qual compete ao Ministério Público "promover, privativamente, a ação penal pública, na forma da lei".

Posteriormente ocorreu a revogação expressa de tal autorização, tendo em vista a alteração da redação do art. 531 do CPP pela Lei 11.719, de 20.6.2008.

Em outras palavras, numa terminologia normalmente associada ao processo penal, num Estado Democrático de Direito não deve prosperar o sistema *inquisitório*.

Note-se que num sistema processual *inquisitório* o Estado-Juiz inicia de ofício processos, interferindo na autonomia privada, sob a pálida justificativa de que o interesse geral justificaria sua atuação, antecipando-se às escolhas que são reservadas aos indivíduos, titulares dos direitos em jogo. Há confusão entre as funções de dar início ao processo (acusar, no processo penal), de um lado, e de instruí-lo e julgá-lo, de outro.

O sistema de processo *inquisitório* não se coaduna com o Estado *Democrático* de Direito, colaborando para a caracterização de um Estado autoritário. A história trouxe vários exemplos dessa natureza, como se verificou, por exemplo, nos regimes ligados ao nacional-socialismo e Países da União Soviética, entre outros, em que havia previsão de atuação judicial sem provocação, inclusive na esfera não criminal.

No processo *acusatório* as funções são separadas nitidamente: dar início ao processo cabe ao titular do direito ou interesse, ou a um órgão ao qual tal função/poder é cometido (Ministério Público), cabendo ao Judiciário apenas a função/poder de conduzir os processos e julgá-los.

A regra da demanda ou da inércia jurisdicional, entretanto, comporta exceções, como prescreve, expressamente, o art. 2º do CPC/2015. Tais exceções, que antes confirmam a regra (vedação de que o Poder Judiciário atue de ofício), levam em considerações particularidades de situações que habilitam, em sentido sociopolítico, a escolha legislativa no sentido de uma atuação do Estado-Juiz sem e provocação da parte interessada, dada a dimensão ou sensibilidade do direito em jogo.

A primeira diz respeito à execução judicial em matéria trabalhista.

A esse respeito prevê o art. 114, VIII, da CF a competência da Justiça do Trabalho para "a execução, de ofício, das contribuições sociais previstas no art. 195, I, 'a', e II, e seus acréscimos legais, decorrentes das sentenças que proferir". Ou seja, como as contribuições previdenciárias são imprescindíveis para a formação do capital necessário à manutenção da seguridade social (saúde, previdência e assistência social), autorizou a própria Constituição a execução de ofício de sentenças trabalhistas que reconheçam a existência de dívidas decorrentes da falta de recolhimento dos valores devidos ao sistema previdenciário.

A segunda exceção relaciona-se ao processo criminal e tem em vista a preservação da liberdade da pessoa contra a prisão indevida. Nesse sentido, estabelece o § 2º do art. 654 do CPP que "os juízes e os tribunais têm competência para expedir de ofício ordem de *habeas corpus*, quando no curso de processo verificarem que alguém sofre ou está na iminência de sofrer coação ilegal".

Tratando-se de preservação da liberdade da pessoa contra prisão indevida, põe-se essa preocupação do Estado acima de outros valores relacionados à configuração do sistema processual, autorizando a lei, assim, a atuação da jurisdição sem provocação.

Acrescente-se que na vigência do CPC/1973 o art. 898 previa que "o juiz determinará, de ofício, que se inicie o inventário" se nenhum dos legitimados para requerer sua abertura o fizesse no prazo legal de 60 dias contados da abertura da sucessão, em razão da morte do *de cujus*. Esta regra não foi repetida no Código de Processo Civil/2015, razão pela qual não é mais possível que de ofício, sem requerimento de qualquer legitimado, seja aberto o inventário.

Na legislação processual civil extravagante subsiste uma hipótese de atuação judicial de ofício, consistente na fixação de alimentos em ação de investigação de paternidade. Neste aspecto, o art. 7º da Lei 8.560/1992 prevê que "sempre que na sentença de primeiro grau se reconhecer a paternidade, nela se fixarão os alimentos provisionais ou definitivos do reconhecido que deles necessite".[25] Da interpretação literal, sistemática e teleológica do dispositivo chega-se à conclusão de que ele autoriza a fixação dos alimentos quando a ação de investigação de paternidade é julgada procedente prescindindo de pedido do autor. A finalidade social protegida pela norma é a subsistência do "reconhecido".

Neste ponto, a exceção revela uma quebra tanto da regra da demanda ou inércia judicial como também – observe-se – da regra da correlação, adstrição ou congruência, que será examinada a seguir. Não se pode desconsiderar, entretanto, que tal quebra é relativa: a rigor, o processo já terá sido iniciado (já há pedido de declaração da relação de paternidade). A autorização legal é apenas para que o juiz fixe os alimentos sem

25. V. também sobre o assunto a Súmula 277 do STJ: "Julgada procedente a investigação de paternidade, os alimentos são devidos a partir da citação".

pedido do autor, não que determine o início de um novo processo sem provocação do interessado.

Por último, e não menos importante, na hipótese de arrecadação de bens, tratando-se de herança jacente, autoriza o art. 738 do CPC/2015 a atuação judicial de ofício, prevendo que "nos casos em que a lei considere jacente a herança, o juiz em cuja comarca tiver domicílio o falecido procederá imediatamente à arrecadação dos respectivos bens". Como se trata de caso em que, nos termos do art. 1.819 do CC/2002, alguém falece "sem deixar testamento nem herdeiro legítimo notoriamente conhecido", ou seja, não havendo ou ao menos não se tendo conhecimento a respeito da existência de alguém que possa requerer a abertura do procedimento de inventário, bem como devendo os bens, ao final, reverter ao domínio público (art. 1.822 do CC/2002), justifica-se que a jurisdição, nesta situação, atue de ofício.

Passemos ao exame da regra da *adstrição*, *congruência* ou *correlação entre o pedido e a sentença*.

Em conformidade com o art. 141 do CPC/2015, "o juiz decidirá o mérito nos limites impostos pelas partes, sendo-lhe vedado conhecer de questões não suscitadas a cujo respeito a lei exige iniciativa da parte". Ainda, em consonância com o art. 492 do CPC/2015, "é vedado ao juiz proferir decisão de natureza diversa da pedida, bem como condenar a parte em quantidade superior ou em objeto diverso do que lhe foi demandado".

Nos termos da dicção da doutrina italiana, pela regra da *corrispondenza tra il chiesto e il pronunciato*, o juízo só está autorizado a se pronunciar sobre aquilo que é pedido pela parte. Não pode conceder aquilo que não foi pedido, dar algo diferente do que foi pedido ou deixar de examinar aquilo que foi pedido.

Em outros termos, em conformidade com os brocardos latinos *ne eat iudex ultra petita partium* (o juiz não deve prover além do que foi pedido pelas partes) e *secundum allegata et probata partium iudex judicare debet* (o juiz deve julgar em conformidade com o que foi alegado e provado pelas partes), a sentença deve ser "congruente" com o pedido, o provimento jurisdicional deve estar "adstrito" à pretensão deduzida, a atuação judicial deve guardar "correlação" com a provocação (demanda) que rende ensejo à instauração do processo.

Trata-se, a rigor, de desdobramento da própria regra da demanda ou inércia judicial e, mais que isso, uma especificação dela: se o processo não se inicia sem provocação do titular do direito/interesse jurídico deduzido em juízo, não pode o Poder Judiciário ir além dos limites estabelecidos na provocação inicial (demanda do autor).

Pode-se, assim, dizer, numa figura retórica que é representativa da realidade, que há uma relação indissociável entre a petição inicial e a sentença, que permite compreender naquela, do ponto de vista lógico, um verdadeiro "projeto" de decisão, colocando em paralelo a causa de pedir da demanda e a fundamentação da sentença, de um lado, e de outro o pedido e o dispositivo da decisão.

Há uma "ponte imaginária", portanto, que liga a causa de pedir à motivação da sentença e o pedido ao dispositivo da decisão.

Daí decorrem, ademais, a vedação à prolação de sentenças *extra petita*, *ultra petita* e *citra petita*, portadoras de vícios que devem ser identificados e corrigidos.

A sentença *extra petita* é aquela em que se concede algo diverso do que foi pedido. O autor postula, por exemplo, a condenação do réu ao pagamento de dano material e o juiz condena o réu ao pagamento de dano moral (algo que não foi pedido). O autor postula a rescisão do contrato e o juiz impõe multa ou reparação de danos (o que não foi pedido).

Também devem ser compreendidos, do ponto de vista teleológico, como casos de sentença *extra petita* aqueles em que o juiz adota para o acolhimento do pedido fundamento (causa de pedir) não invocado pelo autor ou que imponha obrigação a quem não é parte. Nessas situações, em sentido essencialmente prático, o juiz foi além dos contornos dados pelo autor à sua demanda e, portanto, julgou além daquilo que lhe foi postulado.

Na sentença *ultra petita* o juiz concede mais do que foi pedido. O autor pede, por exemplo, R$ 100.000,00 a título de reparação de danos. O juiz condena o réu, por entender mais "justo", a pagar R$ 120.000,00.

No caso da sentença *citra petita* a decisão é omissa, pois não apreciou integralmente o pedido (ou os pedidos) formulado pelo autor. Por exemplo: o autor pediu rescisão do contrato e reparação de danos. O juiz deixa de apreciar o pedido de reparação, deliberando apenas a respeito da rescisão contratual.

Note-se: ela não se confunde com a sentença *infra petita*, em que o juiz concede menos do que foi pedido pelo autor, rejeitando parte da pretensão deduzida. Ela não incorre em vício algum.

Observe-se que, nos casos acima apontados, nem sempre é necessário anular a sentença.

A sentença *citra petita* pode ser completada, como resultado do acolhimento de embargos de declaração ou em apelação em que seja apontada e suprida a omissão. A sentença *ultra petita* pode ser "reduzida" ao exame daquilo que foi pedido como resultado do acolhimento de apelação na qual o vício tenha sido apontado.

Já na sentença *extra petita* (em que o juiz julgou fora daquilo que foi pedido, dando algo diverso da postulação do autor, utilizando causa de pedir não invocada ou impondo obrigação a quem não é parte) poderá ocorrer tanto a anulação como, eventualmente, a correção. Isso dependerá de estar ou não a "causa" – nos termos da dicção que ganhou notoriedade no foro – "madura" para julgamento (pode ser julgada sem a necessidade de complementação da instrução probatória) e de ser viável a correção em grau de recurso. Ou seja, se for possível ao tribunal, ao julgar a apelação, corrigir diretamente o vício, deverá fazê-lo. Caso contrário terá que anular a sentença para que outra seja proferida, em primeiro grau de jurisdição, pelo juízo *a quo*.

As observações acima encontram apoio na disciplina do efeito devolutivo da apelação (que será objeto de estudo oportuno, no contexto do exame dos meios de impugnação das decisões), prevista no art. 1.013 do CPC/2015 (notadamente no § 3º deste dispositivo), que permite o julgamento do mérito sem a devolução do feito à origem, em caso de nulidade da sentença, quando o colegiado competente para o julgamento da apelação: (a) reformar a sentença de extinção do feito sem exame do mérito; (b) decretar a nulidade da sentença por não ser ela "congruente com os limites do pedido ou da causa de pedir"; (c) constatar a omissão no exame de um dos pedidos; (d) decretar a nulidade da sentença por falta de fundamentação.

Acrescente-se, ainda, que é frequente a confusão entre a sentença *infra petita* e a sentença *citra petita*, que, a rigor, são distintas.

A sentença *citra petita* porta vício porque o juiz *deixou de apreciar* um dos pedidos ou parcela do pedido. Há omissão que deve ser suprida. Ou seja, o juiz deve *apreciar*, para acolher ou rejeitar o pedido não analisado.

A sentença *infra petita* não porta vício algum, pois o juiz *apreciou* mas *negou* um dos pedidos ou parcela de pedido decomponível (que pode ser fracionado). Exemplo: a parte pediu 100 unidades de determinado bem ou valor; o juiz aprecia este pedido, mas o acolhe parcialmente, impondo ao réu quantidade menor que a postulada inicialmente.

Resta o exame da regra do *impulso oficial*, prevista na parte final do art. 2º do CPC/2015, já referido.

Como vimos, cuida-se, nesse caso, de aspecto interno ao processo, que não se relaciona à deliberação para sua instauração ou não e aos limites da atuação do órgão judicial (atreladas estas exclusivamente à iniciativa da parte), mas sim à tramitação e conclusão do mecanismo estatal de solução de conflitos.

E os aspectos internos do processo, referentes ao tratamento da causa em juízo (*Verhandlungsmaxime*), constituem os elementos centrais da questão da condução do processo pelo órgão judicial. Aqui, o interesse é predominantemente público, não privado. Neste ponto estão centradas as disposições relativas às iniciativas do juiz em matéria probatória (art. 370 do CPC/2015), aos poderes-deveres do juiz de dirigir o processo (art. 139 do CPC/2015) e à regra do impulso oficial (art. 2º do CPC/2015).

Embora o processo comece por iniciativa da parte e tenha seus contornos (objeto litigioso do processo) definidos no pedido feito pelo autor (e, excepcionalmente, pelos pedidos feitos pelo réu, em caso de reconvenção [art. 343 do CPC/2015], ou por terceiros, em caso, por exemplo, de oposição [arts. 682 a 686 do CPC/2015], que serão objeto de estudo oportuno), ele não deixa, por isso, de ser um instrumento público a serviço de um interesse não só privado, mas também social, ou seja, a composição dos conflitos.

Dessa percepção se extrai a conclusão de que não seria aceitável, no contexto do Estado contemporâneo de Direito, que o processo fosse tratado como simples instrumento a serviço da vontade dos particulares e permanecesse sem tramitação, aguardando, para a prática de todo e qualquer ato ou movimentação, alguma manifestação das partes.

Assim, todos os atos de movimentação processual que não envolvam postulações das partes não só podem como devem ser praticados de ofício pelo juízo e pelos serviços auxiliares, sem necessidade de provocação do autor ou do réu. Juntadas de documentos, abertura de vista às partes ou de conclusão ao juízo, abertura de vista ao Ministério Público (nos casos em que oficia como fiscal da ordem jurídica), expedição de intimações, determinação de publicações, entre outros, são exemplos de atos de movimentação processual que são praticados, por força da regra do impulso oficial, sem que seja necessária solicitação dos sujeitos parciais do processo.

7.6.4 Oralidade

A oralidade foi compreendida como princípio de extrema relevância no campo do direito processual durante longo período. E sua observância importou evolução sensível do processo, representando, de certa forma, o abandono de uma mentalidade ainda medieval e o ingresso na era de modernidade.

Cumpre recordar que até meados do século XIX ainda imperavam na Europa Continental, de forma relativamente generalizada, diretrizes opostas ao processo oral, ou seja, com a prevalência das escrituras, num processo "pesado", permeado de incidentes, recursos, fases complexas, formalidades exageradas. Tinha destaque e relevo a forma, e não a essência, o ritualismo excessivo, e pouca ou quase nenhuma preocupação com o resultado.

Nas últimas décadas do século XIX ganham fôlego ideias relacionadas à simplificação dos procedimentos, à concentração dos seus atos, à redução dos incidentes e recursos e à tentativa de realização de resultados concretos e efetivos.

Notória, nesse sentido, foi a contribuição de Franz Klein na Áustria, cujas ideias permearam a elaboração do Código de Processo Civil austríaco de 1895 e permitiram a identificação de um novo e moderno modelo processual, ou seja, o modelo do processo civil oral.

Na Itália tais ideias foram defendidas com veemência por Giuseppe Chiovenda, que procurou contribuir para que o modelo de processo "oral" prevalecesse sobre o antigo e nitidamente superado modelo de processo "escrito" nas reformas do processo civil italiano, que se desenharam a partir das primeiras décadas do século XX.

Tais tendências foram acompanhadas em outros Países, sendo histórica ainda, neste ponto, a experiência realizada na década de 60 do século XX na Alemanha, com a tentativa de introdução, em caráter experimental, da plenitude do modelo de processo oral, no chamado "processo modelo de Stuttgart", em órgão da justiça local.[26]

Pelo princípio/regra da oralidade, deve o procedimento ser disciplinado de modo a favorecer a simplificação e a concentração dos atos, permitindo contato direto do julgador com as provas bem como a produção destas, a realização dos debates e o

---

26. A respeito, v.: Piero Calamandrei, "Oralità nel processo", in *Opere Giuridiche: a Cura di Mauro Cappelletti*, vol. 1, Nápoles, Morano, 1965, pp. 450-456; Giuseppe Chiovenda, *Principii di Diritto Processuale Civile*, 4ª ed., Nápoles, Nicola Jovene E. C. Editori, 1928, pp. 677 e ss.; e Franz Klein, *Vorlesungen über die praxis des Civilprozesses*, Viena, Manzische Verlag und Universität Buchhandlung, 1900, *passim*, esp. pp. 31-56 e 123-145.

julgamento numa única audiência ou oportunidade. Além disso, deve ser possível no processo uma única via de impugnação ou recurso contra a decisão final.

Em outros termos, tal modelo pretende privilegiar a concentração dos atos, sua simplificação ou informalidade, a celeridade do processo e o alcance de soluções efetivas para os litígios.

Numa perspectiva ideal, portanto, é possível dizer que este princípio/regra (oralidade) compreende quatro subprincípios/sub-regras: (a) a concentração; (b) a imediação; (c) a identidade física do juiz; (d) irrecorribilidade das decisões interlocutórias.

Por força da diretriz da *concentração*, todos os atos relacionados ao desenvolvimento do processo (postulações, requerimentos, deduções, apresentação de argumentos, produção de provas, debates, decisão) deveriam ser realizados numa única oportunidade, audiência ou sessão. Essa atividade deveria ser realizada oralmente, e não por escrito, com maior vivacidade e flexibilidade, permitindo a reprodução, na arena judicial, com maior realismo possível, daquilo que efetivamente se verificou no plano do conflito.

Pela diretriz da *imediação*, o órgão julgador deveria ter contato direto com as partes, com os debates, com os argumentos e com as provas. Sem intermediações. Esse contato direto favoreceria a apreensão mais realista e precisa, pelo magistrado, de todos os aspectos relevantes para o adequado desfecho da controvérsia.

Pela *identidade física do juiz*, o magistrado encarregado do julgamento do caso teria, necessariamente, que ser o mesmo que presidiu a instrução do processo, ou seja, as postulações das partes, a dedução de requerimentos e argumentos, a produção de provas, os debates etc.

Pela diretriz consistente na *irrecorribilidade das decisões interlocutórias ou intermediárias* seria evitado que o processo fosse alvo de sucessivos sobrestamentos ou interrupções para discussão, em recurso, a respeito de aspectos do próprio processo ou procedimento. Diante da concentração da prática dos atos e do menor tempo para a conclusão da instrução e julgamento, bastaria que fosse assegurado um único recurso contra a decisão final.

É necessário dizer, frise-se, que esta seria uma concepção ideal, completa ou absoluta da oralidade.

Até mesmo limitações materiais, que vão muito além do campo legislativo (por exemplo, o número de processos em andamento, a quantidade das audiências, as dimensões territoriais do País, o número insuficiente de juízes, a impossibilidade de deslocamento de pessoas, em inúmeras situações, para estarem fisicamente presentes à audiência, e assim por diante), impedem a adoção, na maioria dos sistemas jurídicos, de uma versão "completa" da oralidade.

O que resta é a aplicação de versões simplificadas ou reduzidas do processo oral. Ou então, de modo ainda mais justo, um sistema que não adota, propriamente, a oralidade, embora tenha, ainda, resquícios ou sinais da sua influência.

Confrontemos essa afirmação com o processo civil brasileiro definido pelos contornos do Código de Processo Civil/2015.

A *concentração* está presente, no Código de Processo Civil/2015 apenas em relação à audiência de instrução e julgamento. Nos termos do art. 365, "a audiência é uma e contínua". O próprio dispositivo, entretanto, ressalva que ela pode ser "excepcional e justificadamente cindida na ausência de perito ou de testemunha, desde que haja concordância das partes", acrescentando o parágrafo único, ainda, que "diante da impossibilidade de realização da instrução, do debate e do julgamento no mesmo dia, o juiz marcará seu prosseguimento para a data mais próxima possível, em pauta preferencial".

Em outros termos, a própria lei admite, desde logo, que a audiência de instrução seja cindida.

Permite-se, ainda, a realização de atos de instrução por intermédio da expedição de cartas precatórias (arts. 260 e ss. do CPC/2015) – o que significa, na prática, fracionamento da unidade e continuidade da audiência de instrução. A mesma afirmação vale quando se pensa que nos processos de competência originária dos tribunais a prova, em regra, é realizada mediante expedição de carta de ordem do tribunal, a ser cumprida em juízo de primeiro grau de jurisdição.

Ademais, cumpre lembrar que os atos postulatórios, da fase inicial do processo, são, em regra, realizados por meio de petições (petição inicial, contestação, réplica e tréplica), e não em uma audiência, com a presença de todos, e de forma verbal. Isso também demonstra que é pequena ou pouco relevante a influência da *concentração* no sistema processual brasileiro.

A *imediação*, do mesmo modo, é adotada de forma atenuada pelo Código de Processo Civil/202015. O juiz, em princípio, terá contato direto com as partes e as provas. Entretanto, nem sempre isso ocorrerá. Parte da prova testemunhal poderá ser realizada em outro juízo, mediante expedição de carta precatória, quando da necessidade de oitiva de testemunhas residentes fora da comarca. Ou mesmo, como antes afirmado, por meio de expedição de carta de ordem, nos casos de competência originária dos tribunais, a ser cumprida por juízo de direito de primeiro grau de jurisdição.

Por outro lado, a *identidade física do juiz* (ou seja, a diretriz pela qual o juiz que preside a instrução deve julgar o caso) foi completamente abandonada no Código de Processo Civil/2015.

O CPC/1973 ainda adotava uma versão absolutamente mitigada da identidade física, repleta de ressalvas, ao prever, no art. 132, que "o juiz, titular ou substituto, que concluir a audiência julgará a lide, salvo se estiver convocado, licenciado, afastado por qualquer motivo, promovido ou aposentado, casos em que passará os autos ao seu sucessor".

Tal regra, portanto, resultante de modificação da redação originária do art. 132 do CPC/1973, já mitigava a identidade física, por não impor que a sentença fosse proferida pelo juiz que tivesse acompanhado *toda a instrução*, exigindo apenas que a decisão fosse prolatada pelo *juiz responsável pela conclusão da audiência de instrução*. A vinculação do juiz ao processo, entretanto, era fonte de tantos problemas concretos, dadas as (naturais) movimentações e ausência dos juízes, que a lei passou a afastar esta, por si só, ínfima exigência ao prever que ela não se aplicaria nos casos em que o juiz fosse convocado, licenciado, afastado por qualquer motivo, promovido ou aposentado.

A regra, no contexto atual, foi completamente abandonada. O art. 132 do CPC/1973 não foi reproduzido no Código de Processo Civil/2015.

Por último, quanto à regra da *irrecorribilidade das decisões interlocutórias* (diretriz no sentido de que apenas as decisões finais do processo estejam sujeitas a recurso), vale lembrar que no Código de Processo Civil/1973 ela não vigorava. Mesmo com as inúmeras reformas a que se sujeitou o recurso de agravo, buscando o legislador fazer com que prevalecesse a diretriz no sentido da recorribilidade apenas por agravo retido, e, por exceção, por agravo de instrumento (arts. 522 e ss. do CPC/1973), não havia como afastar a conclusão de que as decisões interlocutórias eram sempre, por uma forma ou por outra, recorríveis.

No Código de Processo Civil/2015 foi mantida a recorribilidade das decisões interlocutórias, embora de forma mais restrita. Isso, porque, adotando sistema análogo ao do Código de Processo Penal, que prevê em rol taxativo (*numerus clausus*) os casos em que as decisões interlocutórias são passíveis de impugnação por meio do "recurso em sentido estrito" (art. 581 do CPP – equivalente no processo penal ao agravo de instrumento do Código de Processo Civil), o legislador, quanto ao processo civil, definiu em rol taxativo quais decisões podem ser glosadas por meio de agravo de instrumento (art. 1.015 do CPC/2015).[27]

Não há como falar no processo civil brasileiro, portanto, em irrecorribilidade de decisões interlocutórias.

O único procedimento em que a oralidade foi mantida quase que integralmente é aquele concernente aos Juizados Especiais, em que todas as diretrizes acima mencionadas (concentração, imediação, irrecorribilidade das decisões interlocutórias e identidade física do juiz) estão presentes (Lei 9.099/1995).

7.6.5 Probidade processual

A questão da probidade processual é tratada pelo sistema processual brasileiro por meio de um conjunto de regras que sinalizam, de modo claro, no sentido de que, embora o processo judicial envolva uma disputa, na qual interesses dos litigantes são contrapostos e os esforços, de parte a parte, são voltados ao prevalecimento da razão de um dos contendores, essa disputa deve se desenvolver dentro de limites éticos que revelam, em última análise, a observância da boa-fé.

---

27. Neste ponto, especificamente acerca do cabimento de agravo de instrumento, cabe ponderar a tese firmada no recurso especial repetitivo, Tema 988, que fixou: "O rol do art. 1.015 do CPC é de taxatividade mitigada, por isso admite a interposição de agravo de instrumento quando verificada a urgência decorrente da inutilidade do julgamento da questão no recurso de apelação" (acórdão publicado no *DJe* 28.2.2018).

Em outras palavras, embora o processo seja uma disputa, não se trata de um combate pela vida ou pela morte, ou de um jogo em que a única meta seja vencer a todo custo, admitindo-se, para tanto, o emprego de todos os meios possíveis e imagináveis.[28]

Como se sabe, a probidade é, no vernáculo, expressão apropriada para designação daquele que pode ser caracterizado como probo, ou seja, íntegro, honesto, honrado, reto, justo. No processo apenas pode ser qualificado como tal aquele que age com boa-fé, que cumpre seus deveres processuais, que não vai além do razoável e moralmente aceitável na defesa de suas posições e utiliza métodos ou estratégias aceitáveis nesse contexto.

O Código de Processo Civil/2015 sinaliza, muito embora com a utilização de indispensáveis cláusulas abertas e conceitos legais indeterminados que o tema impõe (a exigir ulterior exegese por parte do profissional do direito, notadamente quando da necessidade de análise da conduta processual das partes), no sentido de que a probidade é valor superior, a ser observado pelas partes no processo.

Tal se dá, por exemplo, quando o art. 5º do CPC/2015 prevê que "aquele que de qualquer forma participa do processo deve comportar-se de acordo com a boa-fé", bem como ao definir, em capítulo específico, os deveres das partes e de seus procuradores. Assim, conceitua a litigância de má-fé com a indicação específica das hipóteses que a caracterizam, bem como impõe sanções para o caso de infração a tais normas.

Nesse sentido, são balizas para a compreensão dos contornos da probidade processual, num primeiro momento, os deveres das partes e de seus procuradores (bem como de todos aqueles que participam do processo), arrolados no art. 77 do CPC/2015: expor os fatos em juízo conforme a verdade; não formular pretensão ou apresentar defesa quando cientes de que são destituídas de fundamento; não produzir provas e não praticar atos inúteis ou desnecessários à declaração ou à defesa do direito; cumprir com exatidão as decisões jurisdicionais, de natureza provisória ou final, e não criar embaraços à sua efetivação; não praticar inovação ilegal no estado de fato de bem ou direito litigioso.

Anote-se que a inobservância de alguns destes deveres (dever de cumprimento de decisões judiciais, bem como vedação à inovação ilegal do estado de fato do bem ou direito litigioso) é punida, inclusive, como ato atentatório à dignidade da justiça, com aplicação de multa de até 20% do valor da causa, reversível à União ou ao Estado, conforme o caso (se o fato tiver ocorrido, respectivamente, no âmbito da justiça federal ou estadual), sem prejuízo da aplicação de outras sanções civis, criminais e processuais (art. 77, §§ 2º e 3º, do CPC/2015).

Por outro lado, a lei impõe ao litigante de má-fé responsabilidade objetiva pelo dano processual que vier a causar à parte contrária (art. 79 do CPC/2015), qualificando como litigância de má-fé as seguintes condutas, nos termos do art. 80 do CPC/2015: deduzir pretensão ou defesa contra texto expresso de lei ou fato incontroverso; alterar a verdade dos fatos; usar do processo para conseguir objetivo ilegal; opor resistência

---

28. Célebres são as reflexões de Piero Calamandrei no sentido de que o processo é, de certo modo, um jogo ("Il processo come giuoco", in *Opere Giuridiche: a Cura di Mauro Cappelletti*, vol. 1, Nápoles, Morano, 1965, pp. 537-562), sem que se possa com isso compreender, entretanto, o abandono de limites éticos e a legitimação da prática de abusos.

injustificada ao andamento do processo; proceder de modo temerário em qualquer incidente ou ato do processo; provocar incidente manifestamente infundado; interpor recurso com intuito manifestamente protelatório.

Na hipótese do reconhecimento da prática da litigância de má-fé, que também contribui no estabelecimento dos contornos da probidade processual, a lei prevê a possibilidade de imposição de multa até 10% do valor da causa, bem como indenização à parte contrária pelos prejuízos por esta sofridos, ao lado de impor ao infrator o ônus da sucumbência (art. 81 do CPC/2015).

Portanto, embora não haja uma única e específica regra apontando literalmente a probidade processual, o conjunto de regras antes referido, anotado em caráter exemplificativo, sinaliza no sentido de que há, nesse ponto, uma clara diretriz codificada endereçada à observância da probidade processual pelas partes, procuradores e demais sujeitos que, de qualquer forma, participam do processo.

7.6.6 Economia processual e instrumentalidade das formas

A economia processual e a instrumentalidade das formas envolvem princípios/regras processuais que andam juntos na quase totalidade das situações processuais imagináveis.

A economia processual guarda relação, do mesmo modo, com o substrato de ideias que alimentam o princípio econômico, um dos princípios informativos do direito processual.

No âmbito da *economia processual* deve ser compreendido o conjunto de regras que favorecem a obtenção dos melhores resultados possíveis, com utilização mínima e racional dos meios processuais disponíveis.

É tratada, de forma notável, no contexto das regras relativas às nulidades, que permitem que os atos do processo produzam os efeitos programados, a despeito da existência de vícios relativamente à sua prática, se isso for possível sem que se verifiquem prejuízos relevantes para as partes.

De modo análogo e praticamente indissociável da *economia processual* está assentada a *instrumentalidade das formas*, por força da qual a forma, no processo, deve ser compreendida como um meio, e não um fim em si mesmo. Em outros termos, toda regra de ordem formal, no processo, deve ser compreendida como um instrumento destinado a assegurar que a dinâmica processual se desenvolva tendo como escopo, e ao mesmo tempo como pano de fundo, a observância dos princípios e garantias constitucionais do processo.[29]

Correto dizer, nesse quadro, que a não observância de uma regra sobre a forma processual (tempo ou lugar do ato, formalidades relativas à sua prática etc.) só deve

---

29. A melhor expressão do caráter relativo do valor das formas no processo foi verbalizada na obra de Carlos Alberto Alvaro de Oliveira, *Do Formalismo no Processo Civil: Proposta de um Formalismo-Valorativo*, São Paulo, Saraiva, 2009, *passim*, esp. pp. 142-143.

acarretar o reconhecimento da invalidade (declaração de nulidade) se o vício ocasionar prejuízo às partes, por implicar desrespeito ao princípio/garantia constitucional em função do qual a regra foi prevista no ordenamento, cuja concretização aquela regra mesma materializa.[30]

Nessa linha, que associa *economia* e *instrumentalidade* como diretrizes fundamentais, encontramos no Código de Processo Civil/2015 (em reprodução daquilo que anteriormente já vigorava como direito positivo no contexto do Código de Processo Civil/1973) as seguintes regras: (a) quando a lei prescrever determinada forma, o juiz considerará válido o ato se, realizado de outro modo, lhe alcançar a finalidade (art. 277); (b) a nulidade dos atos deve ser alegada na primeira oportunidade em que couber à parte falar nos autos, sob pena de preclusão (art. 278); (c) nada obstante a nulidade por falta de intervenção do Ministério Público, quando não houver intimação para acompanhar o feito em que devia intervir, a nulidade só poderá ser decretada a partir do momento em que deveria ter ocorrido a intimação (art. 279, § 1º); (d) a nulidade de um ato ou de parte dele não prejudicará as outras partes ou atos que, daquele ou daquela, sejam independentes (art. 281); (e) ao pronunciar a nulidade, o juiz deve declarar que atos são atingidos, ordenando sua repetição ou ratificação, não o fazendo quando não houver prejuízo à parte (art. 282, § 1º); (f) o juiz deve julgar o mérito a favor da parte a quem aproveite a decretação da nulidade, e não determinará, nesse caso, a repetição do ato ou o suprimento de sua falta (art. 282, § 2º); (g) o erro de forma do processo deverá acarretar unicamente a anulação dos atos que não possam ser aproveitados, sem que disso resulte prejuízo à defesa de qualquer parte (art. 283, parágrafo único); (h) embora a citação seja indispensável para a validade do processo, o comparecimento espontâneo do réu ou executado supre a falta ou nulidade da citação, fluindo a partir desta data o prazo para a apresentação da contestação ou de embargos à execução (art. 239, § 1º).

7.6.7 Duplo grau de jurisdição

Pelo princípio do duplo grau de jurisdição, a todo caso que deságua na justiça deve ser assegurada a possibilidade de exame (ao menos potencialmente) em primeiro grau e reexame completo em segundo grau de jurisdição, por meio de recurso, de toda a matéria de fato e de direito envolvida no processo.

Na essência dos fundamentos sociopolíticos que, ao longo da história, justificaram a defesa do princípio sempre estiveram assentadas ideias que podem ser assim sintetizadas: (a) a revisão completa do julgamento do caso assegura menores chances de erro e maior possibilidade de acerto da justiça; (b) os juízes que julgam no tribunal, em grau de recurso são, em regra, mais experientes, sendo maior a possibilidade de acerto relativamente à realização de justiça no caso concreto; (c) os julgamentos no tribunal são inspirados pela regra da colegialidade (órgãos julgadores colegiados), ao contrário do que se verifica em primeiro grau, em que o julgamento é monocrático, o que contribuiu para a maior chance de acerto; (d) a revisão dos julgamentos em grau de recurso,

---

30. Nesse sentido: José Roberto dos Santos Bedaque, *Efetividade do Processo e Técnica Processual*, 3ª ed., São Paulo, Malheiros Editores, 2010, pp. 443-448.

com órgão colegiado, contribui para o aperfeiçoamento da compreensão a respeito do direito, permitindo a formação da jurisprudência, que vai orientar novos julgamentos.[31]

É razoavelmente claro que as justificativas acima são impressões que não se confirmam, necessariamente, em todos os sistemas jurídicos e nas diferentes realidades vivenciadas em cada experiência processual.

Apenas para corroborar tal afirmação, tome-se como exemplo a questão da colegialidade nos julgamentos em grau de recurso.

Já na vigência do Código de Processo Civil/1973 vinha sendo progressivamente abandonada a exigência de que os julgamentos nos tribunais fossem colegiados, não monocráticos, desde que preenchidos certos pressupostos, verificados em cada caso concreto. Nesse sentido era o teor do art. 557 do CPC/1973, modificado para fins de implantação e aperfeiçoamento do procedimento de julgamento singular, pelo relator.

Tal diretriz foi confirmada e aperfeiçoada no CPC/2015, como se colhe da leitura do seu art. 932.

Também é intuitivo que nem sempre o julgamento no tribunal, ainda que colegiado, é melhor que o julgamento de primeiro grau, proferido pelo juiz singular, mormente quando os tribunais ficam abarrotados de recursos que acabam, na prática, sendo examinados não pelos juízes, mas por seus assessores, tendo seus votos apenas "homologados" pelos magistrados.

Ademais, a maior experiência dos juízes com mais tempo de carreira não é condição *sine qua non* do acerto no julgamento, havendo exemplos notórios e frequentes em que a experiência demonstra exatamente o oposto, ou seja, a melhor qualidade e o acerto da decisão de mérito proferida em primeiro grau de jurisdição e a piora na qualidade do julgamento em grau de recurso.

Seja como for, superadas as divagações sobre o que vem a ser o duplo grau de jurisdição e sobre sua maior ou menor utilidade, a questão que se apresenta é saber se se trata efetivamente de um princípio, garantia ou regra processual, bem ainda se está acolhido ou não (e em que medida) em nosso ordenamento jurídico.

A doutrina, tradicionalmente, trata o duplo grau como princípio, muito embora, na linha do que vem aqui sendo esclarecido, possa ele ser compreendido como uma regra, a impor seja assegurada a possibilidade de uma revisão completa do julgamento de mérito em grau de recurso.

Não há, a rigor, nenhum dispositivo constitucional ou em lei infraconstitucional que diga ser necessário assegurar a todos os casos uma revisão completa, de mérito, por outro órgão judicial de instância superior.

O que a Constituição Federal assegura é o contraditório e a ampla defesa "com os meios e recursos a ela inerentes" (art. 5º, LV).

Há, entretanto, disposição específica na Convenção Interamericana de Direitos Humanos (Pacto de San José), no contexto das "garantias judiciais", segundo a qual a

31. Cf. Oreste Nestor de Souza Laspro, *Duplo Grau de Jurisdição no Direito Processual Civil*, São Paulo, Ed. RT, 1995, *passim*, esp. p. 113.

toda pessoa deve ser assegurado o "direito de recorrer da sentença para juiz ou tribunal superior" (art. 8º, n. 2, "h").

Como já se assentou, inclusive com suporte no entendimento do STF, referido tratado internacional ingressou na ordem jurídica brasileira com *status* supralegal e infraconstitucional, o que permite afirmar que, se é possível extrair da literalidade do dispositivo antes referido a existência de um princípio/garantia, não tem ele ou ela fundamento propriamente constitucional.

Da Constituição mesma é possível apenas indiretamente extrair o fundamento para a afirmação de que, entre nós, foi acolhido o princípio do duplo grau de jurisdição. E tal fundamento está disperso no seu texto, nos vários dispositivos que, ao cuidar da estrutura judiciária nacional, permitem reconhecer que nos diversos ramos da justiça brasileira existem os juízes de primeiro grau e os tribunais de segundo grau de jurisdição, cuja principal competência é a revisão dos julgados proferidos pelos órgãos situados na instância inferior. Nesse sentido os incisos III, IV, V, VI e VII do art. 92 da CF, ao falar nos "Tribunais Regionais Federais e juízes federais", nos "tribunais e juízes do trabalho", nos "tribunais e juízes eleitorais", nos "tribunais e juízes militares" e nos "tribunais e juízes dos Estados e do Distrito Federal e Territórios".

A sistemática recursal prevista na legislação processual, por outro lado, tanto no processo civil como no processo penal, não nos conduz a conclusão distinta: as normas processuais infraconstitucionais asseguram a possibilidade de um recurso destinado a veicular nos tribunais o reexame completo de toda a matéria de fato e de direito examinada em primeiro grau de jurisdição. Trata-se do recurso de apelação.

Anote-se, ainda, que o sistema processual convive com a existência de casos ou hipóteses em que não é assegurado o duplo grau de jurisdição. Alguns exemplos: (a) no processo nos Juizados Especiais não há possibilidade de reexame por tribunal, em segundo grau de jurisdição. Existe apenas a possibilidade de um recurso inominado, para fins de reexame do julgamento de mérito, endereçado ao Colégio Recursal, que é órgão do próprio sistema dos Juizados Especiais, composto por juízes de primeiro grau de jurisdição, encarregados de rever as decisões dos seus pares (art. 41 da Lei dos Juizados Especiais – Lei 9.099/1995); (b) nas execuções fiscais de pequeno valor não há possibilidade de recurso, para o tribunal, contra as decisões proferidas pelo juiz, cabendo somente o recurso de embargos infringentes (além dos embargos de declaração), a ser examinado pelo próprio juízo de primeiro grau (art. 34 da Lei das Execuções Fiscais – Lei 6.830/1980); (c) das decisões de mérito proferidas pelo STF nos casos de sua competência originária, cível ou criminal, não cabe recurso algum para órgão superior (inexistente na estrutura judiciária nacional). Ressalva-se a hipótese de oposição de embargos de declaração, a serem examinados no próprio tribunal.

Em suma: ainda que se aceite que o duplo grau de jurisdição é um princípio/regra, será inevitável a conclusão no sentido de que ele não é uma garantia no ordenamento constitucional brasileiro.[32]

---

32. Cf. Nelson Nery Jr., *Princípios do Processo Civil na Constituição Federal*, cit., 13ª ed., pp. 211-212.

Capítulo 8

DIREITO PROCESSUAL CONSTITUCIONAL

8.1 Constituição e processo civil. 8.2 Direito processual constitucional. 8.3 Convenções internacionais e seu valor no sistema jurídico brasileiro. 8.4 Tutela constitucional do processo e liberdades públicas.

8.1 Constituição e processo civil

No momento em que o Brasil passou pela transição decorrente do encerramento do regime militar e reintrodução da ordem constitucional democrática – processo, este, ultimado com a edição da Constituição Federal/1988 – manifestou-se claramente a preocupação do poder constituinte originário de assegurar estatura constitucional a princípios, garantias e direitos.

O caráter analítico do texto da Constituição Federal/1988, contendo 250 artigos, além daqueles integrantes das Disposições Transitórias (ao contrário, por exemplo, da Constituição americana, cujo texto é sintético, contendo 7 artigos e 27 emendas), é revelador do desejo de tornar sólido e incontornável o imperativo respeito às soluções ajustadas nessa nova ordem constitucional.

Aquele momento histórico, de inegável densidade social e política, contribuiu para o fenômeno da constitucionalização de direitos, institutos e regras que, em outro contexto, poderiam ter sido relegados exclusivamente ao plano normativo infraconstitucional.

Essa dinâmica verificou-se em vários campos do direito, tanto quanto se deu no âmbito do direito processual.

Exemplos disso são: (a) a constitucionalização da disciplina jurídica da atividade da Administração Pública, no denominado direito constitucional administrativo (arts. 37 a 42 da CF); (b) a disciplina dos direitos trabalhistas (arts. 7º a 11 da CF); (c) bem ainda a disciplina do direito constitucional tributário (arts. 145 a 162 da CF).

O fenômeno da "constitucionalização" do direito capta regras que nem sempre possuem essência ou substância constitucional, podendo, justamente por tal razão, ser apontadas como normas apenas formalmente constitucionais.

Em outros termos, para além da disciplina, por exemplo, da organização do Estado e da repartição de Poderes, que se revestem de caráter essencialmente constitucional (normas materialmente constitucionais, por alinharem aspectos fundamentais da própria estrutura e configuração do Estado e do exercício do poder estatal), foram inseridos na Constituição preceitos que poderiam ter sido remetidos ao plano infraconstitucional ou permanecido no campo dos tratados internacionais.

Anote-se que, num momento de retorno ao regime democrático, é natural que o constituinte tenha procurado velar para que valores e diretrizes relevantes nesse novo panorama político contassem com um ponto de apoio mais denso, sólido e perene: precisamente, sua inserção constitucional.

Nesse quadro deve ser compreendido o conjunto de normas de direito processual inserido na Constituição Federal/1988.

O aspecto positivo desse quadro é que se tornou possível, a partir de então, identificar no ordenamento jurídico brasileiro a existência de um "modelo constitucional do processo", que assegura um conteúdo mínimo essencial a ser observado pelo legislador infraconstitucional, a quem é cometida a competência para a regulação da matéria (art. 22, I, da CF), definindo, ainda, parâmetros, linhas de orientação e limites.

É precisamente essa solução, ademais, que confere conteúdo "garantista" ao direito processual brasileiro, tornando dele indissociável a ideia de respeito ao Estado Democrático de Direito.

Em outras palavras, só é aceitável na regulação infraconstitucional do direito processual a edição de leis que observem os conteúdos mínimos e as diretrizes a esse propósito fixados na Constituição Federal, porque esse conjunto representa, nesse segmento do ordenamento jurídico, aquilo que pode ser compreendido como Estado Democrático de Direito.

A exemplificação facilita a compreensão dessa lógica.

Por que não é possível a edição de lei autorizando a realização de tortura como meio de obtenção de provas? Por que não é viável a prática de violações ao domicílio ou às comunicações telefônicas ou telemáticas, senão mediante autorização judicial prévia, desde que observados os pressupostos e requisitos legais? Por que é inaceitável que alguém seja condenado em processo judicial sem que lhe seja assegurada a possibilidade de defesa ampla, com meios e recursos que lhe são inerentes? Por que não é viável que a lei, com a finalidade de reduzir a acumulação de processos na justiça, proíba o ajuizamento de ações a respeito de determinada espécie de conflitos (por exemplo, conflitos de pequeno valor)?

A resposta é simples: porque, em todas essas situações, normas que assim disciplinassem a matéria estariam a se distanciar de princípios e a contrariar garantias assentados claramente na Constituição, que refletem os contornos do nosso Estado Democrático de Direito. Esses contornos são precisamente aquilo que pode ser delineado como o "modelo constitucional do processo".

Note-se: as soluções normativas acima apontadas em caráter exemplificativo até poderão, em outro sistema jurídico (que não o brasileiro), ser aceitas, se e quando se apresentarem como compatíveis com o respectivo ordenamento constitucional.[1]

O que impede que sejam adotadas medidas de tal natureza no ordenamento jurídico pátrio, contudo, é o fato de serem conflitantes com o nosso "modelo constitucional do processo".

O "modelo constitucional do processo" opera em mais de um sentido.

Primeiro, produz consequências no campo da elaboração das leis processuais. O legislador federal, ao editar leis regulamentando o processo, deve partir das premissas assentadas nas normas constitucionais em geral, e em particular nas normas constitucionais relacionadas ao direito processual. Pode-se dizer, assim, que o "modelo constitucional do processo" figura como "pano de fundo" e "moldura" da regulação infraconstitucional do processo.

Em segundo lugar, opera como consequência desse panorama que as leis processuais devem ser aplicadas pelos juízes e tribunais sempre tendo como premissa, parâmetro e limite o já referido "modelo constitucional do processo". Em outras palavras, a lei deve ser compreendida a partir do "pano de fundo" e da "moldura" para sua intelecção, consistente na disciplina constitucional do processo. É a lei que deve ter seu alcance compreendido e seu sentido verificado a partir da Constituição, não o contrário.

Por último, e não menos importante, a referida contextura mínima reconhecida pela doutrina como o denominado "modelo constitucional do processo" assegura àqueles que figuram como partes ou intervenientes no processo a possibilidade de exercer a defesa das suas posições jurídicas sempre exigindo a observância dos parâmetros constitucionais antes referidos.[2]

8.2 Direito processual constitucional

As disposições constitucionais relacionadas ao direito processual podem ser de duas ordens distintas.

---

1. Em que pese à controvérsia em torno do tema, não foi isso, em outras palavras, o que se verificou no direito estadunidense quando, após os atentados cometidos no dia 11.9.2001, foi editado o denominado *Patriot Act*? Cuidou-se, neste caso, de conjunto de normas, direcionadas ao combate ao terrorismo, que aumentou poderes do Executivo, autorizando, inclusive, que cidadãos estrangeiros fossem presos por tempo ilimitado e sem ordem judicial ou julgamento, desde que considerados pelo *Attorney General* uma "ameaça à segurança nacional". Assim o *USA Patriot Act, public law 107-56-Oct. 26, 2001*, disponível em *congress.gov*, acesso em 2.9.2021.

2. Sobre o modelo constitucional do processo cf.: Cândido Rangel Dinamarco, *Instituições de Direito Processual Civil*, 10ª ed., vol. I, São Paulo, Malheiros Editores, 2020, pp. 237-240 e 266; Nelson Nery Jr., *Princípios do Processo Civil na Constituição Federal*, 13ª ed., São Paulo, Ed. RT, 2017, pp. 25-26; e Cássio Scarpinella Bueno, *Curso Sistematizado de Direito Processual Civil: Teoria Geral do Processo Civil*, 6ª ed., vol. 1, São Paulo, Saraiva, 2012, pp. 132-134.

Por um lado, há preceitos que tratam de princípios, garantias e remédios constitucionais do processo. De outro, há dispositivos inseridos na Constituição que se resolvem efetivamente como simples regras processuais e de organização judiciária, tratando da composição de órgãos julgadores, competências ou, mesmo, de procedimentos relativos ao exercício, em determinadas circunstâncias, do direito constitucional de ação.

Todo esse conjunto de regras faz parte do que pode ser denominado *direito processual constitucional* em sentido mais amplo.

Dentro desse conjunto pode-se identificar o primeiro segmento de normas antes mencionado (princípios, garantias, remédios constitucionais), que pode ser denominado de *direito constitucional processual*, encarregado de assegurar *status* constitucional a ideias que são fundamentais para a configuração do Estado Democrático de Direito brasileiro, com seu próprio "modelo constitucional do processo". São disposições essencialmente constitucionais, muito embora relacionadas especificamente ao direito processual.

No campo do *direito constitucional processual*, em outras palavras, estão inseridos princípios e garantias que têm aplicação no âmbito do direito processual e que, assentados na Constituição, cumprem a função de programação da atividade legislativa e judicial (princípios constitucionais) bem como assegurar quadro mínimo de proteção aos titulares das posições jurídicas debatidas em qualquer processo (garantias constitucionais).

Por outro lado, o segundo segmento de normas referido anteriormente (sobre organização judiciária, competência, procedimentos) é aquilo que pode ser denominado *direito processual constitucional em sentido estrito*, por envolver, com maior nitidez, a organização dos tribunais e juízos, o exercício das suas competências e os procedimentos em matéria processual. Tudo aquilo, portanto, que poderia ser cometido apenas aos cuidados do legislador infraconstitucional mas, por opção do constituinte, foi incorporado no texto da própria Constituição. Essa escolha revela o desejo do constituinte de dificultar as modificações da disciplina dessa matéria, dada a rigidez constitucional (diversidade de procedimento e limitações para qualquer alteração do texto da Constituição, em conformidade com o art. 60 da CF).[3]

Em suma, pode-se dizer que as disposições que compõem o *direito constitucional processual* estão mais próximas daquele campo reconhecido, em regra, como direito *materialmente constitucional*; ao passo que os preceitos relacionados ao *direito processual constitucional em sentido estrito*, por nada mais serem que normas de competência, processo, procedimento e organização judiciária (inseridas, por simples escolha legislativa, no texto constitucional), se encontram claramente dentro dos lindes do denominado *direito formalmente constitucional*.

---

3. V.: Cândido Rangel Dinamarco, *Instituições de Direito Processual Civil*, cit., 10ª ed., vol. I, pp. 476 e 481; Nelson Nery Jr., *Princípios do Processo Civil na Constituição Federal*, cit., 13ª ed., pp. 52 e ss.; e Ricardo de Barros Leonel, "Considerações introdutórias sobre o direito processual constitucional", in Ada Pellegrini Grinover *et al.*, *Direito Processual Constitucional*, Brasília, Gazeta Jurídica, 2016, pp. 197-220.

Cumpre acrescentar que algumas das regras constitucionais relativas ao direito processual têm conteúdo misto, dentro da perspectiva aqui examinada. Trata-se dos denominados "remédios constitucionais" (mandado de segurança individual e coletivo, mandado de injunção, *habeas data*, *habeas corpus*, ação popular e reclamação constitucional).

Explique-se.

Note-se que os "remédios constitucionais" possuem, de um lado, um conteúdo substancial ou materialmente constitucional. Estabelecem uma garantia (garantia à "segurança", no mandado de segurança; garantia ao exercício do direito previsto na Constituição mesmo sem a regulamentação infraconstitucional, no mandado de injunção; garantia de acesso à informação de caráter pessoal, no *habeas data*; garantia de apresentação da pessoa submetida ilegalmente a prisão ou constrangimento pessoal, no *habeas corpus*; garantia à observância da autoridade da decisão ou à competência da Corte, na reclamação constitucional; etc.), não podem ser eliminados ou ter seu alcance sensivelmente reduzido pelo legislador infraconstitucional.[4]

Possuem também, entretanto, um conteúdo apenas formalmente constitucional, podendo ter seu processo e seu procedimento amplamente regulados pelo legislador comum.

Dessa forma, identificam-se como regras de *direito constitucional processual* todos os direitos e garantias fundamentais relacionados ao processo, arrolados ao longo do texto da Constituição, ou seja: (1) inviolabilidade do domicílio (art. 5º, XI); (2) inviolabilidade do sigilo da correspondência e das comunicações telegráficas, de dados e das comunicações telefônicas (art. 5º, XII); (3) o direito de ação ou garantia do acesso à justiça, também referido pela doutrina como inafastabilidade ou indeclinabilidade da jurisdição (art. 5º, XXXV); (4) a garantia da coisa julgada (art. 5º, XXXVI); (5) a vedação dos juízos ou tribunais de exceção (art. 5º, XXXVII); (6) a existência da instituição do Júri, com o conteúdo mínimo previsto na CF (art. 5º, XXXVIII, que estabelece como disciplina fundamental a ser observada no Júri: a plenitude da defesa; o sigilo das votações; a soberania dos veredictos; e a competência para o julgamento dos crimes dolosos contra a vida); (7) a garantia de cumprimento da pena em estabelecimentos distintos, de acordo com a natureza do delito, a idade e o sexo do apenado (art. 5º, XLVIII); (8) a garantia de respeito à integridade física e moral dos presos (art. 5º, XLIX); (9) a garantia de que as presidiárias terão asseguradas condições para que possam permanecer com seus filhos durante o período de amamentação (art. 5º, L); (10) a garantia do juiz natural, pela qual ninguém será processado nem sentenciado senão pela autoridade competente (art. 5º, LIII); (11) a garantia de que ninguém será privado de sua liberdade ou de seus bens sem o devido processo legal (art. 5º, LIV); (12) as garantias do contraditório e da ampla defesa, com meios e recursos inerentes (art. 5º, LV); (13) a vedação à utilização de provas obtidas

---

4. Esse é o sentido da impossibilidade, segundo Nelson Nery Jr., de "redução" ou eliminação da garantia material à segurança (*Princípios do Processo Civil na Constituição Federal*, cit., 13ª ed., pp. 222 e ss.).

por meios ilícitos (art. 5º, LVI); (14) a presunção de inocência (art. 5º, LVII); (15) a vedação da identificação criminal daquele que já se encontre civilmente identificado (art. 5º, LVIII); (16) a garantia da ação penal privada subsidiária da pública, se esta não for intentada no prazo legal (art. 5º, LIX); (17) a publicidade processual (art. 5º, LX); (18) a vedação à prisão, salvo flagrante delito ou por ordem escrita e fundamentada de autoridade judiciária competente, ressalvados os casos de transgressão militar ou crime propriamente militar, definidos em lei (art. 5º, LXI); (19) a garantia de que a prisão de qualquer pessoa e o local onde se encontre serão comunicados imediatamente ao juiz competente e à família do preso ou à pessoa por ele indicada (art. 5º, LXII); (20) a garantia de que o preso será informado de seus direitos, entre os quais o de permanecer calado, sendo-lhe assegurada a assistência da família e de advogado (art. 5º, LXIII); (21) o direito do preso à identificação dos responsáveis por sua prisão ou por seu interrogatório policial (art. 5º, LXIV); (22) a garantia de relaxamento imediato da prisão ilegal pela autoridade judiciária (art. 5º, LXV); (23) a garantia de que ninguém será levado à prisão ou nela mantido quando a lei admitir a liberdade provisória, com ou sem fiança (art. 5º, LXVI); (24) a vedação à prisão civil por dívida, salvo pelo inadimplemento voluntário e inescusável de obrigação alimentícia (art. 5º, LXVII);[5] (25) o aspecto substancial da garantia-remédio do *habeas corpus* (art. 5º, LXVIII); (26) o aspecto substancial da garantia-remédio do mandado de segurança, individual e coletivo (art. 5º, LXIX e LXX); (27) o aspecto substancial da garantia-remédio do mandado de injunção (art. 5º, LXXI); (28) o aspecto substancial da garantia-remédio do *habeas data* (art. 5º, LXXII); (29) o aspecto substancial da garantia-remédio da ação popular (art. 5º, LXXIII); (30) a garantia da assistência jurídica aos necessitados (art. 5º, LXXIV); (31) a garantia de indenização pelo erro judiciário e pela prisão indevida (art. 5º, LXXV); (32) a gratuidade das ações de *habeas corpus* e *habeas data* (art. 5º, LXXVII); (33) a garantia da duração razoável do processo administrativo e judicial e dos meios que garantam a celeridade de sua tramitação (art. 5º, LXXVIII); (34) a garantia da fundamentação das decisões judiciais (art. 93, IX).

Por outro lado, compreende a disciplina do *direito processual constitucional em sentido estrito* o conjunto de normas referentes a organização judiciária, competências, processo e procedimento assentadas na Constituição, entre as quais podemos apontar os

---

5. O verbete 25 da Súmula Vinculante do STF prevê que "é ilícita a prisão civil de depositário infiel, qualquer que seja a modalidade de depósito". O STF, ao assentar tal entendimento, compreendeu que o art. 7º da Convenção Americana sobre Direitos Humanos (Pacto de San José da Costa Rica, de 1969), da qual o Brasil é subscritor, dispõe que ninguém deve ser detido por dívidas. Com a adesão do Brasil à referida Convenção prevaleceu na Suprema Corte o entendimento de que o tratado tem caráter de norma especial e, dada sua incorporação ao ordenamento jurídico pátrio, teve como efeito retirar a eficácia das disposições infraconstitucionais que regulavam a matéria no País. Em outras palavras, desde a adesão do Brasil, em 1992, ao Pacto Internacional de Direitos Civis e Políticos e à Convenção Americana sobre Direitos Humanos (Pacto de San José da Costa Rica) "não há base legal para a aplicação da parte final do art. 5º, inciso LXVIII, da Constituição, ou seja, para a prisão civil do depositário infiel" (Tribunal Peno, RE 466.343, voto do Min. Gilmar Mendes, j. 3.12.2008, *DJe* 5.6.2009).

seguintes preceitos: (1) todos os dispositivos atinentes à escolha dos integrantes de tribunais de segundo grau ou de tribunais superiores, assentando requisitos dos indicados e procedimento de escolha, como se verifica nas seguintes hipóteses: STF (art. 101); STJ (art. 104); TRFs (art. 107); TST e TRTs (arts. 111, 111-A e 115); TSE e TREs (arts. 119 e 120); STM, bem como tribunais militares (arts. 123 e 125, § 3º); (2) o instituto do "quinto constitucional", pelo qual um quinto dos lugares dos TRFs e dos tribunais de justiça dos Estados e do Distrito Federal será composto de membros do Ministério Público com mais de 10 anos de carreira e de advogados com notório saber jurídico e reputação ilibada, com mais de 10 anos de efetiva atividade profissional, indicados em lista sêxtupla pelos órgãos de representação das respectivas classes (art. 94); (3) os preceitos que definem a denominada "competência de jurisdição" (competências de justiças especializadas) e a competência dos tribunais superiores, tais como: (a) competências do STF (art. 102); (b) competências do STJ (art. 105); (c) competências dos TRFs e da Justiça Federal (arts. 108 e 109); (d) competência da Justiça do Trabalho (art. 114); (e) competência do TSE (art. 121, § 4º); (f) competências da Justiça Militar (arts. 124 e 125, §§ 4º e 5º); (4) dispositivos relacionados a organização judiciária, funcionamento dos tribunais e procedimentos, como, por exemplo: (a) a previsão constitucional da existência do órgão especial nos tribunais com número superior a 25 julgadores (art. 93, XI); (b) o caráter ininterrupto da atividade jurisdicional nos juízos e tribunais de segundo grau (art. 93, XII); (c) a determinação de distribuição imediata de processos em todos os graus de jurisdição (art. 93, XV); (d) a denominada "cláusula de reserva de plenário", pela qual somente pelo voto da maioria absoluta de seus membros ou membros do respectivo órgão especial poderão os tribunais declarar a inconstitucionalidade de lei ou ato normativo do Poder Público (art. 97); (e) o preceito relativo à existência e características dos Juizados Especiais cíveis e criminais (art. 98, I); (f) o regime constitucional dos precatórios, para execução contra o Poder Público (art. 100); (g) as regras relativas a legitimação, processo e julgamento de processos objetivos (ação direta de inconstitucionalidade, ação declaratória de constitucionalidade, ação declaratória de inconstitucionalidade por omissão, arguição de descumprimento de preceito fundamental – art. 103, incisos e §§).

8.3 Convenções internacionais e seu valor no sistema jurídico brasileiro

A Constituição é a manifestação concreta e clara da soberania nacional, materializando a premissa segundo a qual a ordem constitucional vigente no País tem fundamento autônomo e sustentação própria, não se submetendo a instâncias outras que não aquelas definidas no próprio texto constitucional.

Num mundo globalizado, entretanto, é inimaginável a existência de algum País que, nada obstante soberano, não estabeleça, de vontade própria, acordos de convívio e de interação no plano internacional e que não se submeta, ainda que voluntariamente, a normas convencionais, fruto do relacionamento transnacional.

Isso ocorre em todos os ramos do direito, inclusive no direito processual.

A cooperação internacional, de tão importante que se tornou nos últimos tempos, passou a contar com disciplina mais ampla no Código de Processo Civil/2015. O tema foi incluído nos arts. 26 e ss., com o tratamento do "auxílio direto" (ao lado das tradicionais "cartas rogatórias"), a respeito do qual silenciava anteriormente o Código de Processo Civil/1973, embora na prática já fosse frequentemente utilizado por intermédio, precisamente, de convenções ou com amparo no tratamento recíproco entre os Estados envolvidos.

Os parâmetros legais a serem observados a fim de que seja viabilizada a cooperação internacional, em conformidade com o art. 26 do CPC/2015, são os seguintes: (a) que haja tratado internacional ou reciprocidade entre os Países cooperantes, colhida em manifestação oficial, pela via diplomática; (b) respeito às garantias do devido processo legal; (c) igualdade de tratamento entre nacionais e estrangeiros, residentes ou não no Brasil, naquilo que se refere ao acesso à justiça e à tramitação dos processos, garantindo-se a assistência judiciária aos necessitados; (d) publicidade processual, ressalvadas as hipóteses legais de sigilo, previstas tanto na legislação brasileira como na do País estrangeiro cooperante; (e) existência de autoridade central para recepção e transmissão dos pedidos de cooperação; (f) espontaneidade na transmissão das informações às autoridades estrangeiras; (g) inadmissibilidade da prática de atos que contrariem ou que produzam resultados incompatíveis com as normas fundamentais que regem o Estado brasileiro.

Nos termos do art. 26, § 4º, do CPC/2015, cabe ao Ministério da Justiça exercer a função de autoridade central na ausência de designação específica, ou seja, nas hipóteses em que o tratado internacional ou a manifestação expressa de reciprocidade do País estrangeiro não contiverem a designação de outra autoridade para o exercício do referido encargo.

As espécies ou modalidades de cooperação internacional, discriminadas no art. 27 do CPC/2015, são: (a) os atos de comunicação processual (citação, intimação e notificação judicial e extrajudicial); (b) colheita de provas e obtenção de informações; (c) homologação e cumprimento de decisão; (d) cumprimento de medida judicial de urgência; (e) assistência jurídica internacional; (f) qualquer outra medida judicial ou extrajudicial não proibida pela lei brasileira.

É importante anotar que, nos termos da lei, os pedidos de auxílio direto são cabíveis "quando a medida não decorrer diretamente de decisão de autoridade jurisdicional estrangeira a ser submetida a juízo de delibação no Brasil" (art. 28 do CPC/2015).

O dispositivo, entretanto, *dixit minus quam voluit*, ou seja, disciplinou apenas parcialmente o tema, referindo-se exclusivamente ao pedido passivo de auxílio direto no caso em que seu destinatário é o Brasil. A hipótese oposta é igualmente legítima, devendo também ser admitida, ou seja, posicionar-se o Brasil como figura ativa na cooperação, solicitando ao País estrangeiro sua colaboração.

Isso tem ocorrido com frequência em casos de lesão a interesses difusos e coletivos em decorrência de atos ilícitos cuja prática tenha abrangido mais de um País, ou mesmo na apuração da prática de infrações penais cometidas por grupos criminosos, envolvendo delitos como, por exemplo, "lavagem de dinheiro", evasão de divisas etc.

Em situações, portanto, em que não há necessidade de decisão judicial, por estarem em jogo, num primeiro momento, investigações relacionadas à apuração de situações como aquelas acima indicadas, com amparo em tratados internacionais ou na reciprocidade, admite-se que as autoridades nacionais e as estrangeiras se comuniquem diretamente para a troca de informações e elementos de prova (art. 30 do CPC/2015).

Sendo necessário, a autoridade central encaminhará o caso à Advocacia-Geral da União a fim de que esta formule o pedido judicial imprescindível ao atendimento da medida solicitada pelo País estrangeiro, podendo fazê-lo diretamente o Ministério Público quando a instituição for autoridade central (art. 33 do CPC/2015). Isso ocorrerá, por exemplo, nos casos em que se pretenda obter acesso a informações protegidas pelo sigilo bancário, fiscal, telefônico ou telemático.

São exemplos de tratados e convenções internacionais,[6] apenas para lembrar alguns: (a) Convênio de Cooperação Judiciária em Matéria Civil, entre o Governo da República Federativa do Brasil e o Reino da Espanha; (b) Acordo de Cooperação em Matéria Civil, entre o Governo da República Federativa do Brasil e o Governo da República Francesa; (c) Tratado Relativo à Cooperação Judiciária e ao Reconhecimento e Execução de Sentenças em Matéria Civil, entre a República Federativa do Brasil e a República Italiana; (d) Convenção entre o Brasil e a Bélgica sobre Assistência Judiciária Gratuita; (e) Convenção sobre os Aspectos Civis do Sequestro Internacional de Crianças; (f) Convenção da Haia sobre o Acesso Internacional à Justiça.

É importante recordar que os tratados e convenções internacionais ostentam importante posição na perspectiva institucional e política interna e externa do Brasil.

Num primeiro momento, quando um tratado ou convenção internacional é assinado, ostenta importância apenas política, sem repercussão imediata no plano normativo, revelando posicionamento do País signatário a respeito de determinado tema de contextura transnacional. Trata-se de escolha que envolve postura adotada no relacionamento do signatário, em posição de igualdade, com outros Países igualmente soberanos.

Destaque-se que a Constituição prevê, de forma expressa, a competência privativa do Presidente da República para "celebrar tratados, convenções e atos internacionais" (art. 84, VIII).

Para que o acordo, convenção ou tratado internacional extrapole o campo da política internacional e ganhe eficácia normativa no ordenamento jurídico brasileiro é imprescindível que ele seja referendado pelo Congresso Nacional.

Nesse sentido é a competência exclusiva do Congresso Nacional para "resolver definitivamente sobre tratados, acordos ou atos internacionais que acarretem encargos ou compromissos gravosos ao patrimônio nacional" (art. 49, I, da CF).

---

6. São catalogados pelo Ministério da Justiça, bem como disponíveis no sítio oficial do referido órgão (*www.justica.gov.br*).

A dúvida que se apresenta sobre o *status* ou posição hierárquico-normativa do tratado, acordo ou convenção internacional no contexto da ordem jurídica brasileira deve ser respondida a partir do procedimento e do quórum adotado pelo Congresso Nacional para a aprovação da propositura.

Ou seja, se a aprovação no Congresso Nacional se der por meio de maioria simples o tratado ou convenção ingressará no ordenamento jurídico brasileiro com o *status* de lei ordinária. Ocorrendo aprovação, contudo, por votação em maioria qualificada sua inserção se dará no sistema jurídico nacional com a característica de norma supralegal, vale dizer, acima das leis ordinárias ou complementares, mas abaixo das normas constitucionais originárias ou derivadas (emendas constitucionais).

Isso significa que uma norma contida num tratado internacional aprovado pelo Congresso Nacional com maioria qualificada terá aptidão para tolher a eficácia de leis ordinárias ou complementares que disponham de forma diversa a respeito do mesmo tema.

Foi isso, precisamente, o que se verificou em relação à prisão do depositário infiel, prevista no art. 5º, LXVII, da CF.

Como assentou o STF, a partir do momento em que o Congresso Nacional referendou a subscrição, pelo Brasil, do Pacto de San José de Costa Rica (Convenção Interamericana de Direitos Humanos), seu conteúdo passou a ter eficácia normativa dentro do território brasileiro. Dado seu caráter supralegal, tornou ineficazes as disposições contidas em lei que previam hipóteses de prisão do depositário infiel.[7]

8.4 Tutela constitucional do processo e liberdades públicas

Outro enfoque para a abordagem a respeito dos mesmos pontos nos conduz a conclusões análogas.

Trata-se do reconhecimento da existência de uma verdadeira "tutela constitucional do processo", que consiste, em outras palavras, naquilo que anteriormente denominamos de *direito constitucional processual* (princípios e garantias constitucionais do processo, bem como o conteúdo materialmente constitucional dos remédios constitucionais – mandado de segurança individual e coletivo, *habeas corpus*, *habeas data*, mandado de injunção, ação popular e reclamação constitucional), conferindo-lhes maior importância e efetividade no contexto do ordenamento jurídico nacional.

Cuida-se ainda, por outro lado, em relação de interseção direta com a tutela constitucional do processo, da tutela das liberdades públicas. Esta se dá não somente por meio dos aludidos remédios constitucionais, mas também pela definição de competências (dos tribunais superiores), fixadas originalmente na Constituição, para o exame destas ações nos casos de envolvimento de autoridades do primeiro escalão dos diversos Poderes do Estado.

---

7. A matéria foi definitivamente assentada por meio da Súmula Vinculante 25 do STF: "É ilícita a prisão civil de depositário infiel, qualquer que seja a modalidade do depósito".

Nesse sentido, por exemplo, as competências originárias do STF e do STJ para o julgamento de mandados de segurança, mandado de injunção, *habeas data*, *habeas corpus* e reclamações constitucionais, nos termos do art. 102, I, "d, "i", "l" e "q", e do art. 105, I, "b", "c", "f' e 'h", da CF.

O direito constitucional, ao tutelar o processo e as liberdades públicas, concomitantemente fortalece o papel dedicado ao direito processual no contexto da tributação de efetividade ao já referido "modelo constitucional do processo", bem como fomenta a consolidação do Estado Constitucional e Democrático de Direito.

Em outras palavras, a inserção de normas de conteúdo processual na Constituição faz com que o processo, como instrumento estatal para solução de conflitos, sirva também para conferir efetividade à tutela das liberdades públicas, merecendo destaque a conclusão de que tal opção política do legislador não é despida de sentido e efeitos, podendo ser considerada com um dos pontos dignos de destaque em nossa ordem constitucional.

Capítulo 9

CRISES JURÍDICAS E AS ESPÉCIES DE TUTELA JURISDICIONAIS

9.1 Espécies de crise e tutela

O processo é o instrumento estatal de solução de conflitos. Serve como mecanismo por meio do qual o Estado, que ao longo da história vedou o exercício arbitrário das próprias razões (ou seja, o fazer justiça pelas próprias mãos, definido como crime pelo art. 345 do CP), pode equacionar os litígios, restabelecendo a ordem e a paz social, que são colocadas em risco, em maior ou menor escala, todas as vezes que ocorrem desacertos nas relações humanas associados à inobservância do ordenamento jurídico.

Tendo presente, portanto, que o processo serve para solucionar litígios, que se caracterizam pela existência de um interesse de alguém em relação a determinado bem, objeto ou direito e a resistência de outrem a satisfazer este interesse, é intuitivo que para cada espécie de conflito deve o sistema processual oferecer a solução mais apropriada.

Em outros termos, considerando que os conflitos revelam crises jurídicas, é necessário que o processo forneça o tipo de "remédio" adequado a cada espécie de crise. O "remédio" é a tutela jurisdicional, cujos contornos e características devem se amoldar precisamente à modalidade de crise a ser debelada.

A "tutela jurisdicional", nesse contexto, deve ser compreendida como a proteção jurídica e prática oferecida pelo sistema jurídico relativamente às pessoas e às posições jurídicas (interesses e direitos) que lhes são inerentes.[1]

---

1. Sobre o conceito de *tutela jurisdicional*: Flávio Luiz Yarshell, *Tutela Jurisdicional*, 2ª ed., São Paulo, DPJ, 2006, p. 34; Carlos Alberto Alvaro de Oliveira, *Teoria e Prática da Tutela*

É imprescindível, assim, compreender as espécies de crises jurídicas existentes, a fim de que se torne possível verificar qual o "remédio" (modalidade de tutela jurisdicional) que melhor se ajusta à realidade.

Uma vez ajuizada, a demanda (exercido o direito de ação) terá seu curso, dando ensejo à formação do processo, que será ultimado com uma sentença. Esta (sentença) trará a tutela para a situação da vida lamentada pelo autor. A sentença e a tutela jurisdicional terão sempre a mesma natureza ou espécie que a demanda, por força das regras da inércia da jurisdição e da congruência (adstrição ou correlação entre a demanda e a sentença – arts. 2º e 490 e 492 do CPC/2015).

Há diversas classificações das espécies de tutela jurisdicional que, consequentemente, induzem ao reconhecimento de idênticas modalidades de demandas (manifestações concretas do exercício do direito de ação) e sentenças.

Os mesmos critérios, portanto, são utilizados para definir a ação, o processo, a sentença e a tutela jurisdicional. Eles induzem a algumas classificações.

Examinemos aquelas que, do ponto de vista teórico e prático, exigem maior atenção.

A primeira classificação considera a necessidade de (a) *definir a existência do direito*, (b) *assegurar sua fruição* ou (c) *impor sua observância* por parte de alguém em face do titular da posição jurídica a quem foi reconhecido ter razão. Em outras palavras, fala-se, nessa primeira perspectiva, em tutela de *conhecimento*, *assecuratória* (tradicional e historicamente chamada de "cautelar") ou *executiva*, respectivamente.

Quando a demanda traz uma pretensão cognitiva (ação de conhecimento) terá curso o processo de conhecimento, a ser ultimado com sentença de mérito. Sua finalidade e seu resultado consistem no acertamento da existência do direito, ou seja, na afirmação de que o direito lamentado pelo autor existe (ou não) e de que merece proteção. Identifica-se, aí, a *tutela de conhecimento* ou *cognitiva*.

É possível deduzir, ainda, pretensões de obtenção de medidas provisória (com ou sem urgência, que podem ser de natureza antecipatória ou cautelar, como adiante veremos) ou mesmo à satisfação de um direito já reconhecido em título executivo judicial ou extrajudicial (cumprimento de sentença ou processo de execução, respectivamente). Nestes dois casos fala-se em *tutelas provisórias* (com ou sem urgência) e em *tutela executiva*.

Pensando nestas três espécies (conhecimento, provisórias [antigas medidas "cautelares"] e execução), o legislador pode optar por dois caminhos distintos relativamente ao estabelecimento dos contornos e características do processo.

Trata-se de questão de política legislativa optar por estabelecer espécies de "processos" ou "módulos processuais" distintos, em conformidade com a espécie de tutela

---

Jurisdicional, Rio de Janeiro, Forense, 2008, pp. 107-111; Cândido Rangel Dinamarco, "Tutela jurisdicional", in *Fundamentos do Processo Civil Moderno*, 6ª ed., vol. II, São Paulo, Malheiros Editores, 2010, pp. 366-368; e Ricardo de Barros Leonel, *Tutela Jurisdicional Diferenciada*, São Paulo, Ed. RT, 2010, pp. 13-17.

jurisdicional buscada (de conhecimento, provisória ou de execução), ou então, como alternativa, prever que um único processo e o respectivo procedimento tenham espaço para oferecer as três modalidades de tutela jurisdicional aqui referidas.

A estrutura originária do Código de Processo Civil/1973, por exemplo, optava pela primeira alternativa. Separava-se claramente (inclusive na estrutura da disposição dos artigos de lei) o processo de conhecimento do processo cautelar e do processo de execução. Cada um deles era regulado em livro próprio ("Livro I – Processo de Conhecimento"; "Livro II – Processo de Execução"; "Livro III – Processo Cautelar"). A obtenção da tutela jurisdicional de conhecimento, cautelar ou executiva, dependia do exercício do direito de ação com o ajuizamento de demanda específica (de conhecimento, cautelar ou executiva).

Em outros termos, para obter tutela para o mesmo direito ou posição jurídica o interessado deveria ajuizar pelo menos três demandas: uma de conhecimento, uma cautelar e uma de execução.

As reformas do Código de Processo Civil/1973 mitigaram esse panorama.

Primeiro, a reforma relativa à antecipação de tutela (Leis 8.952/1994 e 10.444/2002). Esta modificação do Código de Processo Civil/1973 trouxe para "dentro" do processo de conhecimento a possibilidade de concessão de medidas antecipadas sem a necessidade de exercício autônomo do direito de ação, ou seja, sem a necessidade do ajuizamento de uma demanda específica para este fim.

Depois, a reforma da execução dos títulos judiciais (Lei 11.232/2005) e em seguida a dos títulos executivos extrajudiciais (Lei 11.382/2006). A primeira instituiu nova disciplina, tornando a execução dos títulos judiciais fase do processo de conhecimento ulterior à prolação da sentença, dispensando, portanto, ao menos neste caso (não na execução de título extrajudicial), o ajuizamento de uma autônoma ação de execução e a formação de processo autônomo de execução.

O Código de Processo Civil/2015 optou por caminho distinto daquele traçado no texto originário (antes das reformas) do Código de Processo Civil/1973: exigir o exercício do direito de ação numa única oportunidade, permitindo que no mesmo processo sejam obtidas as tutelas de conhecimento, provisórias (com ou sem urgência, de natureza antecipatória ou cautelar), e, quando necessário, a tutela executiva. Fora desse quadro permaneceu apenas a tutela executiva no caso dos títulos extrajudiciais, hipótese em que continua sendo indispensável o ajuizamento da ação autônoma de execução (precisamente por não ter, antes, existido processo de conhecimento para a definição do direito).

Em outras palavras, o Código de Processo Civil/2015, no que diz respeito à estrutura do processo, levou às últimas consequências a mudança de orientação que já se havia iniciado com as reformas do Código de Processo Civil/1973.

Desse modo, na estrutura processual estabelecida pelo Código de Processo Civil/2015 a tutela jurisdicional, seja ela de conhecimento, provisória ou executiva (cumprimento de sentença), ressalvada quanto à última a execução autônoma dos títulos extrajudiciais, pode ser obtida no mesmo processo por força do exercício, uma única vez, do direito de ação, deduzindo-se subsequentemente as demais pretensões sem a necessidade de instauração de processo autônomo.

Exemplificando: o autor pode requerer em juízo a tutela antecipada. Depois, no mesmo processo, oferecerá aditamento para deduzir sua pretensão cognitiva. Ao final, obtendo ganho de causa, requererá o cumprimento de sentença. O direito de ação terá sido exercido (ajuizamento da demanda) uma única vez. Mas no processo instaurado por força do ajuizamento da demanda serão obtidas a tutela de provisória (com ou sem urgência, antecipada ou cautelar), a tutela cognitiva e a tutela executiva (cumprimento de sentença).

Tudo o que foi dito até o momento guarda relação com a divisão da tutela jurisdicional em tutela de conhecimento, provisória e executiva.

A maior discussão que existe em torno deste tema, entretanto, reside na identificação das diferentes espécies de tutela jurisdicional cognitiva.

Há duas correntes principais. A primeira que rende ensejo à classificação *ternária* da ação, do processo, da sentença e da tutela jurisdicional de conhecimento. A segunda induz à classificação *quinária*.

Para a primeira corrente pode-se falar em ação, processo, sentença e tutela de conhecimento *declaratória*, *constitutiva* e *condenatória*. A doutrina, ao adotar tal posição, compreende que as tutelas de natureza *mandamental* e *executiva* ***lato sensu*** nada mais são que tutelas condenatórias, embora sua efetivação ocorra de modo particular ou próprio.

Para a segunda corrente pode-se falar em ação, processo, sentença e tutela de conhecimento *declaratória*, *constitutiva*, *condenatória*, *mandamental* e *executiva* ***lato sensu***. Esta corrente destaca a tutela *mandamental* e a *executiva* ***lato sensu*** do campo das condenatórias, conferindo-lhes autonomia e contornos próprios.

O ponto de distinção de cada uma das espécies de tutela jurisdicional de conhecimento reside na modalidade de *crise de direito material* a ser debelada. Cada tipo de crise exige uma forma de solução.[2]

Passemos ao seu exame.

9.1.1 Tutela meramente declaratória

A tutela declaratória (ou tutela "meramente" declaratória) ajusta-se às situações em que a crise de direito material é uma *crise de certeza*, ou seja, existe uma dúvida objetiva a respeito da existência ou do modo de ser de uma relação jurídica.

---

2. Cf., a respeito: Cândido Rangel Dinamarco, *Instituições de Direito Processual Civil*, 10ª ed., vol. I, São Paulo, Malheiros Editores, 2020, pp. 186-190; José Roberto dos Santos Bedaque, *Direito e Processo: Influência do Direito Material sobre o Processo*, 6ª ed., São Paulo, Malheiros Editores, 2011, pp. 38-43; Luiz Guilherme Marinoni, *Técnica Processual e Tutela dos Direitos*, 5ª ed., São Paulo, Thomson Reuters Brasil, 2018, pp. 102 e 104.

Note-se: o que rende ensejo à ação e à tutela declaratória é a existência de uma dúvida *objetiva*, situação de incerteza decorrente de fatos objetivos ou da conduta das partes envolvidas em determinada relação jurídica. A simples dúvida *subjetiva*, ou seja, incerteza embutida no espírito de um dos sujeitos da relação jurídica, não associada a qualquer fator externo, não rende ensejo ao exercício do direito de ação, com pedido declaratório. Do contrário o processo seria instrumento para levar à justiça verdadeira "consulta", e não é função do Poder Judiciário realizar atividade de consultoria para terceiros.

A tutela meramente declaratória encontra expresso fundamento no art. 19 do CPC/2015, por força do qual o interesse do autor pode se limitar à declaração da existência ou inexistência da relação jurídica ou da autenticidade ou da falsidade de documento.

Apresenta-se, no plano do relacionamento humano, uma dúvida razoável e objetiva sobre se determinada relação jurídica existe ou não, ou ainda sobre seu modo de ser, ou seja, sobre como ela se caracteriza e qualifica. Nesta dúvida, essencialmente, resolve-se o conflito de interesses que renderá ensejo à disputa judicial.

Qual o alcance de uma cláusula prevista em determinado contrato? Está ou não uma parte obrigada ao cumprimento de determinada conduta em benefício de outra? Existe ou não relação de filiação (parentesco) entre "A" e "B"? Está ou não consubstanciado o direito de propriedade em relação a determinado imóvel? Estas são indagações que levarão, eventualmente, à propositura de uma ação meramente declaratória.

Assim, a ação declaratória da existência ou inexistência da obrigação, a ação de investigação de paternidade, a ação de usucapião, são exemplos de iniciativas para instauração de processos judiciais que culminarão com uma sentença meramente declaratória, que trará certeza a respeito da existência ou do modo de ser de determinada relação jurídica.

É importante observar que a tutela declaratória é autossatisfativa (ou autossuficiente), pois dispensa ulterior execução ou cumprimento.

Em outras palavras, uma vez proferida a sentença declarando a existência ou inexistência da relação jurídica, o seu modo de ser ou a falsidade ou autenticidade do documento, não haverá necessidade de mais nenhuma outra providência no processo judicial. A simples certeza emergente do provimento jurisdicional declaratório será suficiente para aplacar a angústia que levou o autor a aforar a demanda declaratória.

Em suma: a tutela declaratória, em si mesma, não renderá ensejo a execução ou cumprimento de sentença (ressalvada, evidentemente, a execução [cumprimento] do capítulo da sentença que fixa o ônus da sucumbência, incluídos os honorários advocatícios, que, em verdade, não tem conteúdo declaratório, mas sim condenatório).

As demais modalidades de tutela jurisdicional de conhecimento trazem, além da declaração do direito ou situação jurídica, um ou outro elemento, como veremos a seguir.

9.1.2 *Tutela constitutiva*

A tutela constitutiva é a que se mostra adequada a situações em que no plano do direito material se apresenta uma *crise de situação jurídica*. Em outras palavras, é a própria posição, obrigação, dever ou relação jurídica que se apresenta em dificuldades, mostrando-se necessária sua modificação, extinção ou, mesmo, a criação de uma situação nova.

O exercício do direito de ação, quando deduzido pleito constitutivo, significa colocar em prática direito potestativo do autor à alteração postulada.[3] Em outros termos, uma vez acolhida sua iniciativa, inevitavelmente isso se traduzirá em modificação, extinção ou constituição de situação jurídica, independentemente da anuência ou da resistência por parte do demandado.

O acolhimento do pedido de constituição, de modificação ou desconstituição de uma relação ou situação jurídica significa a prolação de uma sentença que contém dois elementos: a *declaração* do direito aplicável à espécie, acrescida da *constituição*, *modificação* ou *desconstituição* da situação ou relação jurídica.

Houve infração a uma cláusula do contrato que traz como consequência sua rescisão? Foi praticada uma ilegalidade no procedimento licitatório que contamina a ele e ao contrato de direito público firmado pela Administração Pública? Tornou-se inviável o convívio do casal, sendo necessário o desfazimento do vínculo matrimonial?

Estas são hipóteses, a título de exemplo, que dão oportunidade ao ajuizamento de demandas constitutivas. A ação para a modificação ou rescisão do contrato, para anulação do procedimento licitatório e desfazimento do contrato público, a ação de separação ou de divórcio, a ação rescisória, são alguns exemplos de tutela jurisdicional constitutiva.

Tal como se verifica com a tutela jurisdicional declaratória, a tutela constitutiva prescinde de execução ou cumprimento de sentença, por se tratar de tutela completa, autossatisfativa, que por si só é capaz de aplacar os anseios do seu beneficiário, titular do direito ou posição jurídica.

Em outras palavras, com a sentença operam-se a modificação ou anulação do contrato, a desconstituição da sentença transitada em julgado (na ação rescisória) ou, ainda, o desfazimento do vínculo matrimonial (exemplos acima), e não há necessidade de mais nenhuma outra providência. Isso já é suficiente para a solução da crise de direito material que rendeu ensejo à propositura da ação.

Note-se que mesmo no caso do desfazimento do vínculo matrimonial (no divórcio) a posterior averbação da sentença no cartório do registro civil não é atividade executiva. Todos os efeitos da sentença produzem-se imediatamente após seu trânsito em julgado.

---

3. A respeito da natureza potestativa da pretensão deduzida na demanda de natureza constitutiva cf. Giuseppe Chiovenda, *Instituições de Direito Processual Civil*, 2ª ed., vol. 1, trad. de Enrico Tullio Liebman, São Paulo, Saraiva, 1965, pp. 34-35 e 194-198.

A averbação serve apenas para publicidade em relação à mudança do *status familiae* das partes, assegurando-se a possibilidade de seu conhecimento por terceiros.

9.1.3 Tutela condenatória

A tutela condenatória, decorrente do ajuizamento da demanda condenatória e da prolação de sentença da mesma espécie, é aquela que se mostra apropriada para os casos em que se faz presente uma *crise de satisfação*. Isso ocorrerá sempre que o interesse deduzido pelo autor estiver associado ao descumprimento de uma obrigação, qualquer que seja seu fundamento.

Em conformidade com o art. 189 do CC/2002, "violado o direito, nasce para o titular a pretensão". Em outros termos, a existência de uma obrigação descumprida é que faz nascer sua exigibilidade e, consequentemente, o interesse processual, habilitando o interessado à dedução de sua pretensão condenatória.

Note-se que se, de um lado, na tutela constitutiva há uma *crise na situação jurídica*, que permite ao autor o exercício do direito potestativo à sua modificação, de outro lado, na tutela condenatória verifica-se a existência de uma obrigação descumprida, que precisamente em função do descumprimento se torna exigível. O processo, instaurado por meio do exercício do direito de ação (demanda judicial), a resultar na sentença condenatória, é o caminho para a satisfação da obrigação.

Na sentença condenatória há dois elementos distintos: primeiro, o elemento *declaratório*, é o reconhecimento ou certificação a respeito da existência do direito (obrigação) e da sua violação. O segundo é a tradicionalmente denominada *sanção executiva*, ou seja, a *autorização* para a prática de atos de força voltados à efetivação-satisfação do direito reconhecido na sentença.[4]

Isso significa que a tutela condenatória permite que, na eventualidade de persistir a situação de inadimplemento do obrigado (demandado), seja realizado o direito a despeito da vontade deste ou mesmo contra ela, inclusive com o uso de meios invasivos para a obtenção da satisfação do credor (demandante), ou seja, a execução forçada (procedimento de cumprimento de sentença).

É possível perceber que a sentença condenatória fornece uma tutela incompleta, pois a certificação da existência do direito nem sempre é acompanhada pelo adimplemento espontâneo e voluntário por parte do obrigado. Para a efetiva observância do direito reconhecido na decisão judicial, se necessário for, poderá o credor valer-se da execução forçada, que se realiza, quando existe um título executivo judicial (sentença condenatória), através do procedimento de cumprimento de sentença (arts. 513 e ss. do CPC/2015).

---

4. Célebre explicação de Enrico Tullio Liebman (*Manual de Direito Processual Civil*, trad. de Cândido Rangel Dinamarco, Rio de Janeiro, Forense, 1984, pp. 182-183; e *Processo de Execução*, São Paulo, Saraiva, 1980, p. 18).

Em outros termos, a única sentença-tutela que admite execução (procedimento de cumprimento) é a que ostenta natureza condenatório-executiva, pois dentre as demais hipóteses é aquela que não produz, automaticamente, a satisfação do direito violado.

Observe-se que para aqueles que adotam a classificação *ternária*, admitindo a existência de três modalidades distintas de ação/sentença/tutela de conhecimento (declaratória, constitutiva e condenatória), a exigência de observância de qualquer tipo de obrigação (de pagamento de quantia, de entrega de coisa, de fazer ou de não fazer) se perfaz através da ação/sentença/tutela condenatória.

Ou seja, uma vez reconhecido o direito na sentença (declaração) e imposta a sanção executiva (autorização para a efetivação forçada daquilo que foi decidido), será possível passar-se à fase de cumprimento, cujo procedimento variará em função da natureza da obrigação, de pagar, de entregar coisa, de fazer ou de não fazer. Nessa linha de entendimento, a tutela mandamental e a tutela executiva *lato sensu* nada mais são que espécies de tutela condenatória.

Para aqueles, entretanto, que adotam a classificação *quinária*, reconhecendo a existência de cinco modalidades distintas de ação/sentença/tutela jurisdicional, apenas o descumprimento da obrigação de pagar quantia dá margem à sentença condenatória. O descumprimento das demais espécies de obrigação (de entregar coisa, de fazer ou de não fazer) abre oportunidade para a ação/sentença/tutela jurisdicional executiva *lato sensu* e, em algumas circunstâncias, para a tutela mandamental.

9.1.4 Tutela mandamental

A ação/sentença/tutela que culmina com a imposição de uma ordem, mandamento, para a prática de alguma conduta consistente em entregar coisa, fazer ou não fazer é qualificada como mandamental. Esta qualificação decorre, precisamente, de estar nela embutida uma determinação imperativa, a ser observada pelo demandado, sob pena, inclusive, de configuração do descumprimento de ordem judicial e possibilidade de tipificação de infração penal.

São exemplos disso decisões proferidas em mandado de segurança, mandado de injunção, em ações de *habeas corpus*, *habeas data*, reclamação constitucional. Em todos estes casos, quando o processo é concluído com sentença de acolhimento ou procedência da pretensão deduzida, o que se extrai da decisão é uma ordem, que impõe ao seu destinatário a observância de alguma conduta, sob incidência de alguma espécie de sanção.

Anote-se que a ação/sentença/tutela mandamental, tal qual a tipicamente condenatória, também é incompleta, visto que poderá ou não ocorrer seu cumprimento espontâneo e/ou voluntário por parte do obrigado. Caso o cumprimento da obrigação não ocorra, a busca da satisfação do credor deverá ocorrer pelos mecanismos previstos na lei processual.

Os casos do mandado de segurança, do mandado de injunção, do *habeas corpus*, do *habeas data* e da reclamação constitucional possuem, respectivamente, disciplina própria na legislação específica.[5]

Para os casos em que, pelo procedimento comum, tramitou ação objetivando o reconhecimento de obrigação de entrega de coisa, de fazer e não fazer e seu cumprimento, após a sentença favorável, não se dá voluntariamente, será necessário promovê-lo por meio de procedimento próprio, previsto no Código de Processo Civil/2015, que pode ser qualificado como "execução imprópria" ou "indireta".

A execução "imprópria" ou "indireta" (que será objeto de estudo oportuno) não se refere à prática, pelo Estado, de atos invasivos da esfera jurídica e patrimonial do devedor, em expropriação forçada, para satisfação do credor, como ocorre na execução por quantia. A execução "imprópria" ou "indireta" refere-se – isto sim – à imposição de medidas de pressão ou de constrangimento cujo objetivo é fazer com que o próprio obrigado acabe, embora não espontaneamente, voluntariamente realizando a obrigação. A matéria atualmente está disciplinada nos arts. 536 a 538 do CPC/2015.

9.1.5 Tutela executiva "lato sensu"

A ação/sentença/tutela executiva *lato sensu* tem sua designação e sua denominação associadas à intensa controvérsia a respeito de sua conceituação e seu alcance.

Apenas para exemplificar o tom da crítica a essa categoria e à sua delimitação, observa-se que a identificação de uma tutela executiva *lato sensu* somente seria viável se fosse possível apontar, para fins de contraposição (o que a doutrina não faz satisfatoriamente), uma tutela executiva *stricto sensu*. Ademais, a delimitação da categoria não teria partido de critério seguro, não restando claro, além disso, qual precisamente a linha ou o critério distintivo entre esta e outras espécies de sentenças integrantes das demais categorias (declaratória, constitutiva, condenatória e mandamental).[6]

De todo modo, tratando-se de categoria cujo reconhecimento já foi incorporado à doutrina processual e à prática forense, impõe-se seu exame.

Tal como se verifica em relação à ação/sentença/tutela condenatória, no caso da executiva *lato sensu* há, igualmente, uma *crise de satisfação* ou *adimplemento*. É imprescindível que a sentença reconheça (declare) a existência do direito bem como imponha sua observância (sanção executiva).

Ocorre que o modo de cumprimento, neste caso, é diverso daqueles utilizados nos procedimentos de cumprimento de sentenças que reconhecem a obrigação de pagar

5. Lei do Mandado de Segurança (Lei 12.016/2009), Lei do Mandado de Injunção (Lei 13.300/2016), Lei do *Habeas Data* (Lei 9.507/1997). Quanto ao *habeas corpus*, cf. os arts. 647 a 667 do CPP. Quanto à reclamação, anteriormente disciplinada na Lei 8.038/1990, cf., no direito vigente, os arts. 988 a 993 do CPC/2015.

6. V. a respeito a crítica de José Carlos Barbosa Moreira, "Sentença executiva?", in *Temas de Direito Processual: Nona Série*, pp. 180-182.

quantia ou mesmo a necessidade de observância das obrigações de entregar coisa, de fazer e de não fazer.

Assim, no caso da tutela executiva *lato sensu* o cumprimento se dá por simples determinação judicial (ofício ou mandado), cuja eficácia se opera de modo praticamente imediato, sem aplicação de procedimento especial ou específico para tal fim.

Bom exemplo disso é a ação de despejo por falta de pagamento de aluguéis. Nesse caso, uma vez acolhida a pretensão deduzida pelo autor e determinado o despejo, será expedida uma ordem judicial, a ser encaminhada por ofício ou mandado, cujo cumprimento será realizado pelo oficial de justiça.

Outro exemplo é, nos casos em que tem finalidade satisfativa (e não cautelar), a ação de busca e apreensão de determinado bem ou pessoa, que se conclui com sentença que declara a obrigação de entregar e se cumpre por simples mandado judicial caso não seja voluntariamente realizada a entrega. Análogo raciocínio é aplicável no caso de ação possessória julgada procedente, cuja sentença será efetivada por simples mandado judicial de busca e apreensão (tratando-se de bem móvel) ou ordem de imissão de posse (bem imóvel), levados a termo por oficial de justiça.

9.1.6 Tutela diferenciada

Seguindo a perspectiva de que o processo é um instrumento estatal voltado à solução de conflitos, de que cada espécie de conflito ostenta características próprias, sendo necessário que sua abordagem se dê mediante a adoção de cuidados específicos, e de que o sistema processual deve oferecer mecanismos apropriados para seu equacionamento, ficam assinaladas algumas premissas para o desenvolvimento da denominada tutela jurisdicional diferenciada.[7]

Soma-se a isso que um dos problemas que sempre ocupou o processualista e o legislador foi a luta contra o tempo no campo do direito processual.

Note-se, nesse passo, que a justiça, quando tarda, falha. Assim, não basta que o sistema processual ofereça soluções para os conflitos, sendo imprescindível que elas sejam tempestivas, sob pena de serem inúteis.

Considerando este quadro, bem como levando em conta a necessidade de melhor tutelar algumas espécies de relações humanas conflituosas, por entender o legislador serem dignas de pontual atenção, é que se desenvolve a técnica da tutela diferenciada.

A configuração de formas de tutela diferenciada não é criação da contemporaneidade, embora de algumas décadas a esta parte tenha o tema passado a receber maior atenção.

---

7. A respeito do tema: Andrea Proto Pisani, "Sulla tutela giurisdizionale differenziata", *Rivista di Diritto Processuale* 4/536-591, Pádua, CEDAM, outubro-dezembro/1979. V. ainda: José Roberto dos Santos Bedaque, *Tutela Provisória: Analisada à Luz das Garantias Constitucionais da Ação e do Processo*, 6ª ed., São Paulo, Malheiros Editores, 2021, pp. 25-26; e Ricardo de Barros Leonel, *Tutela Jurisdicional Diferenciada*, cit., pp. 77-81.

Apenas para ficar com indicações mais ou menos recentes, Hans Karl Briegleb, na Alemanha, ocupou-se desse problema inclusive sob perspectiva histórica, na sua *Introdução à Teoria dos Processos Sumários*, no século XIX.[8] Já, na atualidade, Andrea Proto Pisani também dedicou ao tema especial atenção.

Há controvérsia na doutrina a respeito de sua caracterização e conceituação.

Há duas tendências diversas. A primeira consiste em associar a tutela diferenciada à limitação à atividade cognitiva do juiz no processo. A segunda consiste em associá-la à criação de procedimentos diversos do procedimento comum (ou procedimento-padrão), sempre com o intuito de permitir que o resultado útil do processo (tutela jurisdicional) seja alcançado no menor tempo possível.

Explique-se.

A cognição ou atividade cognitiva é aquela que o juiz realiza no processo consistente em examinar, analisar, avaliar, todos os dados que lhe são trazidos (pontos e questões de fato e de direito relativos ao plano material ou ao plano processual), instruindo-o para sua decisão.

Como as questões processuais envolvem, em regra, matérias de ordem pública, que podem ser examinadas de ofício pelo juiz ou tribunal, o que importa para o estudo da cognição é avaliar as eventuais restrições ao exame das alegações relacionadas ao próprio direito material.

Em conformidade com a clássica monografia de Kazuo Watanabe,[9] a cognição a respeito dos pontos e questões de fato ou de direito associados ao direito material disputado em juízo pode ser segmentada, para melhor compreensão, no *plano horizontal* (extensão, amplitude das matérias que podem ser deduzidas no processo) e no *plano vertical* (profundidade do exame).

No *plano horizontal* é viável pensar na cognição *ampla* ou *completa* (todas as matérias relacionadas ao tema em disputa podem ser apreciadas pelo juiz) ou *restrita* (quando há exclusão do exame de algumas matérias).

No *plano vertical* é viável pensar na cognição *exauriente* (as questões podem ser apreciadas em profundidade) ou *sumária* (*superficial*), caso em que o exame é feito sem o aprofundamento e o esgotamento da temática analisada.

Pois bem.

Considerando que tanto as limitações à cognição como os procedimentos podem ser moldados de forma a permitir que a tutela jurisdicional seja não apenas adequada, como ainda tempestiva, torna-se possível conceituar a tutela diferenciada.

Assim, a *tutela jurisdicional diferenciada* consiste na técnica adotada pelo legislador por meio da qual, associando-se a limitação da atividade cognitiva do juiz à

---

8. Hans Karl Briegleb, *Einleitung in die Theorie der Summarischen Processe*, Lípsia, Verlag von Bernhard Tauchnitz, 1859, *passim*.

9. Kazuo Watanabe, *Da Cognição no Processo Civil*, 4ª ed., São Paulo, Saraiva, 2012, pp. 118-119.

configuração de procedimentos específicos, busca-se alcançar um resultado adequado para a solução do conflito no menor espaço de tempo.

Os dois elementos centrais à caracterização da tutela diferenciada, portanto, são a *limitação à cognição* e a *conformação de procedimentos específicos*, voltados ao atendimento de necessidades concretas do direito material.

Alguns exemplos de emprego da técnica da tutela diferenciada: (a) a permissão para antecipação de tutela fundada na probabilidade do direito e no perigo de dano ou risco ao resultado útil do processo (arts. 300 e 303 do CPC/2015), em que se obtém o resultado prático do processo com base em cognição superficial dos fundamentos apresentados pelo autor; (b) o procedimento das ações possessórias, dos quais é excluída a discussão a respeito do direito de propriedade (limitação horizontal à cognição), permitindo-se o debate fundado exclusivamente nas discussões associadas à posse (art. 557 do CPC/2015); (c) o procedimento previsto para a tutela monitória, em que a ordem judicial (mandado ou ordem de pagamento, de entrega do bem ou de cumprimento da obrigação de fazer ou de não fazer) pode ser emitida com base em cognição superficial ou sumária (restrição vertical, à profundidade da análise). É suficiente a apresentação pelo autor de "prova escrita sem eficácia de título executivo" ou "prova oral documentada, produzida antecipadamente", nos termos do art. 700 do CPC/2015. O juiz apenas verifica, em análise superficial, se a prova escrita ou oral documentada é suficientemente convincente. Se não for, haverá possibilidade de aditamento pelo autor, para que o feito tramite pelo procedimento comum (art. 700, §§ 1º e 5º, do CPC/2015); (d) a ação de desapropriação, no âmbito da qual só é possível discutir a respeito de aspectos formais do decreto de utilidade pública e do valor oferecido para a reparação, vedando-se outros debates, que devem ocorrer em vias próprias (Decreto-lei 3.365/1941, arts. 9º e 20); (e) o mandado de segurança, pois ao exigir a demonstração da existência de direito líquido e certo (prova documental – art. 1º da Lei 12.016/2009) a lei de regência cria uma limitação à cognição *secundum eventum probationis*, permitindo que o mesmo direito seja deduzido, se necessário for, pelo procedimento comum, no qual há absoluta liberdade e amplitude probatória (art. 19 da Lei 12.016/2009).

Esses são alguns exemplos de que o legislador, valendo-se da técnica processual, pode determinar restrições à amplitude ou profundidade da cognição, bem como criar procedimentos específicos, propiciando tutela adequada e tempestiva para determinada modalidade de direito material por razões de política legislativa.

9.1.7 Tutela antecipada e tutela cautelar

Ao lado do estudo das tutelas vertentes do *processo de conhecimento*, todas elas revestidas do selo da *perenidade* (declaratória, constitutiva, condenatória, mandamental e executiva *lato sensu*), do estudo da *tutela executiva* (realizada por meio do processo de execução [títulos executivos extrajudiciais] ou da fase de cumprimento de sentença no processo de conhecimento [títulos executivos judiciais]), bem como da análise da *técnica da tutela jurisdicional diferenciada*, há necessidade de melhor compreensão da tutela jurisdicional desprovida de aptidão, ao menos em princípio, para se tornar definitiva.

Precisamente sob o enfoque da *provisoriedade* foi a matéria disciplinada no Código de Processo Civil/2015 (Parte Geral, Livro V, arts. 294 a 311).

Tal opção não é isenta de controvérsia, mas, quando menos, concretiza escolha metodológica estruturalmente clara, mérito incontroverso diante de um tema que sempre foi revestido de incertezas.

Observe-se que, em conformidade com o Código de Processo Civil/2015, a *tutela provisória* contrapõe-se à *tutela definitiva*, já analisada anteriormente. Há nesta contraposição um primeiro critério objetivo que possibilita, até mesmo de forma intuitiva e sem maiores dificuldades, compreensão inicial a respeito da matéria por parte daqueles que se deparam com seu estudo.

Em outras palavras, ao lado da decisão de mérito no processo de conhecimento (tutelas de conteúdo definitivo) estudam-se outras formas de tutelar que têm, em princípio, caráter provisório.

Quanto ao exame da *tutela provisória*, observa-se que o legislador reconheceu nela o *gênero*, do qual são espécies a *tutela de urgência* (tutela antecipada e tutela cautelar) e a *tutela da evidência*. O critério uniforme adotado para a segmentação das espécies de tutela provisória foi a existência ou não de urgência na obtenção do provimento jurisdicional.

Nesse sentido o art. 294 do CPC/2015, apontando que "a tutela provisória pode fundamentar-se em urgência ou evidência", e o respectivo parágrafo único, registrando que "a tutela provisória de urgência, cautelar ou antecipada, pode ser concedida em caráter antecedente ou incidental".

É necessário, portanto, passar, neste item e no subsequente, ao exame das diversas espécies de tutela provisória.

Antes disso, entretanto, é importante lembrar, ainda que brevemente, o que se passou no direito positivo brasileiro recentemente até que se chegasse ao quadro atual.

Na versão originária do Código de Processo Civil/1973 havia clara divisão entre processo de conhecimento, processo de execução e processo cautelar. Era o resultado do ápice da evolução da fase autonomista (científica) do direito processual.

Alguns dos dogmas que permeavam essa organização dos institutos e matérias correlatas no texto da lei: a atividade cognitiva do juiz (conhecer e decidir) só deveria ser realizada no processo de conhecimento; atos executivos (de efetivação do direito reconhecido em decisão judicial ou em título executivo extrajudicial) devem ser realizados exclusivamente em processo autônomo de execução; providências cautelares, de conteúdo urgente, deveriam ser sempre postuladas e obtidas por meio de ação autônoma, ou seja, a ação cautelar, preparatória (antes do processo de conhecimento) ou incidental (proposta na pendência do processo de conhecimento ou de execução).

Como essa visão teoricamente irrepreensível, amalgamada no Código de Processo Civil/1973, nem sempre produzia no plano prático os melhores resultados, cuidou o legislador de realizar sucessivas reformas que mitigaram o rigor da divisão entre ação/processo/sentença/tutela de conhecimento, cautelar ou execução.

Tais modificações passaram a permitir que atividades de cunho executivo (efetivação do direito reconhecido em decisão judicial) fossem praticadas no próprio processo de conhecimento, bem como, em sentido oposto, que houvesse decisão (atividade cognitiva) no bojo do próprio processo de execução. Tornou-se admissível, ainda, a concessão de medidas de urgência no processo de conhecimento sem a necessidade de ação cautelar incidental e autônoma.

As mudanças legislativas que, alterando o Código de Processo Civil/1973, levaram a esse resultado foram, principalmente, as modificações no processo de execução e a criação da fase de cumprimento de sentença (Lei 11.232/2005 e Lei 12.382/2006), bem como as alterações relativas à antecipação de tutela (Lei 8.952/1994 e Lei 10.444/2002).

Naquilo que nos interessa nesta passagem, as mudanças relativas às medidas de urgência suscitaram a discussão a respeito da necessidade de melhor sistematização doutrinária e legislativa da tutela antecipada e da tutela cautelar.[10]

Fato é que, embora tenha havido controvérsia inicial, e nada obstante a falta de clareza da lei em virtude dos "enxertos" realizados no texto do Código de Processo Civil/1973 (a "cláusula geral" de autorização para antecipação de tutela ficou disciplinada nos arts. 273 e 461, § 3º; antes das alterações legais havia apenas, pontualmente, autorização para antecipar em alguns procedimentos específicos;[11] toda a disciplina geral e específica do processo cautelar continuou no Livro III do Código de Processo Civil/1973), conseguiu a doutrina, a partir de determinado momento, assentar claramente o entendimento de que antecipação de tutela e cautelar são espécies da mesma categoria, ou seja, a tutela de urgência.

Tal pensamento, a bem da verdade, remontava, ao menos em parte, às lições de Piero Calamandrei, na clássica monografia sobre os provimentos urgentes.[12]

O que não ficava bem resolvido no Código de Processo Civil/1973, entretanto, era a equalização do tratamento da tutela antecipada e da tutela cautelar no que diz respeito aos requisitos, à responsabilidade objetiva e outros aspectos, visto que, numa interpretação meramente literal, os dispositivos envolvidos (contendo redação relativamente distinta, dados os momentos diversos em que vazados – o Livro III do CPC/1973, relativo ao processo cautelar, fruto da redação originária do Código; enquanto os dispositivos relacionados à antecipação de tutela foram redigidos a partir da década de 90 do século passado, já no contexto do movimento de reformas do Código) conduziam a incongruências, com tratamento distinto para institutos análogos.

---

10. Cf., por todos: José Roberto dos Santos Bedaque, *Tutela Provisória: Analisada à Luz das Garantias Constitucionais da Ação e do Processo*, cit., 6ª ed., pp. 144-148.

11. Como ocorria, por exemplo, na possibilidade de concessão de liminar nas ações possessórias (art. 928 do CPC/1973), bem como nas ações de mandado de segurança (inicialmente com fundamento no art. 7º, II, da Lei 1.533/1951; atualmente com fundamento no art. 7º, III, da Lei 12.016/2009).

12. Piero Calamandrei, "Introduzione allo studio sistematico dei provvedimenti cautelari", in *Opere Giuridiche: a Cura de Mauro Cappelletti*, vol. 9, Nápoles, Morano, 1983, pp. 161-254.

O mérito do Código de Processo Civil/2015 nesse particular, portanto, reside em melhor sistematizar a matéria, dando um tratamento dentro do possível uniforme e homogêneo à tutela provisória, seja no que se refere à tutela de urgência (antecipada e cautelar), seja no que diz respeito à tutela da evidência.

Em que consiste, portanto, a tutela antecipada? Em que consiste a tutela cautelar? O que as diferencia?

Examinemos tais indagações.

A tutela antecipada ou antecipação de tutela consiste na fruição do direito litigioso, postulado em juízo, antes mesmo da decisão de mérito, que virá a reconhecê-lo em caráter definitivo.

Em outros termos, presentes requisitos legais, consistentes na existência de elementos que evidenciem a *probabilidade do direito* (*fumus boni iuris*) e o *perigo de dano* ou *o risco ao resultado útil do processo* (*periculum in mora*), em conformidade com o art. 300 do CPC/2015, pode o juiz, a qualquer tempo antes da prolação da sentença de mérito ou mesmo antes do seu trânsito em julgado (que autoriza a fruição definitiva do direito), permitir à parte usufruir direito ainda apenas provável, cuja existência não foi certificada por decisão final.

A tutela de urgência antecipada, assim como a cautelar, pode ser concedida em caráter *antecedente* ou *incidental* (art. 294, parágrafo único, do CPC/2015).

Em outros termos, o requerimento de concessão da medida urgente pode ser formulado antes da dedução do pedido relativo ao mérito da controvérsia (antecedente), ou então na pendência do processo instaurado com a finalidade de solução do conflito (incidental), e neste último caso na própria petição inicial ou no decorrer do desenvolvimento do processo em juízo, seja em primeiro grau de jurisdição, seja em sede recursal.

A par de pequenas diferenças procedimentais que guardam relação com a própria natureza da medida urgente requerida (arts. 303 a 310 do CPC/2015), bem como da possibilidade de estabilização da tutela antecipada mesmo sem o julgamento do mérito do conflito (art. 304 do CPC/2015), que não se aplica à tutela de natureza cautelar, há uma diferença fundamental entre ambas.

Observe-se que a tutela *antecipada* ou *antecipação de tutela* consiste em autorização para fruição do próprio direito postulado antes que haja uma resposta definitiva (decisão de mérito) reconhecendo que o postulante tem razão. Pode-se dizer, portanto, que a antecipação de tutela tem conteúdo *satisfativo* da pretensão deduzida, embora ainda em caráter provisório, a depender de confirmação quando do julgamento do mérito.

A tutela *cautelar*, por sua vez, tem cunho *assecuratório* ou *conservativo*. Não se trata, nela, de antecipar a fruição do direito, mas sim de determinar a prática de medidas que confiram segurança de que, caso o demandante seja ao final vencedor, poderá, efetivamente, ver satisfeita sua pretensão. São medidas, portanto, que buscam manter o estado de coisas existente no momento do requerimento, a fim de que, caso o provimento final, de mérito, seja favorável ao demandante, haja condições concretas, materiais, práticas, de efetivação do direito reconhecido pela decisão judicial.

É por isso que se diz, em consonância com célebre doutrina,[13] que o perigo que anima a concessão da tutela *antecipada* é o *pericolo da tardivittà* (perigo da tutela tardia), enquanto no caso da tutela *cautelar* cuida-se de evitar o *pericolo da infruttuosità* (perigo do provimento inútil).

No primeiro caso (tutela antecipada – *pericolo da tardivittà*) o que justifica a concessão da tutela *antecipada*, ao lado da probabilidade da existência do direito, é o temor de que ao final, quando da sentença de mérito, seja inútil o reconhecimento do direito.

No segundo caso (tutela cautelar – *pericolo da infruttuosità*) o que justifica a concessão da tutela *cautelar*, ao lado da probabilidade da existência do direito, é o temor de que ao final, quando da sentença de mérito, não haja mais possibilidade concreta de realização do direito.

Não é por outra razão que, indicando em caráter exemplificativo medidas de conteúdo tipicamente cautelar, afirma o art. 301 do CPC/2015 que pode ser efetivada "mediante arresto, sequestro, arrolamento de bens, registro de protesto contra alienação de bem e *qualquer outra medida idônea para asseguração do direito*" (grifos nossos). Não mencionada no dispositivo, mas igualmente possível, sendo inclusive prevista em legislação específica – art. 16 da Lei de Improbidade Administrativa (Lei 8.429/1992, redação da Lei 14.230/2021) –, é a medida de indisponibilidade de bens, que tem conteúdo cautelar.[14]

Note-se que todas essas medidas têm conteúdo conservativo ou assecuratório, não satisfativo. Tencionam manter o "estado de coisas" (condição patrimonial do demandado, estado de conservação do bem litigioso etc.), a fim de que, caso ao final seja julgada procedente da ação, não seja inútil a sentença.

Exemplifiquemos.

---

13. Cf. Andrea Proto Pisani, *Lezioni di Diritto Processuale Civile*, 3ª ed., Nápoles, Jovene, 1999, pp. 627 e ss.

14. No REsp 1.366.721-BA (rel. para o acórdão Min. Og Fernandes, j. 26.2.2014, *DJe* 19.9.2014) a 1ª Seção do STJ reconheceu, em julgamento realizado no regime de recursos repetitivos, que "indisponibilidade dos bens é cabível quando o julgador entender presentes fortes indícios de responsabilidade na prática de ato de improbidade que cause dano ao erário, estando o *periculum in mora* implícito no referido dispositivo, atendendo determinação contida no art. 37, § 4º, da Constituição, segundo a qual 'os atos de improbidade administrativa importarão a suspensão dos direitos políticos, a perda da função pública, a indisponibilidade dos bens e o ressarcimento ao erário, na forma e gradação previstas em lei, sem prejuízo da ação penal cabível'. O *periculum in mora*, em verdade, milita em favor da sociedade, representada pelo requerente da medida de bloqueio de bens, porquanto esta Corte Superior já apontou pelo entendimento segundo o qual, em casos de indisponibilidade patrimonial por imputação de conduta ímproba lesiva ao erário, esse requisito é implícito ao comando normativo do art. 7º da Lei n. 8.429/1992". A dispensa da demonstração do *periculum in mora* foi assentada no Tema 701 de Recursos Especiais Repetitivos do STJ. A nova disciplina da matéria modificou este quadro, passando a exigir a demonstração de *periculum in mora* para a decretação da indisponibilidade, nos termos do art. 16 da Lei 8.429/1992 (redação da Lei 14.230/2021).

Quando alguém postula medida de urgência a fim de que a operadora de planos de saúde patrocine determinada intervenção cirúrgica ou tratamento médico (obrigação de fazer), o que se busca é a antecipação da fruição do próprio direito deduzido em juízo, pois o acolhimento da pretensão ao final do processo de conhecimento teria como consequência determinar a intervenção ou tratamento. A antecipação se dará se ficar demonstrada a probabilidade do direito, bem como que sua não concessão significará risco grave para o requerente. Trata-se, portanto, de antecipação de tutela (natureza satisfativa).

Por outro lado, quando se postula a indisponibilidade de bens, o arrolamento, o sequestro ou o arresto de bens, conforme o caso, a concessão da medida estará fundada, igualmente, na aferição da probabilidade da pretensão a ser deduzida pelo requerente da medida de urgência, bem como no temor sério de que ao final, caso seu pedido (por exemplo, de reparação de danos, de pagamento de valor previsto em contrato, de restituição de determinado bem etc.) seja acolhido, não tenha o demandado bens ou possibilidade material para satisfazer tal direito. Trata-se, portanto, de tutela de natureza cautelar (natureza conservativa).

Anote-se ainda que a análise da presença ou não dos requisitos legais para a concessão da tutela antecipada ou da tutela cautelar é feita mediante cognição sumária, ou seja, superficial. Trata-se, por tal razão, de exemplo típico de emprego da técnica da tutela jurisdicional diferenciada.

Em outros termos, o juiz, ao conceder a medida urgente pleiteada, não afirma certeza de que está presente o direito do requerente, ou mesmo que ocorrerá o dano ou risco de dano. O magistrado apenas constata, diante dos fatos e fundamentos jurídicos apresentados pelo requerente, a existência de um direito provável, que aparentemente se encontra em situação de risco.

A probabilidade do direito e do risco de dano, portanto, aferidos em caráter perfunctório a partir do que foi alegado pelo requerente da medida urgente, é suficiente para sua concessão. Daí ser correto afirmar que não se trata de juízo de certeza, mas sim de probabilidade de que o requerente tenha, ao final, razão e veja seu direito, quando da sentença (aí sim em cognição exauriente), efetivamente reconhecido.

9.1.8 Tutela da evidência

A denominada tutela da evidência também é uma forma de tutela provisória.

A diferença entre ela (tutela da evidência) e a tutela de urgência reside no fato de que nesta é imprescindível a existência tanto do *fumus boni iuris* (probabilidade do direito) quanto do *periculum in mora* (perigo de dano ou risco ao resultado útil do processo), enquanto naquela (tutela da evidência) é dispensável o perigo da demora.

Nesse sentido, dispõe o art. 311 do CPC/2015 que a tutela da evidência será concedida "independentemente da demonstração de perigo de dano ou de risco ao resultado útil do processo". Em outros termos, cuida o preceito legal de situações em que o direito do requerente é tão evidente, constatável mesmo a olho nu, que não faz sentido exigir dele que aguarde todo o trâmite do processo de conhecimento para, só então, poder usufruir dos efeitos do reconhecimento do seu direito.

Pode-se, assim, afirmar que a tutela da evidência cuida de situação em que o legislador autoriza a antecipação da fruição do direito (cujo gozo ocorrerá antes da sentença de mérito e do seu trânsito em julgado) mesmo sem a presença da urgência (inexistência de demonstração de perigo de dano ou de risco ao resultado útil do processo), pelo simples fato de que se encontra o juiz, do ponto de vista prático, em estado de quase certeza a respeito da existência do direito alegado.

Não é por outra razão que a tutela da evidência, em conformidade com o art. 311 do CPC/2015, só é autorizada pela lei nos seguintes casos: (a) quando ficar caracterizado o "abuso do direito de defesa ou o manifesto propósito protelatório da parte"; (b) quando as "alegações de fato puderem ser comprovadas apenas documentalmente e houver tese firmada em julgamento de casos repetitivos ou em súmula vinculante"; (c) quando se tratar de "pedido reipersecutório fundado em prova documental adequada do contrato de depósito, caso em que será decretada a ordem de entrega do objeto custodiado, sob cominação de multa"; (d) quando a petição inicial "for instruída com prova documental suficiente dos fatos constitutivos do direito do autor, a que o réu não oponha prova capaz de gerar dúvida razoável".

As hipóteses de concessão da antecipação de tutela sem o requisito da urgência (tutela da evidência) são, portanto, típicas, não admitindo interpretação extensiva.

Observe-se ainda, a título de ilustração, que, embora a matéria tenha contado com disciplina expressa no Código de Processo Civil/2015, isso não significa que a tutela da evidência tenha sido "criada" pelo Código.

Embora o termo não fosse utilizado anteriormente na lei, o Código de Processo Civil/1973 já previa hipóteses de concessão de antecipação de tutela fundada apenas na probabilidade do direito, ou seja, sem a presença do requisito da urgência. Isso ocorria nos seguintes casos: (a) quando ficasse caracterizado o abuso de direito de defesa ou o manifesto propósito protelatório do réu (art. 273, II); (b) quando um ou mais dos pedidos cumulados, ou parcela deles, fossem incontroversos (art. 273, § 6º).

Verifica-se, por outro lado, que a tutela da evidência foi tratada com maior amplitude no Código de Processo Civil/2015.

Foi mantida a possibilidade de sua concessão nos casos já previstos anteriormente no Código de Processo Civil/1973 (abuso do direito de defesa ou manifesto propósito protelatório, além da concessão no caso de não oposição de prova capaz de gerar dúvida razoável, que engloba [mais abrangente] a eventualidade da concessão por ser incontroverso um dos pedidos cumulados [que era prevista no art. 273, § 6º, do CPC/1973]).

Além disso, foi acrescida a autorização para sua concessão em casos não tipificados anteriormente, ou seja, a concessão fundada em tese firmada no julgamento de casos repetitivos ou súmula vinculante bem como a concessão em caso de pedido reipersecutório fundado em contrato de depósito.

Observe-se, ademais, que a tutela da evidência não se confunde com o julgamento antecipado parcial do mérito, previsto no art. 356 do CPC/2015.

No julgamento antecipado parcial do mérito ocorre, efetivamente, decisão imediata (antecipada) sobre o mérito de um ou mais pedidos, enquanto relativamente aos demais prosseguirá o processo, para fins de saneamento, instrução probatória e sentença.

O julgamento antecipado parcial do mérito se dá em momento posterior à contestação, na oportunidade do saneamento do processo, dependendo do preenchimento das seguintes condições, em conformidade com o art. 356 do CPC/2015: (a) o pedido ou os pedidos a serem julgados antecipadamente são incontroversos (não foram contestados ou impugnados de forma específica na contestação); (b) estão em condições de imediato julgamento, pois não há necessidade de produção de outras provas (a prova documental existente nos autos é suficiente para o exame dos fatos) ou o réu é revel, presumindo-se a veracidade dos fatos alegados pelo autor, não tendo o demandado, ademais, requerido a produção de provas (art. 355).

Em suma, enquanto a tutela da evidência é caso de tutela antecipada, de caráter provisório, oferecida pelo sistema processual antes do julgamento do mérito, o julgamento antecipado do mérito é a decisão a respeito da própria demanda, embora proferida antes do momento em que normalmente o mérito é julgado, o que normalmente ocorre apenas ao final do procedimento em primeiro grau de jurisdição, ou seja, após a instrução, quando da prolação da sentença.

9.1.9 Tutela preventiva, inibitória e sancionatória

Outra abordagem enfoca a tutela jurisdicional a partir da ocorrência do ato ilícito e do risco de dano. Trata-se de critério classificatório que em verdade, para maior precisão conceitual, associa a referência *temporal* à *ocorrência* (ou não) de ato ilícito e do dano.

A partir desse critério pode-se pensar na tutela preventiva, inibitória ou sancionatória.

A tutela *preventiva* seria destinada a evitar a ocorrência do ilícito civil e, em consequência, obstar também à ocorrência de danos.

A tutela *inibitória* seria destinada a interromper a continuação do estado já iniciado de cometimento de ato ilícito.

A tutela *sancionatória* tem por escopo reprimir a prática do ilícito, com aplicação de sanção.[15]

---

15. V, a respeito, Luiz Guilherme Marinoni, *Técnica Processual e Tutela dos Direitos*, cit., 5ª ed., pp. 249 e ss., bem como in *Tutela Inibitória: Individual e Coletiva*, 2ª ed., São Paulo, Ed. RT, 2000, pp. 27-36. Embora abordando o tema com enfoque de certo modo distinto, conduz o renomado autor, na essência, a observações que se aproximam daquelas feitas no texto acima. Em *Técnica Processual e Tutela dos Direitos* (cit., p. 178) salienta que: "A ação inibitória pode atuar de três maneiras distintas: (i) para impedir a prática de ato contrário ao direito, ainda que ato semelhante não tenha sido praticado; (ii) para impedir a repetição de ato contrário ao direito; e, ainda, (iii) para impedir a continuação de atividade ilícita". Ainda que a tutela inibitória aparentemente tenha sido, na passagem, indicada como gênero, resultando disso as intervenções

As três espécies de tutela acima referidas têm seu emprego possível nos casos em que a prática de um ato ou conduta por parte de alguém implica violação de uma obrigação de fazer ou de não fazer. Com elas se busca evitar a prática de tal conduta ou omissão (tutela preventiva), promover sua interrupção (tutela inibitória) ou impor sanção em função da sua prática (tutela sancionatória), consistente, em regra, na imposição de multa cominatória.

As tutelas preventiva, inibitória e sancionatória podem ser empregadas como forma de tutela antecipada, decorrente do pedido de medida urgente, ou mesmo como tutela final, a ser outorgada na sentença, a depender das particularidades do caso concreto.

Observando essas três espécies sob outra perspectiva, nota-se, ainda, que em regra envolvem a tutela específica da obrigação, ou seja, provimentos impositivos de obrigações de fazer, de não fazer e de entregar coisa.

Em outras palavras, a tutela preventiva, a inibitória e a sancionatória estão sempre presentes nos provimentos judiciais que imponham o cumprimento de condutas ou abstenções, vale dizer, a observância de obrigações de fazer, de não fazer e de entregar coisa.

Não excluem, naturalmente, a tutela reparatória (separada ou cumulativamente) na hipótese de efetiva ocorrência de danos.

---

assinaladas como espécies, os critérios utilizados para a compreensão das modalidades guardam relação com os aspectos acima indicados: ou seja, a referência temporal, associada à ocorrência (ou não) de ato ilícito e de danos.

Capítulo 10

NORMAS DE DIREITO PROCESSUAL

10.1 Introdução. 10.2 Interpretação da lei processual. 10.3 Eficácia da lei processual no tempo. 10.4 Eficácia da lei processual no tempo e os direitos processuais adquiridos. 10.5 Eficácia da lei processual no espaço.

10.1 Introdução

O direito processual é regulado por lei.

O conteúdo das normas processuais envolve o processo, o procedimento, os institutos fundamentais do direito processual, os atos processuais e sua comunicação, os sujeitos processuais, entre outros.

As leis federais que cuidam do direito processual são o Código de Processo Civil (Lei 13.105/2015) e o Código de Processo Penal (Decreto-lei 3.689/1941), além de outras leis esparsas que também possuem, ainda que parcialmente, conteúdo processual, como, por exemplo, a Lei do Mandado de Segurança (Lei 12.016/2009), a lei que regula o processo e o julgamento da ação direta de inconstitucionalidade e da ação declaratória de constitucionalidade perante o STF (Lei 9.868/1999), a lei que cuida do processo e julgamento da arguição de descumprimento de preceito fundamental (Lei 9.882/1999), a Lei da Ação Civil Pública (Lei 7.347/1985), o Código do Consumidor (Lei 8.078/1990), a Lei da Ação Popular (Lei 4.717/1965) – entre outras.

A competência para a edição de leis sobre matéria processual é exclusiva da União (art. 22, I, da CF), enquanto legislar sobre "procedimentos em matéria processual" é da competência concorrente da União, dos Estados e do Distrito Federal (art. 24, XI, da CF).

Não há definição clara na Constituição sobre o alcance da expressão "procedimentos em matéria processual", cuja disciplina é remetida à competência concorrente da União, dos Estados e do Distrito Federal.

No campo doutrinário clara é a distinção entre processo e procedimento. É conhecimento assente que o *processo*, como instrumento processual destinado à solução de conflitos, compreende uma relação jurídica que se desenvolve entre pessoas, distinta da relação de direito material, animada pelo contraditório. Já o procedimento é a sequência de atos praticados para o desenvolvimento do processo, sendo sua parte visível.

Nada obstante, nem sempre é tarefa simples delimitar a distinção entre o que significa legislar sobre processo e o que significa legislar sobre o procedimento em matéria processual.

A interpretação sistemática sugere delineamento restritivo à competência concorrentes dos Estados e do Distrito Federal para legislar sobre o procedimento. Do contrário a consequência de uma interpretação ampliativa seria tangenciar-se ou reduzir-se, indevidamente, o campo da competência exclusiva da União para legislar sobre o processo.

Assim, a competência dos Estados para legislar sobre procedimentos em matéria processual deve se restringir àquilo que não interfira diretamente no funcionamento do processo em juízo, como, por exemplo, seus institutos fundamentais (jurisdição, ação, defesa e o processo mesmo) e outros temas ou matérias estruturantes da disciplina (competência, intervenção de terceiros, provas, coisa julgada, execução e cumprimento de sentença, recursos etc.).

Pode o legislador estadual ou do Distrito Federal, entretanto, regular, por exemplo, procedimentos relacionados à atividade cartorária em geral, adotados para expedição de certidões, juntada de documentos, recolhimento de taxa judiciária e custas, expedição de mandados de citação e de intimação, expedição de cartas precatórias ou rogatórias etc. Trata-se, aí sim, de legislar sobre procedimentos em matéria processual, o que pode ser feito pelo legislador estadual, sem prejuízo, evidentemente, da competência regulamentar para a matéria (edição de provimentos do tribunal de justiça, resoluções, normas de serviço etc.).

Não está no campo da competência concorrente, por outro lado, legislar sobre o procedimento comum ou sobre procedimentos especiais, ou mesmo sobre o procedimento a ser adotado na oitiva de testemunhas, realização de perícias ou tramitação de incidentes processuais, pois tais temas são indissociáveis do próprio processo, devendo ser objeto de lei federal. Ressalve-se sempre, evidentemente, a hipótese de regulamentação da norma processual, sempre autorizada no campo estrito do poder regulamentar, e às vezes expressamente determinada pelo próprio legislador.

Nesse passo, é oportuno recordar a competência privativa dos tribunais, prevista na Constituição, para "elaborar seus regimentos internos, com observância das normas de processo e das garantias processuais das partes, dispondo sobre a competência e o funcionamento dos respectivos órgãos jurisdicionais e administrativos" (art. 96, I, "a", da CF).

Lembremos também que há normas na própria Constituição Federal que disciplinam o direito processual, como vimos anteriormente, ao tratar do direito processual constitucional.[1]

---

1. Cf. Capítulo 8, *supra*.

O Código de Processo Civil/2015 apresenta uma estrutura distinta da do Código anterior. E essa modificação não é apenas estética.

No Código de Processo Civil/1973 não havia um livro dedicado à "Parte Geral". A divisão que o legislador anterior utilizou contemplava três livros, cuidando, sucessivamente, do processo de conhecimento, do processo de execução e do processo cautelar. Havia ainda um quarto livro, dedicado aos procedimentos especiais, e um quinto livro, dedicado às disposições finais e transitórias.

No Código de Processo Civil/2015 há uma grande divisão, entre "Parte Geral" e "Parte Especial".

A "Parte Geral" dedica-se aos temas de amplo alcance, como, por exemplo, no Livro I, que cuida das "Normas Processuais Civis". Nos livros seguintes disciplina a jurisdição, os sujeitos do processo, os atos processuais e a tutela provisória.

A "Parte Especial", por sua vez, cuida "Do Processo de Conhecimento e do Cumprimento de Sentença" (Livro I), "Do Processo de Execução" (Livro II), "Do Processo nos Tribunais e dos Meios de Impugnação das Decisões Judiciais" (Livro III), bem como de um livro complementar contendo "Disposições Finais e Transitórias".

É oportuno observar que o Livro I da Parte Geral do CPC/2015 (arts. 1º ao 15), com a rubrica "Das Normas Processuais Civis", contém um título único, intitulado "Das Normas Fundamentais e da Aplicação das Normas Processuais", e traz dois capítulos, cada um dos quais, respectivamente, com a rubrica "Das Normas Fundamentais do Processo civil" e "Da Aplicação das Normas Processuais".

No Código de Processo Civil/1973 havia apenas disposições pontuais a respeito, situadas de modo esparso no texto da lei, e não uma disciplina destacada e completa, que tem por finalidade, antes de tudo, oferecer diretrizes para o intérprete e aplicador do Código de Processo Civil/2015 e das normas processuais contidas na legislação extravagante a respeito do modo como devem ser compreendidas e utilizadas.

Em outros termos, o legislador buscou fomentar nos profissionais do direito, por intermédio das regras contidas no Livro I da Parte Geral do CPC/2015 a respeito das "Normas Processuais Civis", a observância dos parâmetros relativos ao denominado "modelo constitucional do processo civil", bem como os valores que inspiram a doutrina processual contemporânea.

Nesse sentido o art. 1º do CPC/2015, pelo qual "o processo civil será ordenado, disciplinado e interpretado conforme os valores e as normas fundamentais estabelecidos na Constituição da República Federativa do Brasil, observando-se as disposições deste Código".

Embora possa parecer ociosa ou repetitiva tal disposição,[2] na medida em que o texto da Constituição deve ser observado por todos, traduz-se nessa dicção legal ver-

---

2. Cf. Marcelo José Magalhães Bonizzi, *Princípios do Processo no Novo Código de Processo Civil*, São Paulo, Saraiva, 206, pp. 24 e 65-66.

dadeiro fomento para que o processo civil seja efetivamente compreendido e aplicado a partir dos parâmetros previstos na ordem constitucional.

Há nestes dispositivos preceitos que reproduzem, esclarecem e complementam princípios e garantias constitucionais, bem como outros que são endereçados, mais diretamente, à fixação de linhas de raciocínio a respeito da compreensão e aplicação das regras de direito processual.

Como reprodução de diretrizes que são em verdade princípios e garantias constitucionais podem ser apontadas as seguintes indicações do Código de Processo Civil/2015: (a) a garantia do acesso à justiça, com a previsão de que não se excluirá da apreciação jurisdicional qualquer ameaça ou lesão a direito (art. 3º, reafirmado o disposto no art. 5º, XXXV, da CF). Fomenta-se ao mesmo tempo, entretanto, a arbitragem, a solução consensual de conflitos, bem ainda a conciliação, a mediação e outros métodos de solução não adjudicada de conflitos (§§ 1º ao 3º do art. 3º do CPC/2015); (b) a garantia da duração razoável do processo, com indicação de que alcança a atividade satisfativa (execução e cumprimento de sentença), em conformidade com o art. 4º do CPC, redigido na esteira do que prevê o art. 5º, LXXVIII, da CF. Neste mesmo contexto está inserido o art. 6º do CPC/2015, correlacionando o dever processual de cooperação à garantia da duração razoável do processo, ao pontuar que "todos os sujeitos do processo devem cooperar entre si para que se obtenha, em tempo razoável, decisão de mérito justa e efetiva"; (c) a *par conditio* ou paridade de armas, manifestação processual do princípio da isonomia, bem como o contraditório, ao prever o art. 7º do CPC/2015 que "é assegurada às partes paridade de tratamento em relação ao exercício de direitos e faculdades processuais, aos meios de defesa, aos ônus, aos deveres e à aplicação de sanções processuais, competindo ao juiz zelar pelo princípio do contraditório". Há, nesse passo, nítido desdobramento do disposto no art. 5º, *caput* e inciso LV, da CF; (d) mais uma vez, a ênfase máxima no contraditório, ao se estabelecer que "não se proferirá decisão contra uma das partes sem que ela seja previamente ouvida" (art. 9º do CPC/2015), bem como que "o juiz não pode decidir, em grau algum de jurisdição, com base em fundamento a respeito do qual não se tenha dado às partes oportunidade de se manifestar, ainda que se trate de matéria sobre a qual deva decidir de ofício" (art. 10 do CPC/2015); (e) a publicidade e a motivação dos pronunciamentos judiciais, com a previsão de que "todos os julgamentos dos órgãos do Poder Judiciário serão públicos, e fundamentadas todas as decisões, sob pena de nulidade" (art. 11 do CPC/2015, reproduzindo o disposto no art. 93, IX, da CF).

10.2 Interpretação da lei processual

Por outro viés, ao lado das disposições acima, que, como antes afirmado, contextualizam no texto da própria lei a incontornável diretriz no sentido de que seja compreendida e aplicada em consonância com as normas constitucionais (o denominado "modelo constitucional do processo"), há ainda a fixação de outras balizas para a conformação do sistema processual.

Em outros termos, trouxe o Código de Processo Civil/2015, na passagem relativa às "Normas Fundamentais do Processo Civil", paradigmas para sua correta interpretação e aplicação, com ênfase e respeito ao Estado Democrático de Direito.

Assim, por exemplo, o art. 8º do CPC/2015, pelo qual "ao aplicar o ordenamento jurídico, o juiz atenderá aos fins sociais e às exigências do bem comum, resguardando e promovendo a dignidade da pessoa humana e observando a proporcionalidade, a razoabilidade, a legalidade, a publicidade e a eficiência".

Perceba-se que neste sintético dispositivo estão incorporados paradigmas extremamente importantes na hermenêutica contemporânea, a serem observados pelos magistrados no exercício da atividade jurisdicional: fins sociais e exigências do bem comum; dignidade da pessoa humana; proporcionalidade; razoabilidade; legalidade; publicidade; e eficiência.

É evidente que aí se cuida de conceitos legais indeterminados, cujo preenchimento deve ocorrer diante das circunstâncias associadas à realidade de cada caso concreto a ser julgado.

Entretanto, sua previsão no texto da lei enfatiza a plausibilidade da realização daquilo que já era realidade, a despeito de até então, antes da edição do Código de Processo Civil/2015, inexistir autorização expressa em texto legal. Em outros termos, a compreensão de que o juiz não é um simples "autômato", a repetir fórmulas literais contidas nos atos normativos, mas sim sujeito ativo na conformação do ordenamento jurídico, preenchendo os espaços reservados à sua atividade intelectiva e cognitiva, definindo o sentido e o alcance das normas, sempre que o sistema jurídico ofereça oportunidade para tanto.

Necessário acrescentar, ainda, que na interpretação e aplicação das normas processuais, previstas tanto na Constituição como nas leis, não se pode perder de vista que, como Nação soberana, frequentemente o Brasil se relaciona com outros Países ou mesmo com organismos internacionais, subscrevendo tratados, acordos, convenções, manifestações de reciprocidade, que, em alguma medida, interferem no exercício da atividade jurisdicional.

É em função disso que, em conformidade com a dicção do art. 13 do CPC/2015, "a jurisdição civil será regida pelas normas processuais brasileiras, ressalvadas as disposições específicas previstas em tratados, convenções ou acordos internacionais de que o Brasil seja parte".

Será sempre imprescindível verificar, portanto, diante da existência de um tratado, convenção ou acordo internacional subscrito pelo Brasil e incorporado ao ordenamento jurídico pátrio, qual seu alcance e qual sua interpretação no confronto com as normas constitucionais e a legislação processual preexistente. Tenha-se presente que análise desta natureza será imprescindível para que se possa alcançar solução para o conflito aparente de normas que eventualmente venha a se configurar.

É importante também observar a aplicação supletiva e subsidiária das normas processuais civis (não apenas aquelas contidas no Código de Processo Civil/2015, mas também aquelas situadas na legislação processual civil extravagante) aos processos eleitorais, trabalhistas e administrativos (art. 15 do CPC/2015).

Ressalte-se que o Código de Processo Civil/2015 também se aplica ao processo penal de forma supletiva e subsidiária, mesmo sem disposição expressa neste sentido.

Exemplo disso é a aplicação do procedimento de julgamento de recursos especiais e extraordinários repetitivos ao processo penal. Embora não haja no Código de Processo Penal qualquer disposição indicando tal solução, é isso acertadamente o que vem ocorrendo sem qualquer objeção consistente, desde que foi adotado o sistema de julgamento de recursos repetitivos e com repercussão geral, ainda na vigência do Código de Processo Civil/1973, modificado pelas Leis 11.418/2006 (que regulamentou a repercussão geral no recurso extraordinário) e 11.672/2008 (que tratou do julgamento dos recursos especiais repetitivos).

10.3 Eficácia da lei processual no tempo

A solução da dúvida a respeito da eficácia da lei processual no tempo depende, essencialmente, da opção que venha a ser adotada pelo legislador a este propósito.

Lembremos, por primeiro, que a Lei de Introdução às Normas do Direito Brasileiro (Decreto-lei 4.657/1942) prevê que, ressalvada disposição em contrário, a lei entra vigor em 45 dias depois da sua publicação oficial (art. 1º, *caput*).

O Código de Processo Civil/2015 foi publicado no *DOU* de 17.3.2015, havendo determinação expressa de prazo de um ano, a contar da publicação oficial, para sua entrada em vigor (art. 1.045).

A contagem do prazo de um ano é feita em conformidade com o art. 8º, §§ 1º e 2º, da Lei Complementar 95/1998 (que "dispõe sobre a elaboração, a redação, a alteração e a consolidação das leis"), segundo a qual a contagem do prazo de vacância se faz "com a inclusão da data da publicação e do último dia do prazo, entrando em vigor no dia subsequente à sua consumação integral".

Por tal motivo, incluindo o dia da publicação oficial (17.3.2015) e o dia da consumação do prazo de um ano (17.3.2016), chega-se à conclusão de que o Código de Processo Civil/2015 entrou em vigor em 18.3.2016.

Ocorre que, uma vez em vigor a lei processual nova, surge a dúvida a respeito do seu real alcance e eficácia, visto que sempre haverá processos em andamento, iniciados ainda sob a vigência da lei velha.

Afirma-se em princípio, como regra geral, a *eficácia imediata da lei processual* (*tempus regit actum*) nova, respeitados, entretanto, o ato jurídico perfeito, a coisa julgada e o direito adquirido (art. 5º, XXXVI, da CF e art. 2º da Lei de Introdução às Normas do Direito Brasileiro).

A *eficácia imediata da lei processual*, entretanto, comporta modulações, o que costuma se verificar por meio da adoção de diferentes critérios ou sistemas, que podem ser assim qualificados: (a) *unidade processual*; (b) *fases processuais*; (c) *isolamento dos atos processuais*.

Pelo sistema da *unidade processual* a lei nova aplica-se apenas aos processos novos (iniciados a partir da sua vigência), enquanto os antigos (pendentes quando da sua entrada em vigor) continuam sendo regulados, até seu término, pela lei processual anterior.

Tal foi o critério adotado, por exemplo, pela Lei de Recuperação Judicial, Extrajudicial e Falências (Lei 11.101/2005), cujo art. 192, *caput*, previu que "esta Lei não se aplica aos processos de falência ou de concordata ajuizados anteriormente ao início de sua vigência, que serão concluídos nos termos do Decreto-lei n. 7.661, de 21 de junho de 1945". A separação (unidade processual) foi, portanto, completa: a lei nova só se aplicou aos processos novos. Os antigos seguiram pela lei antiga.

Pelo sistema das *fases processuais* o legislador pode adotar como barreira ou marco a partir do qual será aplicada a lei nova à conclusão de determinada fase do processo já em andamento.

Tal foi o parâmetro adotado, por exemplo, pela Lei dos Juizados Especiais Cíveis e Criminais (Lei 9.099/1995), cujo art. 90 previu que "as disposições desta Lei não se aplicam aos processos penais cuja instrução já estiver iniciada". Em outras palavras, foi permitida sua aplicação aos processos da competência dos Juizados Especiais já em andamento desde que sua instrução *ainda não tivesse sido iniciada*. O início da fase de instrução, portanto, foi o marco distintivo adotado. Veremos que o Código de Processo Civil/2015 também se valeu, ao menos parcialmente, desta técnica.

A adoção da *unidade processual* ou das *fases processuais* tem razão prática: por vezes a modificação do procedimento da lei antiga para a nova é tão grande que isso torna inviável aplicar ao mesmo processo (daí a adoção da *unidade processual*) ou a uma fase do processo (daí a adoção das *fases processuais*) duas leis processuais distintas, a antiga e a nova.

Finalmente, pelo sistema ou critério do *isolamento dos atos processuais* a lei nova apenas não atinge os atos processuais já praticados, nem os efeitos deles decorrentes, embora ela se aplique imediatamente aos processos em curso. Tal é, de forma geral, a solução adotada pelo legislador processual brasileiro.

Veja-se, por exemplo, que o Código de Processo Civil/1973 adotou a *eficácia imediata* sem qualquer ressalva, o que significa, implicitamente, o *isolamento dos atos processuais* já praticados quando da sua entrada em vigor. Foi por tal motivo que seu art. 1.211 previu que "ao entrar em vigor, suas disposições aplicar-se-ão desde logo aos processos pendentes". É a regra *tempus regit actum*.

Existe disposição análoga no CPP, cujo art. 2º prevê que "a lei processual penal aplicar-se-á desde logo, sem prejuízo da validade dos atos realizados sob a vigência da lei anterior".

No CPC/2015, da mesma forma, está assentado, no art. 14, que "a norma processual não retroagirá e será aplicável imediatamente aos processos em curso, respeitados os atos processuais praticados e as situações jurídicas consolidadas sob a vigência da norma revogada".

Note-se que, além de fixar o prazo de vacância (*vacatio legis*) em um ano (art. 1.045 do CPC/2015), reiterou a necessidade de aplicação imediata aos processos pendentes, diante da revogação do Código de Processo Civil/1973 (art. 1.046 do CPC/2015).

Isso significa adoção do *tempus regit actum* (*eficácia imediata da lei processual*) com o critério ou sistema do *isolamento dos atos processuais*.

Ocorre que a lei fez algumas ressalvas ou modulações que merecem exame pontual, por significarem temperamento da regra relativa à eficácia imediata da lei processual.

Assim, foi determinada a *ultratividade* de algumas regras e alguns procedimentos da legislação anterior. Em outras palavras, foi mantida sua vigência. Para tanto, valeu-se, em alguma medida, dos critérios acima analisados.

Em conformidade com o art. 1.046, § 1º, do CPC/2015, ficou estabelecido que as disposições do Código de Processo Civil/1973 relativas ao "procedimento sumário e aos procedimentos especiais que forem revogadas aplicar-se-ão às ações propostas e não sentenciadas até o início de vigência deste Código". Isso significa que foi conferida *ultratividade* às normas relativas ao procedimento sumário do Código/1973, bem como aos procedimentos especiais revogados pelo novo Código, mantendo-se sua aplicação aos processos pendentes e não sentenciados antes do início da vigência do Código de Processo Civil/2015, em 18.3.2016.

Observe-se que, nesse caso, foram cumuladas a *ultratividade* da lei anterior com a *unidade processual* (processos que tramitavam pelo procedimento sumário ou por procedimento especial revogado pelo Código de Processo Civil/2015 deverão prosseguir até seu término seguindo o procedimento antigo).

Além desse caso, ficou estabelecido pelo art. 1.047 do CPC/2015 que "as disposições de direito probatório adotadas neste Código aplicam-se apenas às provas requeridas ou determinadas de ofício a partir da data de início de sua vigência". Nesse passo, foi igualmente conferida *ultratividade* às normas de direito probatório contidas no Código de Processo Civil/1973, desde que a prova tenha sido requerida ou determinada de ofício *antes da vigência* do Código de Processo Civil/2015, a *contrario sensu* do que previu o preceito referido. Associou-se, assim, a *ultratividade* à *unidade processual*, determinando-se que em relação ao regime jurídico da atividade de instrução probatória seja aplicada inteiramente a lei anterior se a prova foi requerida ou determinada de ofício antes do início da vigência da lei nova.

Solução análoga ficou estabelecida relativamente à possibilidade de formação de coisa julgada quanto a questão examinada incidentalmente, nos termos do art. 503, § 1º, do CPC/2015. Neste ponto, o art. 1.054 do CPC/2015 assentou que a regra "somente se aplica aos processos iniciados após a vigência deste Código, aplicando-se aos anteriores o disposto nos arts. 5º, 325 e 470" do CPC/1973.

Mais uma vez: o legislador associou a *ultratividade* de preceitos relativos à ação declaratória incidental (arts. 5º e 325 do CPC/1973) e à coisa julgada (art. 470 do CPC/1973) ao critério da *unidade processual*: ou seja, se o processo se iniciou sob a vigência do Código de Processo Civil/1973 aplica-se a ele integralmente o regime da legislação anterior quanto à necessidade de ação declaratória incidental para formação de coisa julgada a respeito da questão nela decidida.

A mesma solução ficou estabelecida quanto aos mecanismos adotados para o desfazimento da denominada "coisa julgada inconstitucional". O art. 1.057 do CPC/2015 previu que "o disposto no art. 525, §§ 14 e 15, e no art. 535, §§ 7º e 8º, aplica-se às decisões transitadas em julgado após a entrada em vigor deste Código, e, às decisões transitadas em julgado anteriormente, aplica-se o disposto no art. 475-L, § 1º, e no art. 741, parágrafo único, da Lei n. 5.869, de 11 de janeiro de 1973". Mais uma vez: *ultratividade* e *unidade processual* foram os parâmetros adotados pela lei. O marco consistente no trânsito em julgado *antes* ou *depois* do início da vigência da lei nova foi adotado para definir a aplicação ou não do novo regime. *Ultratividade* da lei antiga, associada à *unidade processual* quanto ao regime jurídico aplicável a esta matéria.

10.4 Eficácia da lei processual no tempo e os direitos processuais adquiridos

Há clara intersecção entre a discussão em torno da eficácia da lei processual no tempo e a questão dos direitos processuais adquiridos.[3]

Lembremos que, em conformidade com o art. 5º, XXXVI, da CF, "a lei não prejudicará o direito adquirido, o ato jurídico perfeito e a coisa julgada". Trata-se de disposição constitucional que pode ser compreendida como verdadeira garantia de segurança jurídica, no sentido de preservação de situações jurídicas consolidadas diante da edição e vigência de nova lei.

Essa irretroatividade prejudicial da lei nova não é limitada ao direito material, alcançando também a lei processual, na medida em que a Constituição não faz qualquer distinção ou discriminação, a esse propósito, em sentido diverso.

A dúvida que se apresenta, portanto, é se, primeiro, existem ou se pode falar em "direitos processuais adquiridos"; e, segundo, se são ou não tolhidos pela lei processual nova.

Havia, originariamente, resistência doutrinária quanto à possibilidade de reconhecimento da existência de "direitos processuais adquiridos". Afinal, se o processo envolve regime jurídico oferecido pelo Estado para a atuação da jurisdição e, com isso, alcançar-se a solução de conflitos, e se não há direito adquirido a um regime jurídico, não seria viável pensar na aquisição de direitos processuais. O próprio dinamismo da relação processual militaria contra o reconhecimento desta categoria jurídica.

Ocorre que este raciocínio, aparentemente linear e consistente, não desvenda todos os aspectos do fenômeno processual.

Embora o processo seja efetivamente dinâmico e sua disciplina legal seja verdadeiro regime jurídico para a solução de conflitos pelo Estado (por intermédio da

---

3. A respeito dos direitos processuais adquiridos: Cândido Rangel Dinamarco, *A Reforma da Reforma*, 6ª ed., São Paulo, Malheiros Editores, 2003, pp. 52-55.

jurisdição), não se pode negar que do início da litispendência até o desfecho do caso, com a sentença e o seu trânsito em julgado, sucedem-se subsequentes e concatenadas situações jurídicas que, em alguma medida, vão se revestindo de estabilidade por meio de preclusões previstas na própria lei.

Por outro lado, a sucessão de situações jurídicas que se formam num processo, em decorrência da atuação dos sujeitos processuais (basta pensar na situação jurídica que se forma a partir de cada ato de movimentação e desenvolvimento do processo, como a demanda, a determinação de citação, a citação, a contestação, o saneamento, a sentença, a interposição de recursos etc.), cria quadros mais ou menos estáveis que geram para os litigantes expectativas legítimas quanto à prática de outros atos processuais.

Há, portanto, quadros jurídicos claramente consolidados no processo, que conferem aos sujeitos processuais ônus (imperativos de conduta direcionados ao próprio interesse do sujeito onerado) cujo não exercício lhes acarretará prejuízo, mas cujo cumprimento poderá lhes granjear benefício.

Um dos exemplos mais nítidos do quanto vem acima exposto apresenta-se na esfera dos recursos. A não interposição de um recurso autoriza a estabilização da decisão proferida (preclusão ou trânsito em julgado, conforme o caso). A impugnação do provimento judicial por meio de recurso, entretanto, rende ensejo à possibilidade de melhora prática para o recorrente. Daí a viabilidade de se compreender o direito ao recurso, dentro de um determinado contexto, como um direito processual adquirido, do qual o interessado pode ou não se valer.

Quando a nova lei processual modifica o regime jurídico dos recursos, ampliando ou reduzindo prazos para sua interposição, ampliando ou restringindo suas hipóteses de cabimento, eliminando ou criando recursos, e assim por diante, torna-se inevitável verificar se há ou não situações consolidadas (direitos processuais adquiridos) a respeitar, e em que medida.

Em suma: é necessário reconhecer a existência dos *direitos processuais adquiridos*, ou, se quisermos, dos *direitos adquiridos de conteúdo processual*. Nada mais são que situações jurídicas processuais consolidadas, que conferem ao seu titular a possibilidade de exercício de um poder (visto que já preenchidos todos os pressupostos previstos no ordenamento processual para seu exercício), que, dessa forma, não pode ser tolhido pela alteração jurídica decorrente da nova lei processual.

Indispensável se mostra, pois, examinar algumas hipóteses relacionadas ao tema, verificando quais as soluções mais apropriadas ao respeito devido aos direitos processuais adquiridos.

O campo dos recursos é fértil em exemplos.

Imaginemos que a nova lei exclua o cabimento de determinados recursos. Isso ocorreu com o agravo de instrumento (o rol de casos de cabimento passou a ser taxativo, o que significa que situações não previstas no rol deixaram de ser impugnáveis por meio deste recurso, nos termos do art. 1.015 do CPC/2015), com o agravo retido (que deixou de ser previsto, passando a decisão interlocutória não agravável a ser impugnável apenas por meio de apelação contra a sentença, cf. art. 1.009, § 1º, do CPC/2015), com os embargos infringentes (o recurso, antes previsto no art. 530 do CPC/1973, não foi reproduzido no Código de Processo Civil/2015, que, em substituição, criou nova "técnica de julgamento", consistente na ampliação do colegiado julgador quando do surgimento de voto vencido, cf. art. 942 do CPC/2015).

Outra situação consiste na ampliação ou redução dos prazos recursais.

Como exemplo temos o caso do agravo de instrumento, cujo prazo para interpor, antes, era de 10 dias (art. 522 do CPC/1973) e pela lei nova passou a ser de 15 dias (art. 1.003, § 5º, do CPC/2015, que unificou os prazos recursais, ressalva feita aos embargos de declaração, que continuam tendo prazo de 5 dias).

Daí a indagação: há direito processual adquirido à interposição do recurso ou ao seu julgamento?

Com a prolação de determinada decisão surge para a parte o direito à interposição do recurso. Trata-se de direito processual adquirido, pois todos os pressupostos inerentes ao seu exercício estão configurados a partir da prolação da decisão. Ele poderá ser interposto observando a disciplina vigente quando da prolação da decisão (casos de cabimento, prazo de interposição etc.). As reduções ou limitações decorrentes da lei processual nova não serão aplicáveis. Solução oposta significará tolher o direito processual adquirido ao uso do recurso antes previsto em lei, em conformidade com a disciplina então existente.

Exemplifiquemos.

A decisão interlocutória é proferida ainda na vigência do Código de Processo Civil/1973. A parte interpõe agravo de instrumento. A *posterior* entrada em vigor do Código de Processo Civil/202015, que eliminou o cabimento do agravo na hipótese considerada, não interferirá no processamento e julgamento do agravo já interposto.

A solução não será diversa se a entrada em vigor do Código de Processo Civil/2015 se deu *após* a prolação da decisão interlocutória, que, pela nova disciplina, deixa de ser agravável, ainda que isso (vigência da lei nova) tenha ocorrido *antes* da interposição do agravo. Assim, se a decisão foi proferida no dia 15.3.2016 e o Código de Processo Civil/2015 entrou em vigor no dia 18.3.2016, afastando o cabimento do agravo naquele caso, há direito processual adquirido (formado ainda na vigência do Código de Processo Civil/1973) à interposição daquele recurso. Caso seja interposto, o agravo de instrumento deverá ser regularmente processado e julgado.

Note-se, pensando no exemplo acima: a lei que rege o cabimento do recurso é aquela que estava vigente (Código de Processo Civil/1973) no momento da *prolação da decisão*. São os requisitos daquela lei (anterior) que devem ser preenchidos, ainda que no momento da interposição ela já não vigore mais.

Nessa mesma linha de raciocínio, se a decisão interlocutória foi pronunciada ainda sob a vigência do Código de Processo Civil/1973 será viável a interposição do agravo retido. Imagine-se que a decisão tenha sido proferida em 15.3.2016. O Código de Processo Civil/2015 entrou em vigor no dia 18.3.2016, eliminando o cabimento do agravo retido. Caso interposto, será regularmente processado e julgado desde que, nos termos do regramento anterior, venha a ser reiterado em razões ou contrarrazões de apelação (art. 523, § 1º, do CPC/1973).

Idêntica solução é válida quanto aos embargos infringentes (art. 530 do CPC/1973), eliminados pelo Código de Processo Civil/2015. Proferida a decisão não unânime do tribunal sob a vigência do Código de Processo Civil/1973 (desde que ocorra a reforma da sentença de mérito, ou julgamento de procedência em ação rescisória), será cabível o recurso no prazo então previsto, de 15 dias (art. 508 do CPC/1973). Assim, se a decisão foi proferida, por exemplo, em 16.3.2016, lembrando que o Código de Processo Civil/2015 entrou em vigor em 18.3.2016, dentro do prazo para interposição (que correrá sob a vigência do Código de Processo Civil/2015) será cabível o emprego dos embargos infringentes.

Note-se, entretanto, que o direito processual adquirido deve ser compreendido quanto a todos os sujeitos processuais, não apenas, aproveitando os exemplos acima, em relação a um dos lados da relação processual.

Basta pensar na ampliação do prazo para recorrer. Isso se verificou em relação ao agravo de instrumento. Seu prazo, antes, era de 10 dias (art. 522 do CPC/1973). Passou a ser de 15 dias (art. 1.003, § 5º, do CPC/2015). Indaga-se: será a lei nova aplicada ao prazo já iniciado, de forma a ampliá-lo? E quanto aos prazos já encerrados antes da entrada em vigor da lei nova?

Se o prazo anterior (de 10 dias) já havia se consumado quando da entrada em vigor da lei processual nova (que o ampliou para 15 dias), isso não afastará a preclusão já ocorrida. Com esta (preclusão) surge para o beneficiário da decisão um direito processual adquirido à estabilidade do provimento judicial, que não pode ser afetado pela nova codificação.

Note-se: a lei nova não pode retroagir para modificar uma situação consolidada.

Diversa é a situação, contudo, se a vigência do novo Código tiver ocorrido quando ainda não escoado o prazo recursal (10 dias) do agravo de instrumento (ou seja, a lei nova entra em vigor durante o curso do prazo, ainda não encerrado). Não há, nesta hipótese, situação consolidada, tendo a lei nova aptidão para estender o prazo de interposição do recurso, que já estava em andamento, e passa de 10 para 15 dias. Não se identifica neste exemplo infração a nenhum direito processual adquirido.

Note-se: antes do encerramento do prazo para o recurso não há preclusão, inexistindo situação consolidada (direito processual adquirido).

Outra questão é saber como devem ser contados os prazos se a interposição de "recursos antigos" se dá sob a lei nova.

Exemplificando, imaginemos que a decisão interlocutória tenha sido proferida ainda sob a vigência do Código de Processo Civil/1973. Ainda no curso do prazo para a interposição do agravo de instrumento entra em vigor o Código de Processo Civil/2015, que não só ampliou o prazo de interposição de 10 para 15 dias (art. 1.003, § 5º), como ainda alterou a forma do cômputo, prevendo que nos prazos em dias sejam considerados apenas os dias úteis (art. 219 do CPC/2015). Deve-se realizar a contagem corrida, ou considerar apenas os dias úteis?

O modo de contar o prazo é exemplo típico de situação que não envolve nenhum direito processual adquirido, mas sim o regime jurídico do processo. Nesse quadro, aplica-se imediatamente a lei nova. A partir do momento da entrada em vigor da nova codificação, caso o prazo ainda não se tenha esgotado, não só ocorrerá sua ampliação (de 10 para 15 dias, no exemplo em pauta) como ainda sua contagem tomará em consideração apenas os dias úteis.

10.5 Eficácia da lei processual no espaço

A lei, em sentido geral, é uma das expressões do poder estatal, sendo indicativa, portanto, da própria soberania nacional. A lei processual é exponencialmente indicativa dessa noção, na medida em que regula diretamente a forma como a jurisdição será exercida, solucionando imperativamente conflitos que não foram equacionados espontaneamente pelos interessados, impondo, ademais, o cumprimento das suas decisões.[4]

Em outras palavras, a efetiva imposição de soluções, a despeito da resistência e discordância das partes envolvidas, é típica manifestação de poder, que só pode ocorrer nos quadrantes dos limites físicos em que se exerce a soberania nacional, alcançando as pessoas que se encontrem sujeitas a ela.

Natural, portanto, que a eficácia da lei processual seja circunscrita ao território nacional, incidindo sobre as pessoas sujeitas à soberania nacional.

É precisamente em função disso que a legislação processual delimita o âmbito de atuação da jurisdição brasileira.

Claro que, neste particular, deve-se compreender o conceito "estendido" de território, que inclui, por exemplo, águas do mar territorial brasileiro, o espaço aéreo acima do território nacional, bem como aeronaves e embarcações públicas em trânsito em espaço aéreo internacional ou águas internacionais, bem ainda a hipótese da "lei da bandeira", ou seja, aeronaves privadas ou embarcações privadas sob a bandeira brasileira em espaço aéreo internacional ou águas internacionais.[5]

---

4. Sobre os limites territoriais da jurisdição, cf. Carmen Beatriz de Lemos Tibúrcio Rodrigues, *Extensão e Limites da Jurisdição Brasileira. Competência Internacional e Imunidade de Jurisdição*, 2ª ed., Salvador, JusPodivm, 2019, *passim*, esp. pp. 19 e ss.

5. Cf. André de Carvalho Ramos, *Curso de Direito Internacional Privado*, São Paulo, Saraiva, 2021, p. 88, disponível em *https://integrada.minhabiblioteca.com.br/#/books/9786555595352* (acesso em 30.4.2022). Anota o autor: "Em relação aos limites ao poder jurisdicional do Estado, o direito internacional adota, em geral, o princípio da territorialidade na fixação da jurisdição internacional, pelo qual pode o Estado estabelecer as regras jurídicas para reger a conduta social em seu próprio território. O território brasileiro é composto pelo (i) espaço terrestre, (ii) mar territorial e, ainda, pelo (iii) espaço aéreo sobrejacente a ambos. Com base em costume internacional e tratados esparsos, a jurisdição internacional do Estado também alcança o chamado território por equiparação, que vem a ser navios e aeronaves privados em espaços não sujeitos à jurisdição de outro Estado (os chamados domínios públicos internacionais ou espaços globais comuns, como o alto-mar, a Antártica e o Ártico) e os navios e aeronaves públicos onde quer

Tal se verifica, atualmente, no contexto do Título II ("Dos Limites da Jurisdição Nacional e da Cooperação Internacional") do Livro II ("Da Função Jurisdicional") da Parte Geral do CPC/2015, ao tratar, no respectivo Capítulo I, sobre os "Limites da Jurisdição Nacional".

Os arts. 21 a 25 do CPC/2015, inseridos no mencionado capítulo, noticiam, portanto, quais os critérios para que, em virtude da soberania nacional e da limitação territorial, a justiça brasileira atue.

Nesse sentido são definidos os casos em que há competência *exclusiva* da justiça brasileira (art. 23 do CPC/2015, que, nos seus incisos, refere-se a "imóveis situados no Brasil" e a "bens situados no Brasil") bem como aqueles em que essa competência não é exclusiva, convivendo com a possibilidade de atuação da jurisdição estrangeira (arts. 21 e 22 do CPC/2015).

Em suma, é precisamente nesses quadrantes que se opera a eficácia da lei processual no espaço.

---

que se encontrem". Ademais, em relação à "lei da bandeira", aponta que: "A Lei n. 9.432/1997 estabelece uma série de critérios para atribuição da nacionalidade brasileira a embarcações, exigindo, em especial, que sejam de propriedade de pessoa física residente e domiciliada no País ou de empresa brasileira, bem como que sejam brasileiros o comandante, o chefe de máquinas e dois terços de tripulação" (ob. cit., p. 167).

Capítulo 11

ELEMENTOS IDENTIFICADORES DA DEMANDA

11.1 Introdução

Ponto relevante para o funcionamento do sistema processual é aquele relativo ao reconhecimento dos elementos identificadores da demanda judicial, ou seja, da ação exercida.

A identificação da demanda é de importância crucial, guardando relação com a racionalidade do sistema processual, pois é por meio desse reconhecimento da ação exercida que se torna possível detectar a ocorrência da litispendência, da coisa julgada, da conexão, da continência, bem como estabelecer critérios claros, inclusive, para definição de regras de competência dos órgãos judiciais.[1]

Note-se que o exercício do direito de ação, por meio do ajuizamento da demanda, tem a aptidão para colocar em movimento a jurisdição. Mas é imprescindível saber em que medida o poder jurisdicional atuará no caso concreto, bem como quem serão as pessoas atingidas por sua atuação.

Em outros termos, se o exercício da jurisdição é, concretamente, manifestação do poder estatal e se sua atuação depende sempre da provocação do interessado (demandante), é indispensável que haja limites nessa atividade. O primeiro deles decorre, precisamente, dos contornos da ação exercida (demanda ajuizada).

Há, basicamente, dois sistemas ou teorias para se identificar a demanda judicial.

---

1. A propósito: José Rogério Cruz e Tucci, *A **Causa Petendi** no Processo Civil*, 3ª ed., São Paulo, Ed. RT, 2009, p. 28; Ricardo de Barros Leonel, *Causa de Pedir e Pedido: o Direito Superveniente*, São Paulo, Método, 2006, pp. 104-105; Fábio Peixinho Gomes Corrêa, *O Objeto Litigioso no Processo Civil*, São Paulo, Quartier Latin, 2009, pp. 74-102.

O primeiro é o sistema dos *tria eadem*, ou seja, dos três elementos de identificação, consistentes nas partes, no pedido e na causa de pedir. O segundo consiste na identificação por meio do reconhecimento da "relação jurídica substancial".

Enquanto a teoria ou sistema dos três elementos (*tria eadem*) busca a identificação da demanda através de seus *elementos subjetivos* (partes) e *objetivos* (causa de pedir e pedido), a teoria da identidade da relação substancial adota como parâmetro a delimitação dos contornos da relação jurídica substancial deduzida em juízo para o reconhecimento da demanda judicial.[2]

Ao longo do tempo, considerando inclusive a perspectiva histórica, prevaleceu a teoria dos três elementos de identificação, embora não se possa simplesmente descartar que, em alguma medida, a identificação da relação jurídica substancial deduzida em juízo também contribui para a compreensão dos contornos da demanda.

O próprio sistema normativo dá indicativos nesse sentido.

Exemplo disso se encontra no estudo da conexão e da continência, para fins de compreensão da relação existente entre duas demandas judiciais.

O art. 55 do CPC/2015, ao definir a conexão, assenta que "reputam-se conexas duas ou mais ações quando lhes forem comum o pedido ou a causa de pedir". A partir daí, o § 2º deste mesmo dispositivo determina a reunião dos processos relativos às ações conexas, para processo e julgamento conjunto, "salvo se um deles já houver sido sentenciado".

Foi, nessa passagem, claramente adotado o critério relacionado aos três elementos de identificação das ações.

Entretanto, o art. 55, § 3º, do CPC/2015 oferece uma regra complementar, pela qual "serão reunidos para julgamento conjunto os processos que possam gerar risco de prolação de decisões conflitantes ou contraditórias caso decididos separadamente, mesmo sem conexão entre eles".

Ora, para que haja o risco de decisões conflitantes em processos distintos, mesmo sem que haja conexão (em sentido estrito) entre eles, é necessário que estejam associados à mesma relação jurídica substancial.

Daí ser correto afirmar que o critério principal adotado pelo legislador para a identificação da conexão é a teoria dos três elementos. Mas que, em caráter complementar, é também utilizada a teoria da identificação da relação jurídica substancial.[3]

Mas um exemplo é oportuno.

Uma ação de investigação de paternidade de "A" (filho menor, representado por "C", sua genitora) em face de "B" (suposto pai) não se confunde com ação em que se

---

2. Cf. José Rogério Cruz e Tucci, *A **Causa Petendi** no Processo Civil*, cit., 3ª ed., pp. 122-125. V. ainda Paulo Henrique dos Santos Lucon, *Relação entre Demandas*, Brasília, Gazeta Jurídica, 2016, pp. 64-66.

3. Na mesma linha: José Rogério Cruz e Tucci, *A **Causa Petendi** no Processo Civil*, cit., 3ª ed., pp. 231-235.

postule a regulamentação da guarda e do direito de visitas, figurando como partes "C" (genitora) e "B" (pai). Todos os pedidos acima (declaração da paternidade, fixação da guarda e regulamentação do direito de visitas) poderiam tramitar, entre as partes referidas, no mesmo processo.

Caso isso não ocorra e haja separação, tramitando dois processos (a ação de investigação, de um lado, e a ação de guarda e regulamentação e visitas, de outro), o único elemento comum entre os feitos será um dos aspectos da causa de pedir, ou seja, a alegação de existência de relação de parentesco entre o filho e o suposto pai.

Embora a conexão seja muito tênue entre os dois processos, a identificação da relação jurídica substancial e suas consequências ou desdobramentos aponta para a conveniência de se reunir os dois processos para julgamento conjunto.

Outro exemplo.

Imagine-se que o contratado peça a anulação ou rescisão de um contrato alegando existência de determinado vício de vontade ou seu descumprimento. Numa outra demanda o contratante postula em juízo a imposição de multa por descumprimento de cláusula específica do mesmo contrato. O único elemento comum entre os dois processos é a existência de um contrato. Em que pese à singeleza desse liame, a necessidade de tratamento uniforme da relação jurídica substancial (relação contratual) e de todos os seus desdobramentos poderá, eventualmente, recomendar a reunião dos feitos para instrução e julgamento conjuntos.

11.2 Partes

O primeiro elemento de identificação da demanda tem conteúdo subjetivo, ou seja, são as partes, autor e réu no processo de conhecimento, exequente e executado no processo de execução, reclamante e reclamado nas ações (reclamações) trabalhistas.

Mas qual é o conceito de parte?[4]

Muito já se debateu a respeito da delimitação conceitual da parte no processo civil.

Num *sentido material* ou *substancial*, parte é o sujeito da relação jurídica de direito material. São, por exemplo, o pai e o filho, na relação de parentesco, ou o contratante e o contratado, na relação contratual. Assim, a adoção dessa perspectiva (material ou substancial), mesmo para fins processuais, conduziria à conclusão de que parte é o sujeito da relação de direito material.

Não é esta, entretanto, a referência que interessa ao direito processual. O que importa neste campo é o conceito *processual* da parte. Nesse sentido, deve ser compreendido como parte o sujeito da relação jurídica processual, ou seja, aquele que foi integrado e, portanto, participa da relação processual instaurada e desenvolvida em juízo.

---

4. V., a respeito: Cândido Rangel Dinamarco, *Intervenção de Terceiros*, 5ª ed., São Paulo, Malheiros Editores, 2009, pp. 16-19; Cassio Scarpinella Bueno, *Partes e Terceiros no Processo Civil Brasileiro*, 2ª ed., São Paulo, Saraiva, 2006, pp. 3-11; Athos Gusmão Carneiro, *Intervenção de Terceiros*, 11ª ed., São Paulo, Saraiva, 2000, pp. 3-6.

Note-se que o conceito estritamente *processual* de parte desconsidera a realidade do direito material, subjacente ao processo. Isso significa que se alguém, mesmo que indevidamente, é incluído como parte num processo, ainda que se apresente em juízo apenas para alegar sua ilegitimidade, postulando sua exclusão da relação processual, ainda assim manterá a condição de parte, até o momento em que se decida pela sua exclusão.

O *autor* (demandante) é aquele que pede, ou seja, que deduz a pretensão em juízo, provocando a instauração do processo judicial, colocando a jurisdição, portanto, em movimento, para que se conclua, sempre que possível, com decisão (sentença) de mérito, apta a dar tutela jurisdicional a quem tiver razão.

O *réu* (demandado), por sua vez, é aquele em face de quem se pede, ou em relação a quem a pretensão é deduzida em juízo, que será igualmente afetado e vinculado pela decisão (sentença) de mérito, apta a dar tutela jurisdicional a quem tiver razão.[5]

Exemplifiquemos.

Por manifesto equívoco, o autor "A" propõe ação de reparação de danos por mau uso de imóvel, com ofensa ao direito de vizinhança, em face de "B". Ocorre que o imóvel foi vendido por "B" a "C", tendo a escritura pública de compra e venda há muito sido registrada no cartório de imóveis. Embora seja manifesta a situação de ilegitimidade do demandado (réu), ele deverá se defender alegando tal situação. E enquanto não houver decisão reconhecendo a ilegitimidade ostentará "B" a condição de parte (demandado, ou seja, réu). Afinal, mesmo a parte ilegítima é, antes de tudo, parte.

Observe-se, nesse contexto, que o *conceito processual de parte*, que assim considera o sujeito da relação jurídica processual (ou seja, o sujeito do contraditório instaurado em juízo), suscita outra questão.

Ou seja, saber se todo sujeito do processo é, necessariamente, parte.

Cabem aqui, portanto, uma distinção e um aprofundamento.

Anote-se que nem todo sujeito do processo é, necessariamente, parte.

Fala-se, assim, em *sujeitos parciais* e em *sujeitos imparciais* do processo.

O autor e o réu são *sujeitos parciais* do processo, pois integram a relação processual instaurada em juízo, que se desenvolve em contraditório, fazendo-o com a finalidade de defender uma das posições jurídicas conflitantes, que são delineadas a partir da relação jurídica de direito material deduzida em juízo. São, precisamente, o demandante e o demandado, o autor e o réu, o exequente e o executado, e no processo trabalhista o reclamante e o reclamado.

---

5. É a célebre afirmação de Giuseppe Chiovenda (*Instituições de Direito Processual Civil*, 2ª ed., vol. 2, trad. de Enrico Tullio Liebman, São Paulo, Saraiva, 1965, pp. 234-235), segundo a qual "autor é aquele que pede" e "réu é aquele em face de quem se pede" ("Uma demanda em juízo supõe duas partes: aquele que a propõe e aquele em face do qual se propõe. Temos, dessa forma, a posição do autor e do réu"). Para Enrico Tullio Liebman (*Manual de Direito Processual Civil*, trad. de Cândido Rangel Dinamarco, Rio de Janeiro, Forense, 1984, pp. 89-90) partes são os "sujeitos do contraditório instaurado em juízo".

Os *sujeitos imparciais* do processo, entretanto, são aqueles que também integram a relação jurídica processual que se desenvolve, em juízo, em contraditório mas não defendem, como titulares de direitos, posições jurídicas delineadas a partir da relação de direito material, não figurando como titulares destas posições ou como substitutos processuais dos respectivos titulares. O juiz bem como o Ministério Público, quando atua como fiscal da ordem jurídica (*custos legis*), são *sujeitos imparciais* do processo.

Outra referência, ainda no plano do estudo dos sujeitos do processo, refere-se à verificação sobre ser o sujeito processual titular de uma posição jurídica disputada ou apenas um coadjuvante nesta discussão, sem que seu direito mesmo, no caso concreto, esteja em disputa.

A partir dessa observação chega-se aos conceitos de *parte principal* e de *parte secundária*.

Parte principal é o titular da posição jurídica disputada em juízo ou mesmo aquele que, não sendo titular de tal posição, se apresenta em sua defesa na condição de substituto do titular, por agir em nome próprio na defesa de direito alheio (substituto processual – legitimação extraordinária).

Observe-se que tanto o titular da posição jurídica disputada (legitimação ordinária) como aquele que atua, em nome próprio, na defesa de interesse alheio, por estar autorizado a fazê-lo por alguma norma jurídica (substituição processual ou legitimação extraordinária), ostentam a condição de *parte principal*.

Tal situação é diversa da hipótese referente àqueles que atuam no processo apenas coadjuvando a posição de uma parte principal (terceiro interveniente) ou, então, fiscalizando o modo como o processo tramita ou a correta aplicação da lei (Ministério Público como fiscal da ordem jurídica). Como não há, nestes casos, pedido que afete diretamente o próprio interesse que justifica a atuação do interveniente (o interveniente não fez pedido, nem foi deduzido pedido algum em face dele), chega-se à conclusão de que este atua no processo como *parte secundária*.

Em suma, os sujeitos do processo podem ser *parciais* (autor e réu) ou *imparciais* (juiz e Ministério Público atuando como fiscal da ordem jurídica), bem como *principais* (autor e réu) ou *secundários* (terceiro interveniente e Ministério Público como fiscal da ordem jurídica).

11.2.1 Pluralidade de partes: litisconsórcio

Uma vez compreendidos o conteúdo e o alcance do conceito de parte, é inevitável reconhecer que os processos frequentemente se desenvolvem a partir dos esquemas mais simples ou singelos, mas em outros tantos casos envolvem relações complexas e multifacetadas.

O esquema processual mínimo ou simplificado é aquele em que, em função da singeleza do conflito, estão presentes apenas dois titulares de posições jurídicas; de um lado o autor, demandante, exequente, e, de outro, o réu, demandado ou executado.

Há situações, contudo, em que a complexidade e o caráter intrincado da relação jurídica de direito material repercutem no processo.

Disputas a respeito de contratos com vários contratantes e contratados, atos ilícitos praticados por vários sujeitos em detrimento de várias pessoas, integrantes de um condomínio questionando deliberações praticadas na assembleia condominial, são apenas algumas, entre tantas outras incontáveis e inimagináveis situações da vida em que um mesmo direito é disputado por várias pessoas, ou em que uma pluralidade de direitos é objeto do embate de vários sujeitos num mesmo processo.

A esse fenômeno é que se refere o estudo da pluralidade de partes no direito processual civil. Sua finalidade é compreender as situações, os motivos, os limites e o regime de tratamento processual dos litígios que vão além do esquema ou módulo processual mínimo (um autor e um réu), ingressando no complexo terreno do processo com vários autores e um réu, com um autor e vários réus ou, concomitantemente, com vários autores e vários réus.

A expressão "litisconsórcio" tem sua etimologia no Latim, a partir da expressão *litis consortium*, indicando o "consórcio" ou a conjunção de interesses relativamente à mesma "lide", ao mesmo conflito de interesses qualificado pela existência de uma pretensão de alguém, à qual outro sujeito oferece resistência.[6]

Para uma apresentação inicial, apropriada à abordagem no contexto da teoria geral do processo, é oportuno observar que o litisconsórcio pode se apresentar de diversas formas, que nos habilitam a observá-lo e identificar diferentes critérios para classificá-lo.

Assim, *quanto ao polo da relação processual* em que se apresenta, fala-se em litisconsórcio *ativo* (pluralidade de autores), *passivo* (pluralidade de réus) ou *misto* (pluralidade de autores e réus no mesmo processo).

Pelo *critério do momento da sua formação* fala-se em litisconsórcio *inicial* (forma-se com a instauração do processo, ou seja, desde o princípio, quando da propositura da demanda) ou *ulterior* (formado em momento subsequente, por força de aditamento da inicial, ingresso voluntário do litisconsorte ou mesmo de outros fenômenos processuais que impliquem, eventualmente, a agregação de novas partes: a denunciação da lide, o chamamento ao processo, o incidente de desconsideração da personalidade jurídica ou mesmo a reconvenção subjetivamente ampliativa).

Pelo *critério da obrigatoriedade da formação* do litisconsórcio pode ele qualificar-se como *necessário* (imperativa sua formação) e *facultativo* (decorre de simples opção dos litigantes).

Acrescente-se que *quanto ao regime de julgamento* pode-se falar em litisconsórcio *unitário* (quando o tratamento dos colitigantes – o desfecho do processo para os

---

6. Cf. Cândido Rangel Dinamarco (*Litisconsórcio*, 8ª ed., São Paulo, Malheiros Editores, 2009, pp. 45-48), frisando, embora, que a ideia de "consórcio na lide" deve ser lida com ressalvas, dado que "(...) a sorte dos consorciados não será necessariamente a mesma". Cf., ainda: Silas Silva Santos, *Litisconsórcio Eventual, Alternativo e Sucessivo no Processo Civil Brasileiro*, Dissertação de Mestrado, São Paulo, Faculdade de Direito da USP, 2012, pp. 54-55.

litisconsortes – deva obrigatoriamente ser uniforme ou incindível, dada a unitariedade da relação de direito material) ou *simples* (permitem-se soluções distintas para os colitigantes).

Finalmente, sob o *critério da iniciativa para a formação* o litisconsórcio pode ser *voluntário* (decorrente da manifestação das próprias partes) ou *provocado* (quando sua formação tiver sido estimulada por determinação judicial).

Os arts. 113 a 118 do CPC/2015, que cuidam do tema, dão esteio às classificações acima consignadas, na medida em que contemplam as diversas modalidades de litisconsórcio, considerando os diferentes critérios de classificação.

Como já referido (sem prejuízo do necessário exame aprofundado do tema em sede de disciplina específica), no âmbito da teoria geral do processo mostra-se apropriado anotar que litisconsorte é *parte principal*, ou seja, ostenta, conforme o caso, a condição de autor ou réu. O litisconsorte *ativo pede* (deduz pretensão); em face do litisconsorte *passivo se pede* (deduz-se pretensão em face dele). Esse é o aspecto essencial, que o diferencia do *terceiro interveniente*, que nada pede e em face do qual nada se pede.

11.2.2 Intervenção de terceiros

O estudo das partes no processo civil inclui a compreensão da figura dos terceiros intervenientes, ou seja, das diversas modalidades de intervenção de terceiros, que, tanto quanto o litisconsórcio, deve ser aprofundado em disciplina específica, para além da teoria geral do processo.[7]

A disciplina da matéria é mais singela no processo penal, no qual existe apenas a possibilidade da atuação do assistente de acusação.[8]

Quanto ao processo civil, nesta passagem introdutória é suficiente afirmar que a intervenção de terceiros, disciplinada nos arts. 119 a 138 do CPC/2015 bem como, pontualmente, em outras passagens do Código, contempla várias figuras processuais em que o sujeito ingressa no processo, em princípio, na condição de parte secundária, sem que ele mesmo formule algum pedido ou deduza pretensão ou que qualquer pedido ou pretensão seja em face dele formulado ou deduzido.

Ressalva deve ser feita a figuras peculiares, como a denunciação da lide (arts. 125 a 129 do CPC/2015) e o chamamento ao processo (arts. 130 a 132 do CPC/2015), bem como à situação decorrente do acolhimento do incidente de desconsideração da personalidade jurídica (arts. 133 a 137 do CPC/2015), em que o terceiro trazido ao processo

---

7. Sobre a intervenção de terceiros, v.: Athos Gusmão Carneiro *Intervenção de Terceiros*, cit., 11ª ed., *passim*; Cassio Scarpinella Bueno, *Partes e Terceiros no Processo Civil Brasileiro*, cit., 2ª ed., *passim*, bem como ***Amicus Curiae*** *no Processo Civil Brasileiro: um Terceiro Enigmático*, São Paulo, Saraiva, 2012, *passim*.

8. Ao qual faz menção, de passagem, o art. 159, § 3º, do CPP, referindo-se à possibilidade de apresentação de quesitos para a realização de prova pericial, bem como à indicação de assistente técnico.

nele ingressa na condição de parte principal, respondendo diretamente relativamente a algum pedido ou pretensão deduzidos pelos litigantes originários.

O elemento comum em relação a todas as hipóteses de intervenção de terceiros, nada obstante as particularidades que justificam as distinções entre elas e os diferentes tratamentos que lhes foram outorgados pelo legislador, é a existência de interesse jurídico que justifique a participação do terceiro na relação processual já instaurada entre outros (*inter alios*).

Esse interesse jurídico que justifica a intervenção de terceiros decorre do fato de que, embora não se decida, no processo, sobre a situação jurídica do próprio terceiro interveniente (isso é o que se verifica na assistência; na denunciação, no chamamento e na desconsideração a situação é diversa), o resultado do feito (julgamento do mérito) poderá de alguma forma interferir ou influenciar, direta ou indiretamente, na posição jurídica do interveniente.

A lei, no Título III do Livro II da Parte Geral do CPC/2015, sob a rubrica "Da Intervenção de Terceiros", cuida das formas de ingresso de um sujeito em um processo já instaurado e que já tramita *inter alios*: assistência, denunciação da lide, chamamento ao processo, incidente de desconsideração da personalidade jurídica e *amicus curiae.*

Passemos a noções introdutórias a respeito de cada um deles.

11.2.2.1 *Assistência*

A assistência é regulada nos arts. 119 a 124 do CPC/2015.

Em conformidade com o art. 119 do CPC/2015, "pendendo causa entre duas ou mais pessoas, o terceiro juridicamente interessado em que a sentença seja favorável a uma delas poderá intervir no processo para assisti-la".

Ou seja, tramitando um processo em juízo, sujeito diverso das partes (autor e réu) poderá nele ingressar, sem formular pedido ou sem que contra si mesmo tenha sido deduzida qualquer pretensão, fazendo-o com a finalidade de prestar auxílio a uma das partes, a fim de que a sentença seja favorável à parte assistida.

O que justifica a assistência é a existência de um interesse jurídico do interveniente (sendo insuficiente interesse meramente prático ou econômico) no sentido de que o processo tenha um desfecho favorável ao assistido, visto que tal encaminhamento significará para o assistente uma vantagem jurídica, evitando, em contrapartida, a desvantagem que decorreria da solução oposta.

Exemplifique-se.

Em ação de indenização movida contra o Poder Público (União, Estado ou Município) sob a alegação de que determinado agente público praticou ato lesivo ao particular, autor da demanda, há interesse do servidor público em intervir como assistente. Não foi deduzido nenhum pedido contra o servidor, mas sim contra a Fazenda Pública. O servidor também não formulou pedido algum. Entretanto, o acolhimento da ação reparatória representa para o servidor desvantagem jurídica, pois poderá a Fazenda, em momento ulterior à conclusão do processo, deduzir ação regressiva contra o agente público. Eis, então, o interesse jurídico que justifica a intervenção.

Do mesmo modo, na ação em que se busca o recebimento de um crédito junto ao devedor a intervenção do avalista ou fiador, conforme o caso, revela utilidade jurídica para o garantidor, pois, se rejeitada a cobrança, reduzidas serão as chances de que ela, em ação ulterior, se volte contra o garantidor.

É imprescindível, contudo, que haja efetivamente interesse jurídico. O interesse prático, material ou econômico é insuficiente para autorizar a intervenção.

Exemplificando, o credor de devedor comum não tem interesse jurídico em intervir pautado exclusivamente no desejo de que o devedor tenha sua solvabilidade conservada.

Como o assistente nada pede e nada em face dele se pede (quem pede ou em face de quem se pede são, respectivamente, o autor e o réu), não há, relativamente ao interveniente, formação de coisa julgada.

Contudo, anote-se que a intervenção do assistente produz para ele um resultado prático que significa certo grau de vinculação ao que se decidiu. É que, em conformidade com o art. 123 do CPC/2015, "transitada em julgado a sentença no processo em que interveio o assistente, este não poderá, em processo posterior, discutir a justiça da decisão", salvo se alegar e provar que "pelo estado em que recebeu o processo ou pelas declarações e pelos atos do assistido, foi impedido de produzir provas suscetíveis de influir na sentença", ou se "desconhecia a existência de alegações ou de provas das quais o assistido, por dolo ou culpa, não se valeu".

Em outras palavras, num processo subsequente o assistente não poderá em princípio discutir o acerto ou desacerto da decisão proferida no primeiro processo. Se o servidor público ingressou como assistente na ação de reparação de danos movida pelo particular contra a Fazenda Pública, na ação regressiva desta (Fazenda) contra o agente público não poderá este último apresentar objeção contra o fato de ter o Poder Público sido condenado a reparar os danos ao particular. Poderá apenas discutir se deverá ele próprio, ou não, arcar com a obrigação de reembolsar o Poder Público pelo montante versado em proveito do particular.

Anote-se, também, que é possível no direito brasileiro distinguir duas formas de assistência.

Existe a assistência *simples*, em que o interveniente (assistente) atua por ter interesse jurídico na vitória do assistido (art. 121 do CPC/2015). Figurará como auxiliar do assistido (*adjuvandum*), pois a derrota da parte principal, por ele auxiliada, representa para ele algum risco jurídico. O exemplo do servidor público intervindo como assistente do Poder Público na demanda reparatória movida pelo particular é ilustrativo nesse sentido.

Na assistência *qualificada* (também chamada de assistência *litisconsorcial*) o interveniente (assistente) ingressa em função de interesse jurídico, pois a decisão do litígio entre o assistido e a contraparte influirá diretamente na relação jurídica existente entre o assistente e o adversário do assistido (art. 124 do CPC/2015).[9]

Note-se: a situação do assistente litisconsorcial é muito parecida com a do litisconsorte. Em ambos os casos haverá decisão, no processo, a respeito de relação jurídica integrada pelo assistente litisconsorcial e pelo litisconsorte. A diferença está em que no litisconsórcio o litisconsorte faz pedido ou é feito pedido em face dele. Isso não ocorre na assistência qualificada.

Um exemplo. Em litígio já instaurado em juízo o autor aliena seus direitos relativamente ao bem disputado. Ele em princípio prosseguirá, no processo, como autor, na condição de substituto processual do adquirente (legitimação extraordinária). Este (adquirente) poderá atuar como assistente qualificado ou litisconsorcial (art. 109, § 2º, do CPC/2015). A decisão, ao final, versará sobre a relação jurídica existente entre o adquirente do bem (que intervém como assistente qualificado ou litisconsorcial) e o adversário do assistido.

Tanto o assistente simples como o assistente litisconsorcial possuem os mesmos poderes e deveres das partes, sujeitando-se aos mesmos ônus processuais que o assistido, podendo deduzir alegações, produzir provas e recorrer (art. 121 do CPC/2015).

No caso da assistência litisconsorcial, entretanto, os atos de disposição praticados pelo assistindo dependem da concordância do assistente qualificado (art. 122 do CPC/2015, *a contrario sensu*).

11.2.2.2 *Denunciação da lide*

Com a singela finalidade de propiciar noção inicial, própria do estudo da teoria geral do processo, pode-se dizer que a denunciação da lide é modalidade de intervenção disciplinada nos arts. 125-129 do CPC/2015 pela qual o terceiro (denunciado) é trazido ao processo por uma das partes (autor ou réu – denunciantes), adquirindo, assim, qualidade de parte principal.

O denunciante traz o denunciado ao processo já existente entre ele (denunciante) e outro sujeito processual, deduzindo em face do denunciado uma pretensão autônoma, consubstanciada em novo pedido, iluminado por nova causa de pedir, que deverão também ser examinados quando da prolação de decisão de mérito.

É admissível a denunciação da lide a terceiro para que este passe a integrar a relação processual existente entre o denunciante e outro sujeito. É possível realizar a denunciação da lide, em conformidade com o art. 125 do CPC/2015: (a) ao alienante

---

9. Respeitável entendimento, sustentado por Lia Carolina Batista Cintra (*Intervenção de Terceiros por Ordem do Juiz: a Intervenção **Iussu Iudicis** no Processo Civil*, São Paulo, Ed. RT, 2017, pp. 137-140), aponta a inutilidade da figura da assistência litisconsorcial, assinalando tratar-se de parte. A distinção, aqui acolhida, entretanto, está em que o assistente litisconsorcial não faz pedido, nem se faz pedido algum em face dele, diversamente do que ocorre com o litisconsorte.

imediato, no processo relativo a coisa cujo domínio foi transferido ao denunciante, a fim de que possa exercer os direitos resultantes da evicção (perda do bem, por parte do adquirente, em conformidade com os arts. 447 a 457 do CC); (b) àquele que estiver obrigado, por lei ou contrato, a indenizar, em ação regressiva, o prejuízo de quem for vencido no processo.

Exemplificando, em ação em que o adquirente de veículo figura como réu, buscando o autor o reconhecimento de sua propriedade sobre tal bem, pode o adquirente-réu denunciar a lide ao alienante a fim de que, caso ele (adquirente) seja vencido e perca a propriedade e a posse do veículo, seja também o alienante condenado a indenizá-lo.

Esta mesma situação (exemplo) pode ocorrer de forma inversa.

Imaginemos que o adquirente do bem seja notificado extrajudicialmente, com alerta da seguradora de que o veículo que adquiriu é de origem ilícita. Dada a situação de dúvida objetiva decorrente da notificação (insegurança, decorrente da possibilidade de questionamento a respeito da licitude da aquisição), poderá ele mesmo, adquirente, mover ação (demanda) declaratória em face da seguradora, para que seja afirmada sua propriedade em relação ao bem adquirido. Poderá ainda incluir no polo passivo de sua demanda o alienante, formulando denunciação da lide, para que, na hipótese de improcedência de seu pedido declaratório (ou seja, caso a sentença rejeite o pedido de declaração de propriedade do bem), seja o denunciado (alienante) condenado a indenizá-lo.

Este é um exemplo de denunciação movida pelo autor.

Por força da denunciação da lide passa a haver no mesmo processo cumulação ou pluralidade de partes e de pedidos.

Nos exemplos acima haverá um pedido do autor em face do réu; haverá ainda outro pedido do denunciante (que pode ser o autor ou o réu) em face do denunciado. Este ostenta, num primeiro momento, a condição de terceiro. Mas adquirirá, por força da denunciação, a qualidade de parte – como sujeito principal, não simples sujeito secundário do processo.

É importante dizer que o emprego da denunciação é facultativo. Ou seja, pode-se optar por não utilizar esta faculdade, reservando a discussão para outro processo (art. 125, § 1º, do CPC/2015).

Em outros termos: ela é instituto essencialmente processual, que revela uma faculdade, cujo não emprego não acarreta sanção alguma, não impedindo que a pretensão própria (direito regressivo) seja exercida por via própria.

A vantagem da denunciação, entretanto, está em propiciar economia e racionalidade, equacionando duas pretensões (a pretensão originária do autor e a pretensão regressiva) no mesmo processo.

11.2.2.3 *Chamamento ao processo*

O chamamento ao processo, disciplinado nos arts. 130 a 132 do CPC/2015, é forma de intervenção pela qual o réu (apenas ele) traz ao processo terceiro (chamado), a fim de que este também responda diretamente a ele ou ao autor pela pretensão deduzida em juízo.

Note-se que, nos termos do art. 130 do CPC/2015, os casos de chamamento ao processo envolvem (todos eles) hipóteses de responsabilidade solidária. É o que ocorre no chamamento: do afiançado, na ação em que o fiador for réu; dos demais fiadores, na ação proposta contra um ou alguns deles; bem como, nos casos de dívida solidária em geral, quando o credor exigir de um ou alguns deles o pagamento da dívida comum.

O chamamento opera uma ampliação subjetiva e objetiva da relação processual, formando situação de litisconsórcio entre o réu e o chamado, que passa também a responder pela pretensão deduzida em juízo pelo autor.

A consequência do chamamento está em que, no caso de procedência da demanda, o cumprimento da obrigação poderá ser exigido pelo demandante tanto do demandado como do chamado, bem como poderá o demandado, caso venha a satisfazer a obrigação, exigi-la por inteiro do devedor principal (como ocorre quando o fiador chama ao processo o devedor principal, ou seja, o afiançado) ou dos demais codevedores na proporção de sua quota de responsabilidade.

11.2.2.4 *Incidente de desconsideração da personalidade jurídica*

O incidente de desconsideração da personalidade jurídica foi regulado, do ponto de vista procedimental, nos arts. 133 a 137 do CPC/2015.

O instituto em si mesmo da desconsideração da personalidade, do ponto de vista do direito material, ou seja, dos pressupostos para sua aplicação, está previsto em vários diplomas, como o Código Civil (art. 50), Código do Consumidor (Lei 8.078/1990, art. 28) e a Lei dos Crimes Ambientais (Lei 9.605/1998, art. 4º).

A desconsideração da personalidade já era praticada, ademais, antes mesmo da edição do Código de Processo Civil/2015, sem que houvesse, contudo, disciplina específica quanto ao procedimento aplicável, o que gerava frequentemente críticas quanto ao seu emprego de forma abusiva ou mesmo sem o respeito, eventualmente, a aspectos relacionados às garantias constitucionais do processo, notadamente ao contraditório e à ampla defesa (previamente à decisão de desconsideração).

Foi precisamente em função desse quadro que a matéria foi inserida no Código de Processo Civil/2015, que cuida tanto da desconsideração "direta" (quando, na ação proposta em face da pessoa jurídica, desconsidera-se a personalidade jurídica para atingir o patrimônio do seu sócio) como da desconsideração "inversa" (quando, na ação em face do sócio, desconsidera-se a personalidade jurídica para atingir o patrimônio da própria sociedade).

Por força do emprego da desconsideração, num processo entre "A" e "B" passará a integrar a relação jurídica processual, na condição de sujeito principal do processo, aquele cujo patrimônio se pretende alcançar, ou seja, a pessoa do sócio (na desconsideração direta) ou a própria pessoa jurídica (na desconsideração inversa).

Assim, acolhido o pedido de desconsideração, terceiro estranho à relação processual passará a integrá-la, na mesma condição do réu originário e em litisconsórcio com este, respondendo em relação à pretensão deduzida pelo autor.

Exemplificando, em uma ação na qual o autor busca reembolso por conduta ilícita de determinada empresa, sendo aplicada a desconsideração passará o sócio da empresa-ré a responder, ao lado desta (como litisconsorte passivo), relativamente ao pedido formulado pelo autor.

11.2.2.5 *"Amicus curiae"*

O instituto do *amicus curiae* foi disciplinado, de forma geral, no art. 138 do CPC/2015, valendo lembrar que já havia anteriormente, na legislação esparsa, previsão pontual relativa à sua existência e seu emprego em procedimentos específicos.[10]

Isso ocorria, por exemplo, na ação direta de inconstitucionalidade e na declaratória de constitucionalidade (Lei 9.868/1998, art. 7º, § 1º), na arguição de descumprimento de preceito fundamental (Lei 9.882/1998, art. 6º, § 1º), no procedimento de edição, revisão e cancelamento de enunciado de súmula vinculante (art. 3º, § 2º, da Lei 11.417/2006) ou mesmo em dispositivos do Código de Processo Civil/1973, já reformado, pontualmente com relação ao julgamento de recursos repetitivos (art. 543-C, § 4º, do CPC/1973, redação da Lei 11.672/2008).

Nesta modalidade de intervenção, diversamente do que se verifica em relação às demais, não se espera que o interveniente compareça em juízo para defender determinada posição jurídica subjetiva pelo fato de que esta influenciará diretamente (como ocorre na denunciação da lide e no chamamento ao processo) ou indiretamente (como ocorre na assistência) a sua própria situação jurídica.

A finalidade do ingresso do *amicus curiae*, ao contrário, é permitir que, diante da relevância social do debate instalado no processo judicial e das latentes repercussões sociais da decisão a ser proferida, possa o juízo ter rol mais amplo e diversificado possível de informações para decidir, contando com dados oferecidos por pessoas ou entidades que tenham, em função de sua existência, campo de atuação, experiência ou conhecimento específico, condições de fornecer elementos relevantes e úteis.

Em outras palavras, não se nega a existência de um interesse jurídico do *amicus*, cuidando-se, entretanto, de um interesse jurídico despersonalizado ou "institucional".[11]

Nesse sentido, cumpre anotar que a própria expressão *amicus curiae* ("amigo da Corte") é indicativa de que se trata mais de um colaborador do juízo do que, propriamente, de alguém que ingressa na relação processual com a finalidade de coadjuvar

---

10. Cf., a respeito, Cássio Scarpinella Bueno, ***Amicus Curiae** no Processo Civil Brasileiro: um Terceiro Enigmático*, cit., *passim*, esp. pp. 125 e ss., quanto à previsão do instituto na legislação esparsa.

11. Cf. Cassio Scarpinella Bueno, ***Amicus Curiae** no Processo Civil Brasileiro: um Terceiro Enigmático*, cit., pp. 500-512.

uma das partes, embora na prática nem sempre seja fácil estabelecer claros limites nessa atuação.

A intervenção do *amicus curiae* só se justifica, ademais, nos termos do art. 133 do CPC/2015, considerada a "relevância da matéria, a especificidade do tema objeto da demanda ou a repercussão social da controvérsia", o que significa dizer, em outras palavras, que haverá realmente sentido na intervenção quando se tratar de ações coletivas, julgamento de casos repetitivos (de acordo com o art. 928 do CPC/2015, assim devem ser entendidos o incidente de resolução de demandas repetitivas e os recursos especiais e extraordinários repetitivos) bem como o julgamento do incidente de assunção de competência (art. 947 do CPC/2015).

Nesses casos a decisão afetará não apenas as partes formais do processo, indo muito além, considerada a sistemática de valorização dos precedentes, prevista no Código de Processo Civil/2015 (cf. arts. 926 e 927).

Em outras palavras, como a decisão terá alcance não apenas para as partes formais do processo, o que lhe confere, em alguma medida, caráter "objetivo" (como se dá, por exemplo, no "processo objetivo" de controle abstrato de constitucionalidade da lei, cuja lógica é diversa do "processo subjetivo", entre partes, que tem como único desdobramento a solução de determinado litígio), convém que haja possibilidade mais ampla para o julgador de subsidiar a formação de seu convencimento com opiniões abalizadas de especialistas na matéria a ser examinada, ou mesmo com informações mais completas a respeito de fatos relacionados ao tema.

Esses o sentido e a função da intervenção do *amicus curiae*.

11.3 Causa de pedir

No processo judicial o juiz decide a respeito do que foi pedido, mas deve fazê-lo à luz dos motivos apresentados pelo autor como fundamentos para sua pretensão.[12]

A *causa petendi* é, portanto, o fundamento do pedido. Como tal, qualifica-se como um dos elementos de identificação da demanda judicial e, em última análise, da ação exercida.

O conhecimento da causa de pedir é essencial para a distinção, do ponto de vista prático, entre duas demandas cujos pedidos são aparentemente idênticos. Em outras palavras, é por intermédio da *causa petendi* que se identifica o conteúdo do direito deduzido pelo autor, tornando-se possível distinguir duas pretensões mesmo quando aparentemente são elas idênticas. Exemplifiquemos.

O autor "A" propõe em face do réu "B" demanda na qual postula o pagamento de cem mil reais, com fundamento em certo contrato. O mesmo autor, paralelamente, propõe em face do mesmo réu outra demanda na qual novamente pede o valor (cem mil reais) mas com fundamento em outro contrato existente entre as mesmas partes.

---

12. A respeito, v.: José Rogério Cruz e Tucci, *A **Causa Petendi** no Processo Civil*, cit., 3ª ed., *passim*; e Araken de Assis, *Cumulação de Ações*, 5ª ed., São Paulo, Ed. RT, 2019, *passim*.

Neste exemplo, observando-se que as partes e os pedidos nos dois processos são os mesmos, teríamos a primeira impressão de que haveria repetição da demanda inicial. Entretanto, quando se constata que as duas cobranças derivam de contratos distintos conclui-se que não se cuida de simples repetição, mas sim de dedução de pretensão distinta da primeira.

A *causa petendi* é, dessa forma, fundamental para a identificação do direito deduzido em juízo e, consequentemente, para a realização de distinções quanto àqueles pedidos formulados entre as mesmas partes em contextos distintos.

É importante observar que a causa de pedir, na precisa expressão de Elio Fazzallari,[13] é a porta por meio da qual a relação jurídica substancial ingressa no processo, pois, ao delimitar o conteúdo da pretensão deduzida pelo autor, permite que se reconheça o que efetivamente motiva sua iniciativa e qual o alcance desta.

A causa de pedir é composta, por sua vez, por dois elementos distintos, um associado ao plano dos fatos e outro ao plano dos contornos jurídicos concedidos aos fatos. Fala-se, assim, na *causa de pedir remota*, de um lado, como referência aos *fatos constitutivos* do direito do autor (ou seja, da pretensão por ele deduzida). De outro lado, tem-se a *causa de pedir próxima*, consistente, por sua vez, na qualificação jurídica dos fatos constitutivos do direito deduzido pelo autor.

O reconhecimento da causa de pedir *remota* (fatos constitutivos) e da causa *próxima* (*qualificação jurídica dos fatos constitutivos*) é que permite individualizar, em regra, o conteúdo do direito material deduzido, ou seja, da pretensão formulada pelo autor.

Voltando ao exemplo antes referido, pedir "cem mil reais" por força de um contrato não se confunde com pedir "cem mil reais" por força de outro contrato ou de responsabilidade extracontratual fundada em fatos constitutivos distintos.

Quando alguém move demanda judicial narrando situação da vida (acidente de trânsito, por exemplo) ocorrida em determinada data, horário e local, bem como apontando excessos ou falta de cuidados na conduta do demandado (como condutor de veículo automotor, por exemplo), e conclui pedindo certa quantia a título de reparação, tem-se claramente a delimitação da causa de pedir: os *fatos constitutivos*, ou seja, a causa remota (narrativa do acidente, com a indicação do local, horário e dos fatos que revelam o excesso de conduta ou falta de zelo do demandado) e sua *qualificação jurídica*, ou seja, a causa próxima (qualificação da conduta do demandado, por força da descrição dos fatos, como culpa por imprudência, imperícia ou negligência).

Outro exemplo.

Imagine-se que alguém mova ação exigindo o cumprimento de determinada cláusula contratual. O demandante terá que descrever a existência de um contrato entre ele e o demandado, a cláusula importante para o deslinde do caso, suas consequências e a conduta reveladora do descumprimento. Têm-se, neste caso, a descrição da causa de pedir remota, ou seja, dos fatos constitutivos do direito ou pretensão deduzida (exis-

---

13. Elio Fazzallari, *Note in Tema di Diritto e Processo*, 7ª ed., Pádua, CEDAM, 1994, p. 122.

tência do contrato e da cláusula, bem como seu alegado descumprimento por parte do réu), e a qualificação jurídica destes fatos, ou seja, a causa de pedir próxima (relação contratual, com as implicações inerentes ao descumprimento, no plano obrigacional).

A exigência de indicação da causa de pedir para que se inicie um processo judicial está prevista expressamente no art. 319, III, do CPC/2015, segundo o qual, entre outros requisitos, a petição inicial da demanda indicará "os fatos e os fundamentos jurídicos do pedido".

Algumas ressalvas são, ainda, necessárias.

Embora o art. 319, III, do CPC/2015 faça remissão aos fatos e aos "fundamentos jurídicos do pedido", deve esta locução ser compreendida como "qualificação jurídica dos fatos que fundamentam o pedido", e não como simples fundamentos jurídicos, argumentação jurídica ou indicação de dispositivos legais em si mesmos (o chamado fundamento legal ou normativo).

Nos exemplos antes mencionados (ação de reparação de danos fundada em acidente de trânsito; ação contendo pleito de pagamento fundada em contrato; ação para o cumprimento de obrigação de fazer prevista em contrato) a causa de pedir próxima consiste na qualificação jurídica dos fundamentos da pretensão deduzida (responsabilidade aquiliana ou extracontratual decorrente da má condução do veículo automotor, obrigação contratual etc.), e não propriamente em algum simples fundamento jurídico ou legal.

Em outras palavras, a qualificação jurídica dos fatos constitutivos não se confunde com a utilização de algum argumento jurídico ou mesmo com o fundamento legal indicado pelo autor (determinado artigo ou conjunto de artigos de lei).

Por outro lado, os fatos que servem como causa de pedir remota são os chamados fatos *principais*, ou seja, aqueles que realmente operam como fatos constitutivos do direito ou pretensão deduzido. Não se confundem com os fatos circunstanciais, secundários, simples ou de caráter meramente probatório.

No exemplo do acidente de trânsito a alegação do fato constitutivo da pretensão à reparação do dano é a descrição de que o demandado dirigia o veículo em determinado horário e local e o fez com determinado descuido (inobservância de cautelas) ou excesso, provocando o sinistro. Outros elementos circunstanciais (quantidade de pessoas na via pública, características do local, conduta do demandado após o acidente etc.) configuram fatos secundários, simples, ou de caráter probatório, por comporem o quadro que demonstrará a conduta culposa. Mas não são, em si mesmos, constitutivos da pretensão deduzida.

11.4 Pedido

O pedido é o último dos elementos de identificação de uma demanda.[14]

---

14. Sobre o pedido, v. Milton Paulo de Carvalho, *Do Pedido no Processo Civil*, Porto Alegre, S. A. Fabris, 1992, *passim*.

O art. 319, IV, do CPC/2015 exige que a petição inicial contenha "o pedido com as suas especificações". Mas em que consiste, exatamente, o pedido, e quais seus contornos mínimos, para que seja considerado cumprido o requisito legal acima referido?

Quando se fala em pedido não se está a tratar de todos os requerimentos formulados, em regra, ao final da petição inicial, como, por exemplo, requerimentos de citação do réu, de observância de determinado procedimento previsto em lei, de produção de provas, de expedição de intimações e ofícios, e assim sucessivamente.

Ao contrário, o alcance do conceito é mais limitado. O pedido consiste exclusivamente na pretensão deduzida em juízo, ou seja, na indicação ao juízo daquilo que deverá ser concedido ao postulante na hipótese de acolhimento da demanda proposta (decorrência do exercício do direito de ação).

Muito já se discutiu a respeito desse tema na doutrina, havendo correntes diversificadas a respeito do conteúdo e do alcance do pedido.

No direito alemão discutia-se, por exemplo, se poderia como tal ser considerado o requerimento feito pelo autor (*Antrag*), ou mesmo a situação da vida deduzida (*Lebenssachverhalt*), ou ainda a pretensão de direito material (*Aspruch*), conceito extraído do Código Civil alemão (*Bürgerliches Gesetzbuch/BGB*).

Anote-se que a *Anspruch*, que numa tradução livre, de fato, pode ser compreendida como "pretensão", nada mais é que a pretensão de direito material, ou seja, a exigibilidade do direito, como tal definida pelo legislador alemão como "o direito de exigir de alguém que faça algo, ou que permita que algo seja feito", nos termos do § 194 do BGB,[15] e que se submete à prescrição (*Verjährung*).

A pretensão material ou exigibilidade do direito, que surge com sua violação, é também disciplinada no Código Civil brasileiro (art. 189). Não se confunde, entretanto, com a pretensão processual (ou pedido).

A pretensão material (*Anspruch* do direito alemão) nada mais é que a *exigibilidade* do direito, ou seja, a *possibilidade* de fazê-lo valer, inclusive em juízo. A pretensão processual é o *conteúdo efetivamente deduzido* daquilo que, ao menos na visão inicial do autor, corresponde ao seu direito material ou à sua posição jurídica de vantagem.

Em outras palavras, se a pretensão material é aquilo que "se pode exigir", a pretensão processual é aquilo que "efetivamente se exige" do demandado. Não é por outra razão que, ao tratar desse tema no campo do processo, a doutrina alemã construiu o conceito do *Streitgegenstand*, ou seja, do objeto litigioso do processo, pois só é viável falar em pedido diante de uma pretensão efetivamente deduzida no processo, e, portanto, em face da existência de um litígio (disputa) em torno de certo bem ou direito.[16]

---

15. No original, o § 194, (1) do BGB: "Das Recht, von einem anderen ein Tun oder Unterlassen zu verlangen (Anspruch), unterliegt der Verjährung" (tradução livre: "O direito de exigir de outrem que faça algo ou que permita que algo seja feito se submete à prescrição").

16. Para o registro histórico e esclarecimentos a respeito das diferentes correntes em torno do conceito do objeto litigioso do processo (*Streitgegenstand*) na doutrina de língua germânica, cf. Karl Heinz Schwab, *El Objeto Litigioso en el Proceso Civil*, trad. de Tomas A. Banzhaf,

Assim exposto, deve-se compreender o pedido como o conteúdo do direito ou da pretensão efetivamente deduzido ou feito valer no processo, por parte do autor ou demandante, em face do réu ou demandado.

Não é por outra razão que, voltando ao que antes examinamos, o conceito meramente processual de parte é calcado no pedido quando se afirma que o autor é "aquele que pede" e o réu "aquele em face de quem se pede". Pede-se o quê, entretanto? Responda-se: o reconhecimento da existência de determinado direito ou situação jurídica de vantagem bem como a imposição de seu cumprimento ou observância por parte do demandado.

O pedido, compreendido como pretensão processual, direito ou situação jurídica deduzida pelo autor, cujo alcance é iluminado pela causa de pedir, delimita o objeto litigioso do processo ou, em outras palavras, o bem jurídico disputado em juízo pelo autor e pelo réu.

Embora o tema seja palco de histórica disputa e infindáveis debates, entendemos que a causa de pedir não integra o objeto litigioso do processo, vale dizer, a pretensão processual deduzida em juízo, embora em maior ou menor escala (a depender do tipo de direito deduzido) auxilie a compreender sua extensão e seu alcance.[17]

Note-se que surge aí a distinção entre direitos "autodeterminados" e direitos "heterodeterminados", que se diferenciam pela possibilidade ou não de existirem mais de uma vez, entre a mesmas partes, com objetos similares mas conteúdos distintos.[18]

Os direitos "autodeterminados" são aqueles que só podem existir uma vez, com determinado conteúdo, entre partes certas, o que facilita sua individualização, por excluir a existência contemporânea de direito análogo de terceiro ou do próprio sujeito já englobado pela relação de direito material. Assim, por exemplo, o direito de propriedade (ressalvada a hipótese de copropriedade, não é possível que duas pessoas sejam, ao mesmo tempo, proprietárias do mesmo bem), os direitos de personalidade ou os direitos reais de gozo ou fruição sobre coisa alheia (o usufruto concedido a uma pessoa impede, contemporaneamente, o exercício de direito análogo por terceiro).

Os direitos "heterodeterminados", por sua vez, são aqueles que não excluem a existência de direitos análogos entre as mesmas partes ou em relação a terceiros, ainda que de forma contemporânea. Os direitos de crédito e os direitos reais de garantia são

---

Buenos Aires, EJEA, 1968, *passim* (título original: *Der Streitgegenstand im Zivilprozess*, Munique e Berlim, C. H. Beck Verlagsbuchhandlung, 1954). Para uma boa distinção entre o objeto litigioso, a garantia de acesso à justiça e a pretensão à tutela em juízo, cf. Steffen Detterbeck, "Streitgegenstand, Justizgewährungsanspruch und Rechtsschutzanspruch", *Archiv für die civilistische Praxis* 192/325-340, n. 4, 1992 (disponível em *www.jstor.org/stable/40995514*, acesso em 19.7.2021).

17. Pensamento explanado em maior profundidade em Ricardo de Barros Leonel, *Causa de Pedir e Pedido: o Direito Superveniente*, cit., pp. 103-105. Em sentido oposto, v. Fábio Peixinho Gomes Corrêa, *O Objeto Litigioso no Processo Civil*, cit., pp. 59-62, 100 e 227-233.

18. A respeito, v. Augusto Cerino Canova, "La domanda giudiziale e il suo contenuto", in *Commentario del Codice di Procedura Civile*, t. 1, Turim, UTET, 1980, pp. 177-191.

exemplos dessa categoria. O devedor pode, ao mesmo tempo, ter obrigações diversas porém idênticas em face do mesmo credor, formadas por motivos distintos.

Exemplifiquemos. "A" deve certo valor para "B" com fundamento em descumprimento de contrato. Pode ainda existir outra dívida entre as mesmas partes pelo mesmo valor, com fundamento em confissão de dívida decorrente de mútuo não pago. São duas relações obrigacionais distintas.

Por outro lado, o mesmo bem (móvel ou imóvel) pode ser oferecido em garantia mais de uma vez para credores distintos. Podem existir várias hipotecas sobre o mesmo imóvel, por exemplo.

Por isso é que se diz que, a depender da espécie de direito, a causa de pedir será mais ou menos importante para delimitar o pedido, embora ela, em si mesma (causa de pedir), não integre o conteúdo do pedido, ou seja, da pretensão processual deduzida.

Quando se pede o pagamento de dívida de dez mil reais (pedido, pretensão processual, objeto litigioso do processo) é imprescindível saber qual é o fato constitutivo da causa de pedir. Podem existir várias demandas entre "A" (autor) e "B" (réu) nas quais se pede o mesmo valor com fundamento em causas de pedir distintas. Não haverá dúvida de que se tratará, neste exemplo, de pretensões distintas. Temos, nestas hipóteses, exemplo de direitos "heterodeterminados", para cuja delimitação mostra-se importante a delimitação do fato constitutivo indicado na causa de pedir.

Por outro lado, o pedido de reconhecimento de direito de propriedade sobre determinado imóvel por força de usucapião, entre "A" (demandante) e B" (demandado), só poderá ser feito uma única vez entre as mesmas partes. Tem-se, aí, direito "autodeterminado", para cuja delimitação é reduzida a importância da causa de pedir.

Seja como for, evidencia-se que o pedido, ou seja, a pretensão processual deduzida, configurando o objeto litigioso, é aquilo sobre o qual o juízo deverá decidir.

Importante observar que o pedido é classificado, para fins metodológicos e operacionais, em pedido *imediato* e *mediato*.

O pedido *imediato* consiste no provimento ou efeito jurídico pretendido (declaração, condenação, constituição, execução). O pedido *mediato* consiste no bem da vida buscado pelo demandante (bem jurídico, ou seja, certeza jurídica, reconhecimento da obrigação, criação de uma nova situação jurídica, satisfação do direito já reconhecido).

Tal distinção – insista-se – mostra-se útil para fins práticos, naquilo que se refere à identificação da ocorrência (ou não) de casos de litispendência e coisa julgada, de sorte a obstaculizar o prosseguimento do feito no qual seja repetido outro pedido já feito ou já julgado anteriormente.

Por último, e não menos importante, cabe uma observação.

A identificação da demanda deduzida (seja pelo critério dos três elementos – partes, causa de pedir e pedido; seja ainda pelo critério germânico, associado à teoria do objeto litigioso) tem utilidade não só teórica, mas essencialmente prática: serve para resolver problemas como a identificação da ocorrência de litispendência ou de coisa julgada (art. 37, §§ 1º ao 4º, do CPC/2015); reconhecer a ocorrência de conexão ou continência entre as demandas deduzidas em dois ou mais processos (o problema da relação entre demandas – arts. 54 a 58 do CPC/2015); reconhecer situações de prejudicialidade (art. 313, V, "a", do CPC/2015); equacionar dúvidas a respeito de competência – entre outros.

Vê-se, portanto, que não se trata de questão meramente teórica, mas sim impregnada de repercussões práticas.

Capítulo 12

DIREITO DE AÇÃO E DIREITO DE DEFESA

12.1 Introdução. 12.2 Conceito. 12.3 Teorias da ação (civilista, concretista, abstrativista, eclética). 12.4 Ações individuais e ações coletivas. 12.5 Condições da ação: 12.5.1 Legitimidade – 12.5.2 Interesse processual ou interesse de agir – 12.5.3 Possibilidade jurídica do pedido – 12.5.4 Análise das condições da ação. 12.6 Ação e defesa. 12.7 Revelia e seus efeitos. 12.8 Contraditório diferido ou postecipado (e sua excepcionalidade no sistema). 12.9 Classificação das defesas.

12.1 Introdução

O estudo da ação e da defesa (e, por conseguinte, do direito de ação e do direito de defesa), ao lado do exame da jurisdição e do processo, consubstancia, de acordo com a doutrina tradicional, o exame dos institutos fundamentais do direito processual.

Contextualizando tal análise, convém recordar que a *jurisdição* é ao mesmo tempo *poder* de fazer atuar a lei, *função* do Estado que se realiza no sentido da aplicação do ordenamento jurídico e *atividade* realizada pelos juízes e tribunais. O *processo*, por seu turno, é o método de exercício do poder (escopo político) criado pelo Estado a fim de fazer valer o ordenamento jurídico (escopo jurídico), solucionando conflitos em busca da pacificação social e da conscientização das pessoas a respeito da necessidade de observância da ordem constituída (escopo social).

Ocorre que num Estado Democrático de Direito a jurisdição não opera oficiosamente. Tratando-se de exercício do poder estatal que interfere na esfera privada das pessoas físicas e jurídicas, é imprescindível que, para que sua atuação seja liberada e ocorra de forma legítima, decorra de provocação dos interessados.[1]

Em outras palavras, a possibilidade de que a jurisdição, de ofício, atue, e sem provocação dos sujeitos titulares das posições jurídicas debatidas seja instaurado o

---

1. Sob a perspectiva histórica e atual da jurisdição como exercício do poder, bem como da necessidade do estabelecimento de limites a esta atuação, cf. José Rogério Cruz e Tucci, *Jurisdição e Poder: Contribuição para a História dos Recursos Cíveis*, São Paulo, Saraiva, 1987, *passim*, esp. pp. 3-22 e 195-196.

processo judicial, é característica de regimes políticos totalitários ou ditatoriais, não se coadunando com o ordenamento jurídico brasileiro contemporâneo.

Esse quadro indica, portanto, que a atuação da jurisdição pressupõe provocação por parte de algum sujeito, na condição de destinatário do exercício do poder jurisdicional.

Em outras palavras, num Estado Democrático de Direito o contundente exercício do poder estatal, via jurisdição, através de seu mecanismo de atuação, que é o processo, dadas sua gravidade e suas consequências no plano político, jurídico e social, só se justifica por força e como decorrência da provocação dos interessados.

Essa provocação se dá, precisamente, por meio do exercício do direito de ação e só se legitima, considerando o já assinalado contexto do Estado Democrático de Direito, pelo contraponto ou elemento de equilíbrio consistente na asseguração da possibilidade de exercício do correlato direito de defesa.

Se a jurisdição é exercício do poder, por meio de mecanismo consistente no processo, essa atuação deve ser provocada. A provocação se dá pela via da ação judicial, cuja contrapartida, imprescindível à própria legitimidade da intervenção estatal por meio do poder jurisdicional, é a possibilidade de exercício do direito de defesa.

No sentido do que vem sendo acima exposto, é viável afirmar, numa primeira perspectiva, que o *direito de ação* consiste no *poder jurídico de ativar o exercício da jurisdição* estatal, ou seja, de colocar em movimento o Estado-Juiz, liberando, relativamente à situação lamentada pelo autor, a intervenção estatal destinada à solução do conflito intersubjetivo e à aplicação do ordenamento jurídico ao caso concreto.

Nessa mesma linha, o *direito de defesa*, em percepção inicial, consiste no correlato e indissociável *poder jurídico de oferecer resistência à pretensão deduzida por força do exercício do direito de ação*, habilitando o Estado-Juiz a deliberar, de forma legítima, a respeito do conflito levado ao seu conhecimento e, consequentemente, a solucioná-lo.

Essa noção inicial a respeito do *direito de ação* (*poder jurídico de ativar o exercício da jurisdição*) e do *direito de defesa* (*poder jurídico de oferecer resistência à pretensão deduzida por força do exercício do direito de ação*) não dispensa o exame analítico dos dois institutos, que, a rigor, são inseparáveis.

12.2 Conceito

A conceituação do direito de ação e do direito de defesa torna imperativo, numa primeira mirada, assinalar seus fundamentos político e constitucional.

O que justifica a existência do direito de ação e do correlato direito de defesa do ponto de vista político é a imprescindibilidade da provocação do interessado (autor) e da efetiva possibilidade de resistência daquele que será afetado (réu), a fim de que a jurisdição, em um Estado Democrático de Direito, possa operar.

Em outros termos, num regime político que não seja totalitário ou ditatorial não se mostra viável a atuação do poder jurisdicional sem que haja postulação por parte do titular de determinada posição jurídica e viabilidade de resistência do destinatário desta atuação.

Do ponto de vista jurídico, por outro lado, o que fundamenta o exercício do direito de ação e do direito de defesa é, no plano constitucional, a denominada garantia da ação (também denominada indeclinabilidade ou inafastabilidade da jurisdição), que, em última análise, figura mesmo como garantia da própria tutela jurisdicional.

Em outras palavras, afirmando o art. 5º, XXXV, da CF que "a lei não excluirá da apreciação do Poder Judiciário lesão ou ameaça a direito", assegura o texto constitucional que, diante de qualquer situação de constrangimento ou efetiva lesão a uma posição jurídica, poderá o respectivo titular ativar o funcionamento da jurisdição, desde que o faça em estrita observância dos requisitos e condições impostos pelo legislador infraconstitucional para tanto.

Essa mesma garantia é o fundamento jurídico do exercício do direito de defesa, pois, se a ação assegura o exame da posição jurídica do demandante, a possibilidade do exercício da defesa assegura que o mesmo exame seja realizado em relação à posição do demandado.

Dentro dessa linha, torna-se possível assentar que a ação é o *direito público subjetivo, autônomo, abstrato e instrumental, constitucionalmente fundado, que habilita o titular de uma posição jurídica de vantagem a provocar a atuação da jurisdição, afastando-a do seu estado de inércia, submetendo à sua apreciação situação de ameaça ou lesão a direito*.

Examinando os elementos dessa conceituação, observe-se que se trata de direito: (a) público – em contraposição ao direito privado, visto que prevalece, em relação aos seus escopos, a realização de objetivos que guardam relação não só com o interesse privado dos litigantes mas, sobretudo, com a realização da ordem jurídica e a paz social; (b) subjetivo – visto que inerente ao titular de uma posição jurídica de vantagem, que vem em juízo lamentar situação de ameaça ou lesão; (c) autônomo (relativamente ao direito material) – por ser independente relativamente ao direito material, tanto quanto o próprio direito processual não é um simples apêndice do direito material; (d) abstrato (em relação ao direito deduzido pelo demandante) – tenha-se presente que se assegura o exercício do direito de ação independentemente de ser, ao final, reconhecido ou não que o autor tinha razão quanto à situação por ele lamentada em juízo; (e) instrumental – o exercício do direito de ação não é um fim em si mesmo, mas sim ferramenta, verdadeiro mecanismo, que tem por meta fazer valer a situação jurídica de vantagem da qual o autor é titular; em outras palavras, existe exclusivamente com a finalidade de permitir a solução da crise de direito material; (f) constitucionalmente fundado – na medida em que assentado no art. 5º, XXXV, da CF; (g) apto a provocar a atuação da jurisdição – ponto luminoso do Estado Democrático e Constitucional de Direito (que, em larga medida, o diferencia dos Estados autoritários ou policiais) reside em que a jurisdição não atua de ofício, sendo imprescindível sempre a provocação das partes para que a tutela jurisdicional das situações jurídicas de vantagem ocorra.

Convém ainda recordar que se identifica na doutrina a distinção entre a chamada *ação material* e a *ação processual*, examinada entre nós com profundidade e precisão por juristas como Pontes de Miranda e Ovídio Baptista da Silva,[2] embora, em perspectiva contemporânea, considerando o quadro de evolução científica do direito processual, tal contraposição tenha deixado de receber a atenção dos processualistas.

Apenas para resgatar, singelamente, tal referência, anote-se que a ideia da *ação material* ou, sem a elipse, *ação de direito material* assenta-se no agir do próprio titular da situação jurídica de vantagem para preservar seu direito, fazendo-o diretamente contra o obrigado, sem a intervenção do Estado. Enquadra-se no contexto deste conceito a defesa do direito pelo próprio interessado, por suas próprias mãos, sem invocar a atuação do Estado por meio da jurisdição.

Recordemos, neste particular, que há muito na história do mundo civilizado foi vedada a realização de justiça com as próprias mãos, tendo o legislador, no direito pátrio, criminalizado o exercício arbitrário das próprias razões (art. 350 do CP brasileiro), embora excepcionalmente remanesça a possibilidade do exercício imediato do direito de autodefesa contra agressão iminente. É o que se verifica, por exemplo, em relação à legítima defesa da posse, visto que o art. 1.210, § 1º, do CC, ao cuidar dos seus efeitos, prevê que "o possuidor turbado, ou esbulhado, poderá manter-se ou restituir-se por sua própria força, contanto que o faça logo", estabelecendo ainda que "os atos de defesa, ou de desforço, não podem ir além do indispensável à manutenção, ou restituição da posse".

A *ação processual*, ou *ação de direito processual*, por outro lado, é o instituto objeto de nossa análise, assegurando a todo aquele que se vê em posição jurídica de vantagem em relação a outro indivíduo a possibilidade de submeter situações de ameaça ou de dano ao exame do Poder Judiciário.

É oportuno, igualmente, desde logo frisar que a *ação* (de direito processual, objeto do nosso estudo) não se confunde com a *demanda* e com a *petição inicial*.

A *ação* é o *direito* público e subjetivo, acima aludido, que habilita o sujeito a invocar a atuação da jurisdição para solucionar um litígio.

A *demanda*, por sua vez, é o *ato concreto* praticado pelo titular da posição jurídica de vantagem, no âmbito do exercício do direito de ação, com a finalidade de assegurar a tutela ao seu patrimônio jurídico. É o ato concreto por meio do qual se invoca a atuação da jurisdição para solucionar o litígio.

A *petição inicial*, por sua vez, é o *documento* que materializa o *ato* de exercício do direito de ação pelo demandante (*demanda*) e que deve preencher requisitos de ordem formal, estabelecidos na lei processual (art. 319 do CPC/2015), a fim de que seja possível seu exame pelo Poder Judiciário, sob pena de, não atendidos tais requisitos, ser indeferida.

2. Francisco Cavalcanti Pontes de Miranda, *Tratado das Ações*, vol. 1, São Paulo, Ed. RT, 1970, pp. 109-111; Ovídio Araújo Baptista da Silva, *Curso de Processo Civil: Processo de Conhecimento*, 6ª ed., vol. 1, São Paulo, Ed. RT, 2002, pp. 84-85 e 93.

12.3 Teorias da ação (civilista, concretista, abstrativista, eclética)

O direito de ação sempre foi, historicamente, tema que atraiu a atenção dos estudiosos do direito processual, o que conspirou para a construção de algumas teorias a respeito da sua essência e do seu conteúdo.

É curioso observar, anote-se em "parêntesis" à exposição aqui formulada, que o mesmo fenômeno (prestação de justiça, compreensão dos mecanismos de proteção ao direito) acaba ganhando diferentes perspectivas em conformidade com a realidade cultural, social e política em que a análise se realiza.

Para o jurista inserido no contexto do direito europeu continental, de modo geral, ou seja, no âmbito dos sistemas vinculados à *civil law*, a *ação*, a *defesa*, a *jurisdição* e o *processo* são os institutos fundamentais em torno dos quais seus demais conceitos e institutos devem ser compreendidos e analisados.[3]

Para o jurista inserido no contexto dos sistemas atrelados à *common law* ganha atenção maior a questão do desenvolvimento e do funcionamento dos mecanismos atrelados aos *precedentes*, ou seja, a natural devoção e respeito àquilo que já foi antes decidido, firmado como interpretação do direito (*stare decisis et non quieta movere* = "não se alterar aquilo que já foi decidido").[4]

Anote-se, ainda, que nos sistemas atrelados à *civil law* se observa que nos Países de origem latina, especialmente na Itália, a *ação* foi, dentre os institutos fundamentais, aquele cujo estudo recebeu maior atenção. Curiosamente, ainda no contexto da *civil law*, dentre os Países de raiz germânica recebeu maior interesse o estudo do *objeto litigioso do processo* (*Streitgegenstand*).[5]

Tudo indica que atualmente o foco das atenções, de modo mais ou menos pronunciado em todos os sistemas, converge para a análise da *tutela jurisdicional dos direitos*, que, afinal, é o escopo último de todo sistema jurídico.[6]

---

3. Os autores clássicos cuidam dos temas, em estudos sistemáticos, dessa forma. São exemplos disso, lembrando de autores cuja obra é familiar para os estudiosos brasileiros: Giuseppe Chiovenda (*Instituições de Direito Processual Civil*, 2ª ed., vols. 1 e 2, trad. de Enrico Tullio Liebman, São Paulo, Saraiva, 1965, *passim*), Francesco Carnelutti (*Sistema di Diritto Processuale Civile*, vol. 1, Pádua, CEDAM, 1936, *passim*), e Enrico Tullio Liebman (*Manual de Direito Processual Civil*, trad. de Cândido Rangel Dinamarco, Rio de Janeiro, Forense, 1984, *passim*).

4. Sobre o tema, v. Rupert Cross e J. W. Harris, *Precedente in English Law*, 4ª ed., Nova York, Oxford University Press, 2004, *passim*, esp. pp. 97 e ss.

5. A propósito, como clássico exemplo da elaboração em torno deste tema, Karl Heinz Schwab, *El Objeto Litigioso en el Proceso Civil*, trad. de Tomas A. Banzhaf, Buenos Aires, EJEA, 1968 (título original: *Der Streitgegenstand im Zivilprozess*, Munique e Berlim, C. H. Beck Verlagsbuchhandlung, 1954), *passim*. O assunto continua importante e atual na doutrina alemã. V., como exemplo, Christoph Althammer, *Streitgegenstand und Interesse*, Tübingen, Mohr Siebeck, 2012, *passim*.

6. Cf.: Flávio Luiz Yarshell, *Tutela Jurisdicional*, 2ª ed., São Paulo, DPJ, 2006, pp. 27-38; Carlos Alberto Alvaro de Oliveira, *Teoria e Prática da Tutela Jurisdicional*, Rio de Janeiro, Forense, 2008, pp. 81 e ss.; Luigi Montesano, *La Tutela Giurisdizionale dei Diritti*, Turim UTET,

A percepção desse contexto é útil para dar o devido peso, evidentemente sempre relativo, ao estudo da ação e de suas teorias no direito processual brasileiro, que, como sabemos, está atrelado à tradição do direito europeu continental.

As principais correntes de pensamento que se desenvolveram em torno do tema podem ser sintetizadas, para fins didáticos, com a indicação das teorias *civilista*, *concretista*, *da ação como direito potestativo*, *abstrata* e *eclética*.[7]

Muito se debateu a seu respeito, notadamente a partir de quando, em meados do século XIX, a doutrina caminhou para o reconhecimento da autonomia do direito processual relativamente ao direito material.

Recordemos que até então o direito processual era compreendido como mero apêndice do direito material.[8] Prevalecia o pensamento no sentido de que atenção merecia quase que exclusivamente o estudo do direito material.

Nessa linha, em conformidade com o pensamento da pandectística alemã, que teve entre seus principais protagonistas Rudolph von Ihering e procurava compreender o direito a partir do estudo do *Digesto* (ou *Pandectas*), um dos livros integrantes do *Corpus Iuris Civilis* romano (por determinação do Imperador Justiniano, no século VI d.C.),[9] a ação nada mais era que o direito armado para a "guerra", ou seja, manifestação do próprio direito, quando violado, em condição de defesa na via judiciária.

Inicia-se o debate, na segunda metade do século XIX, a respeito do conceito moderno do direito de ação no direito romano, com a tomada de posições conflitantes pelos juristas alemães Bernhard Windscheid e Theodor Muther.[10] Pouco tempo depois, em 1868, vem a lume a obra de Oskar von Büllow sobre as exceções e os pressupostos processuais (*Die Lehre von den Prozesseinreden und die Prozessvoraussetzungen*), compreendida pela historiografia como verdadeira "certidão de nascimento" da ciência processual, ao identificar a existência no processo de uma relação jurídica distinta da relação de direito material, com pressupostos, sujeitos e características próprios.

Esta foi a semente a partir da qual se desenvolveu toda a doutrina científica do direito processual, servindo como pedra fundamental para que se vislumbrassem, compreendessem e desenvolvessem seus institutos fundamentais, ou seja, a *jurisdição*, a *ação*, o *processo* e a *defesa*.

1994, *passim*; e Augusto Chizzini, "La tutela giurisdizionale dei diritti. Art. 2.907", in *Il Codice Civile. Commentario*, Milão, Giuffrè, 2018, *passim*.

7. V.: Piero Calamandrei, "La relatività del concetto di azione", in *Opere Giuridiche: a Cura di Mauro Cappelletti*, vol. 1, Nápoles, Morano, 1965, pp. 427 e ss.; bem como João Batista Lopes, *Ação Declaratória*, 5ª ed., São Paulo, Ed. RT, 2002, p. 19.

8. Cf. Rudolph von Ihering, *A Luta pelo Direito*, 5ª ed., trad. de J. Cretella Jr. e Agnes Cretella, São Paulo, Ed. RT, 2008, p. 115.

9. Cf., a respeito, José Rogério Cruz e Tucci e Luiz Carlos de Azevedo, *Lições de História do Processo Civil Romano*, São Paulo, Ed. RT, 1996, pp. 35-36.

10. Bernhard Windscheid e Theodor Muther, *Polemica Intorno all'*Actio, Florença, Sansoni/Stabilimenti Tipolitografici Vallecchi, 1954, *passim*.

Cuida-se, nesse período, do início da denominada fase *autonomista* ou *científica* do direito processual.

Tinha força até então a *teoria civilista* da ação, própria da fase anterior, do denominado *sincretismo*, que, com base ainda no pensamento da *pandectística*, compreendia o direito de ação como simples manifestação judicial do próprio direito subjetivo, ou seja, a simples defesa em juízo do próprio direito violado.

Os adeptos da *teoria civilista* da ação recebiam, portanto, pronunciada influência do direito romano, consubstanciada na milenar definição do jurista romano Celso, para quem a ação nada mais era que exigir em juízo aquilo que é devido (*nihil aliud est actio quam ius, quod sibi debeatur, in judicio persequendi*).[11] Essa corrente de pensamento é representada por doutrinadores como Karl von Savigny[12] e Luigi Mattirollo.[13]

Contraponto a tal corrente doutrinária apresenta-se pelo surgimento da *teoria concretista* do direito de ação, bem representada pelo pensamento de Adolph Wach, que escreveu sobre a "pretensão de declaração".[14] Wach procurou demonstrar a autonomia do direito de ação, no sentido da sua independência relativamente ao direito material, mas não sua abstração (ou seja, sua independência em relação ao direito subjetivo tutelado), por concluir que o próprio exercício do direito de ação está vinculado à existência do direito subjetivo cuja proteção se busca em juízo. Sua construção teórica deixou sem explicação a situação atinente à ação declaratória negativa, que, mesmo em caso de procedência, não significaria reconhecimento de nenhum direito subjetivo do autor.

Tal linha de orientação muito influenciou, ademais, a posição doutrinária de Giuseppe Chiovenda nesse campo, estampada na afirmação da *ação como direito potestativo*, consistente na possibilidade de impor em via judiciária aquilo que nos é devido, ou seja, na visão de que a ação é endereçada ao Estado, envolvendo verdadeiro poder exercido pelo autor, em face do adversário, para fazer com que seja observada a "vontade concreta da lei".[15] Nessa linha de pensamento, a autonomia do direito de ação permitia não confundi-lo com o direito subjetivo tutelado, dependendo sua existência, entretanto, do acolhimento (procedência) da iniciativa do autor. Em outras palavras, nessa perspectiva as condições da ação eram compreendidas como condicionantes da procedência da pretensão deduzida em juízo (ou seja, condições de procedência da ação).

---

11. Cf. *Digesto*, 44, 7, 51.

12. Friedrich Karl von Savigny, *System des heutigen römisches Recht*, vol. 5, Berlim, Veit und Comp., 1841, pp. 1-11.

13. Luigi Mattirolo, *Trattado di Diritto Giudiziario Civile Italiano*, 5ª ed., reimpr., vol. 1, Turim UTET, 1931, *passim*.

14. Cf. Adolph Wach, publicação em língua espanhola *La Pretensión de Declaración*, trad. de Juan M. Sermon, Buenos Aires, EJEA, 1962 (do original *Feststellungsanspruch. Ein Beitrage zur Lehre vom Rechtsschutzanspruch*).

15. V.: Giuseppe Chiovenda, *Instituições de Direito Processual Civil*, cit., 2ª ed., vol. 1, p. 24.

Paralelamente, ganha corpo a *teoria abstrata* da ação, dissociando por completo seu exercício, de um lado, e a situação relativa ao direito material, de outro. A ação como direito autônomo e abstrato, completamente dissociado do direito concreto, foi a tônica dos estudos de Plósz (húngaro) e Degenkolb (alemão), datados de 1876 e 1877, respectivamente. Nessa linha doutrinária o direito de ação era compreendido, de forma singela, como direito de acionar a máquina judiciária, pouco importando o desdobramento dessa iniciativa, ou seja, a obtenção de pronunciamento favorável ou desfavorável por parte do órgão judicial.[16]

A sequência deste debate, que vicejou em terreno fértil para acomodar ideias que se traduziram ao fim na construção, em bases sólidas, das bases fundamentais do próprio direito processual, foi a tentativa de conciliação de posições conflitantes, com a identificação de um ponto médio, em torno do qual as diferentes orientações pudessem encontrar um momento de convergência.

Assim, Alessandro Pekelis, ao escrever verbete, no ano de 1937, tratando da teoria moderna da ação, esboçou verdadeira *tentativa de conciliação*, destacando o traço comum entre as diversas correntes, ou seja, a constatação de que a ação envolve o exercício de posição de vantagem por parte do autor relativamente à atividade jurisdicional desenvolvida pelo Estado.[17]

Nessa mesma época, adotando as mesmas premissas, Piero Calamandrei, no ensaio sobre a relatividade do conceito de ação ("La relatività del concetto d'azione"),[18] procura demonstrar que as diferentes orientações em torno do tema decorrem, essencialmente, das concepções políticas e filosóficas que impregnaram os momentos nos quais os diversos trabalhos foram escritos, identificando nelas possibilidades de complementação e de convergência.

Esse foi o ponto de inflexão, a partir do qual se desenvolveu a corrente de pensamento consubstanciada na *teoria eclética* ou *mista* do direito de ação, notabilizada por Enrico Tullio Liebman, delineando a ação como direito de provocar a jurisdição, com a finalidade de obtenção de provimento de mérito, favorável ou não ao demandante. Em outros termos, partiu ele da constatação de que as teorias concretas da ação não explicam a hipótese da improcedência por inexistência do direito subjetivo do demandante. Definiu o direito de ação como direito à obtenção de decisão de mérito, favorável ou não, reconhecendo também, assim, a categoria das condições da ação como pré-requisitos para prolação de sentença de mérito.

---

16. Clara referência a respeito é feita, de modo sintético, por Piero Calamandrei, "La relatività del concetto di azione", cit., in *Opere Giuridiche: a Cura di Mauro Cappelletti*, vol. 1, pp. 427 e ss.

17. Alessandro Pekelis, "Azione (teoria moderna)", in *Novissimo Digesto Italiano*, vol. II, Turim, UTET, 1958, *passim*.

18. Piero Calamandrei, "La relatività del concetto di azione", cit., in *Opere Giuridiche: a Cura di Mauro Cappelletti*, vol. 1, pp. 427 e ss.

A corrente eclética foi a que acabou prevalecendo no direito brasileiro, muito embora de forma não unânime, recebendo a contraposição ou, quando menos, ressalvas por parte de autores como José Joaquim Calmon de Passos, José Ignácio Botelho de Mesquita, Celso Agrícola Barbi, Fábio Luiz Gomes e Ovídio Araújo Baptista da Silva.[19]

12.4 Ações individuais e ações coletivas

Tema correlato ao estudo do direito de ação e do direito de defesa reside no contraponto entre as ações individuais e as ações coletivas.

A história mostra que a preocupação dos estudiosos do direito, bem como do legislador, ao longo dos tempos, sempre esteve mais centrada na proteção de situações jurídicas claramente delimitadas ou circunscritas à esfera de um ou de alguns indivíduos.

A compreensão do denominado direito subjetivo esteve, desde tempos quase que imemoriais, posicionada no centro dos sistemas jurídicos, por razões associadas ao próprio surgimento da sociedade civilizada e, com ela, à proteção dos indivíduos pelo Estado.

A célebre máxima pela qual onde houver sociedade deve existir o direito (*ubi societas, ibi ius*) carregou e carrega, de forma latente ou implícita, a proteção às posições jurídicas de vantagem dos indivíduos perante outros sujeitos, o que, em última análise, nada mais é que a proteção ao direito subjetivo.

Não se pode negar, entretanto, que mesmo em sociedades antigas, em épocas e contextos distintos, alguma preocupação se apresentava com a proteção da *res publica*, de titularidade de coletividades consideradas não como simples agrupamentos de indivíduos, mas como entidades em si mesmas.

O direito romano, por exemplo, há praticamente dois milênios já contava com o instituto da ação popular, permitindo que um cidadão romano promovesse perante o sistema de justiça então existente a proteção de valores que não lhe concerniam individualmente, sendo, ao contrário, inerentes a uma coletividade mais ou menos determinada.[20]

Em outra época e em outra realidade cultural, ou seja, no contexto da formação e desenvolvimento do direito inglês, surgiu também a preocupação com a proteção de

---

19. V.: José Ignácio Botelho de Mesquita (*Da Ação Civil*, São Paulo, Ed. RT, 1975, pp. 5-85), indicando a ação como "direito à administração da justiça". Cf., ainda: Ovídio Araújo Baptista da Silva, *Curso de Processo Civil: Processo de Conhecimento*, 6ª ed., vol. 1, São Paulo, Ed. RT, 2002, pp. 99-109, bem como deste autor em conjunto com Fábio Luiz Gomes, *Teoria Geral do Processo*, 3ª ed., São Paulo, Ed. RT, 2002, pp. 112 e ss.; José Joaquim Calmon de Passos, *Comentários ao Código de Processo Civil, Lei 5.869, de 11 de Janeiro de 1973*, 3ª ed., vol. 3, Rio de Janeiro, Forense, 1977, pp. 369-371; Celso Agrícola Barbi, *Comentários ao Código de Processo Civil, Lei 5.869, de 11 de Janeiro de 1973*, vol. 1, Rio de Janeiro, Forense, 1981, pp. 30-36.

20. V., a respeito, Rodolfo de Camargo Mancuso, *Ação Popular*, 8ª ed., São Paulo, Ed. RT, 2015, pp. 55-57.

coletividades consideradas em si mesmas, e não indivíduos observados conjuntamente. Pode-se apontar, nesse sentido, e com fundamento no denominado *Bill of Peace* (que consolidava práticas originadas por volta dos séculos XI ou XII d.C.), o papel das *Courts of Chancery*, que funcionavam como colegiados com atuação amparada na equidade, nas quais também eram examinados, além de outros problemas, litígios de grupo.[21]

Contudo, é mesmo com o incremento do fenômeno da globalização, a partir do último quartel do século XX, que ganha maior densidade, de forma espontânea, a preocupação com a tutela coletiva de direitos, que se dá tanto no plano do direito material (com a edição, nos mais diversos contextos, Países e culturas jurídicas, de normas voltadas à proteção coletiva de direitos e de direitos coletivos) como no plano do direito processual (com a organização de sistemas e instrumentos processuais de tutela coletiva).

Em outras palavras, embora não se possa afirmar que os instrumentos processuais de tutela coletiva sejam uma "criação" da era moderna, pode-se dizer, sem sobra de dúvida, que foi nos últimos tempos, como consequência da globalização e da sociedade de massa, que estes instrumentos se desenvolveram e ganharam protagonismo.

É legítimo afirmar que não há praticamente um dia em que não se observe no convívio coletivo nos centros urbanos (e a sociedade de nossa era é predominantemente urbana, ao contrário do que se verificava em passado não tão distante, em que ela era predominantemente rural) situações em que um ou vários conflitos coletivos se apresentam, de forma latente ou já em franca manifestação.

A síntese desse quadro é que hoje convivem de modo igualmente presente e indispensável no sistema de tutela de direitos as *ações individuais* e as *ações coletivas*.

Quando se fala em *ações individuais* na verdade se pretende noticiar a existência de demandas (atos concretos de exercício do direito de ação) por meio das quais indivíduos, de forma isolada ou agindo em conjunto (litisconsórcio), buscam em juízo proteção (tutela) para situações jurídicas singulares de vantagem. Na ação (*rectius* = demanda) individual o indivíduo age em nome próprio na defesa de direito próprio (legitimação ordinária) ou, excepcionalmente, age em nome próprio na defesa de direito de outrem (substituição processual, legitimação extraordinária).

Em outras palavras, quando há vários indivíduos no processo judicial atuando de forma conjunta mas em perspectiva individual, mesmo quando cotitulares do direito (copropriedade, por exemplo), o que se destaca é a tutela de direito individual. O objeto litigioso do processo (situação jurídica em torno da qual controvertem os litigantes) tem contornos individuais, reconhecendo-se posição jurídica de vantagem concernente individualmente aos sujeitos, ainda que, por força de circunstâncias, associados na fruição das vantagens daquela posição jurídica.

---

21. Sobre a associação entre o surgimento da tutela coletiva e o direito inglês, cf.: Márcio Flávio Mafra Leal, *Ações Coletivas: História, Teoria e Prática*, Porto Alegre, S. A. Fabris, 1998, pp. 21-32 e 139-145.

As *ações coletivas*, por sua vez, consubstanciam demandas propostas por entidades legitimadas em caráter extraordinário (atuando em substituição processual, em nome próprio mas na defesa de direito alheio) buscando a defesa dos denominados interesses metaindividuais (dos quais são espécies os direitos difusos, os coletivos em sentido estrito e os individuais homogêneos). Estes são posições jurídicas de vantagem concernentes não aos sujeitos individualmente considerados, mas à coletividade por eles formada (no caso dos direitos difusos ou coletivos em sentido estrito) ou, quando menos, tratados coletivamente, embora em sua essência sejam individuais, por apresentarem caráter predominantemente homogêneo (no caso dos direitos individuais homogêneos).

As ações coletivas fogem, em alguma medida, da lógica do processo individual, rendendo ensejo àquilo que vem sendo denominado pela doutrina de processo coletivo, voltado para a tutela jurisdicional dos interesses ou direitos difusos, coletivos em sentido estrito e os individuais homogêneos.

O que particulariza o processo coletivo é a necessidade de conferir tratamento distinto no que diz respeito aos aspectos fundamentais para sua existência e funcionamento. Ou seja, a regulamentação específica de pontos relativos ao *início*, *desenvolvimento* e *fim* do processo, bem como à *estabilidade* daquilo que vem a ser nele decidido. Daí a necessidade de regulação peculiar, para efetiva funcionalidade do processo coletivo, da *legitimação*, de aspectos do *procedimento*, da *decisão de mérito* e da *execução* (ou cumprimento de sentença), bem como da *coisa julgada*.

No âmbito das denominadas ações coletivas no direito brasileiro são englobados veículos processuais que se assemelham, se aproximam e, em que pese a diferenças procedimentais, possuem escopos análogos, quais sejam, todos aqueles correlatos à proteção dos interesses metaindividuais. São eles: a ação civil pública (Lei 7.347/1985); as ações coletivas do Código do Consumidor (Lei 8.078/1990); o mandado de segurança coletivo (Lei 12.016/2009, arts. 21 e 22); as ações populares (Lei 4.717/1965); e as ações de responsabilidade pela prática de atos de improbidade administrativa (Lei 8.429/1992).[22]

---

22. Há viva discussão, quanto ao ponto, a respeito da denominada ação de improbidade administrativa, especialmente após as modificações operadas na Lei 8.429/1992 pela Lei 14.230/2021, prevendo que a ela se aplicam os "princípios do direito sancionador" e que não se trata de "ação civil" (art. 1º, § 4º, e art. 17-D da Lei 8.429/1992, redação da Lei 14.230/2021). A lei não transformou a ação de improbidade, contudo, em ação penal. Ela tem finalidade punitiva, o que justifica que se lhe apliquem com maior rigor as garantias constitucionais do processo. Continua tendo a finalidade de tutelar, entretanto, o interesse público primário concernente à proteção do patrimônio público e social. Por isso deve ser compreendida, sem prejuízo da atenção devotada às suas particularidades, como instrumento de tutela coletiva. Ou seja, está situada no âmbito do processo coletivo. A respeito, v.: Ricardo de Barros Leonel, "Nova LIA: aspectos da retroatividade associada ao direito sancionador", *Revista Eletrônica Consultor Jurídico* 17.11.2021, disponível em *https://www.conjur.com.br/2021-nov-17/leonel-lia-retroatividade-associada-direito-sancionador*, bem como "Nova Lei de Improbidade: atipicidade, prescrição e direito superveniente", *Revista Eletrônica Consultor Jurídico* 29.11.2021, disponível em *https://www.conjur.com.br/2021-nov-29/leonel-lia-atipicidade-prescricao-direito-superveniente*.

Nesse mesmo contexto, muito embora com regulamentação específica, dado tratar-se de temática associada a outro ramo do direito material e do direito processual, devem ser compreendidos os litígios coletivos em matéria trabalhista, ou seja, os dissídios coletivos, que se desenvolvem com o escopo de promover a tutela de interesses transindividuais, correlacionando categorias de empregados e empregadores envolvidos nas relações trabalhistas (art. 114 da CF).

A regulamentação específica do processo coletivo é verdadeira necessidade. Antes que o legislador voltasse sua atenção para a existência dos conflitos de massa (que, como anotado acima, tornaram-se mais presentes e visíveis a partir da segunda metade do século XX), pelas próprias características da sociedade contemporâneas tais espécies de situações conflituosas não eram contempladas com vias adequadas de proteção em juízo.

Algumas indagações práticas ficavam, efetivamente, sem resposta, tais como:

(a) Quem deve promover em juízo a proteção de interesses que são ao mesmo tempo de muitos e, individualmente, de nenhum sujeito (legitimação)?

(b) Os contornos dos procedimentos previstos em lei são suficientes para assegurar, na medida adequada, o devido processo legal relativo à tutela dos interesses metaindividuais (aspectos do procedimento)?

(c) As decisões de mérito proferidas em ações voltadas à tutela de interesses transindividuais devem ser vinculantes para todos os seus destinatários, mesmo sem terem fruído da oportunidade de estar presentes e participar do processo no qual a decisão se formou (efeitos das decisões)?

(d) Em que medida devem tais situações se tornar estáveis, considerando a mutabilidade das situações relacionadas aos conflitos coletivos e a amplitude subjetiva dos seus destinatários (coisa julgada)?

(e) Como promover o cumprimento (execução) das decisões definitivas de mérito, consideradas as particularidades e a complexidade das situações relacionadas aos conflitos coletivos?

A edição de leis cuidando, portanto, dos aspectos antes relacionados (legitimação, procedimento, decisões de mérito, cumprimento de sentença e coisa julgada) era, de fato, essencial para que a possibilidade de tutela coletiva saísse do campo da teoria e ingressasse de modo concreto na realidade forense.

O legislador brasileiro tomou a dianteira nessa matéria e, com a edição de leis que tratam de forma temática da proteção de direitos coletivos, construiu verdadeiro sistema processual coletivo, que ostenta, em alguma medida, certa autonomia relativamente ao processo civil de natureza individual.

Ainda que se reconheça a necessidade de aprimoramento desse sistema,[23] não se pode negar que existe na interação dos principais textos legislativos nessa matéria

---

23. O Projeto de Lei 5.139/2009, trazendo nova disciplina para a ação civil pública, continha regramento suficiente para torná-lo apto a figurar como verdadeiro código de processos

(Lei da Ação Civil Pública e Código do Consumidor) verdadeiro sistema processual coletivo, visto que, pelas remissões recíprocas que os diplomas fazem entre si (art. 21 da Lei 7.347/1985 e art. 90 da Lei 8.078/1990), complementam-se mutuamente. Isso permite que as diretrizes contidas em ambos os diplomas sejam aplicadas às demandas coletivas fundadas em ambos bem como na legislação correlata.

Note-se que, nada obstante seja sempre possível o aprimoramento, não se deve desconhecer o dado concreto de que o sistema brasileiro pode ser considerado referência em sede de ações coletivas.[24]

Anote-se, por último, que o estudo do processo coletivo (tutela jurisdicional dos interesses metaindividuais) e das denominadas ações coletivas deve ocupar o espaço e o tempo de disciplina autônoma, dadas sua dimensão, extensão e complexidade.

12.5 Condições da ação

Sabe-se que o direito de ação tem assento constitucional, visto que sua essência deve ser extraída do art. 5º, XXXV, da CF, constituindo-se em direito público, subjetivo, autônomo e abstrato de invocar a prestação jurisdicional em todo e qualquer caso de lesão ou ameaça às posições jurídicas de vantagem amparadas no ordenamento jurídico individual ou coletivo.

Embora a Constituição, ao assegurar a possibilidade de acesso à justiça relativamente a toda e qualquer lesão ou ameaça a direito, não estabeleça nenhuma ressalva ou restrição explícita ou aparente, é certo que não existem direitos absolutos.

Notadamente quando se cuida do exame dos direitos e garantias previstos na Constituição, é imprescindível ter presente a necessidade de convívio positivo entre os direitos, de sorte que eles acabam, na prática, limitando-se reciprocamente, visto que a afirmação do caráter absoluto de um direito frequentemente significaria, na prática, a completa retirada de eficácia de outro direito.

Em outras palavras, a necessidade de convívio entre direitos e garantias fundamentais previstos na Constituição, e as frequentes ocorrências de colisão entre eles revelam

---

coletivos. Por razões relacionadas à própria complexidade dos processos legislativos e aos componentes políticos que nele se apresentam, não seguiu adiante, sendo rejeitado na Comissão de Constituição e Justiça da Câmara. Foi interposto recurso para o Plenário da Casa legislativa, não apreciado. Foram, posteriormente, apresentados outros projetos com o mesmo fim: PLs 4.778/2020, 4.441/2020 e 1.641/2021. O último aqui referido (PL 1.641/2021, que vem sendo chamado de "Projeto Ada Pellegrini Grinover", em homenagem à Professora que tanto se empenhou para o aprimoramento do sistema de tutela coletiva), elaborado por Comissão de Juristas designada pelo Instituto Brasileiro de Direito Processual (da qual tivemos a oportunidade de participar) e apresentado à Câmara dos Deputados pelo deputado Paulo Teixeira, é aquele que, em nossa percepção, apresenta a melhor proposta de aperfeiçoamento do sistema de tutela coletiva.

24. V., a respeito: Ricardo de Barros Leonel, *Manual do Processo Coletivo* (5ª ed., São Paulo, Malheiros Editores, 2021, p. 53), bem como Patrícia Miranda Pizzol, *Tutela Coletiva: Processo Coletivo e Técnicas de Padronização das Decisões* (São Paulo, Thomson Reuters Brasil, 2019, p. 74).

ser imprescindível que se anote a existência, em alguma medida, da relatividade destes direitos e garantias.

Não é diverso aquilo que se verifica em relação ao direito de ação.

Embora seja assegurada a todos a possibilidade de colocar a jurisdição em movimento para tutelar as situações de lesão ou ameaça a direitos, isso não significa que a prerrogativa de propor demandas em juízo possa ser exercida abusiva e ilimitadamente.

Considerando que toda demanda judicial significa, para o demandado, algum grau de constrangimento pessoal (basta pensar nas consequências da instauração do processo: necessidade de contratação de advogado para realização da defesa, necessidade de comparecimento às audiências judiciais, existência de registro da distribuição judicial do processo, eventual desconfiança de credores em relação ao demandado e abalo à sua credibilidade, despesas relacionadas à atividade probatória etc.), mostra-se imprescindível que a demanda contenha densidade mínima para que seja autorizado seu prosseguimento.

O contrário seria submeter o demandado, em alguns casos, a constrangimentos indevidos.

Essa é a razão de ser dos *pressupostos de admissibilidade de julgamento do mérito*, categoria que engloba tanto as *condições da ação* como os *pressupostos processuais*. Não é diversa a razão pela qual o sistema normativo penaliza o exercício abusivo do direito de ação, impondo sanções à prática da denominada litigância de má-fé (arts. 77 a 81 do CPC/2015).

É adequado observar, portanto, que as condições da ação figuram, do ponto de vista teórico e prático, como requisitos de admissibilidade para que ocorram a tramitação completa do processo e ulterior julgamento do mérito, evitando o constrangimento decorrente do prosseguimento de uma demanda judicial, com todos os atos imprescindíveis ao seu desenvolvimento e conclusão (citação, defesa, instrução probatória etc.), quando de antemão já se sabe, de forma manifesta, que a iniciativa está fadada ao insucesso.[25]

Em outros termos, pode-se também afirmar que as condições da ação se apresentam como técnica legislativa e processual por força da qual, vislumbrando-se desde logo a completa impossibilidade de sucesso na demanda judicial, abrevia-se sua tramitação, encerrando-se prematuramente o processo, dado que a iniciativa está fadada ao insucesso.

A compreensão das condições da ação guarda relação, evidentemente, com o conceito que se tenha do próprio instituto da ação judicial, visto que a ação e suas condições figuram como elementos complementares e indissociáveis.

---

25. Tal linha de compreensão, em alguma medida, é adotada por Vicente Greco Filho, *A Teoria da Ação no Processo Civil*, São Paulo, Dialética, 2003, pp. 21-22. V., ainda, José Roberto dos Santos Bedaque, *Efetividade do Processo e Técnica Processual*, 3ª ed., São Paulo, Malheiros Editores, 2010, pp. 240-244.

A delimitação desse conceito sempre foi objeto de intensa controvérsia, tendo predominado na doutrina brasileira, embora de forma não unânime, o entendimento assentado na doutrina eclética a respeito da ação. Sob tal prisma, suas condições são requisitos para o julgamento do mérito, que pode ser favorável ou desfavorável ao autor.

Essa concepção, entretanto, não é totalmente satisfatória, na medida em que, em análise atenta, se observa que o exame das condições da ação é feito a partir da própria relação jurídica de direito material.

Note-se que no princípio o estabelecimento dessa categoria contou com o suporte de Enrico Tullio Liebman, expoente da teoria eclética ou mista da ação, assinalando serem elas três: *legitimidade* (legitimação para agir), *interesse* (interesse de agir ou interesse processual) e *possibilidade jurídica do pedido*.

A partir da 3ª edição do seu *Manual de Processo Civil* Liebman excluiu a possibilidade jurídica do pedido do rol das condições da ação, tendo em conta que o exemplo fundamental dessa espécie, ou seja, a vedação do divórcio, deixou de existir na Itália.

A possibilidade do pedido permaneceu incluída na legislação brasileira, entretanto, como condição da ação, ao lado da legitimidade e do interesse de agir, até recentemente.

Observe-se, nesse sentido, que o Código de Processo Civil/1973 se referia às três condições (legitimidade, interesse e possibilidade do pedido) nos arts. 3º (legitimidade e interesse) e 267, VI (possibilidade, legitimidade e interesse). O Código de Processo Civil/2015, por seu turno, em disposições equivalentes (arts. 17 e 485, VII), refere-se exclusivamente ao interesse e à legitimidade, não havendo mais, ao longo de todo o seu texto, qualquer menção à possibilidade do pedido.

É correto observar, portanto (e o modo como o Código de Processo Civil/2015 tratou da matéria revela a influência que a doutrina teve na formação do texto da nova codificação), que a visão das condições da ação, pura e simplesmente, como requisitos de admissibilidade do julgamento do mérito não foi acolhida sem ressalvas.

É verdade que o art. 485, VI, do CPC/2015 mantém a orientação da legislação anterior (art. 267, VI, do CPC/1973) no sentido de que, se ausentes as condições da ação, não se realiza o julgamento do mérito.

Ocorre que, se as condições da ação são examinadas a partir do conteúdo da própria relação de direito material deduzida em juízo, isso significa que sua análise envolve, ao menos parcialmente, exame de mérito.[26]

A chave para a solução desse enigma reside em reconhecer dois pontos fundamentais: (a) a diferença de grau de cognição com que se realiza a análise das condições da ação, de um lado (exame superficial, ou seja, *prima facie*, a partir daquilo que é alegado pelo autor na petição inicial; não exame aprofundado, com base no resultado da atividade probatória, realizado quando do julgamento do mérito); e (b) o reconhecimento e que as condições da ação são técnica destinada a evitar constrangimentos desnecessários (decorrentes do prolongamento da existência de um processo fadado ao insucesso).

---

26. V., a respeito, José Roberto dos Santos Bedaque, *Efetividade do Processo e Técnica Processual*, cit., 3ª ed., pp. 263-265.

12.5.1 Legitimidade

A legitimidade ou legitimação para agir consiste, na expressão consagrada de Liebman, na pertinência subjetiva da ação.[27]

Legitimada é a pessoa ou entidade que está atrelada à situação jurídica de direito material deduzida em juízo, ostentando, em face dela, posições ativas ou passivas. Em outras palavras, são legitimados, considerando a relação jurídica deduzida pelo demandante como parte da fundamentação da demanda judicial, aqueles que nela figuram como sujeitos ativos ou passivos.

Assim, tomando como exemplo relações comuns no campo do direito material, figurarão como autor e réu, na condição de partes legítimas, o contratante e o contratado (relação contratual), o lesado e aquele que praticou a conduta lesiva (casos de responsabilidade extracontratual ou aquiliana), o marido e a mulher (nos casos de divórcio) etc.

Legitimado ativo é aquele que, dada sua posição relativamente a determinada situação ou relação jurídica, pode deduzir pretensões em juízo, ajuizando demandas com amparo no direito constitucional de ação. Legitimado passivo, por sua vez, é aquele em face de quem pode ser proposta a demanda judicial, considerada sua posição passiva relativamente a determinada situação ou relação jurídica.

Em outros termos, se o autor é aquele que pede ("aquele que propõe") e o réu é aquele em face de quem se pede ("aquele em face do qual se propõe"), usando a terminologia consagrada por Chiovenda,[28] está habilitado a figurar como autor aquele que ostenta posições ativas em relação à situação jurídica (o credor, o lesado etc.), enquanto se encontra habilitado a figurar como réu aquele que ostenta posições passivas em relação a esta mesma situação (o devedor, o agente que praticou a lesão etc.).

12.5.2 Interesse processual ou interesse de agir

Pela célebre lição de Francesco Carnelutti,[29] o interesse consiste, de forma geral, numa relação entre um sujeito e determinado bem ou objeto que possui aptidão para satisfazer suas necessidades e, por isso, apresenta-se como algo útil e adequado para tal fim.

O interesse processual ou interesse de agir, por sua vez, resume-se à *utilidade* da prestação jurisdicional, que se assenta na sua efetiva *necessidade* para determinado sujeito e na *adequação* tanto da via eleita como do provimento pleiteado pelo demandante para tal fim.

---

27. Enrico Tullio Liebman, *Manual de Direito Processual Civil*, cit., pp. 157-161, especialmente p. 159. Sobre o tema, v. Donaldo Armelin, *Legitimidade para Agir no Direito Processual Civil Brasileiro*, São Paulo, Ed. RT, 1979, p. 84.

28. Giuseppe Chiovenda, *Instituições de Direito Processual Civil*, cit., 2ª ed., vol. 2, pp. 234-235.

29. Francesco Carnelutti, *Teoria Geral do Direito*, trad. de A. Rodrigues Queiró e Artur Anselmo de Castro, São Paulo, Saraiva, 1942, p. 78.

Assim, há interesse de agir do credor em mover ação de cobrança em face do devedor, diante da *utilidade* da eventual condenação deste ao pagamento do valor devido, solução que preenche não só o requisito da *necessidade* (é imprescindível para que se efetive a ulterior satisfação do credor), mas também da *adequação* (é indispensável a condenação para que seja legitimamente imposto ao devedor o cumprimento da obrigação).

Por outro lado, não está presente o interesse de agir quando se busca provimento judicial inapto a trazer qualquer benefício concreto, do ponto de vista essencialmente prático, ao demandante. Assim, não há interesse de agir para propor ação declaratória de uma relação jurídica ou do alcance de um contrato ou de determinada cláusula contratual se não há manifestação concreta, entre as partes, a respeito da existência de uma dúvida objetiva (e não simples dúvida subjetiva) sobre o alcance, o modo de ser ou a correta interpretação da relação, do contrato ou de uma cláusula deste.

Neste ponto, observe-se que a dúvida íntima de uma das partes a respeito do alcance de um contrato ou cláusula (a chamada *dúvida subjetiva*) não é suficiente para configurar o interesse de agir. Se esta dúvida ganha contornos concretos (a chamada *dúvida objetiva*), manifestando-se pela conduta dos contratantes (notificação a respeito da invalidade de uma cláusula ou sobre a incidência ou não de disposições do contrato; manifestações formais ou públicas a respeito da compreensão de uma das partes sobre o alcance e o modo de ser da relação jurídica), torna-se suficiente para revelar o interesse de agir, visto que a demanda judicial passa a ter utilidade, sendo necessária e adequada para o enfrentamento daquela situação concretamente considerada.

Em outras palavras, o interesse, ainda que se cuide de demanda declaratória, deve ser aferido sempre sob a perspectiva prática, pois assim não fosse seria possível exercer o direito de ação com finalidade meramente consultiva, para obter respostas teóricas por parte do Poder Judiciário para problemas inexistentes. É ocioso dizer, ademais, que os órgãos judiciários não têm função de responder a simples consultas.

É evidente, ademais, que a aferição do interesse processual também se dá a partir da relação jurídica de direito material deduzida em juízo pelo autor. Ou seja, é imprescindível que o demandante descreva, na petição inicial, situação de fato apropriadamente amparada por fundamentação jurídica que, ao final, indique a utilidade, necessidade e adequação do provimento jurisdicional por ele pleiteado.

12.5.3 Possibilidade jurídica do pedido

Como visto acima, embora o art. 267, VI, do CPC/1973 ainda arrolasse a possibilidade jurídica do pedido como uma das condições da ação, o próprio Liebman já a havia abandonado na 3ª edição do seu *Manual de Processo Civil*, mantendo apenas a legitimidade e o interesse de agir como requisitos de admissibilidade para o julgamento do mérito.

O Código de Processo Civil/2015, por sua vez, também eliminou a referência à possibilidade do pedido, mantendo apenas a menção à legitimidade e ao interesse (arts. 17 e 485, VI).

Isso não afasta, entretanto, a necessidade de examinar o conteúdo e as repercussões relacionadas à possibilidade jurídica do pedido, pois, embora não mencionada atualmente em lei (ao menos não de forma literal), a indagação persiste: o que deve ocorrer quando o demandante formula um pedido que, juridicamente, é manifestamente inviável?

Além disso, como deve ser compreendida esta inviabilidade do pedido?

Comecemos pela segunda pergunta.

Quando da construção da teoria das condições da ação, estritamente relacionada à teoria mista ou eclética da ação (cujo expoente foi Liebman, para quem o direito de ação consistia no direito ao julgamento do mérito do pedido, enquanto as condições eram requisitos de admissibilidade deste julgamento), a concepção originária, relativa à possibilidade jurídica do pedido, guardava compreensão ainda atrelada a uma visão muito próxima entre direito processual e direito material. Daí a ideia de que *pedido possível* era aquele *previsto expressamente* no ordenamento e de que, consequentemente, seria juridicamente impossível o pedido se não houvesse no sistema normativo previsão específica que amparasse, ao menos em tese, a pretensão deduzida pelo autor.[30]

Essa posição inicial ainda contava, de forma nítida, com as marcas do período em que o processo era compreendido como simples apêndice do direito material. Em outros termos, só seria possível deduzir uma pretensão em juízo se houvesse regra tipificando claramente o direito buscado pelo autor.

A evolução da doutrina no estudo do tema levou sua compreensão a um patamar distinto, mais apropriado à concepção autonomista do direito processual.

Assim, o entendimento que passou a prevalecer, ao longo do tempo, foi no sentido de que não se deve buscar no ordenamento jurídico uma "autorização" para deduzir determinada pretensão, mas sim, ao contrário, a ausência de vedação para a dedução daquela pretensão.

Em outras palavras, a possibilidade do pedido deve ser compreendida como *inexistência da vedação*. O autor, portanto, só esbarraria na impossibilidade jurídica se houvesse no sistema jurídico uma proibição expressa ao alcance de sua postulação. Todas as pretensões são viáveis, desde que não expressamente proibidas.[31]

Tal orientação guarda sintonia com a denominada "atipicidade" do direito de ação, assentada, em última análise, na própria garantia estabelecida pelo art. 5º, XXXV, da CF, pela qual toda ameaça ou lesão a direito é passível de apreciação judicial.

---

30. Assim, Enrico Tullio Liebman, *Manual de Direito Processual Civil*, cit., p. 161.

31. V., nesse sentido, José Roberto dos Santos Bedaque (*Direito e Processo: Influência do Direito Material sobre o Processo*, 6ª ed., São Paulo, Malheiros Editores, 2011, pp. 116-117), anotando que: "Impossibilidade jurídica, como condição da ação, é aquela denominada por alguns de absoluta, ou seja, a negativa genérica da pretensão no ordenamento jurídico. A análise de circunstâncias concretas a respeito de pedido admitido em tese pelo legislador material implica exame de mérito".

Ocorre que essa avaliação, de fato, nada mais é que a análise, *prima facie*, do próprio mérito da pretensão deduzida pelo autor. Afirmar que o pedido é juridicamente impossível significa dizer que o autor, de forma manifesta, não tem direito.[32]

Cumpre exemplificar.

A lei civil veda a cobrança de dívidas de jogo, embora não seja viável a repetição daquilo que foi pago a tal título (arts. 814 e 815 do CC). Em função disso, não é juridicamente possível pedido formulado em ação de cobrança de valores decorrentes de dívidas desta natureza.

Por razões similares é impossível a cobrança de dívidas decorrentes de atos ilícitos, como a agiotagem (empréstimo de dinheiro a juros), o tráfico de entorpecentes (figure-se a absurda hipótese de ajuizamento de ação de cobrança por responsável pelo comércio de entorpecentes em caso de não pagamento por seus "clientes", usuários das substâncias proibidas); ou mesmo a cobrança que se valha de modos ilícitos para a quitação da dívida (imagine-se que o credor, ciente da insolvência do devedor, postulasse a satisfação do crédito com a prestação de serviços análogos ao de escravo por parte do devedor). A dignidade da pessoa (art. 1º, III, da CF), entre outros motivos, sinalizaria para a inviabilidade jurídica do pedido. Idêntico resultado ocorreria se um Estado postulasse em juízo sua separação da Federação, dada a indissolubilidade do vínculo federativo (art. 1º da CF).[33]

Chegamos, portanto, à segunda pergunta: o que deve ser feito diante dos casos de manifesta impossibilidade jurídica do pedido?

O Código de Processo Civil/1973 tinha regra expressa no sentido do indeferimento da petição inicial, por inépcia, em caso de manifesta impossibilidade jurídica do pedido (art. 295, parágrafo único, III).

O Código de Processo Civil/2015, por sua vez, mantém a viabilidade do indeferimento da inicial por ilegitimidade da parte ou carência de interesse processual, tal como se verificava no Código de Processo Civil/1973 (art. 295, II e III, do CPC/1973; art. 330, II e III, do CPC/2015), não contendo a previsão de indeferimento, por inépcia, fundado na impossibilidade jurídica do pedido.

O Código vigente contém, entretanto, regra dispondo sobre a "improcedência liminar do pedido" (art. 332, I, II, III e IV, e § 1º), autorizando que o juiz, liminarmente e independentemente de citação do réu, julgue improcedente o pedido que contrariar: enunciado de súmula do STF ou do STJ; acórdão proferido pelo STF ou pelo STJ em

---

32. Observa José Roberto dos Santos Bedaque (*Direito e Processo: Influência do Direito Material sobre o Processo*, cit., 6ª ed., p. 106) que existe "(...) identidade entre impossibilidade jurídica e improcedência. Legitimidade e interesses não se identificam plenamente com o mérito. Mas o exame desses elementos produz efeitos no plano material, razão por que a decisão deve adquirir a qualidade da coisa julgada".

33. Este último, como exemplo de impossibilidade jurídica, ao lado de outras, é apontado por Cândido Rangel Dinamarco ("Relativizar a coisa julgada material", in *Nova Era do Processo Civil*, São Paulo, Malheiros Editores, 2003, p. 249).

julgamento de recursos repetitivos; entendimento firmado em incidente de resolução de demandas repetitivas ou de assunção de competência; enunciado de súmula de tribunal de justiça sobre o direito local; bem como quando verificar, desde logo, a ocorrência de decadência ou prescrição.

Persiste, portanto, a dúvida: o que fazer nos casos em que seja manifestamente descabido, por contrário ao ordenamento jurídico, o pedido formulado pelo autor? Diante da aparente lacuna normativa, seria necessária a citação para que só ao final, ainda que no momento do julgamento antecipado, sendo a questão exclusivamente de direito ou dispensando os fatos prova além da documental já juntada (art. 355 do CPC/2015), fosse proferida sentença de improcedência da ação?

Nossa posição: embora o Código de Processo Civil/2015 não mais inclua entre as condições da ação a possibilidade jurídica do pedido, isso não significa que a lei esteja a impor ao réu um constrangimento indevido nos casos em que a pretensão deduzida pelo autor seja manifestamente contrária ao direito e, com base nessa avaliação, sem a necessidade de instrução probatória, seja viável concluir pela improcedência da pretensão deduzida.

Em outros termos, pode o juiz, por interpretação sistemática e finalista das disposições antes mencionadas, negar seguimento à pretensão deduzida, reconhecendo a ausência do interesse de agir. É inútil, por ser inadequado e desnecessário, deduzir pretensão que colida frontalmente com a ordem jurídica (seja manifestamente impossível do ponto de vista jurídico).

É possível concluir, portanto, que sob a vigência do Código de Processo Civil/2015 a impossibilidade jurídica do pedido se resolve como caso de falta de interesse de agir, por desnecessidade e inadequação da pretensão deduzida ao direito material aplicável à espécie.

12.5.4 Análise das condições da ação

Se o exame das condições da ação é realizado a partir de elementos integrantes da própria relação jurídica de direito material (pois, para verificar sua presença, invariavelmente deverá o magistrado se ater à observação sobre quem são as partes, qual é a causa de pedir e quais são os pedidos), é imprescindível verificar se há e qual é a diferença entre a análise realizada no momento inicial da formação do processo, ou seja, quando a ação é proposta, e aquela realizada ao final, ou seja, na sentença, quando do julgamento do mérito.

Em outros termos, que diferença existe entre extinguir o processo por ilegitimidade do réu numa demanda decorrente de acidente de trânsito, considerando que o réu não era proprietário nem estava dirigindo o veículo envolvido no acidente, ou, pelas mesmas razões, ao final do processo, julgar a ação improcedente? Qual a distinção entre indeferir a petição inicial por falta de interesse de agir quando se evidencia, pela documentação apresentada pelo autor, que ele não tem necessidade da tutela jurisdicional, e julgar improcedente a demanda, ao final, porque a instrução probatória demonstra que a dívida já foi paga pelo demandado (ou seja, o demandante não tem necessidade do julgamento favorável)?

Levando em consideração esse contexto, que está a demonstrar que, na essência, as mesmas razões podem levar à extinção do processo sem exame do mérito (no seu limiar) ou ao julgamento de mérito de improcedência da pretensão deduzida (no seu final), chega-se à conclusão de que a diversidade entre as duas análises reside na *profundidade da cognição* realizada pelo juiz nos dois momentos antes mencionados: *no início da tramitação* do processo (com a finalidade de eventualmente extingui-lo) ou *ao seu final* (com o resultado de procedência ou improcedência da ação).

Tais ponderações levaram à construção da denominada *teoria da asserção* (aceita não sem controvérsia pela doutrina), por força da qual o exame das condições da ação deve ser realizado *in status assertionis*, ou seja, com base num exame superficial das alegações formuladas pelo autor na petição inicial.[34]

Em outros termos, quando se inicia o processo o exame que o juiz realiza é superficial, calcado naquilo que se extrai das alegações do demandante (contidas na petição inicial). Tal exame (considerando exclusivamente as alegações do autor, contidas na petição inicial) é feito para concluir se estão presentes, ao menos de forma relativamente aparente, as condições da ação, justificando-se, portanto, que o demandado seja submetido, de forma legítima, ao constrangimento consistente em responder a uma demanda em juízo.

Superada essa fase, com introdução de elementos probatórios e alcançado o momento final de prolação da sentença, a análise a ser realizada é aprofundada, exauriente. Tem a finalidade de verificar, senão com certeza, com convicção segura (pautada no exame aprofundado da prova produzida e das questões de direito), se o demandante tem ou não o direito que deseja ver reconhecido.

A profundidade da cognição, portanto (superficial no limiar do processo, para identificação da presença ou ausência das condições da ação; aprofundada ou exauriente ao final, para fins de prolação de sentença de mérito), é a nota que distingue o exame das condições da ação do julgamento do mérito.

Isso nos leva a concluir, mais uma vez, com autorizada doutrina,[35] que examinar as condições da ação nada mais é que analisar, de forma superficial, aspectos do próprio mérito da pretensão deduzida. Assim, funcionam tais requisitos de admissibilidade, nesse contexto, como técnica adotada pelo legislador para afastar de imediato o seguimento do processo e os constrangimentos aos quais se submete o demandado sempre que restar desde logo evidente, mesmo em exame superficial, próprio do momento inicial do procedimento em juízo, que a iniciativa do autor estará fadada ao insucesso.

---

34. Cf. Elio Fazzallari, *Note in Tema di Diritto e Processo*, Milão, Giuffrè, 1957, p. 141.

35. Nesse sentido, por todos: José Roberto dos Santos Bedaque, *Efetividade do Processo e Técnica Processual*, cit., 3ª ed., pp. 240-244.

Não se desconhece a crítica doutrinária que aponta a artificialidade da teoria da asserção, acentuando que seria mal explicada a transmudação das condições em mérito, que poderia ser associada a um "passe de mágica".[36]

Trata-se de discussão viva, existindo bons argumentos a favor e contra a teoria. Sua utilidade prática, contudo, tem suas razões acima demonstradas.

12.6 Ação e defesa

A ação e a defesa, no processo, devem ser observadas em diferentes perspectivas.

Por primeiro é necessário lembrar que, ao lado da *jurisdição* e do *processo*, são a *ação* e a *defesa* institutos fundamentais do direito processual.

De um lado, o *direito de ação* é compreendido como *direito público subjetivo, autônomo, abstrato e instrumental, constitucionalmente fundado, que habilita o titular de uma posição jurídica de vantagem a provocar a atuação da jurisdição, afastando-a do seu estado de inércia, submetendo à sua apreciação situação de ameaça ou lesão a direito*; de outro, o *direito de defesa* deve ser delimitado como *direito público subjetivo, autônomo, abstrato e instrumental, constitucionalmente fundado, de, diante da provocação da atuação da jurisdição, que a afasta do seu estado inercial, submeter à sua apreciação o posicionamento do demandado em face das alegações de suposta ameaça ou lesão a direito formuladas pelo demandante.*

Dessa forma, sendo o *direito de ação* o *poder de ativar a jurisdição, colocando-a em movimento para apreciação de determinada posição jurídica sustentada pelo demandante*, a contrapartida é o *direito de defesa*, como *poder legítimo de oferecer resistência à pretensão deduzida pelo autor.*[37]

Se tomarmos como premissa que a ação e a defesa são, portanto, manifestações concretas – visto que por ela asseguradas – da garantia de acesso à justiça (também denominada inafastabilidade ou indeclinabilidade da jurisdição), estabelecida no art. 5º, XXXV, da CF, é possível também concluir que acabam figurando, na prática, como duas faces da mesma moeda.[38]

Observe-se: a afirmação de que se trata de duas faces da mesma moeda é relevante, pois se correlaciona com a ideia de que a garantia de acesso à justiça oferece mais do

---

36. É o apontamento de Cândido Rangel Dinamarco (*Instituições de Direito Processual Civil*, 8ª ed., vol. II, São Paulo, Malheiros Editores, 2019, pp. 368-372).

37. O paralelismo entre direito de ação e direito de defesa é reconhecido na doutrina. Nesse sentido, como exemplo, cf.: Cândido Rangel Dinamarco, *Instituições de Direito Processual Civil*, cit., 8ª ed., vol. II, pp. 344-348; Cândido Rangel Dinamarco, Gustavo Henrique Righi Ivahy Badaró e Bruno Vasconcelos Carrilho Lopes, *Teoria Geral do Processo*, 32ª ed., São Paulo, Malheiros Editores, 2020, pp. 331-335; e Heitor Vitor Mendonça Sica, *O Direito de Defesa no Processo Civil Brasileiro. Um Estudo sobre a Posição do Réu*, São Paulo, Atlas, 2011, pp. 45-56.

38. Essa ideia já era fomentada, há muito, por Ada Pellegrini Grinover (*As Garantias Constitucionais do Direito de Ação*, São Paulo, Ed. RT, 1973, pp. 7-19).

que o simples acesso "formal" ao Poder Judiciário, garantindo, desde que presentes os pressupostos de admissibilidade do julgamento do mérito (condições da ação e pressupostos processuais), o acesso à *tutela jurisdicional* propriamente dita (proteção jurídica e prática ao direito e à pessoa daquele litigante a quem for reconhecida razão).

É precisamente isso que se verifica: *tutela jurisdicional* não apenas é concedida ao demandante pelo simples fato de que, no sistema processual, se confere a ele a iniciativa de colocar a jurisdição em movimento (retirando-a de seu estado inercial), por meio do oferecimento da demanda. Os casos de improcedência da demanda ajuizada significam, na prática, tutela jurisdicional ao réu, pois quando ocorrem está o Poder Judiciário a declarar que o demandado tem razão e que, portanto, sua posição jurídica merece proteção.

É importante ainda mencionar que no complexo panorama de garantias que se inserem, em última análise, no contexto mais amplo do denominado devido processo legal (art. 5º, LIV, da CF) estão arroladas as garantias do contraditório e da ampla defesa, com meios e recursos que lhes são inerentes (art. 5º, LV, da CF).

O significado dessa previsão normativa está em que, além de se apresentar a defesa como o contraponto ao seu correlato, ou seja, à ação, ela consiste em instituto e mecanismo cuja presença é indispensável no processo regulado em conformidade com as diretrizes do Estado Constitucional e Democrático de Direito. Em outros termos, a garantia da defesa legitima dos atos estatais de adjudicação dos conflitos, que se dão, por meio das decisões judiciais, de forma imperativa, ou seja, mesmo a despeito da adesão ou resistência por parte de seus destinatários.

12.7 Revelia e seus efeitos

A revelia, regulada nos arts. 344 a 346 do CPC/2015, insere-se no contexto mais amplo do denominado "processo contumacial", que no processo civil alemão, por exemplo, é chancelado pela rubrica *Versäumnisverfahren* (§ 539 da *ZPO*), concluído com uma decisão proferida a partir das premissas particulares aplicáveis ao caso, qual seja, a *Versäumnisurteil* (§ 331 da *ZPO*).

A contumácia verifica-se nas situações em que qualquer uma das partes, autor ou réu, manifesta completo desinteresse em relação ao processo, deixando de cumprir os encargos processuais decorrentes da condição de sujeito processual.

Quando a contumácia decorre da inércia do autor verifica-se o abandono do processo, que, em última análise, leva à sua extinção sem exame do mérito (art. 485, II e III, do CPC/2015).

Quando está em pauta a inatividade do réu verifica-se o fenômeno da revelia.

Em conformidade com o art. 344 do CPC/2015, a configuração da revelia decorre, em princípio, do não oferecimento de contestação pelo réu no prazo legal. A manifestação de desinteresse do demandado pelo processo pode produzir uma série de efeitos processuais que, como se percebe, são extremamente relevantes para o desfecho do litígio.

São fatos processuais que também configuram a revelia, ademais, a não regularização da representação ou da capacidade processual da parte no prazo assinalado para tanto (art. 76, § 1º, II, do CPC/2015) bem como a ausência de habilitação dos herdeiros ou de nomeação de advogado em caso de morte (art. 313, § 3º, do CPC/2015).

É necessário ter presente, neste passo, que, embora o processo seja um mecanismo estatal de solução de conflitos, desenvolvendo-se no ambiente característico do direito público, isso não elimina o fato de que os conflitos envolvem, em regra, situações materiais cujo conteúdo revela maior ou menor grau de disponibilidade. Em função disso é que, em conformidade com o contexto sistemático que envolve, em princípio, possibilidade de disposição pelas partes daquilo que representa o conteúdo material do litígio, a manifestação de desinteresse pelo processo por parte do réu, consistente na revelia, tem aptidão para produzir os efeitos indicados em lei.

Dessa forma, a revelia pode trazer os seguintes efeitos: (a) a confissão ficta, consistente na presunção de veracidade das alegações de fato formuladas pelo autor (art. 344 do CPC/2015); (b) caso o revel não constitua patrono nos autos, os prazos processuais correrão contra ele independentemente de intimação (art. 346, *caput*, do CPC/2015); (c) a possibilidade do julgamento antecipado do mérito, diante da virtual desnecessidade de realização de audiência de instrução (art. 355 do CPC/2015).

Outras considerações, ademais, devem ser feitas.

A ocorrência da revelia é um evento processual que pode ou não produzir todos os efeitos acima apontados. O elemento central, a esse propósito, consiste em destacar que nem sempre a revelia implicará procedência da ação. Afinal, ser revel no processo não é sinônimo, de antemão, de ser "culpado", "responsável" ou merecedor de qualquer outro qualificativo ou imposição judicial.

Por isso se afirma que a confissão ficta, decorrente da revelia, tem eficácia apenas relativa: nem sempre produzirá, como poderia numa primeira impressão parecer, a procedência da demanda.

A revelia significa, apenas, que o demandado deixou de oferecer contestação e não tornou controversas as alegações (pontos) de fato e de direito trazidos pelo demandante na petição inicial. Se disso resultará a procedência da demanda é análise que deverá ser feita pelo magistrado no momento oportuno, ou seja, quando da prolação da sentença.

Isso porque a revelia, mesmo quando verificada a confissão ficta dela decorrente (presunção de veracidade), não dispensa o juiz de motivar sua decisão, indicando as razões do seu convencimento, dentro dos parâmetros do denominado livre convencimento motivado (art. 371 do CPC/2015).

Além disso, a revelia não se confunde com o reconhecimento jurídico do pedido, previsto no art. 487, III, "a", do CPC/2015.

Na revelia há, por omissão do réu, implícita admissão das afirmações de fato e de direito realizadas pelo autor.

No reconhecimento do pedido o réu não só admite as alegações de fato e de direito, como ainda aceita suas consequências, reconhecendo como pertinente a pretensão deduzida pelo demandante. O reconhecimento do pedido nada mais é, portanto, que a "submissão" do réu, em juízo, ao pedido feito pelo autor.

Como se nota, nada obstante a ocorrência da revelia (em decorrência da ausência de oferecimento de contestação no prazo legal), nem sempre se produzirão os seus efeitos.

A lei excepciona, assinalando objetivamente que *não se produzirão os efeitos* antes mencionados na hipótese de revelia se, nos termos do art. 345 do CPC/2015: (a) havendo pluralidade de réus, algum deles contestar a ação; (b) o litígio versar sobre direitos indisponíveis; (c) a petição inicial não estiver acompanhada de instrumento que a lei considere indispensável à prova do ato; (d) as alegações de fato formuladas pelo autor forem inverossímeis ou estiverem em contradição com prova constante dos autos.

Note-se: em tais casos *ocorrerá* a *revelia* mas *não se verificarão seus efeitos*.

Examinemos tais ressalvas.

Nos processos em que há *pluralidade de réus* (litisconsórcio passivo), art. 345, I, do CPC/2015, se um deles deixa de contestar mas outro o faz, poderá ocorrer o afastamento da confissão ficta decorrente da revelia. Tudo dependerá da espécie de litisconsórcio presente no caso concreto ou da natureza do argumento defensivo apresentado pelo litisconsorte que contestou.

Assim, se estivermos diante de caso de litisconsórcio unitário (cf. art. 116 do CPC/2015, quando pela "natureza da relação jurídica, o juiz tiver que decidir o mérito de modo uniforme para todos os litisconsortes"), a existência de contestação de um litisconsorte impedirá a presunção de veracidade dos fatos alegados na petição inicial relativamente aos demais litisconsortes.

Se um contrato com pluralidade de sujeitos é alvo de demanda anulatória movida por um dos contratantes, tendo no polo passivo todos os demais, a contestação de apenas um dos réus impedirá o efeito da revelia quanto aos demais que não contestaram. Afinal, o resultado da demanda anulatória deverá ser único, pois a relação de direito material é incindível: ou o contrato permanecerá válido para todos, ou deverá em relação a todos ser anulado.

Por outro lado, nos casos de litisconsórcio simples poderão existir defesas comuns aos colitigantes, de sorte que a contestação de um poderá impedir a ocorrência do efeito da revelia relativamente àquele que não contestou. Se as defesas não forem comuns a todos isso não ocorrerá.

Numa ação de cobrança movida em face do devedor e de seu avalista a contestação do garantidor, afirmando que a garantia já caducou, não impedirá a presunção de veracidade dos fatos constitutivos com relação ao réu que não contestou. Entretanto, se um dos réus contestar afirmando que ocorreu a prescrição, ou mesmo que o contrato de mútuo é nulo, ou já se verificou o pagamento por terceiro, todas estas serão qualificadas como defesas comuns, cujo acolhimento beneficiará, igualmente, o demandado que não contestou. Impedirão, dessa forma, que se produza o efeito da revelia consistente na confissão ficta.

Por outro lado, quando o litígio versar sobre *direitos indisponíveis* (art. 345, II, do CPC/2015), isso significará a existência de uma limitação objetiva à possibilidade de ocorrência da presunção de veracidade decorrente da revelia. A existência de direitos indisponíveis envolve situações em que, dada a relevância social da situação de direito material especificamente considerada, o próprio legislador optou por lhe conferir maior proteção, reconhecendo que, embora relativa a uma situação privada (inerente a sujeitos determinados), é digna de maior proteção e atenção.

Exemplos de situações tipicamente indisponíveis são aquelas que envolvem o *status* familiar de incapazes. Assim, pretensões de modificação ou fixação de guarda, destituição ou suspensão do poder parental ou mesmo adoção devem ser apreciadas tendo como elemento mais relevante para seu equacionamento o bem-estar do incapaz (dentro da compreensão da prioridade absoluta, reiteradamente estabelecida na Lei 8.069/1990 – Estatuto da Criança e do Adolescente).

Assim, mesmo que não haja contestação, os pedidos de fixação ou modificação de guarda, ou de suspensão ou destituição do pátrio poder ou mesmo de adoção não podem ser julgados com base na presunção de veracidade decorrente da revelia. Será imprescindível, nesses casos, que outros elementos probatórios sejam trazidos aos autos, inclusive por intermédio do exercício oficial de poderes de instrução pelo juiz (art. 370 do CPC/2015), a fim de se averiguar qual a solução que melhor atende ao bem-estar da criança ou do adolescente a respeito dos quais a demanda se refere.

Idênticas considerações devem ser formuladas com relação aos pedidos formulados em ações de investigação ou negatória de paternidade: o *status* familiar é elemento extremamente relevante não só na condição pessoal mas, igualmente, na sua projeção pública, tendo em vista as relações sociais e jurídicas que envolvem as pessoas físicas, não devendo ocorrer sua alteração, por determinação judicial, sem que se verifique, efetivamente, se estão presentes motivos juridicamente relevantes e aceitáveis que imponham tal modificação.

Tais são bons exemplos de direitos indisponíveis, envolvendo situações em que, nada obstante a ausência de contestação, não se produzirá o efeito de confissão.

Outra hipótese de não ocorrência da confissão ficta é aquela em que *a petição inicial estiver desacompanhada de instrumento que a lei considere indispensável à prova do ato* (art. 345, III, do CPC/2015).

Há situações jurídicas reguladas no direito material em que o instrumento (documento) é indispensável à prova da ocorrência de determinado ato ou negócio jurídico.

É o que se verifica, por exemplo, na hipótese da escritura pública seguida do registro no cartório respectivo, indispensáveis à consumação da transferência da propriedade imobiliária (arts. 108 e 1.227 do CC). Assim, se o demandante pretende, com fundamento no direito de propriedade sobre determinado imóvel, mover pretensão reivindicatória (ação reivindicatória) é indispensável que instrua a petição inicial com a escritura pública relativa à aquisição do domínio sobre o imóvel bem como com a certidão do respectivo registro no cartório de registro de imóveis.

Do mesmo modo, se o filho pretende obter em juízo decisão que imponha a seu genitor a obrigação de pagar alimentos é imprescindível que a petição inicial seja instruída com a prova da filiação, que se faz por meio da certidão de nascimento, documento comprobatório do parentesco.

A não observância dessas diretrizes faz com que, nada obstante a revelia, por ausência de contestação, não se produza o efeito consistente na confissão ficta, com a presunção de veracidade dos fatos alegados pelo demandante.

Por último, não se produz a presunção de veracidade se *as alegações de fato formuladas pelo autor forem inverossímeis ou estiverem em contradição com prova constante dos autos* (art. 345, IV, do CPC/2015).

O juiz não é um autômato, nem o processo pode ser palco para a chicana.

Assim, nada obstante a revelia, se as alegações formuladas pelo demandante na petição inicial são inverossímeis ou conflitam com provas constantes dos autos cai por terra a presunção relativa de veracidade dos fatos alegados decorrente da ausência de contestação.

Em outras palavras, não deverá ser julgada procedente a ação mesmo que não haja contestação se a pretensão deduzida pelo autor não está apoiada em alegações consistentes.

Exemplos de situações exacerbadas podem contribuir para frisar o acerto do enunciado normativo do art. 345, IV, do CPC/2015.

Imagine-se a demanda contendo pretensão reparatória fundada na alegação de que uma criança de três anos de idade dirigiu um veículo em uma autoestrada, causou acidente e em razão disso ocorreram danos. Ou, ainda, pretensão ao reconhecimento de relação marital desenvolvida nos últimos cinco anos anteriores à propositura da demanda entre pessoa de 100 anos de idade que nos últimos 10 anos, dada sua condição debilitada, tem vivido em asilo.

Mesmo que não haja contestação não será viável, nos exemplos acima, aplicar a presunção de veracidade, pois, pela inverossimilhança das alegações do autor, elas não se sustentam.

Importante ainda frisar que a ocorrência da revelia não impede que o demandado posteriormente compareça e venha a participar do processo.

Nesse sentido, prevê o parágrafo único do art. 346 do CPC/2015 que "o revel poderá intervir no processo em qualquer fase, recebendo-o no estado em que se encontrar". Do mesmo modo, estabelece o art. 349 do CPC/2015 que "ao réu revel será lícita a produção de provas, contrapostas às alegações do autor, desde que se faça representar nos autos a tempo de praticar os atos processuais indispensáveis a essa produção".

Ou seja, ele pode requerer a produção de provas, formular alegações, apresentar memoriais, acompanhar a audiência de instrução e recorrer, visto que se a revelia, por um lado, pode, nos termos antes expostos, levar à presunção de veracidade dos fatos alegados pelo autor, isto não significa que ela elimine o contraditório, em cuja essência reside a possibilidade de participação dos destinatários da prestação jurisdicional.

12.8 Contraditório diferido ou postecipado (e sua excepcionalidade no sistema)

Embora o contraditório mereça abordagem mais ampla em outro contexto, ou seja, no conjunto da análise das garantias constitucionais do processo (considerando seu fundamento constitucional, como decorrência do devido processo legal e com referência expressa em dispositivo próprio – art. 5º, LIV e LV, da CF/1988), quando se fala de defesa é fundamental ter presente que o contraditório, com sua dupla destinação (ao juiz e às partes) e como sinônimo do binômio que envolve *informação* (ciência dos atos) e *reação* (possibilidade de manifestação), é elemento essencial à qualificação do sistema processual no Estado Constitucional e Democrático de Direito. A perspectiva do contraditório como *influência* a ser exercida pelas partes em relação ao órgão judicial mostra-se fundamental neste cenário.

Em outros termos, a legitimidade (em sentido jurídico, sociológico e político) das decisões judiciais depende, em boa medida, da observância dos princípios e das garantias constitucionais do processo, entre eles, notadamente, o contraditório, que em regra se verifica previamente à prolação da decisão.

Não é por outra razão que o art. 9º do CPC/2015, positivando entendimento que antes já havia sido assentado pela doutrina, no contexto das "normas fundamentais do processo civil", assinala que "não se proferirá decisão contra uma das partes sem que ela seja previamente ouvida".

Nessa mesma linha, consistente na vedação de "decisões-surpresa", o art. 10 do CPC/2015 prevê que "o juiz não pode decidir, em algum grau de jurisdição, com base em fundamento a respeito do qual não se tenha dado às partes oportunidade de se manifestar, ainda que se trate de matéria sobre a qual deva decidir de ofício".

Idêntica diretriz (vedação à decisão-surpresa) está prevista no procedimento relativo aos processos nos tribunais, com indicação da necessidade de concessão de vista às partes para manifestação inclusive a respeito de questões das quais o tribunal deva conhecer de ofício (art. 933 do CPC/2015).

As exceções – ou seja, os casos em que a própria lei autoriza que o órgão judicial decida antes mesmo da manifestação de uma das partes, os ditos provimentos *inaudita altera parte* – são expressamente indicadas na lei (art. 9º, parágrafo único, do CPC/2015): (a) decisões sobre requerimentos de tutela de urgência; (b) decisões concessivas de tutela da evidência nos casos do art. 311, II e III, ou seja, (i) nos casos em que "as alegações de fato puderem ser comprovadas apenas documentalmente e houver tese firmada em julgamento de caos repetitivos ou em súmula vinculante" ou (ii) "se tratar de pedido reipersecutório fundado em prova documental adequada do contrato de depósito, caso em que será decretada a ordem de entrega do objeto custodiado, sob cominação de multa"; (c) na hipótese da decisão concessiva do mandado injuntivo na ação monitória (art. 701).

Resta, assim, evidenciada a absoluta excepcionalidade da autorização legal para a prolação de decisões sem que seja observada a necessidade de contraditório prévio a respeito dos requerimentos ou pedidos formulados pelos litigantes bem como dos fundamentos adotados pelo órgão judicial.

Daí também a importância da defesa no processo. Enfatize-se: a necessidade de observância da oportunidade para exercício da defesa das posições jurídicas dos litigantes, seja por meio da contestação, seja por meio da intimação para ciência e manifestação, endereçada a todos os litigantes, é a tônica que deve imperar no processo, sendo as ressalvas a ela absolutamente excepcionais.

Nesse contexto de excepcionalidade é que se insere a ideia do contraditório "diferido" ou "postecipado" (diferido para momento posterior à decisão), que só se justifica diante das premissas estabelecidas em relação aos casos taxativamente estabelecidos para sua aceitação (decisões proferidas em sede de tutelas de urgência, alguns casos de tutela da evidência, bem ainda a hipótese da ação monitória).

12.9 Classificação das defesas

Para fins didáticos e metodológicos é viável identificar diferentes modalidades de defesa, pautadas as classificações em distintos critérios, que buscam inserir sistematicamente as possibilidades de atuação do demandado, no processo judicial, em salvaguarda das suas posições jurídicas.

Quando se pensa no critério consistente no *conteúdo* da defesa pode-se falar em defesas *processuais* e em defesas *substanciais* ou *de mérito*.

Como é intuitivo, defesas *processuais* são aquelas que tocam exclusivamente nas questões processuais, não se referindo (ao menos diretamente) ao mérito. Nesse ponto, prevê o art. 337 do CPC/2015 o rol (exemplificativo) de matérias que o réu pode alegar antes de discutir o mérito: inexistência ou nulidade de citação; incompetência absoluta ou relativa; incorreção do valor da causa; inépcia da petição inicial; perempção; litispendência; coisa julgada; conexão; incapacidade da parte, defeito de representação ou falta de autorização; convenção de arbitragem; ausência de legitimidade ou de interesse processual; falta de caução ou de outra prestação que a lei exige como preliminar; indevida concessão do benefício da gratuidade da justiça.

A defesa processual, se acolhida, pode levar à extinção do processo sem exame do mérito ou à prolação de provimentos que, embora não levem à extinção do processo sem exame do mérito, dificultarão e postergarão sua tramitação. É o que ocorre, por exemplo, na determinação de remessa dos autos ao juízo competente (na hipótese de acolhimento da alegação de incompetência), na determinação de correção do valor da causa ou de aditamento da petição inicial (se for acolhida a argumentação respectiva) etc.

Por outro lado, defesas *substanciais* ou *de mérito* são todas as alegações do réu que negam os fatos constitutivos apresentados pelo autor ou opõem fatos impeditivos, modificativos ou extintivos do direito sustentado por aquele. Defender-se "no mérito", como se usa dizer no jargão forense, é deduzir argumentos que, caso acolhidos, levarão à improcedência do pedido.

Quando se pensa no critério classificatório consistente no *modo de enfrentamento da pretensão* do autor é viável falar em defesas *indiretas* e em defesas *diretas*.

Defesas *indiretas* são todas as alegações do réu que não afrontam diretamente os fatos constitutivos alegados pelo autor. Em outros termos, são *todas as defesas processuais* (visto que nunca afrontam diretamente os fatos constitutivos deduzidos pelo demandante, ocupando-se exclusivamente de questões processuais) bem como as *defesas indiretas de mérito*. Estas últimas são as alegações do réu que, embora não neguem os fatos constitutivos apresentados pelo demandante, outros se lhes opõem que possuem conteúdo de *impedir*, *modificar* ou mesmo *extinguir os respectivos efeitos*. Também se inclui neste quadrante a apresentação de alegações jurídicas que procuram afastar as consequências aportadas pelo demandante para os fatos constitutivos por ele arrolados na inicial.

Dessa forma, são *defesas indiretas de mérito* todas as alegações de *fatos impeditivos*, *modificativos* ou *extintivos* do direito alegado pelo autor bem como as alegações *de direito* que retirem dos fundamentos apontados pelo demandante os efeitos por ele buscados. São exemplos as alegações de prescrição, decadência, pagamento, novação, compensação, transação etc.

Defesa direta de mérito consiste pura e simplesmente na negativa de ocorrência do fato constitutivo apontado pelo demandante na petição inicial. O réu afirma, singelamente, que não ocorreu o fato constitutivo. Aduz, assim, que: não ocorreu o ato ilícito que fundamenta a pretensão reparatória; não ocorreu o descumprimento a uma das cláusulas previstas no contrato; não se verificou vício do consentimento (erro, dolo ou coação) ou vício social (estado de perigo ou lesão) que amparam o pedido de anulação do negócio jurídico; não foi preenchido o prazo prescricional necessário para a configuração da aquisição da propriedade imóvel por usucapião; etc.

Quanto ao *procedimento para oferecimento de defesa*, é viável, em sentido dogmático, falar em defesas *comuns* e em defesas ou *exceções rituais*. As primeiras (defesas *comuns*) não aquelas apresentadas na própria petição de contestação e examinadas sem que se instaure um incidente ou procedimento próprio para sua análise. Já as defesas ou exceções *rituais* são aquelas para as quais a lei prevê um *procedimento* ou *incidente* próprio, com requisitos específicos de instauração ou tramitação, sem os quais não poderiam, por inobservância de requisito formal, ser conhecidas.

Observe-se que essa distinção tinha maior importância no Código de Processo Civil/1973, que estruturava defesas ou exceções *rituais* ao tratar das denominadas exceções de incompetência relativa, impedimento e suspeição (arts. 304 a 306 do CPC/1973): elas deveriam ser apresentadas em petição própria, bem como instruídas separadamente, produzindo inclusive a suspensão da tramitação do processo (arts. 265, III, e 306 do CPC/1973).

Nesse mesmo contexto se enquadravam, ainda no Código de Processo Civil/1973, a impugnação ao valor da causa (art. 261) e a impugnação ao pedido de gratuidade processual (art. 4º, § 2º, da Lei 1.060/1950, Lei da Assistência Judiciária), que também dependiam de petição em separado, autuação em apartado e instrução própria para sua apreciação.

O Código de Processo Civil/202015 procurou esvaziar tal distinção.

As matérias de defesa devem ser apresentadas todas na contestação (art. 336). Ressalva deve ser feita à possibilidade de impugnação em separado da gratuidade processual caso tenha sido requerida posteriormente e não na contestação (art. 99, § 1º, do CPC/2015); bem como à alegação de impedimento ou suspeição do órgão judicial, a ser feita no prazo de 15 dias, contados do conhecimento da situação ou fato causador da imparcialidade (art. 146 do CPC/2015). No último caso só haverá autuação em apartado se não acolhida desde logo a alegação pelo juiz, para que, então, seja instruído o incidente e, posteriormente, remetido ao tribunal para sua apreciação (art. 146, § 1º, do CPC/2015). Apenas no tribunal é que o relator determinará ou não a suspensão do processo para a apreciação da arguição de parcialidade (art. 146, § 2º, do CPC/2015).

Por isso foi acima afirmado que, em sentido dogmático, é possível formular tal diferenciação, embora atualmente, considerado o direito processual positivo brasileiro, tenha se reduzido sua importância.

Quanto à *possibilidade de conhecimento de ofício do conteúdo da matéria da defesa* é viável classificar as defesas em *objeções* e *exceções*.

Objeções são matérias que podem ser conhecidas de ofício pelo juízo, independentemente de provocação por parte do demandado, por relevarem temas que afetam a ordem pública. *Exceções* são matérias cujo conhecimento depende de indicação por parte do litigante, pois nelas prevalece o interesse dos litigantes.

Em regra, são *objeções* as questões referentes aos pressupostos processuais, às condições da ação e às nulidades processuais absolutas, visto que seu exame pode ser realizado pelo juízo mesmo sem a ocorrência de solicitação por quaisquer dos litigantes.

Assim as matérias constantes do rol do art. 337 do CPC/2015, que podem ser alegadas pelo réu, na contestação, antes de discutir o mérito, caso não sejam objeto de apontamento, podem ser analisadas por iniciativa do próprio magistrado. Cuida-se, portanto, de *objeções*. Ressalva deve ser feita quanto a duas situações. O juiz *não pode, ex officio*, examinar as questões atinentes à incompetência relativa e à convenção de arbitragem, que, por expressa disposição legal, devem ser compreendidas como exceções processuais (art. 337, § 5º, do CPC/2015) e só podem ser conhecidas por força de alegação do réu.

As questões relacionadas ao direito material, em regra, são tratadas como *exceções*, visto que sua alegação (ou não) está no plano de disponibilidade dos titulares de posições jurídicas, e, como tal, fica a critério destes. Podem, portanto, ser chamadas de *exceções materiais*. Assim, não está o magistrado autorizado a conhecer delas de ofício, sob pena de invadir a esfera de disposição dos sujeitos de direitos. São exceções materiais, por exemplo, a verificação quanto à ocorrência de pagamento, novação, transação, compensação etc.

A prescrição também envolve aspectos do próprio direito material e, ontologicamente, é qualificável como exceção material. Essa consideração encontra apoio na disciplina a respeito do tema no direito substancial (arts. 189 e ss. do CC/2002). Mas, por expressa disposição legal, tornou-se possível seu exame de ofício pelo juízo. Nesse sentido, o art. 332, § 1º, do CPC/2015 prevê que o juiz pode "julgar liminarmente improcedente o pedido se verificar, desde logo, a ocorrência de decadência ou de prescrição". Por opção legislativa foi excepcionado o regime de tratamento de uma hipótese de exceção, qual seja, a prescrição.

A decadência legal (desde que referente a prazo fixado em lei) pode ser conhecida de ofício pelo magistrado, nos termos do art. 210 do CC/2002. Na hipótese da decadência fixada por convenção das partes, dispõe o art. 211 do CC/2002 que não pode ser examinada de ofício pelo juiz. Subsiste tal vedação, nada obstante o art. 332, § 1º, do CPC/2015, visto que a disciplina de direito material distingue nitidamente entre a decadência legal (examinável de ofício) e a convencional (que só pode ser examinada por força de provocação da parte).

Por último, pode-se adotar como critério classificatório, no que diz respeito às *defesas processuais*, sua *aptidão para dar fim ao processo*. Nesse sentido, as defesas processuais podem ser *dilatórias* (apenas truncam ou retardam o evolver do procedimento em juízo) ou *peremptórias* (quando tiverem aptidão para levar à extinção do processo sem exame do mérito).

Assim, são defesas processuais *dilatórias* (por não provocarem a extinção do processo, apenas truncando ou retardando sua tramitação), por exemplo, as alegações de: inexistência ou nulidade da citação; incompetência; impedimento ou suspeição; incorreção do valor da causa; em algumas situações a continência (quando a ação contida foi proposta anteriormente à continente, caso em que, nos termos do art. 57 do CPC/2015, ocorrerá a reunião dos processos); conexão; indevida concessão do benefício da gratuidade da justiça; nulidades processuais de modo geral.

São defesas processuais *peremptórias* (provocam a extinção do processo sem exame do mérito, caso acolhidas) as alegações de: inépcia da petição inicial; perempção, coisa julgada; litispendência; convenção de arbitragem; ausência de legitimidade ou de interesse processual; falta de caução ou outra prestação que a lei exige como preliminar; continência (se a causa contida resultar de demanda proposta *posteriormente* à continente, pois tal situação, se confirmada, será resolvida como litispendência parcial, implicando a extinção do segundo processo, referente à causa contida – art. 57 do CPC/2015).

Em suma, o interesse doutrinário no reconhecimento das diversas espécies ou modalidades de defesa assenta na melhor compreensão metodológica deste tema bem como no adequado dimensionamento das consequências do emprego de uma ou outra espécie nos casos concretos.

Anote-se ainda que, embora a reconvenção (arts. 343 do CPC/2015) seja uma modalidade de *resposta* do demandado, não se trata de defesa, mas sim de *contra-ataque*, por significar a dedução de pretensão por parte do réu, nos mesmos autos, contra o autor.

Capítulo 13
ATOS PROCESSUAIS E TEORIA GERAL DOS RECURSOS

13.1 Introdução

Tanto quanto ocorre no direito de modo geral, também no direito processual é importante identificar e compreender a relevância de fatos simples, de fatos jurídicos, de atos jurídicos e de negócios jurídicos, cujo estudo aprofundado é matéria reservada a capítulo próprio das disciplinas de direito processual civil e do direito processual penal.

No âmbito da teoria geral do processo, por sua vez, são necessárias noções introdutórias a respeito do tema.

Por ora, basta dizer que os *fatos simples* são acontecimentos comuns, sem relevância no plano jurídico. São exemplos disso a chuva, a morte de um animal, a passagem das estações do ano etc.

Os *fatos jurídicos*, por sua vez, são eventos para os quais não contribuiu a vontade humana mas que produzem efeitos relevantes no plano jurídico. Assim, por exemplo: a morte natural de uma pessoa (que opera a transmissão dos seus bens aos seus herdeiros); uma grande enchente (que, associada à falta de obras estruturantes por parte do Poder Público, venha a causar danos ao patrimônio de particulares, gerando pretensões reparatórias por parte destes); o nascimento de uma pessoa (que imediatamente lhe atribui a condição de sujeito de direitos); etc.

Os *atos jurídicos*, por seu turno, são manifestações concretas da vontade humana que, dados seus contornos, produzem alterações ou efeitos relevantes no plano jurídico. Assim, pensemos em exemplos: a assinatura de uma confissão de dívida; a ocupação de um terreno alheio por parte de alguém; a notificação do credor ao devedor a respeito do vencimento de determinada obrigação prevista em contrato; a renúncia ao direito; etc.

Os *negócios jurídicos*, finalmente, são manifestações concretas e convergentes da vontade humana de sujeitos determinados que produzem efeitos jurídicos relevantes, criando, modificando ou extinguindo relações jurídicas entre eles. Exemplos: doações; compra e venda de bens; permuta; transações (com recíprocas concessões entre os envolvidos); etc.

Essa dinâmica se reproduz no campo do direito processual.

O processo, como fenômeno jurídico e, por isso mesmo, contemplando a participação de pessoas físicas e jurídicas, também envolve a prática de atos pelos sujeitos processuais (partes, terceiros, juiz, auxiliares da justiça etc.).

O processo, aliás, começa por um ato de um sujeito processual (demanda, no processo civil; denúncia do Ministério Público, no processo penal) que cria uma situação jurídica passiva para outro sujeito processual (dever judicial de apreciar o teor da denúncia criminal ou da petição inicial no processo civil) da qual decorre a prática de outros atos processuais (recebimento da petição inicial [civil] ou da denúncia [criminal] e determinação do juiz de realização da citação; a subsequente citação realizada pela serventia) que, por sua vez, criam nova situação passiva para outro sujeito processual (ônus do demandado [processo civil] ou do acusado [processo penal] de oferecer defesa), e assim sucessivamente.

O próprio procedimento, no processo, nada mais é (como lembrava o saudoso José Joaquim Calmon de Passos[1]) que um "tipo complexo de formação sucessiva", cujos elementos componentes, que de forma dinâmica lhe dão vida e o integram, são os atos processuais singulares praticados pelos seus sujeitos.

No presente ponto é importante ressaltar que o sistema recursal brasileiro é estruturado a partir da espécie de provimento judicial que a parte ou interessado pretende impugnar. Em outras palavras, identifica-se qual o recurso cabível pela modalidade de provimento a questionar.

Numa apresentação da correlação existente entre os atos processuais e a teoria geral dos recursos, portanto, é necessário, desde logo, reconhecer as diversas modalidades de provimentos do juiz.

13.2 Atos do juiz

O juiz (como os demais sujeitos processuais) pratica diversos tipos de atos no processo.

Podem ser atos *materiais* ou *reais*, de um lado, e, de outro, *provimentos* ou *pronunciamentos judiciais*.[2]

---

1. José Joaquim Calmon de Passos, *Esboço de uma Teoria das Nulidades Aplicada às Nulidades Processuais*, Rio de Janeiro, Forense, 2005, p. 88.

2. Sobre as diversas espécies de atos de juiz cf. a inexcedível lição de Moacyr Amaral Santos, *Primeiras Linhas de Direito Processual Civil: Adaptadas ao Novo Código de Processo Civil*, 5ª ed., vol. 1, São Paulo, Saraiva, 1977, pp. 245 e ss. e 281 e ss.; bem como in *Comentá-*

Os atos *materiais* ou *reais* do juiz podem ser *instrutórios* (inspeções, oitivas de testemunhas, interrogatórios das partes) ou de *documentação* (rubricar atas de assentadas de audiências, folhas de oitivas de testemunhas ou de interrogatórios das partes, atas de sessões de julgamento etc.).

Os *provimentos* ou *pronunciamentos judiciais* podem ser de diferentes espécies. É possível falar em *despachos*, *decisões interlocutórias*, *sentenças* e *acórdãos*.

Os pronunciamentos judiciais são regulados nos arts. 203 a 205 do CPC/2015. O Código de Processo Penal não define as modalidades de provimentos ou pronunciamentos judiciais, mas a delimitação contida no Código de Processo Civil pode, em alguma medida, ser aproveitada no âmbito do processo penal.

13.2.1 Sentença

O conceito de *sentença* é relativamente complexo. Isso decorre do fato de que a lei delimitou este pronunciamento judicial por meio de remissão a outros dispositivos do Código bem como formulou expressa ressalva no que diz respeito à existência de disposições expressas em relação aos procedimentos especiais.

Dessa forma, nos termos do art. 203, § 1º, do CPC/2015, "ressalvadas as disposições expressas dos procedimentos especiais, sentença é o pronunciamento por meio do qual o juiz, com fundamento nos arts. 485 e 487, põe fim à fase cognitiva do procedimento comum, bem como extingue a execução".

O conceito de *sentença* adotado no Código de Processo Civil/2015 utiliza, ao mesmo tempo, dois critérios, ou seja, um critério *substancial* (essência ou conteúdo do ato) bem como um critério *topológico* (posicionamento do pronunciamento em relação ao desenvolvimento do procedimento em juízo).

Não é por outra razão que a lei qualifica como sentença o pronunciamento do juiz que se pauta nos arts. 485 (fundamentos para extinção do processo sem julgamento do mérito) ou 487 (hipóteses de resolução do mérito) do CPC/2015, indicando a aptidão do ato para pôr fim à fase cognitiva do procedimento comum em primeiro grau de jurisdição. A somatória dos dois fatores ou critérios (fundamentação em causa de extinção sem exame do mérito ou resolução do mérito, associada à finalização da fase cognitiva do procedimento comum em primeiro grau de jurisdição) é que permite qualificar o ato como sentença.

Em tema de conceituação da sentença há nítida distinção entre o que se verificava no direito positivo sob a vigência do Código de Processo Civil/1973 e a disciplina do Código de Processo Civil/2015.

Apenas para rápido registro, pela redação originária do art. 162, § 1º, do CPC/1973 afirmava-se que a sentença era "o ato pelo qual o juiz põe termo ao processo, deci-

---

rios ao Código de Processo civil, Lei n. 5.869, de 11 de Janeiro de 1973, 3ª ed., vol. 4, Rio de Janeiro, Forense, 1982, pp. 372-373 e 393.

dindo ou não o mérito da causa". Fixava-se o conceito, portanto, exclusivamente no critério *topológico* (ser a sentença o marco final do processo, o ato de finalização do procedimento), prescindindo-se do seu conteúdo (era indiferente que houvesse ou não exame do mérito).

Essa definição era insatisfatória.

Embora tal conceituação tenha significado uma evolução em relação ao sistema anterior, concernente ao Código de Processo Civil/1939, por permitir, a partir de um critério mais claro (natureza do pronunciamento judicial [sentença ou decisão interlocutória]), definir a modalidade de recurso cabível (apelação ou agravo), eliminando as confusões até então existentes, era ela insuficiente e imprecisa, por não captar todas as situações ou eventos possíveis no desenvolvimento do processo, notadamente com relação aos procedimentos especiais previstos no Código de Processo Civil ou fora dele.

Basta dizer, para ficar em poucos exemplos, que, primeiro, o processo quase nunca acabava (e continua não acabando) com a sentença, visto que depois dela há prosseguimento, na grande maioria dos casos, em grau de recurso. Em segundo lugar, o conceito não se amoldava a situações peculiares, como aquela que se verificava (e continua ocorrendo) no processo de execução, com pronunciamentos equivalentes à sentença, extinguindo a execução (art. 794 do CPC/1973), sem que fosse possível falar em extinção sem exame do mérito (por falta de pressupostos processuais ou condições da ação, nos termos do art. 267 do CPC/1973, equivalente ao art. 485 do CPC/2015) ou extinção com exame do mérito.

Posteriormente, por força das reformas do processo de execução (Leis 11.232/2005 e 11.382/2006), houve modificações profundas na sistemática processual, que exigiram adaptação do conceito de sentença. O que antes era *processo autônomo de execução de sentença* passou a figurar, nos termos dos arts. 475-A e ss. do CPC/1973 (redação da Lei 11.232/2005, adotando-se uma concepção sincrética), como *fase de cumprimento de sentença*, inserida no processo de conhecimento em momento subsequente à fase de decisão (julgamento do mérito).

A partir deste quadro, a Lei 11.232/2005 modificou o art. 162, § 1º, do CPC/1973, fazendo dele constar que a sentença passava a ser o "ato do juiz que implica alguma das situações previstas nos arts. 267 e 269" do CPC/1973. Adotou-se, desta forma, um conceito delimitado *exclusivamente pelo conteúdo* do ato, ou seja, tratar ele de hipóteses de extinção do processo sem exame do mérito (art. 267 do CPC/1973) ou conter definição do mérito (art. 269 do CPC/1973).

Mais uma vez evidenciou-se a insuficiência do conceito. Outras dúvidas surgiram. Como ficavam as decisões proferidas na execução ou cumprimento de sentença? Como qualificar uma decisão intermediária (que costumeiramente qualificamos de decisão interlocutória) que examina o mérito? Seria ela, a partir de então, uma sentença, e, portanto, seria ela impugnável por apelação?

O Código de Processo Civil/2015 apresentou neste ponto, portanto, um aprimoramento efetivo, pois resolveu boa parte dos problemas relacionados à delimitação do conceito de sentença.

Isso deve ser afirmado com amparo na constatação de que o legislador procurou incluir na definição de sentença as situações que antes não eram indicadas e que geravam, à luz da legislação anterior, dúvidas quanto à identificação da modalidade de pronunciamento judicial.

Dessa forma, observa-se que o art. 203, § 1º, do CPC/2015, além de delimitar a sentença como "pronunciamento por meio do qual o juiz, com fundamento nos arts. 485 e 487, põe fim à fase cognitiva do procedimento comum", faz a expressa ressalva quanto às disposições expressas em procedimentos especiais (como ocorre na ação para exigir contas, em conformidade com os arts. 550 a 553 do CPC/2015) bem como inclui a hipótese da decisão que extingue a execução (art. 924 do CPC/2015).

Note-se, ainda neste ponto, que exemplo típico de situação em que a ressalva legal quanto aos procedimentos especiais está justificada se encontra na "ação de exigir contas", antes denominada, sob a vigência da legislação anterior, de "ação de prestação de contas" (arts. 914 a 919 do CPC/1973).

Neste caso se têm no mesmo procedimento especial duas decisões de mérito.

A fase cognitiva em primeiro grau de jurisdição não se encerra com a primeira decisão, que impõe a obrigação ou dever de prestar contas. Nesse sentido, o art. 550, § 5º, do CPC/2015 prevê que "a decisão que julgar procedente o pedido condenará o réu a prestar as contas no prazo de 15 (quinze) dias".

Após esta primeira decisão será renovada a instrução, para discussão quanto à correção das contas apresentadas. Ao final da segunda fase cognitiva será proferida outra decisão de mérito que "apurará o saldo e constituirá título executivo judicial" (art. 552 do CPC/2015).

Observe-se claramente que são *duas decisões de mérito* no mesmo processo, que, por força da particularidade da situação de direito material tutelada, contempla duas fases cognitivas sequenciais.

O legislador, no Código de Processo Civil/2015, reconheceu, portanto, que diante da variedade de situações especiais, reguladas em procedimentos especiais, é possível que a própria lei defina o pronunciamento judicial como sentença, ainda que ele não se encaixe na moldura geral, pela qual a sentença é ato do juiz que encerra a fase cognitiva do processo em primeiro grau de jurisdição, trazendo consigo a extinção deste sem exame do mérito (art. 485 do CPC/2015) ou com resolução do mérito (art. 487 do CPC/2015).

13.2.2 Decisão interlocutória

A segunda espécie de pronunciamentos de que trata o art. 203 são as *decisões interlocutórias*.

Sua definição é dada por exclusão, afirmando o § 2º do art. 203 do CPC/2015 que *decisão interlocutória* é "todo pronunciamento judicial de natureza decisória que não se enquadre no § 1º".

Tal conceito também se sujeita a críticas.

O art. 203 cuida dos pronunciamentos do "juiz". Ocorre que a expressão "juiz" pode ser compreendida não apenas como o magistrado que oficia em primeiro grau de jurisdição, mas sim todo e qualquer integrante o Poder Judiciário, como o são os desembargadores nos tribunais bem como os ministros nos tribunais superiores. Tal observação nos leva a concluir que nem todo pronunciamento de conteúdo decisório que não se qualifique como sentença será, necessariamente, uma decisão interlocutória. São pronunciamentos judiciais que não se confundem com sentenças nem decisões interlocutórias os acórdãos e as decisões monocráticas proferidas nos tribunais.

De todo modo, adquire sentido a dicção do art. 203, § 2º, do CPC/2015 caso se considere que a expressão "juiz", ali empregada, se refere apenas ao juiz de primeira instância.

Ainda assim a conceituação parte de técnica equivocada, ao delimitar a decisão interlocutória a partir de dados externos a ela, por fazer remissão ao § 1º do art. 203, que procura conceituar a sentença.

No sistema anterior, em conformidade com o art. 162, § 2º, do CPC/1973, decisão interlocutória era definida como "ato pelo qual o juiz, no curso do processo, resolve questão incidente". Tal conceito também não era imune a críticas, visto que nem sempre era fácil identificar se houve ou não resolução de uma "questão incidente" bem como por não ser pacífico, em si mesmo, o conceito de "questão incidente".

Assim, diante do impasse, em que pese às ponderações acima, o art. 203, § 2º, do CPC/2015 tem o mérito de eliminar dúvidas: todo pronunciamento decisório do juiz que oficia no processo em primeiro grau de jurisdição será uma decisão interlocutória, caso não seja qualificado como sentença.

13.2.3 Despacho

Há ainda necessidade de delimitar o que são *despachos*.

Os *despachos* (também chamados, de forma pleonástica, de "despachos de expediente" ou "despachos de mero expediente"), em conformidade com o art. 203, § 3º, do CPC/2015, "são todos os demais pronunciamentos do juiz praticados no processo, de ofício ou a requerimento da parte".

Despachos são pronunciamentos judiciais desprovidos de conteúdo decisório. Assim devem ser compreendidos os pronunciamentos que não têm aptidão para causar gravame às partes ou a terceiros.

Determinações de juntada de documentos (quando não praticados estes atos de ofício pela serventia judicial), de expedição de ofícios, de abertura de vista às partes ou peritos para fins de ciência ou manifestação, são exemplos de atos judiciais de mera movimentação dos autos, sem conteúdo de decisão, por não apreciarem, efetivamente, qualquer questão de fato ou de direito a respeito da qual penda necessidade de deliberação.

São irrecorríveis os despachos, visto que apenas os pronunciamentos judiciais proferidos em primeira instância, qualificáveis no sistema processual brasileiro como decisões interlocutórias ou sentenças, são impugnáveis, respectivamente, por meio de agravo de instrumento (art. 1.015 do CPC/2015) ou apelação (art. 1.009 do CPC/2015).

13.2.4 Acórdão

Há ainda referência aos *acórdãos*, que, em conformidade com o art. 204 do CPC/2015, são os julgamentos colegiados proferidos pelos tribunais.

Mais uma vez a interpretação e a compreensão sistemática e finalista exigem extrair algo mais da disposição legal.

Não é só nos tribunais que ocorrem julgamentos colegiados. No Colégio Recursal dos Juizados Especiais (Leis 9.099/1995, 10.259/2001 e 12.153/2009) os recursos contra decisões proferidas pelos juízes singulares também são julgados por grupos de juízes, de primeiro grau, as denominadas turmas recursais. Tais pronunciamentos judiciais também se encaixam no conceito de acórdão.

Por último, e não menos importante, o legislador não cuidou de uma espécie de pronunciamento muito comum atualmente, que não se insere em nenhuma das modalidades antes mencionadas (sentenças, decisões interlocutórias, despachos e acórdãos).

Trata-se das *decisões monocráticas proferidas nos tribunais*, examinadas a seguir.

13.2.5 Decisão monocrática no tribunal

A lei autoriza, nas mais variadas situações, que as decisões nos tribunais sejam proferidas não por colegiados (turmas, câmaras, grupos de câmaras, seções, pleno etc.), mas sim de forma singular, monocrática, por um dos juízes do tribunal (desembargadores ou ministros, conforme o caso).

Tais pronunciamentos, proferidos em sede de ações de competência originária do próprio tribunal (por exemplo, em ação rescisória) ou em sede de recursos, podem ter o conteúdo de um simples despacho (movimentação dos autos, determinação de intimação, indicação de providências à serventia judicial etc.) ou de uma decisão interlocutória (resolução de uma questão antecedente ao julgamento do mérito do recurso ou da ação originária, quando como, por exemplo, se concede antecipação de tutela, se reconhece incompetência, se determina a juntada de feitos em função da conexão etc.) ou mesmo de uma sentença (extinguindo o processo sem exame do mérito ou julgando o mérito de uma ação originária ou ainda julgando o mérito de determinado recurso).

Tais são as *decisões monocráticas proferidas nos tribunais*, em relação às quais o legislador, sempre preocupado em definir e delimitar, não apresentou preocupação conceitual nem no texto do Código de Processo Civil/1973 tampouco no Código de Processo Civil/2015.

13.3 Atos das partes no processo

As partes praticam no processo judicial diversas espécies de atos.

É possível identificar a prática pelos litigantes e pelos intervenientes de atos *postulatórios*, *dispositivos*, *instrutórios* e *reais* (ou *materiais*).

Atos *postulatórios* são aqueles que se consubstanciam na solicitação de encaminhamentos a serem providenciados pelo juízo. Em outras palavras, a dedução de pretensões (o pedido trazido na petição inicial, na reconvenção, na denunciação à lide, no chamamento ao processo ou na oposição) ou a formulação de requerimentos (de citação, de intimação, de expedição de ofícios, de redesignação de audiência, de juntada de documentos etc.) são bons exemplos desta espécie de ato da parte.

Atos *dispositivos* são manifestações de vontade das partes no processo ou destinadas a nele produzir efeitos, por força das quais elas abdicam, no todo ou em parte, de suas posições jurídicas de vantagem processuais ou materiais. São exemplos de atos dispositivos: a desistência da demanda (também chamada de desistência da ação); a desistência do recurso; a renúncia ao recurso; o reconhecimento jurídico do pedido; a renúncia ao direito; a transação; a desistência da produção de prova requerida e já deferida pelo órgão judicial (desistência de oitiva de testemunha ou de produção de prova pericial, *v.g.*) etc.

Quanto aos atos *dispositivos*, uma concepção *estrita* permite incluir nessa categoria exclusivamente os atos de abdicação de posições estritamente processuais, dela excluindo atos de abdicação de posições materiais, que ficariam reservados ao campo do direito material. Uma concepção mais ampla, como a delineada no parágrafo anterior, abrangeria ambos, incluindo os atos de disposição material se praticados no processo com a finalidade de que neste (no processo) sejam produzidos determinados efeitos.

O reconhecimento desta variação conceitual é relevante. É importante que se afirme desde logo, portanto, ainda que num exame objetivo, próprio à compreensão da teoria geral do processo, que as disposições praticadas pelas partes a respeito de suas posições jurídicas ativas, sejam elas de conteúdo processual ou material, podem ser inseridas no contexto dos atos dispositivos.

Atos *instrutórios* são aqueles praticados pelos sujeitos processuais com dupla finalidade: primeiro, demonstrar a efetiva ocorrência dos fatos apresentados nas suas alegações; segundo, para convencer o julgador do acerto destas alegações. Em suma, *demonstrar* e *convencer* são as finalidades às quais se endereçam os atos instrutórios das partes. Todos os atos voltados à demonstração da veracidade e efetiva ocorrência das alegações de fato estão incluídos no conceito.

Há, ainda, os atos *reais* (também chamados de *materiais*), que envolvem a prática de condutas concretas pelos litigantes. Exemplos: depoimento pessoal; pagamento de custas e despesas processuais; exibição de documentos por determinação do juiz ou solicitação da contraparte; entrega voluntária de bens para apreensão, arrecadação ou penhora etc.

Outras observações devem ser formuladas quanto aos atos das partes, quanto à vontade nesse contexto, aos efeitos que podem produzir no processo e ao negócio jurídico processual.

É importante pontuar que os atos processuais também possuem qualidade jurídica, ou seja, tanto quanto se pode falar em atos jurídicos em geral (incluindo os de direito material), é viável falar em atos jurídicos processuais.

A doutrina afirma, tradicionalmente, que, diferentemente do que se verifica em relação aos atos jurídicos em geral, a vontade da parte é, em princípio, irrelevante para a configuração e a delimitação dos efeitos dos atos processuais.[3]

Trata-se assim *da irrelevância da vontade da parte* para a delimitação dos efeitos a serem produzidos pelos atos jurídicos processuais. Isto decorre do fato de que a *tipicidade* dos atos processuais é estrita, sendo certo que a lei determina de antemão quais são eles.

Alguns exemplos: (a) a propositura da demanda produz alguns efeitos já estabelecidos em lei, como a instauração do processo (art. 2º do CPC/2015, pelo qual o processo "começa por iniciativa da parte") e a necessidade de apreciação da petição inicial pelo juiz, para determinar a citação do réu ou para indeferi-la (art. 321 do CPC/2015); (b) o requerimento tempestivo de produção de determinada prova, preenchidos os pressupostos para que ela seja feita, gera a necessidade de sua apreciação, seu deferimento e realização no momento oportuno, que é a instrução probatória (art. 357, II, do CPC/205); (c) a interposição de recurso produz, entre várias consequências possíveis, o efeito obstativo (impede a preclusão ou o trânsito em julgado da decisão impugnada, conforme o caso), o efeito devolutivo, bem como o efeito, eventualmente, suspensivo da decisão recorrida; (d) a impugnação específica dos fatos alegados na inicial, na contestação, impede que sejam considerados presumivelmente verdadeiros, gerando a necessidade de instrução probatória a seu respeito (art. 341 do CPC/2015).

Por outro lado, é necessário lembrar que os atos das partes, *em regra*, produzem seus efeitos *imediatamente*, independentemente da homologação judicial ou da concordância da parte contrária, salvo quando a lei expressamente determina o contrário (como ocorre em relação à desistência da ação, que, quando praticada posteriormente ao ato de citação do réu, exige a concordância expressa deste último, bem como homologação judicial – art. 200, parágrafo único, c/c o art. 485, § 4º, do CPC/2015).

A *irrelevância da vontade das partes para a delimitação dos efeitos dos atos processuais*, entretanto, *comporta mitigações*.

Em outras palavras, no processo civil contemporâneo não é possível afirmar que a vontade da parte seja totalmente indiferente para a identificação e a delimitação dos efeitos dos atos processuais.

---

3. Essa era a posição tradicionalmente adotada por Cândido Rangel Dinamarco (*Instituições de Direito Processual Civil*, 8ª ed., vol. II, São Paulo, Malheiros Editores, 2019, p. 550).

Primeiro, porque o sistema processual civil vigente ampliou nitidamente o campo de alcance dos *negócios jurídicos processuais*, cujos efeitos são claramente associados e delimitados pela vontade das partes.

Nesse sentido, recordemos que anteriormente, sob a vigência do Código de Processo Civil/1973, só era possível falar em *negócios jurídicos processuais típicos*, ou seja, aqueles expressamente autorizados pelo legislador e tipificados em lei. Exemplos disso eram a eleição de foro (art. 111 do CPC/1973) bem como a convenção em torno do ônus da prova (art. 333, parágrafo único, do CPC/1973).

O Código de Processo Civil/2015 não só manteve a possibilidade dos *negócios processuais típicos* de eleição de foro (art. 63) e de modificação dos encargos probatórios (art. 373, § 3º), como foi além, prevendo a viabilidade de realização de *negócios jurídicos processuais atípicos*.[4]

Essa autorização para a prática de *negócios jurídicos processuais atípicos* está no art. 190 do CPC/2015, pelo qual, versando o processo sobre direitos que admitam autocomposição, podem as partes capazes "estipular mudanças no procedimento para ajustá-lo às especificidades da causa e convencionar sobre os seus ônus, poderes, faculdades e deveres processuais, antes e durante o processo".

É evidente que, neste caso, a vontade das partes que subscrevem o negócio processual é fundamental para delimitar seu alcance e seus efeitos.

A mesma constatação revela-se quando se observa que, ao contrário do que se verificava na vigência da legislação anterior, que determinava a interpretação estrita do pedido (art. 293 do CPC/1973), prevê a codificação atual que "a interpretação do pedido considerará o conjunto da postulação e observará o princípio da boa-fé" (art. 322, § 2º, do CPC/2015). Este contexto abre nítido espaço para que na análise do pedido seja levada em consideração a vontade do demandante, ainda que não expressa claramente (ou ao menos não expressa de forma adequada) na petição inicial, demonstrando sua efetiva relevância (da vontade) para fins de delimitação dos efeitos da demanda, ato processual que dá início ao processo judicial.

Outro ponto digno de nota diz respeito à necessidade ou não de declaração de nulidade em razão da existência de invalidade nos atos *judiciais*, de um lado, e nos atos *das partes*, de outro.

Assim, os vícios dos atos *judiciais* devem ser objeto de declaração. É imprescindível que haja decisão reconhecendo a invalidade e declarando a nulidade do ato judicial viciado. Do contrário permanecerá ele produzindo efeitos indefinidamente. E mais: se houver decisão judicial no processo em que for praticado ato judicial viciado

---

4. A respeito da temática das convenções processuais, cf.: Antônio do Passo Cabral, *Convenções Processuais: Teoria Geral do Negócio Jurídico Processual*, 3ª ed., Salvador, JusPodivm, 2020; Alexandre Alberto de Azevedo Magalhães Jr., *Convenção Processual na Tutela Coletiva*, Salvador, JusPodivm, 2020, *passim*; Pedro Henrique Nogueira, *Negócios Jurídicos Processuais*, 4ª ed., Salvador, JusPodivm, 2020, *passim*.

ou inválido e esta transitar em julgado, o motivo de nulidade (invalidade) passará a significar apenas um fundamento para eventual rescisão da decisão, nos termos do art. 966 do CPC/2015.

Já quanto à hipótese de existência de vícios nos atos processuais das partes a abordagem é outra. É que não se mostra necessária a declaração de nulidade dos atos das partes. Sendo eles viciados, simplesmente apresentam-se como atos ineficazes, deixando de produzir os efeitos que, por lei, foram para eles programados.

13.3.1 Ônus processuais

Como sabemos, o processo envolve a relação entre pessoas (relação jurídica) e a relação entre atos que são nele praticados (procedimento).

Pela sua característica dinâmica, o procedimento envolve, em caráter sequencial, a prática de atos pelos sujeitos processuais (juízes e partes), de sorte que a cada novo ato surge uma nova situação jurídica que provoca a necessidade de se praticar mais um ato, impulsionando o processo adiante, direcionando-o ao seu fim, consistente na concessão da tutela jurisdicional a quem tiver direito.

Esse quadro revela a importância, na vida do processo, das denominadas *situações jurídicas processuais*, indicadoras das posições ativas ou passivas em que se inserem, ao longo do evolver do processo, os sujeitos processuais.[5]

As *situações jurídicas processuais* podem apresentar-se como *ônus*, *faculdades*, *poderes*, *deveres* e *sujeições*.

Para o juiz, no processo, não existem ônus, faculdades ou sujeições. Para ele existem *poderes* e *deveres*, que frequentemente se conectam indissociavelmente, apresentando-se como *poderes-deveres*.

Embora não haja uma enumeração taxativa, em lei, dos poderes-deveres dos juízes no art. 139 do CPC/2015, nele está inserido um importante rol exemplificativo destas espécies de situações processuais a eles referentes.

Apenas para enfatizar que o referido rol é exemplificativo, recordemos que o dever de proferir decisões não está referido expressamente no dispositivo, mas ninguém, certamente, negará sua existência.

Para as partes, por sua vez, existem *faculdades*, *ônus*, *sujeições* e *deveres*.

Como *faculdades* devem ser compreendidas situações processuais que conferem às partes a possibilidade de formular requerimentos ou postulações sem que se acarrete a elas qualquer prejuízo ou perda pela sua não realização. Exemplificando: as partes

---

5. A construção da ideia de situações jurídicas processuais foi resultado da peculiar doutrina de James Goldschmidt. Embora sua tese a respeito do processo como situação jurídica não tenha sido acolhida com amplitude, dela resultou o reconhecimento da existência, no processo, de situações jurídicas processuais (*Der Prozess als Rechtslage: eine Kritik des prozessualen Denkens*, Berlim, Julius Springer, 1925, *passim*, esp. pp. 253 e ss.).

podem (faculdade) acompanhar a realização dos trabalhos periciais, mas caso não o façam isso não lhes acarreta qualquer prejuízo imediato ou direto; pode-se requerer adiamento de audiência, diante de situações particulares que justifiquem a solicitação, mas também é possível optar por não requerer o adiamento; podem os litigantes pedir suspensão do processo para formular tratativas com vistas à solução consensual do conflito; etc.

Como *ônus* devem compreendidas situações que *impõem* a atuação da parte sob pena de, não o fazendo, sofrer prejuízo em suas posições processuais.[6] Trata-se, portanto, de *imperativo de conduta no interesse do próprio litigante*, sempre associada sua não observância a um prejuízo processual. Exemplificando: as partes têm o ônus de requerer tempestivamente a produção de determinada prova, sob pena de preclusão; o não cumprimento do ônus de impugnar especificadamente os fatos é sancionado com a presunção de veracidade dos fatos não impugnados (art. 341 do CPC/2015); o não cumprimento do ônus de contestar gera a revelia (art. 344 do CPC/2015); a não interposição de apelação levará ao trânsito em julgado da sentença.

Sujeições, por sua vez, são situações jurídicas passivas. As partes sujeitam-se à condição de réus quando uma demanda judicial é proposta em face delas. Ninguém escolhe ser réu. Sujeitam-se também ao cumprimento de determinações judiciais, ainda que haja a possibilidade de interposição de recursos quando delas decorrer alguma situação de gravame.

Por último, e não menos importante, as partes possuem inúmeros *deveres processuais*. Deveres são compreendidos, neste quadro, como *imperativos de conduta no interesse alheio*.

Apenas para destacar os mais importantes, observe-se que foram inseridos em rol exemplificativo na lei, precisamente no art. 77 do CPC/2015. Nele está dito que são deveres processuais das partes, além de outros previstos no Código: expor os fatos em juízo conforme a verdade; não formular pretensão ou apresentar defesa quando cientes de que destituídas de fundamento; não produzir provas e não praticar atos inúteis ou desnecessários à declaração ou à defesa do direito; cumprir com exatidão as decisões jurisdicionais, de natureza provisória ou final, e não criar embaraços à sua efetivação; declinar, no primeiro momento em que lhes couber falar nos autos, o endereço de residência ou profissional onde receberão intimações, bem como atualizando-o quando necessário; não praticar inovação ilegal no estado de fato de bem ou direito litigioso.

Nesse contexto é que devem ser compreendidos os ônus processuais.

Observe-se que todas as situações jurídicas processuais são relevantes no conjunto dinâmico e complexo de posições que se desenvolvem por força da existência da relação jurídica processual.

---

6. Sobre o conceito de ônus, cf. Gian Antonio Michelli, *La Carga de la Prueba*, trad. de Santiago Sentís Melendo, Bogotá, Editorial Temis, 1989, pp. 53 e ss. (do original, *L'Onere della Prova*).

Só os ônus processuais, entretanto, apresentam-se, nesse quadro, como aptos a produzir consequências imediatas, pois seu descumprimento sempre acarreta para a parte uma consequência imediata, prejudicial a ela, consistente na preclusão.

13.3.2 Preclusão

A preclusão é instituto do direito processual diretamente relacionado com os ônus processuais.[7]

Se o ônus é um imperativo de conduta que se estabelece no próprio interesse do sujeito onerado, isso significa que a inobservância do ônus acarreta uma consequência negativa ou prejuízo para o sujeito.

A preclusão é essa consequência negativa do descumprimento do ônus, ou seja, é a sanção pelo descumprimento do encargo processual.

É possível falar em preclusão *temporal* (perda do prazo previsto para a prática do ato), *lógica* (prática de ato incompatível com outra conduta processual) e *consumativa* (prática do ato de uma determinada forma em detrimento de outra, ou em exercício apenas parcial de todas as potencialidades para ele previstas, esgotando-se a oportunidade sem dela extrair tudo o que seria factível).

Exemplos de preclusão: (a) deixar escoar *in albis* o prazo para contestar ou para recorrer, gerando no primeiro caso a revelia (art. 344 do CPC/2015) e no segundo a estabilidade ou o trânsito em julgado da decisão; (b) a impugnação ao cumprimento de sentença deve ser feita no prazo de 15 dias, contados a partir do momento do decurso do prazo concedido para o pagamento (art. 525, c/c o art. 523, do CPC/2015), sob pena de preclusão; (c) o pagamento do valor da condenação sem qualquer ressalva configura a aceitação ou aquiescência, com preclusão da possibilidade de recorrer da decisão (art. 1.000 do CPC/2015); (d) a interposição de apelação parcial, na qual se questiona apenas um dos capítulos da sentença (art. 1.002 do CPC/2015), gera o trânsito em julgado dos capítulos não impugnados; (e) a apresentação dos fundamentos do recurso, ainda que antes de esgotado o prazo-limite para sua interposição, gera esgotamento desta possibilidade, restando preclusa a possibilidade de apresentação de novos fundamentos, pois as razões devem ser apresentadas no ato de interposição do recurso (art. 1.010, III [na apelação], art. 1.016, III [no agravo de instrumento], art. 1.021, § 1º [no agravo interno], art. 1.023 [nos embargos de declaração], art. 1.029, III [no recurso especial e no recurso extraordinário], do CPC/2015); (f) a oportunidade para alegar abusividade da cláusula de eleição de foro é a contestação, sob pena de preclusão (art. 63, § 4º, do CPC/2015); (g) as partes devem, no momento da realização do ato, alegar, se for o caso, a ocorrência de contradições entre os atos efetivamente praticados e sua transcrição, sob pena de preclusão (art. 209, § 2º, do CPC/2015); (h) as nulidades em geral devem ser alegadas na primeira oportunidade em que couber às partes falar nos autos, sob pena

---

7. Para um estudo analítico do instituto da preclusão v. Heitor Vitor Mendonça Sica, *Preclusão Processual Civil*, São Paulo, Atlas, 2006, pp. 91-105.

de preclusão (art. 278 do CPC/2015); (i) a impugnação ao valor da causa deve ser feita na contestação, sob pena de preclusão (art. 293 do CPC/2015).

Ocioso dizer que a *preclusão* não se confunde com a *prescrição* nem com a *decadência*.

Primeiro, porque a *preclusão* é instituto de direito processual, enquanto a *prescrição* e a *decadência* são institutos de direito material.

De outro lado, enquanto *a preclusão* implica perda da possibilidade de exercício de uma faculdade ou posição jurídica processual da parte, a *prescrição* e a *decadência* significam perdas de posições jurídicas de direito material.

A *prescrição* significa a perda da possibilidade de exercer uma pretensão à observância de uma obrigação, ou seja, significa sua inexigibilidade, vale dizer, que a obrigação, pelo decurso do prazo previsto em lei para que fosse exigido seu cumprimento ou sua observância, tornou-se inexigível.

A *decadência*, por sua vez, significa que o titular de um direito potestativo (direito de impor a outrem o efeito do seu exercício, suportando modificações jurídicas daí decorrentes) deixou de exercê-lo no prazo legal ou convencionalmente previsto para tanto. O decurso deste prazo esgota a possibilidade de exercício da prerrogativa à modificação jurídica.

Enquanto os prazos prescricionais são aplicáveis às posições jurídicas que envolvem obrigações, cuja postulação se dá, em juízo, por meio de ações contendo pedidos *condenatórios*, a decadência refere-se às posições jurídicas que envolvem a possibilidade de impor a outrem a criação, extinção ou modificação de situações jurídicas, ou seja, aquelas que, quando apresentadas em juízo, se dão sob a feição dos pedidos *constitutivos*.

Bem se vê, portanto, que preclusão, prescrição e decadência são institutos entre si inconfundíveis.

13.4 Noções gerais sobre os meios de impugnação das decisões judiciais

Inerente ao processo no Estado Constitucional e Democrático de Direito é a possibilidade de oferecimento de impugnações às decisões judiciais, viabilizando-se, a partir disso, tanto sua revisão como sua anulação.

A existência de meios de impugnação às decisões deve ser compreendida em várias perspectivas, merecendo destaque a identificação dos seus fundamentos.

É necessário frisar que os *meios de impugnação*, como *gênero*, compreendem várias *espécies*, quais sejam os *recursos*, os *sucedâneos recursais* e as *ações autônomas de impugnação*.

É viável extrair da própria ordem constitucional os fundamentos para sua existência e ulterior regulamentação, por meio da atividade do legislador infraconstitucional.

Assim, prevendo a Constituição a denominada *garantia constitucional da ação* (também denominada garantia de *acesso à justiça* ou princípio da *inafastabilidade* ou *indeclinabilidade* da jurisdição – art. 5º, XXXV, da CF) e, por força dela, assegurando o *acesso à ordem jurídica justa* (a ser obtido pela concessão da *tutela jurisdicional* a quem tiver razão), é compreensível que o exercício de todas as faculdades legítimas no processo seja mecanismo para concretização dessa promessa constitucional.

Assim, se o direito ou garantia da ação compreende não somente a possibilidade de que o titular de uma posição jurídica de vantagem se valha do processo judicial para obter proteção (tutela) ao seu interesse, mas também que todas as faculdades inerentes à tutela das posições jurídicas dos litigantes sejam asseguradas (tanto do lado ativo [do autor – ação], como no polo passivo [do réu – defesa]), é inerente a este contexto o exercício dos meios de impugnação pelos titulares de posições jurídicas, sejam eles partes (integrantes do processo) ou terceiros.

Em outras palavras, dentro do espectro do direito de ação e do direito de defesa, que instrumentalizam a garantia do acesso à justiça, encontra-se a possibilidade de utilização de todos os mecanismos, pelos sujeitos processuais, a fim de que possam sustentar suas posições jurídicas de vantagem.

Dentro dessa lógica pode-se dizer que o uso dos meios de impugnação nada mais é que projeção da própria garantia constitucional da ação, e isso vale tanto para as ações autônomas de impugnação como para os recursos e para os sucedâneos recursais.

Além de terem como fundamento a *garantia constitucional da ação*, os meios de impugnação também encontram apoio nas garantias do *devido processo legal* e do *contraditório* (art. 5º, LIV e LV, da CF).

De fato, é expresso o texto constitucional ao afirmar que "ninguém será privado da liberdade ou de seus bens sem o devido processo legal", bem como que "aos litigantes, em processo judicial ou administrativo, e aos acusados em geral são assegurados o contraditório e ampla defesa, com os meios e recursos a ela inerentes".

Ou seja, não basta que seja assegurada a participação no processo, por meio do exercício do direito de ação e do direito de defesa, mas sim que ela se dê, observados os requisitos e limites estabelecidos pelo legislador, com o apoio dos meios de impugnação das decisões, sejam eles ações autônomas, recursos ou sucedâneos recursais.

Note-se também que a existência de mecanismos de revisão das decisões judiciais encontra apoio, em maior ou menor escala, no princípio do *duplo grau de jurisdição*. Embora este princípio não seja explicitamente previsto na Constituição Federal (precisamente por tal razão tem sido compreendido apenas como um *princípio*, mas não como uma *garantia* constitucional), decorre, ao menos implicitamente, da estruturação do Poder Judiciário em escalões ou instâncias distintas. Esta estrutura contempla, em regra, órgãos judiciários de primeiro grau (juízes singulares), encarregados da instrução e do julgamento do processo, e em segundo grau os tribunais, que, de modo geral, são competentes para a revisão das decisões dos juízes de primeira instância em grau de recurso.

Por outro lado, é usual apontar fundamentos ou de cunho *filosófico* ou *sociológico* para sustentar a necessidade de existência dos meios de impugnação das decisões.

Primeiro, a *falibilidade humana*, que induz à necessidade de ao menos uma possibilidade de revisão da decisão singular, proferida em primeira instância, para reduzir as chances de erros resultantes do julgamento.

Em segundo lugar, o aspecto *subjetivo* dos litigantes, que certamente encontram maior tranquilidade e confiança no sistema jurídico tendo ciência da viabilidade de provocação de reexame daquilo que vier a ser decidido em primeiro grau.

Em terceiro lugar, a *maior experiência*, em regra, dos julgadores integrantes dos tribunais, que poderia contribuir para a redução da probabilidade de erro nos julgamentos.

Por último, e não menos importante, a *colegialidade*, dentro do procedimento de exame dos recursos e outros meios de impugnação, nos tribunais, também como fator de redução das oportunidades de equívocos e ampliação do potencial de acerto quanto ao mérito dos julgados.

Por óbvio que tais justificativas são revestidas de grande subjetivismo, não sendo passível sua aceitação, pura e simples, sem qualquer ressalva.

Observe-se, nesse sentido, que os juízes são seres humanos, e, como todos os seres, também são falíveis. Os juízes que atuam nos tribunais são tão falíveis quanto os juízes de primeiro grau. Por outro lado, nem sempre a maior experiência é garantia de acerto. Já a colegialidade vem sendo há muito, se não abandonada, paulatinamente reduzida no procedimento nos tribunais. Neste sentido, note-se, por exemplo, a amplitude do art. 932, IV e V, do CPC/2015 (equivalente, na sistemática anterior, ao art. 557 do CPC/1973, redação da Lei 9.756/1998), estabelecendo parâmetros para o julgamento monocrático da demanda ou recurso no tribunal, reservando, atualmente, campo limitado para aplicação da ideia ou regra da colegialidade.

Seja como for, ainda que a necessidade de previsão normativa quanto aos meios de impugnação das decisões judiciais não se apoie nas justificativas de conteúdo filosófico acima apontadas, é correto dizer, pelos fundamentos constitucionais anteriormente assinalados, que não se pode propriamente falar em sistema processual caracterizado pelas marcas do Estado Democrático de Direito senão com o aparelhamento, no ordenamento jurídico, de mecanismos de revisão das decisões judiciais. Eles devem ser aptos a viabilizar ao menos uma oportunidade, por provocação dos sujeitos interessados, para verificação do acerto daquilo que foi, numa primeira apreciação, determinado pelo órgão judicial competente para o primeiro julgamento de certo caso.

Cumpre também, de forma objetiva, estabelecer distinção entre as diversas modalidades de *meios de impugnação*, ou seja, os *recursos*, os *sucedâneos recursais* e as *ações autônomas de impugnação*, que são objeto de estudo aprofundado em disciplinas específicas de processo civil.

O dado fundamental para distinguir o *recurso* dos demais meios de impugnação é a tipificação legal.

Ou seja, o conceito de *recurso* é essencialmente legal ou delimitado a partir de enunciado normativo. Em outros termos, *recurso* é o meio de impugnação que por lei é definido como tal. É precisamente a lei que define quais são os recursos cabíveis num determinado sistema processual.[8]

É isso que ocorre, em nosso sistema, por força do art. 994 do CPC/2015, que prevê a existência dos seguintes recursos: apelação, agravo de instrumento, agravo interno, embargos de declaração, recurso ordinário, recurso especial, recurso extraordinário, agravo em recurso especial ou extraordinário, embargos de divergência. Disciplina análoga encontra-se no processo penal, para o qual são previstos em lei os seguintes recursos: recurso em sentido estrito (arts. 581 e ss. do CPP), apelação (arts. 593 e ss. do CPP), embargos de declaração (arts. 619 e 620 do CPP), carta testemunhável (arts. 639 e ss. do CPP), além da previsão, evidentemente, dos recursos indicados na própria Constituição, ou seja, o recurso ordinário (arts. 102, II, e 105, II, da CF), o recurso especial (art. 105, III, da CF) e o recurso extraordinário (art. 102, III, da CF).

A esse rol devem ser acrescentadas disposições contidas na legislação especial, contemplando previsões como, por exemplo, o recurso inominado nos Juizados Especiais, cabível contra a sentença (art. 41 da Lei 9.099/1995).

Há, entretanto, outros aspectos que complementam a discriminação legal daquilo que vem a ser ou não recurso, dando maior clareza à diferenciação entre este e os demais meios de impugnação.

Nesse sentido, em conformidade com entendimento pacífico,[9] pode-se afirmar que o recurso é o *meio de impugnação que a lei põe à disposição das partes e de terceiros para que, voluntariamente, dentro do mesmo processo e na mesma relação processual, possam promover a reforma, a invalidação, o aclaramento ou a integração da decisão judicial impugnada.*

Desta conceituação é importante destacar os elementos da definição de recurso: (a) *tipicidade estrita*, pois o recurso deve estar previsto em lei; (b) *voluntariedade*, pois só pode ser considerado recurso o mecanismo de revisão decorrente da provocação das partes, devendo desde logo ser afirmado que os meios de reexame *ex officio* de decisões judiciais, tratados pela lei como "recurso de ofício" ou "remessa necessária" (art. 475 do CPC/1973; art. 496 do CPC/2015; art. 574 do CPP), não têm caráter recursal. Cuida-se apenas de condições legais para a formação da coisa julgada nos casos em que a lei previu sua aplicação (certas hipóteses em que o resultado do processo foi desfavorável ao Poder Público); (c) *mesmo processo e mesma relação processual*, pois, embora a possibilidade de utilização do recurso seja inerente ao exercício do direito de ação e do

---

8. Nesse sentido: José Carlos Barbosa Moreira, *Comentários ao Código de Processo Civil, Lei 5.869, de 11 de Janeiro de 1973*, 16ª ed., vol. V (arts. 476 a 565), Rio de Janeiro, Forense, 2012, pp. 232 e 274-277; bem como Nelson Nery Jr., *Teoria Geral dos Recursos*, 6ª ed., São Paulo, Ed. RT, 2004, pp. 204-206.

9. Cf. José Carlos Barbosa Moreira, *Comentários ao Código de Processo Civil, Lei 5.869, de 11 de Janeiro de 1973*, cit., 16ª ed., vol. V, p. 233. No mesmo sentido: Nelson Nery Jr., *Teoria Geral dos Recursos*, cit., 6ª ed., p. 212.

direito de defesa, manifestando-se como um dos aspectos destes, não há, por força do seu emprego, inauguração de nova relação processual ou de novo processo, ainda que o procedimento recursal provoque, por imposição da disciplina legal, desdobramento do procedimento ou, até mesmo, autuação distinta; (d) *aptidão para promover a reforma* (nos casos em que se discute o acerto ou justiça da decisão, ou seja, na hipótese de alegação de erro no julgamento [*error in iudicando*]), a *invalidação* (nos casos em que se alega o erro de procedimento ou vício processual [*error in procedendo*]), o *aclaramento* (nos casos em que a decisão é obscura ou confusa, buscando-se maior clareza nela por meio dos embargos de declaração) ou a *integração* (nos casos em que a decisão foi omissa a respeito de algum aspecto que deveria ter sido apreciado, buscando-se corrigi-la por meio dos embargos de declaração).

Sucedâneos recursais, por sua vez, são mecanismos processuais que, embora não tipificados pelo legislador como recursos, acabam na prática, ao menos em parte, tendo utilidade assimilada à dos recursos. Isso decorre da sua aptidão, aceita pela praxe judiciária e por construções jurisprudenciais, para, sem a inauguração de nova relação processual, promover a integração, o aclaramento, anulação ou reforma da decisão judicial.

Na visão contemporânea dos meios de impugnação só comportam a qualificação de *sucedâneos recursais* os meios que, não sendo *recursos* (pois a lei federal que cuida do processo não os arrolou como recursos) nem *ações autônomas*, exercem alguma função assimilada às de natureza recursal.

Assim, são *sucedâneos recursais* a *correição parcial*, os *pedidos de reconsideração* e os *agravos regimentais*.

A *correição parcial* é instrumento que não pode ser classificado como *recurso* por não ser previsto em lei processual, lembrando que a competência para legislar sobre direito processual no ordenamento processual brasileiro é exclusiva do legislador federal (art. 22, I, da CF).[10]

A *correição parcial*, prevista em leis estaduais de organização judiciária, teria em princípio finalidade estritamente correicional de noticiar aos órgãos superiores da magistratura (a presidência do tribunal, o Conselho Superior da Magistratura ou as corregedorias) condutas abusivas ou omissivas de juízes que pudessem ter repercussão disciplinar.

Não seria possível, nessa lógica, que servissem como forma de impugnação de decisões judiciais, para a qual deveria ser utilizado o recurso próprio, previsto em lei. Ocorre que o não cabimento, em determinadas situações, de recurso algum fez com que a praxe judiciária acabasse aceitando que a correição fosse usada não só para o fim de comunicar a possível falta funcional do juiz, mas também para impugnar decisões irrecorríveis.

10. V., a respeito, Egas Dirceu Moniz de Aragão, *Correição Parcial*, São Paulo, Bushatsky, 1969, *passim*.

Trata-se, a bem da verdade, de distorção, que vem sendo abandonada nos últimos tempos e tende, na vigência do Código de Processo Civil/2015, a deixar de ocorrer.

A afirmação de que se trata de distorção decorre da constatação de que: (a) aceitar a função recursal da correição parcial significa desconsiderar que só ao legislador federal foi dada competência para legislar sobre processo, e, consequentemente, a possibilidade de instituição de novos recursos; (b) os órgãos para os quais a correição parcial, em regra, é endereçada, em conformidade com a legislação de organização judiciária local e os regimentos internos dos tribunais (embora isso varie de Estado para Estado e seja plausível encontrar diferentes soluções normativas nos tribunais), são órgãos cuja competência é predominantemente administrativa, não jurisdicional (presidência do tribunal, Conselho Superior da Magistratura, corregedoria). Este é um motivo suficiente para se concluir pela impossibilidade de prolação de decisões de cunho jurisdicional no âmbito da correição parcial.

O *pedido de reconsideração*, por seu turno, não era previsto em lei, embora sempre tenha sido admitido como forma de obter, junto ao próprio órgão judicial que prolatou determinada decisão, sua modificação. Trata-se de simples manifestação da praxe judiciária, assentada na ideia de que nos casos em que a decisão não se tornou definitiva o próprio juízo tem a competência para rever a decisão, tornando-a sem efeito. Se pode fazê-lo por iniciativa própria, ou seja, de ofício, isso também pode ocorrer por provocação da parte interessada.

Nesse sentido, anote-se, como exemplos, a possibilidade de acolhimento pelo juízo de primeiro grau de pedido de reconsideração da decisão que deferiu ou denegou requerimento de medida urgente (tutela cautelar ou antecipada), de determinação de expedição de ofícios ou mandados de intimação, de oitiva de testemunhas, de aspectos relacionados à realização de prova pericial ou do andamento do processo em fase de cumprimento de sentença, entre tantas outras situações que comportariam menção.

Note-se, neste passo, que nos exemplos acima referidos encontra-se dentro do amplo espectro de poderes/deveres do juiz, em especial quanto ao cuidado de velar pelo bom andamento do processo e pela busca da solução mais adequada para cada caso concreto, a necessidade de assegurar às partes igualdade de tratamento (art. 139, I, do CPC/2015). Daí decorre a possibilidade de rever decisões já proferidas (desde que ainda não estáveis, por força da coisa julgada ou por obra da preclusão quanto à possibilidade de impugnação pelas partes). Assim, sempre que possível fazê-lo de ofício, nada impedirá que o faça o magistrado, a partir de pedido de reconsideração formulado pelo litigante interessado.

Cumpre lembrar que o Código de Processo Civil/2015 estipulou expressamente a possibilidade de formulação de requerimento análogo ao *pedido de reconsideração* em uma hipótese. Cuida-se do art. 357, § 1º, referente à solicitação de ajustes ou esclarecimentos da decisão de saneamento, por força do qual "realizado o saneamento, as partes têm o direito de pedir esclarecimentos ou solicitar ajustes, no prazo comum de 5 (cinco) dias, findo o qual a decisão se torna estável".

Tal requerimento nada mais é, na prática, que um *pedido de reconsideração* previsto expressamente na lei.

Há ainda, no contexto dos *sucedâneos recursais*, o denominado *agravo regimental*.

Por *agravo regimental* compreende-se mecanismo similar aos recursos mas que com estes não se confunde. O agravo regimental não está previsto na lei federal que disciplina o sistema processual, e, por isso, não se qualifica como recurso. Por ser, em regra, previsto nos regimentos internos dos tribunais e caber contra decisões monocráticas, recebeu na praxe judiciária tal denominação.

Anote-se, ademais, que não se trata de um único recurso, mas de uma pluralidade deles, a comportar tantas regulamentações e disciplinas, não necessariamente idênticas, quantos forem os regimentos internos dos tribunais. Em outras palavras, a disciplina do agravo regimental em cada tribunal é dada pelo respectivo regimento interno.

Não há hoje, nem houve no passado, dúvida quanto à legalidade das previsões de cabimento de agravo regimental nos regimentos internos dos tribunais em relação às *decisões administrativas* de cada Corte. Considere-se, nesse passo, que, se a Constituição atribui aos tribunais a competência para auto-organização, nisso compreendendo a possibilidade de elaboração do respectivo regimento interno (art. 96, I, "a"), é inerente a esse quadro a criação de um mecanismo de impugnação das decisões proferidas no âmbito da atividade *administrativa*.

Ademais, se as competências nos tribunais (mesmo quando se trata de matéria administrativa) são em regra atribuídas aos colegiados (plenário, órgão especial [onde houver], Conselho Superior da Magistratura etc.), o agravo regimental serve como meio para submeter ao colegiado determinada matéria que, também por previsão regimental, foi inicialmente decidida monocraticamente.

Todo este raciocínio não poderia ser aceito, entretanto, quando se tratasse de matéria jurisdicional, ou seja, de processo judicial. Isto porque só a lei federal (art. 22, I, da CF), não o regimento interno do tribunal, pode disciplinar o processo.

Ocorre que a evolução legislativa recente superou esse problema.

Note-se que o Código de Processo Civil/1973 reformado já previa para todas as hipóteses de decisão monocrática (cuidando-se aqui, evidentemente, de matéria *jurisdicional*, não *administrativa*) a possibilidade de impugnação, com a finalidade de levar a hipótese a reexame pelo colegiado competente, por meio do denominado agravo interno (art. 557 do CPC/1973, redação da Lei 9.756/1998). A mesma solução foi mantida no Código de Processo Civil/2015, que atribuiu poderes de decisão ao relator nos tribunais (art. 932), tendo também disciplinado, de forma específica e detalhada, o agravo interno (art. 1.021).

Em outras palavras, subsiste o agravo regimental, atualmente, *apenas para questionamento de decisões proferidas em matéria administrativa*. Tratando-se de decisão monocrática de conteúdo jurisdicional cabível será, sempre, o agravo interno.

Por último, no contexto dos meios de impugnação é necessário considerar as denominadas *ações autônomas*, que decorrem do exercício do direito de ação (demanda), a partir da existência de algum gravame decorrente de decisão judicial proferida em processo já instaurado. Forma-se, a partir da demanda autônoma impugnativa, relação jurídica processual própria, que não se confunde com a relação originária, na qual foi prolatado o provimento questionado. Trata-se, ademais, de hipótese em que o exercício do direito de ação tem caráter incidental.

São exemplos de *ações autônomas de impugnação* o *mandado de segurança* (Lei 12.016/2009), o *habeas corpus* (art. 5º, LXVIII, da CF; arts. 647 a 667 do CPP), a *ação rescisória* (arts. 966 a 975 do CPC/2015), a *reclamação constitucional* (art. 102, I "l", art. 103-A, § 3º, e art. 105, I, "f", da CF; art. 988 do CPC/2015) e os *embargos de terceiro* (arts. 674 a 681 do CPC/2015).

São temas a serem examinados em capítulos próprios de disciplinas ministradas ao longo do estudo do processo civil.

BIBLIOGRAFIA

ACIERNO, Maria, *et al. Il Nuovo Articolo 111 della Costituzione e il Giusto Processo Civile.* Milão, Franco Angeli, 2001.

ALEXY, Robert. *Teoria da Argumentação Jurídica: a Teoria do Discurso Racional como Teoria da Fundamentação Jurídica.* 5ª ed., trad. de Zilda Hutchinson Schild Silva. Rio de Janeiro, Forense, 2020.

ALTHAMMER, Christoph. *Streitgegenstand und Interesse*. Tübingen, Mohr Siebeck, 2012.

ALVES, José Carlos Moreira. *Direito Romano*. 20ª ed. Rio de Janeiro, Forense, 2021.

ARAGÃO, Egas Dirceu Moniz de. *Correição Parcial*. São Paulo, Bushatsky, 1969.

ARENHART, Sérgio Cruz, e MARINONI, Luiz Guilherme. *Prova*. São Paulo, Ed. RT, 2009.

ARMELIN, Donaldo. *Legitimidade para Agir no Direito Processual Civil Brasileiro*. São Paulo, Ed. RT, 1979.

ASSIS, Araken de. *Cumulação de Ações*. 5ª ed. São Paulo, Ed. RT, 2019.

ÁVILA, Humberto. *Teoria dos Princípios: da Definição à Aplicação dos Princípios Jurídicos*. 10ª ed. São Paulo, Malheiros Editores, 2009.

AZEVEDO, Luiz Carlos de, e CRUZ E TUCCI, José Rogério. *Lições de História do Processo Civil Canônico*. São Paulo, Ed. RT, 2001.

_________. *Lições de História do Processo Civil Romano*. São Paulo, Ed. RT, 1996.

BADARÓ, Gustavo Henrique Righi Ivahy. *Epistemologia Judiciária e Prova Penal*. São Paulo, Thomson Reuters Brasil, 2019.

_________, DINAMARCO, Cândido Rangel, e LOPES, Bruno Vasconcelos Carrilho. *Teoria Geral do Processo*. 32ª ed. São Paulo, Malheiros Editores, 2020.

BARBI, Celso Agrícola. *Comentários ao Código de Processo Civil, Lei 5.869, de 11 de Janeiro de 1973*. vol. 1. Rio de Janeiro, Forense, 1981.

BARBOSA, Ruy. *Oração aos Moços*. Bauru, Edipro, 2009.

BARBOSA MOREIRA, José Carlos. *Comentários ao Código de Processo Civil, Lei 5.869, de 11 de Janeiro de 1973*. 16ª ed., vol. V (arts. 476 a 565). Rio de Janeiro, Forense, 2012.

_________. *Questões Prejudiciais e Coisa Julgada*. Rio de Janeiro, Borsói, 1967.

_________. "Sentença executiva?". In: *Temas de Direito Processual: Nona Série*. São Paulo, Saraiva, 2007.

_________. *Temas de Direito Processual: Nona Série*. São Paulo, Saraiva, 2007.

BEDAQUE, José Roberto dos Santos. *Direito e Processo: Influência do Direito Material sobre o Processo*. 6ª ed. São Paulo, Malheiros Editores, 2011.

__________. *Efetividade do Processo e Técnica Processual*. 3ª ed. São Paulo, Malheiros Editores, 2010.

__________. *Poderes Instrutórios do Juiz*. 4ª ed. São Paulo, Ed. RT, 2009.

__________. *Tutela Provisória: Analisada à Luz das Garantias Constitucionais da Ação e do Processo*. 6ª ed. São Paulo, Malheiros Editores, 2021.

BONATO, Giovanni. *O Novo Código de Processo Civil: Questões Controvertidas*. São Paulo, Atlas, 2015.

BONIZZI, Marcelo José Magalhães. *Princípios do Processo no Novo Código de Processo Civil*. São Paulo, Saraiva, 2016.

BÖTCHER, Carlos Alexandre. "O legado ético e universalista do direito romano". *Revista da Faculdade de Direito da USP* 108/155-167. São Paulo, janeiro-dezembro/2013.

BRAGA, Paula Sarno. *Norma de Processo e Norma de Procedimento: o Problema da Repartição de Competência Legislativa no Direito Constitucional Brasileiro*. Salvador, JusPodivm, 2015.

BRIEGLEB, Hans Karl. *Einleitung in die Theorie der Summarischen Processe*. Lípsia, Verlag von Bernhard Tauchnitz, 1859.

BUENO, Cassio Scarpinella. ***Amicus Curiae*** *no Processo Civil Brasileiro: um Terceiro Enigmático*. São Paulo, Saraiva, 2012.

__________. *Curso Sistematizado de Direito Processual Civil: Teoria Geral do Processo Civil*. 6ª ed., vol. 1. São Paulo, Saraiva, 2012.

__________. *Partes e Terceiros no Processo Civil Brasileiro*. 2ª ed. São Paulo, Saraiva, 2006.

BULOW, Oskar von. *La Teoría de las Excepciones Procesales y los Presupuestos Procesales*. Buenos Aires, EJEA, 1964.

CABRAL, Antônio do Passo. *Convenções Processuais: Teoria Geral dos Negócios Jurídicos Processuais*. 3ª ed. Salvador, JusPodivm, 2020.

CAETANO, Marcello. *História do Direito Português (Sécs. XII-XVI): Seguida de Subsídios para a História das Fontes do Direito em Portugal no Séc. XVI*. 4ª ed. Lisboa, Verbo, 2000.

CALAMANDREI, Piero. "Il processo come giuoco". In: *Opere Giuridiche: a Cura di Mauro Cappelletti*. vol. 1. Nápoles, Morano, 1965.

__________. "Introduzione allo studio sistematico dei provvedimenti cautelari". In: *Opere Giuridiche: a Cura de Mauro Cappelletti*. vol. 9. Nápoles, Morano, 1983.

__________. "La relatività del concetto di azione". In: *Opere Giuridiche: a Cura di Mauro Cappelletti*. vol. 1. Nápoles, Morano, 1965.

__________. *Opere Giuridiche: a Cura di Mauro Cappelletti*. vol. 1. Nápoles, Morano, 1965; vol. 9. Nápoles, Morano, 1983.

__________. "Oralità nel processo". In: *Opere Giuridiche: a Cura di Mauro Cappelletti*. vol. 1. Nápoles, Morano, 1965.

CALMON, Petrônio. *Fundamentos da Mediação e da Conciliação*. Rio de Janeiro, Forense, 2008.

CANOVA, Augusto Cerino. "La domanda giudiziale e il suo contenuto". In: *Commentario del Codice di Procedura Civile*. t. 1. Turim, UTET, 1980.

CARMONA, Carlos Alberto. *A Arbitragem no Processo Civil Brasileiro*. São Paulo, Malheiros Editores, 1993.

__________. *Arbitragem e Processo: um Comentário à Lei n. 9.307/96*. 3ª ed. São Paulo, Atlas, 2009.

CARNEIRO, Athos Gusmão. *Intervenção de Terceiros*. 11ª ed. São Paulo, Saraiva, 2000.

CARNELUTTI, Francesco. *Diritto e Processo*. Nápoles, Morano, 1958.

_________. *Sistema di Diritto Processuale Civile*. vol. 1. Pádua, CEDAM, 1936.

_________. *Teoria Geral do Direito*. Trad. de A. Rodrigues Queiró e Artur Anselmo de Castro. São Paulo, Saraiva, 1942.

CARVALHO, Milton Paulo de. *Do Pedido no Processo Civil*. Porto Alegre, S.A. Fabris, 1992.

CAZETTA, Ubiratan. *Direitos Humanos e Federalismo – O Incidente de Deslocamento de Competência*. São Paulo, Atlas, 2009.

CHIOVENDA, Giuseppe. "Dell'azione nascente dal contratto preliminare". In: *Saggi di Diritto Processuale Civile (1894-1937)*. vol. 1. Milano, Giuffrè, 1993.

_________. *Instituições de Direito Processual Civil*. 2ª ed., vols. 1 e 2, trad. de Enrico Tullio Liebman. São Paulo, Saraiva, 1965.

_________. *Principii di Diritto Processuale Civile*. 4ª ed. Nápoles, Nicola Jovene E. C. Editori, 1928.

CHIZZINI, Augusto. "La tutela giurisdizionale dei diritti. Art. 2.907". In: *Il Codice Civile. Commentario*. Milão, Giuffrè, 2018.

CINTRA, Lia Carolina Batista. *Intervenção de Terceiros por Ordem do Juiz: a Intervenção* ***Iussu Iudicis*** *no Processo Civil*. São Paulo, Ed. RT, 2017.

COMMOGLIO, Luigi Paolo. *La Garanzia Costituzionale dell'Azione e il Processo Civile*. Pádua, CEDAM, 1970.

CORRÊA, Fábio Peixinho Gomes. *O Objeto Litigioso no Processo Civil*. São Paulo, Quartier Latin, 2009.

COSTA, Mário Júlio de Almeida. *História do Direito Português*. 3ª ed. Coimbra, Livraria Almedina, 2008.

CROSS, Rupert, e HARRIS, J. W. *Precedent in English Law*. 4ª ed. Nova York, Oxford University Press, 2004.

CRUZ e TUCCI, José Rogério. *A* ***Causa Petendi*** *no Processo Civil*. 3ª ed. São Paulo, Ed. RT, 2009.

_________. "Garantia do processo sem dilações indevidas". In: *Garantias Constitucionais do Processo Civil: Homenagem aos 10 Anos da Constituição Federal de 1988*. São Paulo, Ed. RT, 1999.

_________. *Jurisdição e Poder: Contribuição para a História dos Recursos Cíveis*. São Paulo, Saraiva, 1987.

_________. *Tempo e Processo*. São Paulo, Ed. RT, 1997.

_________, e AZEVEDO, Luiz Carlos de. *Lições de História do Processo Civil Canônico*. São Paulo, Ed. RT, 2001.

_________. *Lições de História do Processo Civil Romano*. São Paulo, Ed. RT, 1996.

DALL'AGNOL JR., Antônio Janyr. "Distribuição dinâmica dos ônus probatórios". *RT* 788/92-107. São Paulo, Ed. RT, junho/2001.

DANTAS, Bruno, e WAMBIER, Teresa Arruda Alvim. *Recurso Especial, Recurso Extraordinário e a Nova Função dos Tribunais Superiores no Direito Brasileiro*. 4ª ed. São Paulo, Ed. RT, 2017.

DETTERBECK, Steffen. "Streitgegenstand, Justizgewährungsanspruch und Rechtsschutzanspruch". *Archiv Für Die Civilistische Praxis* 192/325-340. N. 4. 1992. Disponível em *www.jstor.org/stable/40995514* (acesso em 19.7.2021).

DINAMARCO, Cândido Rangel. *A Instrumentalidade do Processo*. 14ª ed. São Paulo, Malheiros Editores, 2009.

________. *A Reforma da Reforma*. 6ª ed. São Paulo, Malheiros Editores, 2003.

________. *Fundamentos do Processo Civil Moderno*. 5ª ed., vol. I. São Paulo, Malheiros Editores, 2002; 6ª ed., vol. II. São Paulo, Malheiros Editores, 2010.

________. *Instituições de Direito Processual Civil*. vol. I. 10ª ed. São Paulo, Malheiros Editores, 2020; vol. II. 8ª ed. São Paulo, Malheiros Editores, 2019.

________. *Intervenção de Terceiros*. 5ª ed. São Paulo, Malheiros Editores, 2009.

________. *Litisconsórcio*. 8ª ed. São Paulo, Malheiros Editores, 2009.

________. *Nova Era do Processo Civil*. São Paulo, Malheiros Editores, 2003.

________. "Os institutos fundamentais do direito processual". In: *Fundamentos do Processo Civil Moderno*. vol. I. 5ª ed. São Paulo, Malheiros Editores, 2002.

________. "Relativizar a coisa julgada material". In: *Nova Era do Processo Civil*. São Paulo, Malheiros Editores, 2003.

________. "Tutela jurisdicional". In: *Fundamentos do Processo Civil Moderno*. vol. II. 6ª ed. São Paulo, Malheiros Editores, 2010.

________, BADARÓ, Gustavo Henrique Righi Ivahy, e LOPES, Bruno Vasconcelos Carrilho. *Teoria Geral do Processo*. 32ª ed. São Paulo, Malheiros Editores, 2020.

DWORKIN, Ronald. *Levando os Direitos a Sério*. 3ª ed., trad. de Nelson Boeira. São Paulo, WMF Martins Fontes, 2011.

________. *O Império do Direito*. Trad. de Jefferson Luiz Camargo. São Paulo, Martins Fontes, 1999; 3ª ed. São Paulo, Martins Fontes, 2014.

FAZZALARI, Elio. *Istituzioni di Diritto Processuale*. 7ª ed. Pádua, CEDAM, 1994.

________. *Note in Tema di Diritto e Processo*. Milão, Giuffrè, 1957.

FERNANDES, Antônio Scarance. *Prejudicialidade: Conceito, Natureza Jurídica, Espécies de Prejudiciais*. São Paulo, Ed. RT, 1988.

________, GOMES FILHO, Antônio Magalhães, e GRINOVER, Ada Pellegrini. *As Nulidades no Processo Penal*. 12ª ed. São Paulo, Ed. RT, 2012.

GOLDSCHMIDT, James. *Der Prozess als Rechtslage: eine Kritik des prozessualen Denkens*. Berlim, Julius Springer, 1925.

GOMES, Fábio Luiz, e SILVA, Ovídio Araújo Baptista da. *Teoria Geral do Processo*. 3ª ed. São Paulo, Ed. RT, 2002.

GOMES FILHO, Antônio Magalhães, FERNANDES, Antônio Scarance, e GRINOVER, Ada Pellegrini. *As Nulidades no Processo Penal*. 12ª ed. São Paulo, Ed. RT, 2012.

GOTTWALD, Petter, ROSENBERG, Leo, e SCHWAB, Karl Heinz. *Zivilprozessrecht*. 17ª ed. Munique, Verlag C. H. Beck, 2010.

GRECO, Leonardo. *A Teoria da Ação no Processo Civil*. São Paulo, Dialética, 2003.

________. *Instituições de Processo Civil*. vol. I. Rio de Janeiro, Forense, 2009.

________. *Jurisdição Voluntária Moderna*. São Paulo, Dialética, 2003.

GRECO FILHO, Vicente. *Direito Processual Civil*. vol. 1 (*Teoria Geral do Processo e Auxiliares da Justiça*). 21ª ed. São Paulo, Saraiva, 2009.

GRINOVER, Ada Pellegrini. *As Garantias Constitucionais do Direito de Ação*. São Paulo, Ed. RT, 1973.

________. *Ensaio sobre a Processualidade: Fundamentos para uma Nova Teoria Geral do Processo*. Brasília, Gazeta Jurídica, 2016.

________. "Os métodos consensuais de solução de conflitos no novo CPC". In: BONATO, Giovanni. *O Novo Código de Processo Civil: Questões Controvertidas*. São Paulo, Atlas, 2015.

________, *et al. Direito Processual Constitucional*. Brasília, Gazeta Jurídica, 2016.

________, FERNANDES, Antônio Scarance, e GOMES FILHO, Antônio Magalhães. *As Nulidades no Processo Penal*. 12ª ed. São Paulo, Ed. RT, 2012.

HARRIS, J. W., e CROSS, Rupert. *Precedent in English Law*. 4ª ed. Nova York, Oxford University Press, 2004.

HART, Herbert Lionel Adolphus. *O Conceito de Direito*. 3ª ed., trad. de A. Ribeiro Mendes. Lisboa, Fundação Calouste Gulbenkian, 2001.

IHERING, Rudolf von. *A Luta pelo Direito*. 5ª ed., trad. de J. Cretella Jr. e Agnes Cretella. São Paulo, Ed. RT, 2008.

KLEIN, Franz. *Vorlesungen über die Praxis des Civilprocesses*. Viena, Manzische Verlag und Universität Buchhandlung, 1900.

LASPRO, Oreste Nestor de Souza. *Duplo Grau de Jurisdição no Direito Processual Civil*. São Paulo, Ed. RT, 1995.

LEAL, Márcio Flávio Mafra. *Ações Coletivas: História, Teoria e Prática*. Porto Alegre, S.A. Fabris, 1998.

LEITE, Clarisse Frechiani Lara. *A Prejudicialidade no Processo Civil*. São Paulo, Saraiva, 2008.

LEONEL, Ricardo de Barros. *Causa de Pedir e Pedido: o Direito Superveniente*. São Paulo, Método, 2006.

________. "Considerações introdutórias sobre o direito processual constitucional". In: GRINOVER, Ada Pellegrini, *et al. Direito Processual Constitucional*. Brasília, Gazeta Jurídica, 2016.

________. *Manual do Processo Coletivo*. 5ª ed. São Paulo, Malheiros Editores, 2021.

________. "Nova Lei de Improbidade: atipicidade, prescrição e direito superveniente". *Revista Eletrônica Consultor Jurídico* 29.11.2021. Disponível em https://www.conjur.com.br/2021-nov-29/leonel-lia--atipicidade-prescricao-direito-superveniente (acesso em 29.11.2021).

________. "Nova LIA: aspectos da retroatividade associada ao direito sancionador". *Revista Eletrônica Consultor Jurídico* 17.11.2021. Disponível em https://www.conjur.com.br/2021-nov-17/leonel-lia-retroatividade-associada-direito-sancionador (acesso em 17.11.2021).

________. *Tutela Jurisdicional Diferenciada*. São Paulo, Ed. RT, 2010.

LIEBMAN, Enrico Tullio. *Manual de Direito Processual Civil*. Trad. de Cândido Rangel Dinamarco. Rio de Janeiro, Forense, 1984.

________. *Processo de Execução*. São Paulo, Saraiva, 1980.

LOPES, Bruno Vasconcelos Carrilho, BADARÓ, Gustavo Henrique Righi Ivahy, e DINAMARCO, Cândido Rangel. *Teoria Geral do Processo*. 32ª ed. São Paulo, Malheiros Editores, 2020.

LOPES, João Batista. *Ação Declaratória*. 5ª ed. São Paulo, Ed. RT, 2002.

LUCON, Paulo Henrique dos Santos. *Relação entre Demandas*. Brasília, Gazeta Jurídica, 2016.

LÜKE, Wolfgang. *Zivilprozessrecht*. 10ª ed. Munique, Verlag C. H. Beck, 2011.

MAGALHÃES JR., Alexandre Alberto de Azevedo. *Convenção Processual na Tutela Coletiva*. Salvador, JusPodivm, 2020.

MANCUSO, Rodolfo de Camargo. *Ação Popular*. 8ª ed. São Paulo, Ed. RT, 2015.

________. *Recurso Extraordinário e Recurso Especial*. 13ª ed. São Paulo, Ed. RT, 2015.

MARINONI, Luiz Guilherme. *Técnica Processual e Tutela dos Direitos*. 5ª ed. São Paulo, Thomson Reuters Brasil, 2018.

________. *Tutela Inibitória: Individual e Coletiva*. 2ª ed. São Paulo, Ed. RT, 2000.

________, e ARENHART, Sérgio Cruz. *Prova*. São Paulo, Ed. RT, 2009.

MARKY, Thomas. *Curso Elementar de Direito Romano*. 8ª ed. São Paulo, Saraiva, 1995.

MARQUES, José Frederico. *Ensaio sobre a Jurisdição Voluntária*. Campinas, Millennium, 2000.

MATTIROLO, Luigi. *Trattado di Diritto Giudiziario Civile Italiano*. vol. 1. 5ª ed., reimpr, Turim, UTET, 1931.

MESQUITA, José Ignácio Botelho de. *Da Ação Civil*. São Paulo, Ed. RT, 1975.

MICHELI, Gian Antonio. *La Carga de la Prueba*. Trad. de Santiago Sentís Melendo. Bogotá, Editorial Temis, 1989 (do original *L'Onere della Prova*).

MONTESANO, Luigi. *La Tutela Giurisdizionale dei Diritti*. Turim, UTET, 1994.

MORAES, José Rubens de. *Sociedade e Verdade: Evolução Histórica da Prova*. Tese (Doutorado em Direito Processual), Faculdade de Direito da USP, 2008. São Paulo, EDUSP, 2015.

MUTHER, Theodor, e WINDSCHEID, Bernhard. *Polemica Intorno all'**Actio***. Florença, Sansoni/ Stabilimenti Tipolitografici Vallecchi, 1954.

NERY JR., Nelson. *Princípios do Processo Civil na Constituição Federal*. 8ª ed. São Paulo, Ed. RT, 2004; 13ª ed. São Paulo, Ed. RT, 2017.

________. *Teoria Geral dos Recursos*. 6ª ed. São Paulo, Ed. RT, 2004.

________, e NERY, Rosa Maria de Andrade. *Comentários ao Código de Processo Civil*. São Paulo, Ed. RT, 2015.

NOGUEIRA, Pedro Henrique. *Negócios Jurídicos Processuais*. 4ª ed. Salvador, JusPodivm, 2020.

OLIVEIRA, Carlos Alberto Álvaro de. *Do Formalismo no Processo Civil: Proposta de um Formalismo-Valorativo*. 3ª ed. São Paulo, Saraiva, 2009.

________. *Teoria e Prática da Tutela Jurisdicional*. Rio de Janeiro, Forense, 2008.

PASSOS, José Joaquim Calmon de. *Comentários ao Código de Processo Civil, Lei 5.869, de 11 de Janeiro de 1973*. vol. 3. 2ª ed. Rio de Janeiro, Forense, 1977.

________. *Esboço de uma Teoria das Nulidades Aplicada às Nulidades Processuais*. Rio de Janeiro, Forense, 2005.

PEKELIS, Alessandro. "Azione (teoria moderna)". In: *Novissimo Digesto Italiano*. vol. II. Turim, UTET, 1958.

PISANI, Andrea Proto. *Lezioni di Diritto Processuale Civile*. 3ª ed. Nápoles, Jovene, 1999.

________. *Problemi della C. D. Tutela Giurisdizionale Differenziata. Appunti sulla Giustizia Civile*. Bari, Caccuci, 1982.

________. "Sulla tutela giurisdizionale differenziata". *Rivista di Diritto Processuale* 4/536-591. Pádua, CEDAM, outubro-dezembro/1979.

PIZZOL, Patrícia Miranda. *Tutela Coletiva: Processo Coletivo e Técnicas de Padronização das Decisões*. São Paulo, Thomson Reuters Brasil, 2019.

PONTES DE MIRANDA, Francisco Cavalcanti. *Tratado das Ações*. vol. 1. São Paulo, Ed. RT, 1970.

PUOLI, José Carlos Baptista. *Os Poderes Instrutórios do Juiz e as Reformas do Processo Civil*. São Paulo, Juarez de Oliveira, 2002.

RAMOS, André de Carvalho. *Curso de Direito Internacional Privado*. São Paulo, Saraiva, 2021. Disponível em *https://integrada.minhabiblioteca.com.br/#/books/9786555595352* (acesso em 30.4.2022).

REALE, Miguel. *Filosofia do Direito*. 18ª ed. São Paulo, Saraiva, 1998.

_________. *Lições Preliminares de Direito*. 25ª ed. São Paulo, Saraiva, 2001.

_________. *Teoria Tridimensional do Direito*. São Paulo, Saraiva, 1968.

RODRIGUES, Carmen Beatriz de Lemos Tibúrcio. *Extensão e Limites da Jurisdição Brasileira: Competência Internacional e Imunidade de Jurisdição*. 2ª ed. Salvador, JusPodivm, 2019.

ROSENBERG, Leo, GOTTWALD, Petter, e SCHWAB, Karl Heinz. *Zivilprozessrecht*. 17ª ed. Munique, Verlag C. H. Beck, 2010.

SANTOS, Moacyr Amaral. *Comentários ao Código de Processo Civil, Lei n. 5.869, de 11 de Janeiro de 1973*. vol. 4. 3ª ed. Rio de Janeiro, Forense, 1982.

_________. *Primeiras Linhas de Direito Processual Civil: Adaptadas ao Novo Código de Processo Civil*. vol. 1. 5ª ed. São Paulo, Saraiva, 1977.

SANTOS, Silas Silva. *Litisconsórcio Eventual, Alternativo e Sucessivo no Processo Civil Brasileiro*. Dissertação de Mestrado. São Paulo, Faculdade de Direito da USP, 2012.

SAVIGNY, Friedrich Karl von. *System des heutigen römisches Recht*. vol. 5. Berlim, Veit und Comp., 1841.

SCHWAB, Karl Heinz. *El Objeto Litigioso en el Proceso Civil*. Trad. de Tomas A. Banzhaf. Buenos Aires, EJEA, 1968 (título original: *Der Streitgegenstand im Zivilprozess*. Munique e Berlim, C. H. Beck Verlagsbuchhandlung, 1954).

_________, GOTTWALD, Petter, e ROSENBERG, Leo. *Zivilprozessrecht*. 17ª ed. Munique, Verlag C. H. Beck, 2010.

SICA, Heitor Vitor Mendonça. *O Direito de Defesa no Processo Civil Brasileiro. Um Estudo sobre a Posição do Réu*. São Paulo, Atlas, 2011.

_________. *Preclusão Processual Civil*. São Paulo, Atlas, 2006.

SILVA, Ovídio Araújo Baptista da Silva. *Curso de Processo Civil: Processo de Conhecimento*. vol. 1. 6ª ed. São Paulo, Ed. RT, 2002.

_________, e GOMES, Fábio Luiz. *Teoria Geral do Processo*. 3ª ed. São Paulo, Ed. RT, 2002.

SOUZA, Tagie Assenheimer de. *Posições Jurídicas dos Sujeitos Parciais do Processo Civil: Análise sob a Ótica da Correlatividade*. São Paulo, Dialética, 2021.

TARTUCE, Fernanda. *Mediação nos Conflitos Civis*. 4ª ed. São Paulo, Método, 2018.

TROCKER, Nicolò. "Il valore constituzionale del 'giusto processo'". In: ACIERNO, Maria, *et al. Il Nuovo Articolo 111 della Costituzione e il Giusto Processo Civile*. Milão, Franco Angeli, 2001.

_________. *Processo Civile e Costituzione. Problemi di Diritto Tedesco e Italiano*. Milão, Giuffrè, 1974.

WACH, Adolph. *La Pretensión de Declaración*. Trad. de Juan M. Semon. Buenos Aires, EJEA, 1962 (do original *Feststellungsanspruch. Ein Beitrage zur Lehre vom Rechtsschutzanspruch*).

WAMBIER, Teresa Arruda Alvim, e DANTAS, Bruno. *Recurso Especial, Recurso Extraordinário e a Nova Função dos Tribunais Superiores no Direito Brasileiro*. 4ª ed. São Paulo, Ed. RT, 2017.

WATANABE, Kazuo. *Acesso à Ordem Jurídica Justa: Conceito Atualizado de Acesso à Justiça, Processos Coletivos e outros Estudos*. Belo Horizonte, Del Rey, 2019.

__________. *Da Cognição no Processo Civil*. 4ª ed. São Paulo, Saraiva, 2012.

WINDSCHEID, Bernhard, e MUTHER, Theodor. *Polemica Intorno all'****Actio***. Florença, Sansoni/ Stabilimenti Tipolitografici Vallecchi, 1954.

YARSHELL, Flávio Luiz. *Curso de Direito Processual Civil*. vol. I. São Paulo, Marcial Pons, 2014.

__________. *Tutela Jurisdicional*. 2ª ed. São Paulo, DPJ, 2006.

* * *